Werner Rau

MOBIL REISEN

TOSKANA

Werner Rau

MOBIL REISEN

TOSKANA

Die Grand Tour
für individuelles Wohnmobil-Cruising,
Caravaning, Auto- & Van-Camper-Touring

Mit vor Ort ermittelten GPS-Koordinaten

WERNER RAU VERLAG

EIN KURZPORTRÄT ITALIENS UND DER TOSKANA

Italien, italienisch *Italia*, trägt die offizielle Bezeichnung *Repubblica Italiana*, Italienische Republik.

Italien erstreckt sich von den Alpen über die gesamte Italienische Halbinsel (1.200 km) und umfasst außerdem die Inseln Sardinien und Sizilien, sowie diverse kleinere Inseln und Inselgruppen im Tyrrhenischen Meer.

Italien grenzt im Norden an Österreich und die Schweiz, im Westen an Frankreich, das Fürstentum Monaco, an das Ligurische und an das Tyrrhenische Meer, im Osten an Slowenien und an das Adriatische Meer und im Süden schließlich an das Ionische Meer.

Die Region **Toskana** liegt in Mittelitalien zwischen den nördlichen Nachbarregionen *Emilia–Romagna* und *Ligurien*, dem östlichen Nachbarn *Marken* (Marche) und den südlich angrenzenden Regionen *Umbrien* (Umbria) und *Latium* (*Lazio*, mit Rom).

Größe des Landes – Insgesamt umfasst Italien ein Territorium von 301.335 qkm, inklusive der Inseln Sardinien und Sizilien. Davon entfallen auf die Toskana 22.990 qkm und auf die Insel Elba 225 qkm.

Italien hat eine Küstenlänge von annähernd 7.600 km.

Bevölkerung – In Italien leben insgesamt rund 60 Mio. Menschen, davon in der Toskana 3,7 Mio. Einwohner.

Bevölkerungsdichte: 162 Einwohner pro Quadratkilometer (zum Vergleich Deutschland: 229 Einw./qkm).

Nach Großbritannien, den Benelux–Staaten und der Bundesrepublik Deutschland ist Italien das am dichtesten besiedelte Land Europas.

Die ganz überwiegende Mehrheit der Italiener (rund 98 %) bekennt sich zur römisch-katholischen Kirche. Die römisch-katholische Glaubensrichtung war in Italien bis 1984 Staatsreligion.

Italien kann auf die ältesten Universitäten in Europa verweisen, Parma, 1066 gegründet, und Bologna, 1088 gegründet.

Hauptstädte – Landeshauptstadt ist Rom mit fast 3 Mio. Einwohnern.

Hauptstadt der Region Toskana ist **Florenz** mit ca. 368.000 Einwohnern.

Weitere bedeutende Städte sind Siena, Livorno, Grossetto, Arezzo, Lucca, Prato, Pistoia und Pisa.

Staatswesen und Verwaltung – Nach Ausrufung der Republik im Jahre 1946 erhält Italien 1948 eine neue Verfassung. Aufgrund dieser Verfassung ist der auf sieben Jahre von einem Wahlmännerkollegium (die Abgeordneten beider Parlamentskammern und 58 Vertreter der Regionen) gewählte Präsident das Staatsoberhaupt.

Das italienische **Zweikammerparlament** besteht aus **Abgeordnetenkammer** „Camera dei Deputati" mit 630 Mitgliedern und **Senat** „Senato della Repubblica" mit 324 Mitglieder sowie 9 Senatoren, die auf Lebenszeit gewählt sind. Beide Kammern werden alle fünf Jahre neu gewählt.

Staatsoberhaupt ist der auf sieben Jahre gewählte **Staatspräsident**. Seit Dezember 2016 hat dieses Amt *Sergio Mattarella* inne.

Der Staatspräsident ernennt die Regierung und er hat das Recht, das Parlament aufzulösen.

Die Regierung wird vom **Ministerpräsidenten** (seit Dezember 2016 *Paolo Gentiloni*, Nachfolger von *Matteo Renzi*, dessen angestrebte Verfassungsänderung in einem Referendum am 4. Dezember 2016 vom Volk abgelehnt worden war und Renzi daraufhin zurücktreten musste) geführt. Der Ministerpräsident hat sich gegenüber dem Parlament zu verantworten.

Italien ist Mitglied der EU, G-8, NATO, OECD, OSZE, UNO und WEU.

Verwaltungstechnisch gliedert sich Italien in **20 Regionen**, die sich wiederum in **Provinzen** aufteilen.

Fünf der 20 Regionen Italiens sind mit weitgehenden Autonomierechten ausgestattet. Zu ihnen zählen Aostatal, Friaul-Julisch-Venetien, Sardinien, Sizilien und Trentino-Südtirol.

Die Region Toskana, die fünftgrößte Region Italiens, unterteilt sich in die zehn Provinzen ***Massa–Carrara, Lucca, Livorno, Pistoia, Pisa, Prato, Florenz, Arezzo, Siena*** und ***Grosseto.***

Wirtschaftliche Schwerpunkte – Großes Gewicht hat im Lande zwar immer noch die Agrarwirtschaft (Obst, Wein, Zitrusfrüchte, Getreide), allerdings mit sinkender Tendenz. Von größerer Bedeutung, mit regional deutlichen Unterschieden, sind aber längst die Industriebereiche Automobil, Maschinenbau, Metallverarbeitung, Textil, Bekleidung, Schuhe und Chemie.

Etwa ein Drittel der Landesfläche wird agrartechnisch bearbeitet. Die Region Toskana zählt zu den vorwiegend landwirtschaftlich genutzten Gebieten Italiens.

Vor allem in der Toskana hat sich in Generationen eine augenfällige Spezialisierung herausgebildet. An erster Stelle sind hier die berühmten Weine Chianti und Montepulciano zu nennen, aber auch die Produktion feinster Olivenöle in der Lucchesìa und die Blumenkulturen bei Pistoia gehören dazu.

Wegen Überfischung und Wasserverschmutzung spielt die Meeresfischerei nur noch eine unbedeutende Rolle.

In allen Wirtschaftssektoren ist ein starkes Nord-Süd-Gefälle zu beobachten. Von den Beschäftigten des Landes arbeiten kaum noch 20 % in der Landwirtschaft, während die Industrie fast 44 % aller Arbeitsplätze zur Verfügung stellt.

In der beschriebenen Region Toskana, die in diesem Falle durchaus noch zum relativ wohlhabenden Norden des Landes gezählt werden darf, spielt neben den angeführten Sparten vor allem der Tourismus eine ganz maßgebliche Rolle im Wirtschaftsleben. Jährlich besuchen weit über 35 Mio. Touristen das Land, von denen fast ein Drittel aus der Bundesrepublik kommt.

Wichtige toskanische Exportartikel sind u. a. Marmor aus Carrara und der berühmte Chianti-Wein.

In den früher ausschließlich bäuerlich geprägten Regionen Marken und Umbrien ist die Agrarwirtschaft zwar immer noch ein wichtiger Faktor, aber nicht mehr der größte Arbeitgeber. Heute arbeiten mehr Menschen im Dienstleistungsgewerbe und in der Industrie. Beide Bereiche erlebten vor allem im 19. Jh. einen rasanten Aufschwung.

In der Landwirtschaft dominieren immer noch zwei große Bereiche, Wein und Oliven.

Für Mittelitalien gilt, wie für viele andere italienische Regionen, dass viele landwirtschaftliche Betriebe eine neue Art entdeckt haben, profitabel zu wirtschaften, sie haben sich dem **Agritourismus** geöffnet. Man nutzt die meist reizvolle Lage der Gehöfte, ihre oft urige Architektur und das Ambiente der nicht selten historischen Herrenhäuser und Gutshöfe und bietet so eine ländlich-rustikale, dennoch zeitgemäß komfortable Atmosphäre für Feriengäste.

Landesnatur – Die Landesnatur der Toskana (übrigens auch die der benachbarten Regionen Marken und Umbrien) wird maßgeblich geprägt vom Mittelitalienischen Hügel- und Beckenland.

Wichtigster Höhenzug ist der ganz Italien durchziehende Gebirgsrücken des **Apennin**, der bei Florenz weit nach Südosten schwingt und somit einer zum Tyrrhenischen Meer hin offenen, abfallenden, weniger hügeligen Landschaft Raum gibt. Trotzdem findet man auch hier mächtige Erhebungen wie den 1.734 m hohen Monte Amiata bei Sarteano. Die höchste Erhebung im Apennin ist der Grand Sasso mit 2.912 m

Die bedeutendsten **Flüsse**, die aus dem Apennin kommen, die die westlich des Gebirges gelegenen Landschaftsbecken (Subapenninische Becken) entwässern, sind der **Arno** in der Toskana und der **Tiber** (Tevere) in Umbrien.

Die **Beckenlandschaften**, früher regelmäßig von Überschwemmungen heimgesucht, sind überaus fruchtbar und werden folglich landwirtschaftlich intensiv genutzt. Nicht zuletzt die häufigen Überschwemmungen veranlassten die etruskischen Stadtgründer, ihre Siedlungen an den Hängen der Beckenlandschaft oder auf Bergplateaus anzulegen. Arezzo, Assisi, Cortona, Perugia oder Spoleto u. a. sind Beispiele dafür. Auch der Stadtursprung von Florenz geht auf das etruskische, nördlich des Arno erhöht gelegene Fiesole zurück.

Prägend für das Erscheinungsbild toskanischer Landschaft ist außerdem das **Toskanische Hügelland** südlich des Arno bis Siena etwa. Auf diesen oft stark gegliederten, aber immer sanft geschwungenen Höhenzügen findet man Wein- (Chianti) und Getreidefelder, Ölbäume und stattliche Gutshöfe zwischen den toskanatypischen Zypressenreihen.

Allerdings ist die in weiten Bereichen waldlose Landschaft mit ihrem weichen Gestein auch starker Erosion ausgesetzt. Berühmtestes Beispiel für die fortschreitende Erosion sind die **Balze von Volterra**. Als „balze" werden durch Erosion entstandene Felseinschnitte bezeichnet.

Zu Italiens **längsten Flüssen** zählen der Arno, die Etsch (der Adige), der Po und der Tiber (Tevere). **Nationalfeiertag** ist der „Tag der Befreiung" am 25. April.

Italiens **Nationalhymne** „Inno di Mameli" (Hymne von Mameli) beginnt mit den Worten: „Fratelli d'Italia, l'Italia s'è desta, / Dell'elmo di Scipio s'è cinta la testa. ..." (etwa: Brüder Italiens, Italien hat sich erhoben und sich mit Scipios Helm das Haupt gekrönt). Scipio Africanus, 235 – 183 v. Chr., war römischer Feldherr und Staatsmann. Der Text der Hymne stammt von Goffredo Mameli, die Melodie dazu schrieb Michele Novaro.

GESCHICHTE – IN STICHWORTEN

Frühgeschichte – Italien ist schon in prähistorischer Zeit – im Süden z. B. von lybisch-iberischen Stämmen – bewohnt. Etwa ab 2000 v. Chr. folgen die Stämme der Italiker und ab ca. 800 v. Chr. beginnen Griechen Sizilien und Unteritalien zu kolonisieren.

Ca. 9. – 4. Jh. v. Chr. – Etrusker. Etwa ab dem neunten vorchristlichen Jahrhundert dringt ein wahrscheinlich kleinasiatisches Volk (die genaue Herkunft ist unklar) in Nord- und Mittelitalien ein, das als *Etrusker* (lat. *Etrusci* oder *Tusci*, griech. *Tyrrhenoi*) bekannt wurde. Die Etrusker – selbst nannten sie sich *Rasenna* – besiedeln Mittelitalien zwischen Arno, Tiber, Apenninengebirge und Tyrrhenischem Meer. Diese antike Landschaft geht als *Etrurien* in die Geschichtsbücher ein. Etwa ab dem 3. Jh. ändert sich der Name Etruriens in *Tuscia* und später in **Toskana**.

Die heutige italienische Region Toskana entspricht noch weitgehend dem alten Territorium des antiken Etrurien.

Bis etwa ins 4. Jh. v. Chr. entwickelt sich Etrurien zu einer politisch tonangebenden und kulturell richtungsweisenden Macht auf der Italienischen Halbinsel.

Im 6. Jh. weitet sich die etruskische Macht nach Süden aus und umfasst auch Rom und Kampanien. Das römische Königsgeschlecht der Tarquinier ist etruskischer Abstammung.

Allerdings ist Etrurien kein einheitliches politisches Staatsgefüge, sondern es setzt sich aus zwölf mächtigen Stadtstaaten zusammen. Zu diesem **Etrurischen Bund** gehörten u. a. die Städte Arezzo (Arretium), Bolsena (Volsinii), Chiusi (Clusium), Cortona (Curtuns), Perugia (Perusia), Roselle (Rusellae), Volterra (Velathri) oder Vulci, das heute nur noch als antike Nekropolis existiert.

Die hochstehende etruskische Kunst, stark beeinflusst von griechischen Stilelementen, erreicht Mitte des 5. Jh. ihren Höhepunkt und prägt maßgeblich noch das Kunstverständnis späterer römischer Künstler. Vor allem aus dem Bereich des Totenkults – ein wichtiger Aspekt in der Weltsicht der Etrusker, die an ein Leben nach dem Tode glaubten – sind viele Bauwerke und Kunstgegenstände erhalten. Zahlreich zu finden sind im Lande etruskische Nekropolen und Grabkammern.

Hochentwickelt war die Kunst der Freskenmalerei und vor allem die Keramik- und Terrakottakunst. Von besonderer Bedeutung sind in diesem Zusammenhang Sarkophage und Urnen mit liegenden Gestalten auf den Deckeln.

Sehr sehenswert sind die etruskischen Sammlungen in den archäologischen Museen in Florenz oder Volterra.

Ca. 8. – 3. Jh. v. Chr. – Magna Graecia. Etwa ab dem 8. vorchristlichen Jahrhundert dringt die griechische Zivilisation nach Sizilien und Süditalien vor. Vor allem auf Sizilien, in Apulien, Kalabrien, Basilicata und in der Campania, einem Gebiet, dem der historische Name *Magna Graecia* oder Großgriechenland zukam, manifestiert sich die hochstehende Kunst der Griechen in monumentalen dorischen Tempeln und Städten wie Paestum, Syracus, Agrigent, Selinunte, Segesta, Taormina u. a.

Viele griechische Philosophen und Schriftsteller jener Zeit lebten in Sizilien. Platon etwa oder Archimedes z. B. lebten zeitweise in Syrakus.

753 v. Chr. – Der Legende nach wird in diesem Jahr von *Romulus*, einem Etrusker, die Stadt Rom gegründet.

510 v. Chr. – Das etruskische Stadtkönigtum in Rom wird gestürzt. Das Königreich Rom wird Republik und Italien wird „Mittelpunkt der Alten Welt".

5. Jh. v. Chr. – Die Macht der Etrusker beginnt zu schwinden.

4. Jh. v. Chr. – 4. Jh. n. Chr. – Die Macht und Größe des **Römischen Imperiums** zeigt sich nicht nur in seiner militärischen, administrativen oder städtebaulichen Vormachtstellung, sondern auch auf dem Gebiet der Künste.

In vielen Bereichen der Architektur und der bildenden Kunst entwickeln römische Baumeister, Bildhauer, Maler, Töpfer und Goldschmiede das etruskische und griechische Erbe weiter.

Die Ausstrahlung der römischen Kultur, Wissenschaft und Kunst ist auf allen Gebieten so stark, dass sie Grundlagen für die kulturelle Entwicklung ganz Westeuropas werden.

220 v. Chr. – Kaiser Gaius Flaminius veranlasst den Bau der Via Flaminia. Die Straße führt von Rom durch das Gebiet der späteren Provinz Marken bis an die Adriaküste bei Rimini.

264 – 241 v. Chr. – Erster Punischer Krieg. Eroberung Siziliens.

Ca. 260 v. Chr. – Rom unterwirft die letzten etruskischen Stadtstaaten.

219 – 201 v. Chr. – Zweiter Punischer Krieg. Hannibal zieht über die Alpen. Die Römer besiegen die Karthager.

200 – 133 v. Chr. – Rom dehnt seinen Machtbereich über das östliche Mittelmeer und bis Kleinasien aus. Die Republik Rom wurde zur Weltmacht *Imperium Romanum*.

133 – 100 v. Chr. – Innere Unruhen im Römischen Reich führen zu Bürgerkriegen und zu politischen Machtkämpfen im Senat.

60 v. Chr. – Erstes Triumvirat (Dreimännerbund) mit *Pompejus, Crassus* und *Gajus Julius Cäsar*.

44 v. Chr. – *Julius Cäsar* wird ermordet. Ende der Republik.

31 v. Chr. – 14 n. Chr. – Ausrufung des Kaiserreichs. Erster Kaiser des Römischen Imperiums ist *Octavian, Kaiser Augustus*. Er lässt Perugia (Umbrien), das er zuvor zerstören ließ, neu errichten.

Bis ca. 200 n. Chr. – Glanzzeit des Römischen Imperiums unter den *Kaisern Vespasian, Trajan, Hadrian* und *Mark Aurel*.

Um 303 – Christenverfolgung.

306 – 330 – Konstantin der Große erringt die Alleinherrschaft und macht im Jahre 330 Konstantinopel (Byzanz, heute Istanbul) zur neuen Hauptstadt des Reiches.

391 – 395 – Kaiser *Theodosius* erhebt das Christentum zur Staatsreligion. Nach seinem Tode wird das Römische Kaiserreich in ein *Oströmisches* und in ein *Weströmisches Reich* aufgeteilt.

5. Jh. – Die durch den Ansturm der Hunnen ausgelöste Völkerwanderung brandet nach Norditalien.

Zu den wandernden Germanenstämmen zählen u. a. die Westgoten. Sie erobern 410 unter ihrem *König Alarich* die Stadt Rom.

455 – Wandalen unter *König Geiserich* bemächtigen sich Roms.

476 – Der Germane *Odoaker* setzt den weströmischen Kaiser *Romulus Augustus* ab. Dies bedeutet das Ende des westlichen Kaiserreichs.

480 – In Norcia (Umbrien) erblickt ein gewisser Benedikt das Licht der Welt. Der spätere Ordensgründer (Benediktinerorden, der erste christliche Orden in der westlichen Hemisphäre) gilt in der Kirchengeschichte als Begründer des Ordenswesens und Mönchstums.

493 – Der Ostgotenkönig *Theoderich* besiegt Odoaker und macht Ravenna zur Hauptstadt des Ostgotenreichs.

568 – In Oberitalien fallen die Langobarden ein. Tuscien (Toskana), Teile Umbriens (Spoleto) und Benevent werden dem Langobardenreich einverleibt.

8 Jh. – König *Pippin*, von Papst Stefan III. um Hilfe gerufen, unterwirft 754 das Langobardenreich und verleiht davon große Teile dem Papst (Grundlage des späteren Kirchenstaates). *Karl der Große*, Sohn Pippins und seit 768 König der Franken, wird 774 auch König des Langobardenreichs.

Im Jahre 800 wird Karl d. Große in Rom von Papst Leo III. zum Römischen Kaiser gekrönt. Ganz Italien, von Sizilien bis zu den Alpen ist unter fränkischer Vorherrschaft.

9. Jh. – Nach dem Tode Karls d. Gr. 814 beginnt die fränkische Vorherrschaft in Italien wieder zu zerfallen. Kämpfe um die Langobardische Krone.

951 – *Otto I.*, König der Sachsen, besetzt das Langobardenreich, wird zum König von Italien und 962 zum Römischen Kaiser gekrönt.

11. Jh. – Ausgangs des 11. Jh. bilden sich in Oberitalien selbständige Stadtrepubliken und schließen sich zum Lombardischen Städtebund zusammen.

12. Jh. – Der Stauferkönig *Friedrich I. Barbarossa (Rotbart)* wird 1155 zum Römischen Kaiser gekrönt. Friedrich führt lange Kämpfe, einerseits gegen den Lombardischen Städtebund, andererseits gegen *Papst Alexander III.*

Es bilden sich zwei erbittert streitende Parteien – die kaisertreuen *Ghibellinen* (nach der Stauferburg Waiblingen in Württemberg) und die papsttreuen *Guelfen* (Welfen). 1177 versöhnt sich der Kaiser mit dem Papst.

1181 (oder 1182) wird in Assisi (Umbrien) Franziskus geboren. Der Gründer des Ordens Mindere Brüder (später Franziskaner) wurde zwei Jahre nach seinem Tod im Jahre 1226 heilig gesprochen.

1190 ertrinkt Friedrich Barbarossa auf dem dritten Kreuzzug in der Türkei. Thronfolger wird sein Sohn Kaiser *Heinrich VI.*

13. Jh. – In den Marken – die im 10. Jh. als „Grenzland" im Süden des Kaiserreiches Ottos I. definiert werden – kommen große Adelsgeschlechter der Region, wie die Montefeltro, die Malatesta, Della Rovere, Varano u. a., zu Macht und Einfluss.

1220 – *Friedrich II.*, ein Enkel Friedrich Barbarossas und Erbe des mächtigen Normannenreiches, wird zum Kaiser gekrönt. Der kaiserliche Hof in Palermo ist ein Zentrum des italienischen Geisteslebens jener Zeit.

Friedrich II. siegt über die lombardischen Städte, unterliegt aber im Kampf gegen *Papst Gregor IX.*. Mit dem Tode Friedrichs II. im Jahre 1250 beginnt der Niedergang des staufischen Kaisertums.

In Florenz wird die Verfassung des Stadtstaates demokratisiert, der Adel muss den bürgerlichen Gilden Zugeständnisse machen.

1301 – *Dante* flieht aus Florenz und wird als Gegner der Papstpartei in Abwesenheit zum Tode verurteilt. Das Urteil wird aber nie vollstreckt.

1309 – Die Päpste verlegen ihre Residenz von Rom nach Avignon. Das Exil der Päpste dauert bis 1377.

1310 – Die kaisertreuen Ghibellinen (nach der Stauferburg *Waiblingen* in Württemberg benannt) rufen Kaiser Heinrich VII. nach Italien zu Hilfe, um das von den papsttreuen Guelfen (Welfen) beherrschte Florenz zu erobern. Die Aktion bleibt ohne Erfolg.

1348 – Florenz und Mittelitalien werden von Pestepidemien heimgesucht.

1388 – *Cosimo de Medici* (Cosimo der Alte), einer der großen dieses Florentiner Geschlechts, wird geboren (gest. 1464).

1406 – Florenz erobert Pisa.

1449 – *Lorenzo de Medici* „il Magnifico" (Lorenzo der Prächtige) wird geboren (gest. 1492).

1452 – Mit der Krönung *Friedrichs III.* wird die letzte Krönung eines deutschen Kaisers in Rom vollzogen.

Einige der großen Entdecker und Künstler des 15. Jh. erblicken das Licht der Welt, unter ihnen *Christoph Kolumbus, Amerigo Vespucci, Girolamo Savonarola, Leonardo da Vinci* u. a.

1453 – Ende des Oströmischen Reiches.

In Italien, besonders in Florenz, strebt die Renaissance ihrer Blütezeit zu.

1478 – Pazzi-Verschwörung gegen die Medici.

1493 – Die Medici werden aus Florenz vertrieben. Pisa schüttelt das florentinische Besatzungsjoch ab.

1494 – *Savonarola* übernimmt die Macht in Florenz. Aber schon ein Jahr später erhält er vom Papst Alexander VI. Redeverbot, wird 1497 exkommuniziert und 1498 auf der Piazza Signoria in Florenz verbrannt.

1515 – *Franz I.* von Frankreich erobert Mailand.

1519 – Wahl *Karls V.* zum Kaiser des Hl. Römischen Reiches.

1527 – „Sacco di Roma", Kaiserliche Truppen plündern Rom.

1530 – Kaiserkrönung Karls V. in Bologna.

1533 – *Katharina de Medici* heiratet Frankreichs späteren König Heinrich II.

1555 – Florenz besiegt Siena.

1570 – *Cosimo I.* wird Großherzog der Toskana.

17. Jh. – In Oberitalien wird Savoyen zum mächtigsten Staat.

Die starken Bindungen des Hauses Medici zum französischen Königshaus werden durch die Heirat *Maria de Medicis* mit Heinrich IV. gefestigt.

1713 – 1734 – Die Lombardei und das Großherzogtum Toskana kommen an die Habsburger Österreichs.

Die österreichischen Habsburger werden zur wichtigen Macht in Italien.

1737 – 1743 – Mit dem Tode Gian Gastone de Medici im Jahre 1737 und Anna Maria Ludovicas im Jahre 1743 stirbt das Haus Medici aus.

1805 – Napoleon vereint die oberitalienischen Republiken und Venetien zum Königreich Italien. Sein Stiefsohn *Eugène Beauharnais* wird Vizekönig. Napoleon selbst krönt sich mit der Krone der Langobardischen Könige.

1815 – Nach dem Sturz Napoleons und nach dem Wiener Kongress werden die Lombardei und Venetien österreichische Provinzen. Auch die Toskana steht unter österreichischem Herrschaftseinfluss.

1820 – Es mehren sich Aufstände unter Führung der „Carbonari" (Köhler) gegen die österreichische Herrschaft in Italien.

1831 – Die Bewegung „La Giovine Italia" (Junges Italien) G. Mazzinis strebt die Selbstbestimmung Italiens an. Die Bemühungen um ein einiges, selbständiges Italien gehen unter dem Begriff „Risorgimento" in die italienische Geschichte ein.

1848 – Ausgehend vom liberalen Staat Piemont-Sardinien wird der Druck auf die österreichische Herrschaft in Italien massiv verstärkt. Es kommt zur Revolution, die von *König Karl Albert* von Sardinien angeführt wird. Unter *Marschall Radetzky* siegen die österreichischen Truppen.

1849 – *Viktor Emanuel II.* wird Nachfolger seines zurückgetretenen Vaters Karl Albert und damit neuer König von Sardinien-Piemont.

Der Versuch *Giuseppe Garibaldis* in Rom die Republik auszurufen scheitert.

Graf Camillo Cavour, Ministerpräsident von Sardinien-Piemont, strebt eine Annäherung an Frankreich an.

1860 – Die Toskana vereinigt sich zusammen mit Bologna, Modena und Parma mit Sardinien-Piemont.

Garibaldi befreit Kalabrien und Sizilien.

1861 – *Viktor Emanuel II.*, König von Sardinien, erhält den Titel „König von Italien". Erste Hauptstadt wird Turin.

1865 – 1870 – Florenz ist Italiens Hauptstadt.

1866 – Kriegserklärung Italiens an Österreich. Die Preußen, Italiens Verbündete, siegen über die Österreicher in der Schlacht von Königgrätz. Italien erhält Venetien.

1870 – Italienische Truppen besetzen das von Franzosen gehaltene Rom und ernennen die Stadt zur Hauptstadt Italiens.

Die Herrschaft des Papstes wird beendet, der einst Europa beherrschende Kirchenstaat beseitigt.

1900 – König Umberto I. wird ermordet. Nachfolger wird *König Viktor Emanuel III.*

1915 – Unter Missachtung des Dreibundes (Italien, Österreich-Ungarn, Deutschland) tritt Italien im Mai 1915 an die Seite der Entente (Frankreich, Großbritannien) und damit in den 1. Weltkrieg ein.

1919 – Im Frieden von Saint-Germain werden Triest, Südtirol und Istrien Italien zugesprochen.

1922 – *Benito Mussolini* begründet einen faschistischen Staat. Auftakt dazu ist Mussolinis „Marsch auf Rom".

1929 – Durch die Lateranverträge bereinigt Mussolini das gespannte Verhältnis zwischen Vatikan und Staat.

1933 – Italien schließt einen Freundschaftspakt mit Sowjetrussland.

1940 – Italien tritt nach anfänglichem Zögern an der Seite des Deutschen Reichs in den Zweiten Weltkrieg ein.

1943 – Sturz Mussolinis und Kapitulation Italiens. Mussolini gründet die „Republik von Salò", die aber nur von ganz kurzem Bestand ist.

1945 – Mussolini wird von Freischärlern erschossen.

1946 – Nach der Abdankung König Umbertos II. Ausrufung der Italienischen Republik. Erster Staatspräsident wird *de Nicola*.

1948 – Italien erhält eine neue demokratische Verfassung.

1949 – Italien ist Gründungsmitglied der NATO.

1957 – In Rom wird die EWG (Europäische Wirtschaftsgemeinschaft) gegründet. Italien ist Gründungsmitglied.

1960 – Olympische Sommerspiele in Rom.

1966 – Überschwemmungskatastrophe in Mittel- und Oberitalien. Florenz wird besonders hart betroffen.

1970 – Bis in die Mitte der 70er Jahre durchlebt Italien eine turbulente Zeit der Streiks, Regierungskrisen und häufigen Regierungsumbildungen.

1976 – Verheerendes Erdbeben in Friaul, der norditalienischen Region östlich von Venedig. Giftgasunglück von Seveso bei Mailand.

1978 – Nach einem sehr kurzen Pontifikat von nur wenigen Wochen stirbt *Papst Johannes Paul I.* Nachfolger wird der aus Polen stammende Karel Woytila als Papst *Johannes Paul II.* Somit hat seit 455 Jahren erstmals nicht ein Italiener den Heiligen Stuhl inne.

Im selben Jahr wird der ehemalige italienische Ministerpräsident *Aldo Moro* von Mitgliedern der „Roten Brigade" entführt und nach fast zweimonatiger Gefangenschaft ermordet aufgefunden. Innenpolitische Krise. Der 81 jährige *Sandro Pertini* von der Sozialistischen Partei wird Nachfolger des zurückgetretenen Staatspräsidenten *Leone*.

In den folgenden Jahren wird Italien mehrfach von Terroranschlägen heimgesucht.

1980 – Blutiger Terroranschlag im Bahnhof von Bologna.

1981 – Papst Johannes Paul II. wird auf dem Petersplatz durch die Schüsse eines Attentäters schwer verletzt.

1985 – *Francesco Cossiga* von der Democracia Christiana (DC) folgt Sandro Pertini (PSI) im Amt des auf sieben Jahre gewählten Staatspräsidenten.

1987 – Nach fast vierjähriger Amtszeit (seit August 1983) und mehrfacher Umbildung seiner Mehrparteienregierung tritt Ministerpräsident *Bettino Craxi* von der Sozialistischen Partei Italiens zurück. Sein Nachfolger wird *Giovanni Goria* von den Christdemokraten.

1988 – Die Fünfparteienregierung wird von *C. de Mita* fortgeführt. Die Regierung beschließt weitere Autonomiegesetze für Südtirol.

1989 – Mitte des Jahres übernimmt *Giulio Andreotti* zum sechstenmal in seiner politischen Karriere das Amt des Ministerpräsidenten.

1991 – Giulio Andreotti, Ministerpräsident der 49. italienischen Nachkriegsregierung, kündigt am 29. März seinen Rücktritt an.

1992 – Die Südtirol-Frage wird beigelegt. *Oscar Luigi Scalfaro* wird Staatspräsident.

1992 ist das Jahr der groß angelegten Aktion „mani pulite". Engagierte Staatsanwälte versuchen unter dem Motto „Saubere Hände" den verbreiteten Korruptionssumpf in Wirtschaft und Politik trocken zu legen. Es wird offenbar, dass fast alle Kreise, die Macht und Einfluss im Lande ausüben, durch ein enges Netz aus Schmiergeldzahlungen, Filz und Vetternwirtschaft von der Lombardei bis Sizilien miteinander verbunden sind. Es wird eine Reihe großer Korruptionsaffären („tangenti") aufgedeckt, in die Parteiführer und Regierungsmitglieder verstrickt sind.

Das Ausmaß der Affären erschüttert das politische System Italiens. Eine der großen Parteien Italiens, die Democrazia Cristiana, überlebt die zahllosen Skandale letztendlich nicht. Namhafte Staatspolitiker wie der Christdemokrat Giulio Andreotti oder der Sozialist Bettino Craxi finden sich auf der Anklagebank wieder.

1993 – In der Nacht vom 26. zum 27. Mai 1993 erschüttert eine gewaltige Explosion das historische Stadtzentrum in Florenz. Mindestens sechs Tote sind zu beklagen. Die Fassade der Uffizien und einige kostbare Gemälde dort werden beschädigt. Danach sind die Uffizien wochenlang nicht zugänglich.

1994 – Die Democrazia Cristiana (DC), eine der großen politischen Parteien Italiens, wird aufgelöst. *Silvio Berlusconi*, Italiens einflussreicher Medientycoon, wird Ministerpräsident. Er beteiligt die Neofaschisten an seiner Regierung.

1997 – In der Nacht zum 26. September 1997 erschüttert ein heftiges Erdbeben der Stärke 5,5 die Provinz Umbrien. In der Region werden Dörfer zerstört. Man beklagt acht Tote. In der Franziskus-Basilika von Assisi stürzen Teile des Deckengewölbes ein. Einige der kostbaren Fresken von Giotto werden stark in Mitleidenschaft gezogen, Teile davon werden gar irreparabel beschädigt.

1999 – Im Mai 1999 wird *Dr. Carlo Azeglio Ciampi* zum neuen italienischen Staatspräsidenten gewählt.

Ende November kommen Meldungen aus Assisi, die besagen, dass die bei dem Erdbeben im September 1997 beschädigten Fresken wieder besichtigt werden können.

2000 – Im Herbst 2000 wird die Toskana von schweren Unwettern mit Überschwemmungen heimgesucht.

2001 – Bei den Parlamentswahlen am 13. Mai 2001 erringt der als rechtsorientierter Medienmogul bekannte Silvio Berlusconi, Chef der Forza-Italia-Partei, eine stattliche Mehrheit, die es ihm ermöglicht, erneut das Amt des Ministerpräsidenten zu übernehmen. Er löst damit Giuliano Amato ab, der seit April 2000 die 58. Nachkriegsregierung Italiens führte.

Am 16. Juni 2001 wurde in Pisa mit einem großen Fest zu Ehren des Turmheiligen Ranieri das erfolgreiche „Geraderücken" des weltberühmten schiefen Turms gefeiert (siehe auch unter „Pisa").

2005 – Am 10. Januar tritt das allgemeine Rauchverbot in allen öffentlichen Gebäuden und Restaurants in Kraft.

Papst Johannes Paul II. stirbt. Zu seiner Beerdigung am 8. April 2005 kommen Millionen von Gläubigen nach Rom.

Nachfolger auf dem Stuhl Petris wird am 18. April 2005 Papst Benedikt XVI.

2008 – Silvio Berlusconi gewinnt die Parlamentswahlen und wird am 8. Mai 2008 zum dritten mal in 14 Jahren als Ministerpräsident von Italien in seinem vierten Kabinett vereidigt.

2010 – Ministerpräsident Silvio Berlusconi übersteht zwar ein Misstrauensvotum am 1. Oktober 2010, dennoch wird über Neuwahlen spekuliert.

2011 - 2013 – Amtszeit des früheren EU-Kommissars Mario Monti als Ministerpräsident. Er gilt als Gründer der Partei Scelta Civica (Bürgerliche Wahl).

2013 - 2014 – Amtszeit von Enrico Letta als Ministerpräsident.

2013 - Der 76-jährige Argentinier Jorge Mario Bergoglio (SJ), Erzbischoff von Buenos Aires, wird am 13. März als Papst Franziskus zum Nachfolger von Papst Benedikt XVI. gewählt, der aus gesundheitlichen Gründen auf sein Pontifikat verzichtet.

Im Oktober besucht Papst Franziskus die Grabstätte des hl. Franziskus in Assisi (Umbrien).

Am 26. Oktober erneuter Ausbruch des Ätna auf Sizilien.

2014 – Ministerpräsident und Regierungschef ist seit Februar 2014 der 39jährige Matteo Renzi. Renzi gehört der Partei Partito Democratico (PD) an und war von 2009 bis 2014 Bürgermeister von Florenz. Anfang August muss Renzi aufgrund des Rückgangs der italienischen Wirtschaftsleistung einen Dämpfer seiner bis dahin recht glanzvollen Regierungszeit hinnehmen. Das Land fällt zurück in eine Rezession.

2016 – In der Nacht zum 24. August erschütterte ein schweres Erdbeben der Stärke 6,2 auf der Richterskala die Gegend südöstlich von Perugia (Umbrien) in Mittelitalien. Besonders schwer betroffen ist der Ort Amatrice (Latium) am Westrand des Nationalparks Gran Sasso. Beinahe die halbe Stadt wurde zerstört, es gab fast 300 Tote.

Am 26. Oktober neuerliches Erdbeben in Marken und Umbrien. Das Erdbebenzentrum lag nur ca. 25 km entfernt von Amatrice.

Ende Oktober neuerliches Erdbeben der Stärke 6,5. In Amatrice stürzt der ehrwürdige Turm „Torre civica", der das Beben vom August leidlich überstanden hatte, nun endgültig ein. Ob Amatrice je wieder aufgebaut werden kann, ist ungewiss!

Ein von Ministerpräsident Matteo Renzi initiiertes Referendum zur Verfassungsänderung wird von den Wählern am 4. Dezember 2016 mehrheitlich abgelehnt. Renzi muss zurücktreten. Neuer Ministerpräsident wird Paolo Gentiloni, neuer Staatspräsident wird Sergio Mattarella.

2017 – Am 25. März 2017 treffen sich in Rom Vertreter der 27 EU-Mitgliedsstaaten, ohne Großbritannien, um das 60 Jahre währende Bestehen der „Römischen Verträge" zu würdigen. Die „Römischen Verträge" wurden am 25. März 1957 von Belgien, der Bundesrepublik Deutschland, Frankreich, Italien, Luxemburg und den Niederlanden unterzeichnet. Die „Römischen Verträge" zur Europäischen Wirtschaftsgemeinschaft EWG und zur Europäischen Atomgemeinschaft EAG oder Euratom sind die Basis für die Europäische Union EU (1992 „Vetrag von Maastricht").

KUNSTEPOCHEN UND IHRE MEISTER

Bei der folgenden Skizzierung der Entwicklung der Kunstgeschichte und bei der Nennung von Stilbeispielen und Künstlern beschränkt sich die Beschreibung auf das Gebiet Oberitaliens mit den Schwerpunkten Toskana und Umbrien.

Byzantinische Kunst

(ca. 4. bis 11. Jahrhundert)

Mit dem Ende der Christenverfolgung um 313 beginnt sich unter Kaiser Konstantin eine eigenständige, eher religiöse Kunst zu entwickeln.

Einer der Impulse geht von der Errichtung erster Kirchen im Basilika-Stil aus. Diese ersten Kirchen entstehen aus den römischen Basiliken, langen Säulenhallen, in denen ehedem oft Geschäfte oder Märkte untergebracht waren.

Die frühen christlichen Basiliken sind der Maßstab für alle späteren Kirchenformen. Sie bestehen in aller Regel aus einem langgestreckten Kirchenraum mit auf Säulenreihen gestütztem Dach, niederen Seitenschiffen, aber ohne Querschiffe. An der Altarseite ist der Bau mit einer halbrunden Apsis abgeschlossen. An der Portalseite ist oft ein sog. Vestibül angefügt.

Etwa im 6. Jh. findet auch der Kuppelbau nach dem Vorbild der Hagia Sophia in Byzanz Eingang in die italienische Kirchenarchitektur. Grundform ist ein rechteckiger, kuppelgedeckter Zentralteil mit in Kreuzform angegliederten Tonnengewölben, die auch Kuppeln tragen können.

Bei der Ausschmückung der Kirchenräume entwickelt sich eine hochstehende Kunst der Freskomalerei und der Mosaikgestaltung.

Diese Arbeiten beeinflussten die Kirchenbau- und Sakralkunst bis weit in die Zeit der Gotik.

Romanik

(ca. 11. bis 13. Jahrhundert)

Die romanische Kunstepoche verkörpert einen neuen, selbstbewussten Ausdruck, wie er im öffentlichen und religiösen Leben jener Zeit nach dem Verlöschen der rivalisierenden Imperien des Ost- und Weströmischen Reiches in Westeuropa auflebte. Eines der markantesten Erkennungsmerkmale des Romanischen Baustils sind die Rundbögen an Fenstern, Portalen oder Fassaden.

Während in die vielfach in Süditalien anzutreffenden **Normannischen Stilrichtung** der Romanik arabische Elemente einfließen (z. B. Dom von Cefalù in Sizilien oder Dom von Amalfi), bilden sich in Oberitalien gleich drei verschiedene Stilnuancen heraus:

– Der **Lombardische Stil**. Schöne Beispiele sind der Innenhof von S. Ambrogio in Mailand, die Dome in Modena, Verona und Parma, die Kirche San Pietro in Tuscania bei Viterbo u. a.

– Der **Pisaner Stil**. Vor allem Campanile, Baptisterium und Dom zu Pisa, aber auch die Fassade von San Michele in Foro in Lucca oder der Dom von Pistoia zählen zu dieser Richtung des Romanischen Stils.

– Der **Florentiner Stil**. Typische Beispiele dafür sind San Miniato al Monte in Florenz, der Dom in Spoleto, die Kirche San Francisco in Assisi u. a.

Ein weiteres Stilelement oberitalienischer Romanik ist die Verwendung verschiedenfarbigen Marmors, der oft in schwarz-weißen Streifenmustern an Kirchenfassaden verarbeitet wird.

In der nichtsakralen, profanen Architektur kann das mittelalterliche San Gimignano (Provinz Siena) mit seinen ehemals 72 Geschlechtertürmen als ein hervorragendes Beispiel und gut erhaltenes Ensemble gelten.

Einer der bedeutenden Baumeister und Bildhauer der italienischen Romanik war u. a. der aus der Lombardei stammende **Lanfranco.** Er schuf im 12. Jh. den Dom von Modena.

Die Zeit der Romanik brachte herrliche Kirchenmalereien und wunderbare Plastiken hervor (z. B. die Bronzetüren des Doms von Pisa von Bonanno aus dem Ende des 12. Jh.). Erstmals seit der statischen, starren Figurendarstellung der byzantinischen Epoche (Ikonenmalerei) beginnen die Künstler ihre dargestellten Figuren von dieser Starre zu befreien.

Der Florentiner **Cimabue** (ihm wird das Kruzifix in der Kirche San Domenico in Arezzo zugeschrieben, außerdem schuf er Fresken in Assisi) oder der aus Siena stammende **Duccio di Buoninsegna** gelten als führende Maler dieser Schule.

Unter den großen Malern und Bildhauern in der italienischen Romanik sind außerdem Namen wie **Antelami, Wiligelmo, Bonanno, Cavallini** aber auch die Gebrüder **Begarelli** zu nennen. Letztere schufen das prächtige Taufbecken im Baptisterium von Pisa.

Einer der bedeutendsten Künstler der oberitalienischen Romanik aber war zweifellos der Bildhauer **Niccolò Pisano**. Er lebte zwischen 1225 und 1278 und schuf einige der prächtigsten Bildhauerarbeiten in Italien. Dazu zählen vor allem die wunderbaren Marmorkanzeln im Baptisterium des Doms von Pisa und im Dom von Siena, sowie der Brunnen Fontana Maggiore auf dem Domplatz von Perugia.

Die **Literatur** des 13. Jh. war noch stark von der Kultur der Mönchsorden geprägt, entwickelte sich also im Sinne des Klerus. Schriften eines **Giacomino da Verona**, **Jacopone da Todi** oder **Franz von Assisi** gehören in diese Epoche.

Gotik

(etwa 13. und 14. Jh. – Trecento)

Während die Künstler in der Lombardei und in Pisa der Romanik bis ins 14. Jh. treu bleiben, kommt der gotische Stil schon im 13. Jh. mit Zisterziensermönchen aus Frankreich über Latium und die Toskana nach Italien. Die ersten gotischen Bauwerke sind die Abteien von Fossanova (Latium), Chiaravalle (Lombardei) und San Galgano in der Toskana.

Um Konfusionen bei der Beschreibung der italienischen Kunstepochen zu vermeiden, müssen einige Zeitbegriffe erläutert werden. Während unsere geschichtliche Zeiteinteilung die Jahrhunderte kennt (13. Jh., 14. Jh. etc.), spricht man im Italienischen vom *Duecento, Trecento, Quattrocento, Cinquecento, Seicento* etc.

Diese beiden Einteilungen sind nicht zu verwechseln! Mit *Duecento* wird nicht etwa das 12. Jh. (1101 – 1199), mit *Trecento* also nicht das 13. Jh. (1201 – 1299) bezeichnet, sondern man meint damit die 1200er Jahre (1201, 1202 usw.), die 1300er Jahre (1301, 1302 usw.).

Außerdem bezeichnet das **Trecento** (14. Jh.) auch die Zeit der Gotik in Italien, das **Quattrocento** (15. Jh.) die Frührenaissance, das **Cinquecento** (16. Jh.) die Zeit der Hochrenaissance und **Seicento** (17. Jh.) die Zeit des Barock.

Vor allem im Trecento, der Blütezeit der italienischen Gotik, bilden sich außer in der Lombardei (Bergamo, Pavia, Mailänder Dom u. a.) und in Venetien (Padua, Verona, Vicenza, Venedig Dogenpalast u. a.) vor allem Florenz und Siena zu den großen Kunstzentren jener Stilepoche heraus.

Zwar übernehmen die italienischen Baumeister gerne die gotischen Elemente des Spitzbogens und des auf Säulen ruhenden Kreuzgewölbes, die kühne, „himmelstrebende" Linie der großen gotischen Kathedralen und Dome in Frankreich und Deutschland erreichen sie jedoch – mit Ausnahme des hochgotischen Mailänder Doms – nur selten. Eher versucht man eine Fusion zwischen Romanik und Gotik zu bilden.

Augenfällige Beispiele aus der hohen Zeit der italienischen Gotik sind die prächtig dekorierten Prunkfassaden der Dome von Florenz, Siena und Orvieto.

Unter den Profanbauten zählen der Palazzo Vecchio in Florenz, den wahrscheinlich *Arnolfo di Cambio* noch Ende des 13. Jh. begonnen hat, dann der Palazzo Pubblico in Siena, aber auch der Palazzo dei Consoli in Gubbio zu den Meisterwerken.

Auch die Loggien, die offenen Hallen, wie die an der Piazza della Signoria in Florenz, sind Zeugnisse jener Stilepoche.

Auf dem Gebiet der **Malerei** wird vor allem von **Giotto** mit Erfolg versucht, die ikonenhafte Starre der Bildnisse und Gestalten durch realistische menschliche Züge und Proportionen zu beleben und in den Werken durch Perspektiven und Einbeziehung von Landschaften räumliche Tiefe anzudeuten.

Dieser wichtige Schritt in der Weiterentwicklung der Kunstsicht sollte letztendlich auch den Weg für die große Zeit der Renaissance ebnen.

Namen großer italienischer Baumeister, Maler und Bildhauer sind mit der Zeit der Gotik verbunden.

Arnolfo di Cambio, Bildhauer und Baumeister, ist hier zu nennen. Er schuf u. a. ausgangs des 13. Jh. die Kirche Santa Croce in Florenz.

Lorenzo Maitani stammte aus Siena und wirkte u. a. an der Gestaltung der Domfassade in Orvieto mit.

Giovanni Pisano (1250 – 1314), Sohn des Niccolò Pisano, gilt als größter Bildhauer der gotischen Stilepoche Italiens. Zu seinen Meisterwerken zählen die Kanzeln im Dom zu Pisa und S. Andrea in Pistoia.

Andrea Pisano (1295 – 1349), Baumeister und Bildhauer, schuf um 1330 das erste Bronzerelief am Portal des Baptisteriums in Florenz mit Motiven aus dem Leben Johannes' des Täufers. Von 1336 bis 1346 war er Baumeister am Dom von Florenz.

Unter den Malern dominieren zwei Namen, die die Epoche der Gotik prägen – **Giotto** und **Duccio**. Der Florentiner **Giotto di Bondone** lebte und arbeitete zwischen 1266 und 1337. Ihm ist in aller erster Linie die oben erwähnte Weiterentwicklung der gotischen Malerei zu verdanken. Zu Giottos bedeutendsten Arbeiten werden der Freskenzyklus des Hl. Franziskus in Assisi, Fresken in der Kirche Santa Croce in Florenz und in der Arena-Kapelle in Padua gezählt. Von 1334 an ist Giotto auch Dombaumeister in Florenz.

Aus der Schule Giottos kamen u. a. **Andrea Orcagna** (eigentlich *Andrea di Cione*), der auch als Baumeister und Bildhauer (Altar von Orsanmichele in Florenz) tätig war, sowie **Giottino, Antonio Veneziano, Spinello Aretino** u. a.

Duccio (1255 – 1319), der hauptsächlich in Siena wirkte, gilt als Begründer der Sieneser Schule. Einer seiner bedeutendsten Schüler ist *Simone Martini*. Er schuf u. a. Fresken im Palazzo Pubblico in Siena.

Außerdem müssen die Gebrüder **Ambrogio** und **Pietro Lorenzetti** als bedeutende Maler in der Zeit der Gotik Erwähnung finden.

Einen ersten Höhepunkt erreichte die italienische **Literatur** im 14. Jh. **Giovanni Boccaccio** mit seinem „Decamerone", **Francesco Petrarca** („Canzioniere") und natürlich **Dante** mit seiner „Divina Commedia" waren die großen Meister ihrer Zunft und prägten mit ihren Werken nicht nur die Literaturgeschichte ihrer Zeit, sondern darüber hinaus auch die Entwicklung der Schriftsprache Italiens.

Giovanni Boccaccio (1313 – 1375), bedeutender Dichter und Humanist stammt wahrscheinlich aus Florenz. Sein genauer Geburtsort ist nicht überliefert. Bekannt wurde der Dichter für die damals in Italien unbekannte Form der dichterischen Erzählung in Versform.

Das große Interesse Boccaccios, der mit Petrarca befreundet ist und eng mit ihm zusammenarbeitet, galt den antiken Dichtern, die er übersetzte.

Ein anderer Schwerpunkt seiner Arbeit ist das Werk „Vita di Dante" eine Biographie über Dante, den er sehr verehrte. Über die Grenzen Italiens hinaus bekannt aber wurde Boccaccio mit seiner Sammlung sinnenfroher Geschichten, dem „Decamerone".

Francesco Petrarca (1304 – 1374) aus Arezzo war einer der großen Dichter, Philosophen und Humanisten Italiens im 14. Jh.

Petrarca studierte Rechtswissenschaften und war danach lange am päpstlichen Hof in Avignon tätig. Er schreibt Lyrik und Gedichte in besonders wohlgesetzten Worten. Oft besingt er in seinen Kanzonen und Sonetten seine große Liebe Laura. Petrarca entdeckt die antiken Schriftsteller neu und wird mit seinen lateinischen Schriften und Dichtungen ein Wegbereiter des Humanismus.

Dante Alighieri (1265 – 1321), *Durante* oder *Dante,* wird als Sohn des Rechtsgelehrten Alighieri auf dessen Gut vor Florenz am 30. Mai 1265 geboren.

Als achtzehnjähriger schreibt Dante eines seiner ersten Werke „Vita nova" „Vom neuen Leben". Dieser fast autobiographische Roman ist geprägt von den tiefen Gefühlen, die der junge Dante seiner angebeteten Jugendliebe Beatrice Portinari entgegenbringt. Beatrice heiratet allerdings den Adligen Simone dei Bardi und stirbt schon vier Jahre später während einer in der Stadt grassierenden Epidemie.

Mit 27 Jahren heiratet Dante Gemma Donati. Die Dame entstammt einer vornehmen guelfischen Familie. Die Heirat bindet Dante noch enger an die „Schwarzen" und ihren Führer und Freund des Hauses Alighieri, Corso Donati.

Dante Alighieri, der große Florentiner Dichter des 13. und 14. Jh., befasst sich in seinen Werken auch mit den politischen und gesellschaftlichen Veränderungen seiner Zeit. Dieses Engagement und seine Stellungnahmen in Werken wie „De monarchia" (über das Kaisertum) bringen ihn in das Räderwerk der Politik und zwischen die rivalisierenden Gruppierungen der kaisertreuen Ghibellinen und den papsttreuen Guelfen.

Zwar tritt Dante aus Familientradition zunächst der Partei der Guelfen bei, wendet sich dann aber, vor allem wegen zunehmender ungerechtfertigter und gewalttätiger Ausschreitungen der „Schwarzen" Guelfen (Neri) den Weißen Ghibellinen (Bianchi) zu. Mit dieser Partei wird Dante Mitglied des Rates von Florenz und ist fürderhin bei seinen früheren Bundesgenossen als Kaisertreuer verhasst.

1302 führen diese Differenzen sogar dazu, dass Dante zusammen mit anderen „weißen" Prioren in Abwesenheit zum Feuertode verurteilt wird. Dante kann nicht mehr nach Florenz zurückkehren. Er flieht zunächst nach Bologna und geht später nach Padua und Verona und schließlich nach Ravenna.

Neben seinen philosophischen Schriften und lyrischen Dichtungen ist es vor allem die 1319 im Exil in Ravenna vollendete „Divina Commedia", die „Göttliche Komödie", die Dante als „Vater der italienischen Dichtung" in die Literaturgeschichte eingehen lässt.

In 100 Gesängen schildert Dante seine visionäre Wanderung durch das Fegefeuer, die Hölle und durch das Paradies. Sein Führer durch die Unterwelt ist Vergil, der Dichter des römischen Kaisers Augustus. Da Vergil Heide ist, muss er an der Pforte zum Paradies umkehren. Und niemand anderer als Beatrice begleitet Dante nun auf dem Wege durch das Land der Seligen.

Dante stirbt im Alter von 56 Jahren am 14. September 1321 in Ravenna. Sein Grab blieb lange verschollen und wurde erst 1865 zu seinem 600sten Geburtstag im Kreuzgang der Franziskanerkirche zu Ravenna wieder entdeckt. Seine Heimatstadt Florenz schaffte es erst 1829 nach mehreren vergeblichen Anläufen, ihrem berühmten Sohn ein Denkmal in der Kirche Santa Croce zu setzen.

Renaissance

(15. und 16. Jahrhundert)

Das Ende mittelalterlichen Denkens kündigt sich mit dem **Humanismus** an. Der Mensch tritt in den Mittelpunkt des Geisteslebens, die Wissenschaften gewinnen an Bedeutung. Ideen des lebensfrohen antiken Geistes werden wiederbelebt (Renaissance, Renascimento = Wiedergeburt).

Wiedergeboren werden die kunst- und weltanschaulichen Ideale der Antike, allerdings in einer idealisierenden Form, die den Menschen in einer heiteren Form in den Vordergrund rückt. Man sieht das Schöne, Harmonische.

Auf dem Gebiet der bildenden Kunst werden die Formen des menschlichen Körpers neu entdeckt. Eine Harmonie der Proportionen wird angestrebt, die Perspektiven werden präziser.

Auch hier war es wieder und vor allem Florenz, das künstlerischen Größen wie **Fra Angelico, Botticelli, Brunelleschi, Donatello, Masolino, Uccello, Filippo Lippi** und anderen erlaubte und ermöglichte, diesem neuen Denken Ausdruck zu verleihen.

Bis weit ins 16. Jh. hinein schufen Architekten, Bildhauer und Maler vor allem in der Toskana Kunstschätze von einer Vielfalt und einem Rang, die ihresgleichen auf der Welt suchen. In jener Zeit lebten und arbeiteten Genies wie **Leonardo da Vinci, Michelangelo, Raffaelo, Tizian** und **Veronese**, um nur einige der klangvollsten Namen zu nennen.

Als Symbol für die große Zeit der Renaissance könnte man Filippo Brunelleschis Kuppel auf dem Dom von Florenz ansehen, eine in jeder Hinsicht spektakuläre Arbeit jener Epoche.

Frührenaissance

(15. Jh. – Quattrocento)

Die Zeit der Frührenaissance ist für die italienische Architektur eine der schöpferischsten Perioden.

Einer der herausragenden **Baumeister** jener Zeit ist **Filippo Brunelleschi** (1377 – 1446). Anfänglich als Goldschmied und Bildhauer tätig, arbeitete er später als richtungsweisender Architekt. Sein aufsehenerregendes und bedeutendstes Werk ist zweifellos die erwähnte Domkuppel von Florenz. Von ihm stammen auch die Pazzi-Kapelle und die Kirchen Santo Spirito und San Lorenzo.

Zu den namhaften **Bildhauern** der Frührenaissance zählen:

Lorenzo Ghiberti (1378 – 1455). U. a. schuf er zwei der Bronzetüren, (darunter die berühmte „Paradiestür") am Baptisterium von Florenz.

Donatello (1386 – 1466), ein Schüler Ghibertis. Eines seiner Meisterwerke ist die Plastik „Judith und Holofernes", die am Palazzo Vecchio steht.

Lucca (1399 – 1482) und **Andrea della Robbia** (1435 – 1525), die eine neue Modelliertechnik mit glasierter Terrakotta einführten (Beispiel „Madonna mit dem Kissen").

Andrea del Verrocchio (1435 – 1488). Von ihm stammt z. B. die berühmte Bronzestatue „David", die heute im Bargello in Florenz zu sehen ist.

Wie viele andere Bildhauer tat sich auch Verrocchio als Maler hervor. Eines seiner Werke ist „Die Taufe Christi", zu sehen in den Uffizien. Das Bild hat besondere Bedeutung in der Kunstgeschichte. Den knienden blonden Engel links im Bild malte nämlich niemand anders als der 20-jährige Leonardo da Vinci, ein Schüler Verrocchios, der damit sein Können erstmals unter Beweis stellte.

Einer der frühen Maler der Frührenaissance ist der Dominikanerpater **Fra Angelico**. Er lebte zwischen 1387 und 1455 und wird als Meister der klaren Linie und mutigen Farbgebung eingestuft. Von ihm stammen u. a. „Das Jüngste Gericht" oder „Die Flucht aus Ägypten" im Museum San Marco in Florenz. Außerdem sind Werke von ihm im Diözesanmuseum in Cortona und in der Nationalgalerie von Umbrien in Perugia zu sehen.

Masaccio, eigentlich **Tommaso di Giovanni** (1401 – 1428) schuf mit den Fresken in der Capella Brancacci von S. Maria del Carmine in Florenz ein Meisterwerk, das von vielen späteren Malern, von Leonardo da Vinci bis Michelangelo, wegen seiner beispielhaften Raum- und Lichtaufteilung studiert wird. Bewundernswert u. a. die Motive „Die Vertreibung von Adam und Eva aus dem Paradies" und „Der Zinsgroschen".

Fra Filippo Lippi (1406 – 1469) war Karmelitermönch, arbeitete vornehmlich in Florenz. Berühmt sind seine Madonnenbilder und seine Fresken im Dom von Spoleto.

Sandro Botticelli (1444 – 1474) kommt aus der Werkstatt des Filippo Lippi. Botticelli ist ein Meister der zarten Farben und anmutigen Darstellungen. Mit „La Primavera" (Der Frühling) und vor allem mit „Geburt der Venus", zu sehen in den Uffizien in Florenz, schafft er bedeutende Werke der Renaissance.

Paolo Uccello (1397 – 1474) malt große Wandbilder mit Schlachtenmotiven wie z. B. „Die Schlacht von San Romano", zu sehen in den Uffizien.

Pierro della Francesca (1416 – 1492), bedeutender Portrait- und Freskenmaler. Von ihm stammen u. a. das „Portrait des Herzogs Federico da Montefeltro" (Uffizien), das „Triptychon von San Antonio" in der Umbrischen Nationalgalerie in Perugia und der „Freskenzyklus vom Heiligen Kreuz" in der Kirche San Francesco in Arezzo.

Domenico Veneziano (1401 – 1461) und **Giovanni Bellini** (1430 – 1516) arbeiten vor allem in Venedig. Sie schaffen u. a. Altarbilder, die für ihre kräftigen Farben bekannt sind.

Signorelli ist ausgangs des 15. Jh. tätig. Besonders wertvoll sind seine Fresken im Dom von Orvieto.

Hochrenaissance

(16. Jh. – Cinquecento)

Die Renaissance, eine der blühendsten Kunstepochen Italiens, verlagert ihr Zentrum – nicht zuletzt unter dem Einfluss der Päpste – mehr und mehr von Oberitalien (Florenz, Venedig, Mailand) nach Rom.

Der große Name in der **Architektur** des Cinquecento ist **Donato Bramante**. Bramante lebte zwischen 1444 und 1514 und schuf einen ganz neuen, an Stilelementen der Antike orientierten Fassadenstil mit einer genauen Ordnung von Fenstern, mit Dreiecksgiebeln, Gesimsen, Nischen und Säulen.

Bramante arbeitete anfangs in Mailand, dann in Urbino und später in Rom, wo er den mittleren Teil der Peterskirche zeichnete und konzipierte.

Michelangelo Buonarroti (1475 – 1564), geboren in Caprese (Provinz Arezzo), stammt aus einer Florentiner Familie. Michelangelo war Architekt, Bildhauer, sogar Dichter und Maler in einer Person. Viele Jahre seines Arbeitslebens verbrachte er in Rom, wo er einige seiner schönsten Werke hinterließ.

Für nicht weniger als sieben Päpste erledigte er Auftragsarbeiten und schuf dabei so Grandioses wie die Marmorplastik „Pieta" im Petersdom oder die Fresken in der Sixtinischen Kapelle, die zu den größten Kunstwerken überhaupt zählen. Michelangelo zeichnete aber auch verantwortlich für die Kuppel des Petersdoms oder für die harmonische Piazza del Campidoglio in Rom mit ihren Renaissancepalais. Später ging Michelangelo wieder zurück in seine Vaterstadt Florenz. Dort schuf er mit dem „David" (Akademie Museum in Florenz) und den Grabstätten der Medici in San Lorenzo den Glanzpunkt seines Schaffens als Bildhauer. Michelangelo, zweifellos das größte Kunstgenie der italienischen Renaissance, starb im hohen Alter von 89 Jahren in Rom.

Giorgione da Castelfranco (1477 – 1510) ist einer der bedeutenden Maler in Venedig. Er befasst sich mit in dramatischer Weise dargestellten Landschaften. Zu seinen Meisterwerken zählen „Das Gewitter", „Die Drei Philosophen" u. a..

Raffael (1483 – 1520), eigentlich Raffaelo Santi, wird in Urbino als Sohn des Malers Santi geboren. Raffael, damals noch Mitglied der Schule Peruginos, kommt 1504 von Perugia nach Florenz. 1508 geht er nach Rom. Seine künstlerische Entwicklung ist beeinflusst von Leonardo da Vinci und Michelangelo. Raffael ist ab 1515 bis zu seinem Tod Bauleiter von St. Peter in Rom.

U. a. wird Raffael berühmt für seine Madonnenbilder („Madonna mit dem Stieglitz", „Madonna della Sedia", beide in Florenz) und seine Bildnisse großer Persönlichkeiten seiner Zeit wie Donna Velata, Papst Leo X. u. a.

Tizian (ca. 1488 – 1576), eigentlich **Tiziano Vecellio**, ein Schüler Giovanni Bellinis, arbeitet vornehmlich in Venedig und ist einer der großen Genies der Malerei in der Renaissance. Zu seinen Meisterwerken wird „Mariä Himmelfahrt" in der Frari-Kirche oder „Mariä Tempelgang" in der Akademie, beide in Venedig, gezählt. Tizian war aber auch an vielen Höfen Europas als Portraitmaler tätig. So schuf er Bildnisse von Karl V. von Spanien (Prado, Madrid) und Franz I. von Frankreich.

Nur wenige seiner Werke sind in Florenz zu sehen. Aufsehen erregte z. B. sein Werk „Venus von Urbino" das in den Uffizien zu bewundern ist.

Tintoretto (1518 – 1594), eigentlich **Jacopo Robusti**, arbeitete in Venedig. Er verarbeitete in seinen Gemälden viele religiöse Motive mit oft dramatischer Farbgebung. Als seine Hauptwerke werden u. a. der Bilderzyklus aus dem Alten und Neuen Testament, der in der Scuola di San Rocco in Venedig zu sehen ist, oder das „Abendmahl" in San Giorgio Maggiore, ebenfalls in Venedig, gezählt. In den Uffizien ist z. B. Tintorettos „Leda mit dem Schwan" zu bewundern.

Bedeutende Maler der Spätrenaissance (und des Manierismus) waren außerdem der venezianische Maler **Paolo Veronese** (1528 – 1588, „Fest im Hause Levis", Accademia, Venedig), **Andrea del Sarto** (1486 – 1531), der u. a. die Fresken in San Annunziata in Florenz schuf oder **Rosso Fiorentino** („Engel mit der Laute", Uffizien).

Leonardo da Vinci gilt als das große Universalgenie schlechthin. Er gehörte nicht nur zu den herausragenden Bildhauern, Baumeistern und Malern der Hochrenaissance, sondern ging auch als bahnbrechender Erfinder, Vordenker und geistiger Vater vieler physikalischer Phänomene und Konstrukteur neuartiger technischer Gerätschaften in die Geschichte ein.

Leonardo wird im April 1452 auf einem schlichten bäuerlichen Anwesen in der Nähe von Vinci in der Toskana geboren. Sein Vater Piero entstammt einer alten Advokatenfamilie, die den Namen ihrer Vaterstadt Vinci im Namen führen darf, also *da Vinci.* Da allerdings Leonardos Mutter Caterina aus einfachen Verhältnissen kommt, trennt sich Pierro auf Drängen der Familie da Vinci von seiner nicht standesgemäßen Frau und Leonardo wächst bei seiner Großmutter auf.

Mit sechzehn Jahren erreicht es Leonardo gegen den anfänglichen Widerstand seines Vaters, in die Florentiner Werkstatt des Bildhauers und Malers Andrea del Verrocchio, dem „geschätzten Lehrer in der Unterweisung aller Künste", einzutreten. Erstes Aufsehen erregt er im einflussreichen Künstlerzirkel von Florenz mit einer Engelsgestalt, die er in das Gemälde „Taufe Christi" seines Meisters Verrocchio einfügen darf.

Aber Leonardo begnügt sich nicht mit der Malerei. Er studiert physikalische Probleme, seziert Leichen, um in der Anatomie des Menschen kundig zu werden. Seine Skizzenbücher sind voll mit Zeichnungen von Armen, Beinen, Muskelstrukturen, aber auch von rollenden Festungen, Kriegswerkzeug, Fallschirmen, Ideen zu Flugmaschinen, Messgeräten, Maschinen etc.

1482 kommt Leonardo nach Mailand. Die vom Herzog Lodovica Sforza erhofften Aufträge aber bleiben anfangs aus. Er malt Cecilia Gallerani, eine Freundin des Herzogs. Das Bild wird unter dem Titel „Dame mit Hermelin" berühmt. Später erhält Leonardo den Auftrag zu einem monumentalen Reiterstandbild und 1495 wird ihm die Aufgabe übertragen, das Refektorium des Klosters Santa Maria delle Grazie auszumalen. Dort entsteht eines der Meisterwerke Leonardos, das „Letzte Abendmahl", das heute leider weitgehend zerstört ist.

Nach dem Sturz des Mailänder Herzogs kehrt Leonardo über Venedig nach Florenz zurück. Hier beginnt er 1500 mit dem Altarbild „Heilige Anna Selbdritt", das aber erst zehn Jahre später vollendet werden sollte.

1503 erhält Leonardo von der Signoria in Florenz einen großen Auftrag. Er soll im Palazzo Vecchio ein monumentales Schlachtengemälde erstellen. Vorschuss wird gezahlt. Leonardo beginnt mit der Arbeit, begeht aber (schwer zu glauben) erneut den verhängnisvollen Fehler, auf den Mauerkalk nicht wie üblich in bewährter Freskomanier, sondern wie schon beim unbefriedigenden Versuch beim „Abendmahl" in Mailand mit Öl auf den Putz zu malen. Der Versuch misslingt.

Leonardo verlässt die Arbeit, was ihm als Veruntreuung von Staatsgeldern angekreidet wird. Dieser Vorfall ist auch der ausschlaggebende Anlass zu einer langen Feindschaft und tiefen Abneigung zwischen Leonardo da Vinci und Michelangelo.

In jener Zeit arbeitet Leonardo an einem Portrait von Lisa di Antonio Maria di Noldo Gherardini, der Frau des wohlhabenden Florentiners Bartolomo del Giocondo. Es entsteht Leonardos berühmte „Mona Lisa", über deren geheimnisvolles Lächeln ganze Abhandlungen geschrieben wurden. Sicher ist, dass Leonardo rund vier Jahre an dem Gemälde arbeitete und versucht haben soll, sein Modell, Frau Giocondo, Madonna Lisa, Kurzform Mona Lisa, möglichst immer bei gleicher Stimmung zu malen.

Leonardo da Vinci
1452 – 1519
mit frdl. Gen. OT Amboise

Leonardo hat das Bild nie seinem Auftraggeber abgeliefert, es erschien ihm offenbar noch nicht vollkommen. Selbst nach Frankreich nimmt er das Gemälde später mit. Auf diese Weise wohl kam es nach seinem Tode in französischen Kunstbesitz und dann irgendwann in die Staatssammlung des Louvre.

Leonardo wird in Rom, dem neuen Kunstzentrum des Landes, nie zu großen Aufgaben berufen. Der ihm feindselig gestimmte Michelangelo und der Baumeister Bramante, den Leonardo aus armen Tagen in Mailand her kennt, haben die Verbindungen zu den auftragvergebenden Päpsten und sie beherrschen die Kunstszene in Rom.

1516 schließlich nimmt Leonardo da Vinci die Einladung des französischen Königs Franz I. an und geht nach Amboise an der Loire, einer der bevorzugten Residenzen des Königs. U. a. zeichnet Leonardo dort Pläne für die Schlösser Blois und Chambord.

Am 2. Mai 1519 stirbt Leonardo da Vinci 67jährig auf seinem Schlösschen Manoir de Clos-Lucé bei Amboise, in dem er während seiner Zeit in Frankreich gelebt hat. Er wird in der Schlosskirche von Amboise beigesetzt.

Das Universalgenie Leonardo da Vinci hatte Zeit seines Lebens wohl kein besonders inniges Verhältnis zu irdischen Gütern. Jedenfalls machte ihn sein begnadetes Kunstschaffen alles andere als zu einem wohlhabenden Mann. Und hätte er im Alter nicht die gut dotierte Einladung nach Frankreich erhalten, wäre der große Meister der Hochrenaissance vielleicht mittellos in einem namenlosen Armengrab beigesetzt worden.

Vor diesem Hintergrund klingt die Nachricht, die im Juli 2001 durch die Presse geisterte, noch bizarrer, aus der man erfuhr, dass eine einzige und gerade mal 12 mal 7,8 Zentimeter große Silberstiftskizze mit dem Titel „Pferd und Reiter" von Leonardo da Vinci bei einer Versteigerung des Auktionshauses Christie's die verrückte Summe von 26 Millionen (damals) Mark erbrachte. Angeblich soll das die größte Summe gewesen sein, die je für eine Zeichnung eines Meisters der Renaissance bezahlt wurde.

Ermöglicht wurde die so überaus schöpferische Entwicklung der Kunst und Kultur im Florenz des 16. Jh., dem Zentrum der Macht der Medici, vor allem von **Cosimo de Medici**, Großherzog der Toskana. Er förderte die Künste maßgeblich.

Außerdem veranlasste er **Georgio Vasari** dazu, eine erste Kunstgeschichte der Renaissance zu verfassen, die dann 1550 in Florenz gedruckt wurde.

Auf dem Gebiet der **Literatur** des 16. Jh. errang **Torquato Tasso** (1544 – 1595) großes Ansehen.

Die Epoche des **Manierismus** ist eine Zeit des Übergangs zwischen der Hochrenaissance und dem Barock und umfasst ungefähr die Zeitspanne von Mitte/Ende des 16. bis etwa Mitte des 17. Jh.

Eines der Merkmale in der Malerei des Manierismus, der eigentlich kein eigenständiger Stil, sondern mehr eine Variante des Renaissancestils ist, sind u. a. übersteigert dargestellte Posen und Ausdrucksformen, unrealistische Lichteffekte und die Hinzufügung vieler Verzierungen, was den Motiven ein künstliches, unnatürliches Gepräge verleiht.

Zu den namhaften italienischen **Architekten des Manierismus** werden **Bartolomeo Ammannati** (Schüler von Michelangelo und auch Bildhauer, u. a. „Leda mit dem Schwan“), **Maderno, Peruzzi, Della Porta, Giulio Romano, Vignola** und vor allem **Andrea Palladio** gezählt, der z. B. Baumeister der Kirche San Giorgio Maggiore in Venedig war.

Unter den **Bildhauern** sind es **Jacopo Sansovino** (auch ein herausragender Architekt, der 1540 die Loggetta von San Marco in Venedig errichtete), **Benvenuto Cellini** (er schuf u. a. 1553 die Bronzeskulptur „Perseus“ auf der Piazza della Signoria in Florenz), **Giambologna** und **Vittoria,** die Großes in der Zeit des Manierismus schufen

Toskanische **Maler,** die der Stilrichtung des Manierismus zugerechnet werden, sind der vielseitige **Vasari,** dann **Andrea del Sarto, Rosso, Bronzino, Pontormo, Beccafumi** u. a.

In Venedig arbeiten in jener Zeit **Bassano, Palma, Veronese** und **Tintoretto.**

Barock

(17. und 18. Jahrhundert)

Die Kunst des Barock, ein Stil der Vielfalt und Üppigkeit der Formen, mit Effekten von fast bühnenhafter, theatralischer Manier, nahm in Italien vor allem in Rom seinen Anfang. Weniger häufig findet man große Barockbauten in der Toskana.

Als Wegbereiter der barocken Architektur wird **Gian Lorenzo Bernini** (1598 – 1680) genannt. Zu den Meisterwerken Berninis, der auch ein brillanter Bildhauer war, zählen u. a. die halbrunden Säulenhallen am Petersplatz, der gewaltige Bronzebaldachin und der Stuhl von St. Peter, Brunnen und Skulpturen auf der Piazza Novana und die Vorlagen zum berühmten Trevi Brunnen in Rom, den **Nicola Salvi** dann schließlich ausführte.

Ein weiterer den Stil des italienischen Barock beeinflussender Architekt ist **Francesco Borromini**, ein Zeitgenosse Berninis.

Weiter im Süden bildete sich der formenreiche „Lecce Barock“ heraus.

Auf dem Gebiet der Malerei schufen **Caravaggio** (1573 – 1610), eigentlich *Michelangelo Merisi* mit Namen, der in seinen Werken die dramatische Geste und den Hell-Dunkel-Kontrast liebte, dann die in Bologna (Emilia Romagna) tätigen neapolitanischen und Genueser Künstler **Annibale Carracci, Domenichino, Guercino** oder **Guido Reni** und vor allem die vornehmlich in Venedig wirkenden großen Meister **Bellotto, Canaletto, Guardi, Longhi, Piazzetta** und **Giambattista Tiepolo** (1696 – 1770) herausragende Bilder.

Klassizismus und Romantik

(18. und 19. Jahrhundert)

Der Kunststil des Klassizismus beginnt sich ab etwa Mitte des 18. Jh. herauszubilden. Er nimmt sich antike Stilelemente zum Vorbild. Als Paradebeispiel klassizistischer Architektur in Italien gilt die Piazza de Ferrari und deren Bauwerke in Genua. Die Romantik des 19. Jh. fällt in Italien zusammen mit der Einigung des Landes. Der Überschwang nationaler Gefühle schlägt sich in den Kunstformen nieder.

GROSSE NAMEN ITALIENS

Kurzporträts berühmter italienischer Persönlichkeiten. Große Namen aus Kunst und Literatur werden im vorangegangenen Artikel „Kunstepochen und ihre Meister" vorgestellt.

Vincenzo Bellini (1801 – 1835), Siziliens großer Tondichter, erblickte am 3. November 1801 in Catania das Licht der Welt.

Bellini, der schon mit drei Jahren Klavier spielte, entstammt einer Familie von Kirchenmusikern. Ersten Musikunterricht bekommt er von seinem Großvater. Um 1815 schreibt der 14jährige Bellini seine ersten Kompositionen, meist Lieder, die in den Salons des gehobenen Bürgertums vorgetragen werden.

Im Februar 1825 schließlich kann Bellini in Catania seine erste Oper „Adelson e Salvini" aufführen. Diese Komposition öffnet Bellini den Weg an die Opernhäuser in Neapel und Mailand. An der Mailänder Scala schaffte er mit der Oper „Il Pirata" 1827 seinen endgültigen Durchbruch. Es folgen Erfolge in Mailand und Venedig, aber auch Niederlagen, wie die missglückte Uraufführung der Oper „Norma" im Dezember 1831 an der Scala. Angeblich sollen von einem neidischen Kollegen Claqueure gekauft worden sein, die die Premiere auspfiffen. Spätere Aufführungen der Oper „Norma" wurden dagegen Erfolge.

Es folgen Gastspiele in London und Paris, wo Bellini 1835 seine letzte Oper „I Puritani" erfolgreich uraufführt, wofür er mit dem Orden der Ehrenlegion ausgezeichnet wird.

Am 23. September 1835 stirbt Bellini im Alter von 34 Jahren auf seinem Landsitz bei Paris. Am 2. Oktober findet im Pariser Invalidendom eine große Trauerfeierlichkeit statt, von der berichtet wird, dass sie einem Staatsbegräbnis würdig gewesen wäre. 1876 schließlich werden Bellinis sterbliche Überreste nach Catania überführt. Bellinis Grabmal findet man in der Kathedrale von Catania.

Giovanni Boccaccio (siehe unter „Kunstepochen und ihre Meister" – Gotik, Literatur).

Giacomo Girolamo Casanova stammte aus Venedig und lebte von 1725 bis 1798. Er selbst nannte sich auch Chevalier de Seingalt. Casanova, eigentlich ein Schriftsteller, wurde durch sein recht bewegtes und abenteuerliches Leben zum Inbegriff des Lebemannes und galanten Herzensbrechers. Seine zahlreichen Frauen- und Spielaffären brachten ihm ständig Ehrenhändel ein, denen Casanova gewöhnlich durch eilige Flucht zu entgehen trachtete. 1756 allerdings brachten ihn seine Affären in die berüchtigten Bleikammern von Venedig, aus denen er aber entfliehen konnte. Erst als alternder Playboy findet Casanova auf dem Gut eines böhmischen Grafen die Zeit, seine turbulente Lebensgeschichte niederzuschreiben.

Dante Alighieri (siehe unter „Kunstepochen und ihre Meister" – Gotik, Literatur).

Galileo Galilei, Italiens großer Mathematiker, Astronom und Philosoph des 16. und 17. Jh. wurde 1564 in Pisa geboren.

Galilei studierte den Fall von Gegenständen im freien Raum und bediente sich dabei oft des schiefen Turms in Pisa als Versuchsstätte. Angeblich durch die Bewegung des Großleuchters im Dom zu Pisa kam er auf die Idee, die Pendelgesetze zu erforschen und machte mit einem von ihm konstruierten Fernrohr astronomische Forschungen. Mit der Verfechtung der These des Kopernikus, dass nicht die Erde, sondern die Sonne Mittelpunkt des damals bekannten Weltalls sei (heliozentrisches Weltbild), widersprach er der von der Kirche dogmatisierten Weltanschauung, die die Erde als starren Mittelpunkt sah. Durch Inquisitionsprozesse und Folterdrohungen erzwang die katholische Kirche schließlich den öffentlichen Widerruf seiner Thesen. Galilei wird die allerdings historisch nicht verbürgte Äußerung zugeschrieben: „Und sie (die Erde) bewegt sich doch". Im Januar 1642 starb Galileo Galilei in seinem Haus bei Pisa, das er seit den Inquisitionsprozessen hatte nicht mehr verlassen dürfen.

Luigi Galvani (1737 – 1798), Arzt in Bologna und Entdecker der Galvanischen Elektrizität. Das Prinzip beruht auf der Umwandlung chemischer Energie unter Verwendung von Säure, Zink, Kohle o. ä. in elektrischen Strom.

Giuseppe Garibaldi, Freiheitskämpfer, 1807 in Nizza geboren und 1882 auf der Insel Caprera bei Sardinien gestorben, kämpfte nach seinem 14jährigen Aufenthalt in Südamerika 1848/49 in Oberitalien gegen die Österreicher, stürzte 1860 die Bourbonenherrschaft auf Sizilien und versuchte das Königreich Italien zu einen.

Leonardo da Vinci (siehe unter „Kunstepochen und ihre Meister" – Hochrenaissance).

Michelangelo Buonarroti (siehe unter „Kunstepochen und ihre Meister" – Hochrenaissance).

Niccolò Machiavelli (1469 – 1527), Florentiner Politiker und Schriftsteller, der das Mittel der Macht als wichtigsten Faktor zur Durchsetzung staatspolitischer Vorhaben ansah. Zwischen 1494 und 1512, einer Epoche, in der die Medici aus Florenz vertrieben waren, diente Machiavelli als Sekretär der Signoria in Florenz. Danach und nach der Rückkehr der Medici an die Macht wurde er aus Florenz verbannt. Im Exil schrieb er u. a. sein berühmt gewordenes Werk „Il Principe" (Der Fürst), in dem er seine Vorstellungen über eine erfolgreiche Staatsführung, die alle Mittel erlaubt, die der Machterhaltung dienen, darlegt.

Guglielmo Marconi (1874 – 1937), stammte aus Bologna und war einer der Pioniere der drahtlosen Nachrichtenübermittlung. Für seine zahlreichen Erfindungen auf diesem Gebiet erhielt er 1909 den Nobelpreis.

Niccolò Paganini, der große Violinvirtuose, wurde am 27. Oktober 1782 in Genua geboren. Er stammte aus einem einfachen, aber sehr strengen Elternhaus und Niccolòs ehrgeiziger Vater Antonio zwang den Jungen schon im kindlichen Alter zu endlos langen Übungen mit der Geige. Sehr früh erkannte der Vater das außergewöhnliche Talent seines Sohnes, der das Violinspiel anfangs autodidaktisch erlernte, es aber bald zu einem überraschenden technischen Können brachte.

Schon in jungen Jahren feiert er erste Triumphe in Lucca, wo er von der Fürstin Maria Anna Elise bald zum Hofkapellmeister an der Oper ernannt wird. Paganini wird in Lucca erstmals auch als Komponist tätig. Er schreibt ein Konzert für Violine, Englischhorn und Orchester. Im Laufe der Jahre perfektioniert Paganini aber auch die Techniken der Bogenführung in einem solchen Maße, dass er bald die Beinamen „Teufelsgeiger" und „Hexenmeister" bekam. Es wird berichtet, dass es Paganini aufgrund seiner fantastischen Technik und Fingerfertigkeit möglich gewesen sein soll, selbst Musikstücke großen Tonumfangs auf nur einer Saite virtuos vorzutragen. Um 1809 kommt Paganini mit dem ganzen Hofstaat der Fürstin Maria Elise, einer Schwester Napoleons, die nun auch Herzogin von Toskana geworden war, nach Florenz.

Etwa ab 1813 beginnen Konzertreisen durch Italien und Sizilien, die das Publikum zu ekstatischen Beifallsstürmen hinreißen. Auch außerhalb Italiens beginnt man über Paganini zu schreiben und zu sprechen.

1828 bestreitet Paganini seine ersten Konzerte außerhalb Italiens. Insgesamt sechs Jahre dauert Paganinis Europatournee. Aber nach grandiosen Triumphen in Paris und London beginnt der Stern Paganinis zu sinken. Maßgeblich an seinem Niedergang ist die Presse beteiligt. Neider missgönnen ihm seine hohen Gagen. Die Sparsamkeit Paganinis wird als Geiz ausgeschlachtet und sein hageres, ungelenkes, fahles Erscheinungsbild mit Hexerei in Verbindung gebracht. Zunehmend zeigen sich

Krankheitszeichen. Viele der Konzertreisen waren ein Raubbau an der Gesundheit des Künstler. In Paris gab Paganini in zwei Monaten elf, in England in neun Monaten über 130 Konzerte.

Am 27. Mai 1840 stirbt Paganini nach langer Krankheit in Nizza. Nach vielen Querelen finden die sterblichen Überreste des großen Violinvirtuosen 1896 – 56 Jahre nach seinem Tode – eine letzte würdige Ruhestätte auf dem neuen Friedhof von Parma.

Franceso Petrarca (siehe unter „Kunstepochen und ihre Meister" – Gotik, Literatur).

Marco Polo (1254 – 1324), der namhafte Reisende des Mittelalters, stammt aus einem venezianischen Kaufmannsgeschlecht und kam schon in jungen Jahren mit seinem Vater Niccolò und seinem Bruder Matteo auf Handelsreisen über Persien und durch die Wüste Gobi nach Zentralasien und China. In China war er rund 20 Jahre lang (1274 – 1292) ein geschätzter Ratgeber und hoher Beamter am Hofe Kublai Khans.

Nach seiner Rückkehr – die Heimreise über Südchina, Indien, Persien und Kleinasien dauerte über drei Jahre – wird er in Genua zunächst inhaftiert und diktiert im Gefängnis seine Reiseerlebnisse unter dem Titel „Il Milione" (deutsch erstmals 1477 „Von Venedig nach China"). In ihnen schildert er für die damalige Zeit frappierende Neuigkeiten über das weithin unbekannte Reich der Mitte und erwähnt erstmals die legendäre Seidenstraße. Marco Polo stirbt im Januar 1324 in seiner Heimatstadt Venedig.

Raffaelo Santi (1483 – 1520) (siehe unter „Kunstepochen und ihre Meister" – Hochrenaissance).

Gioachino Rossini (1792 – 1868) erblickte das Licht der Welt in Pesaro in der Region Marken. Die ersten acht Jahre seines Lebens verbrachte der später weltberühmte Komponist („Il barbiere di Siviglia" - „Der Barbier von Sevilla", Opera buffa, 1816) hier in seiner Heimatstadt.

Gioachino Rossini ist allerdings nicht nur als genialer Tonkünstler bekannt, sondern er galt auch als großer leidenschaftlicher Gourmet und Genussmensch. Sein Name ist in der guten Küche bis auf den heutigen Tag geläufig und taucht als **„Tournedos à la Rossini"** auf den Speisekarten gepflegter Restaurants auf. Rossini starb 1868 in Paris.

Renata Tebaldi (1922 – 2004). Die Opernsängerin Renata Tebaldi, „die Engelsstimme", wurde am 1. Februar 1922 in Pesaro (Marche) geboren. Die nach dem Zweiten Weltkrieg von dem Dirigenten Arturo Toscanini entdeckte, bald weltberühmte Sopranistin – Rivalin von Maria Callas an der Mailänder Scala – gehörte bis 1973 zum Ensemble der Metropolitan Opera in New York. „Die Tebaldi" starb am 19. Dezember 2004 in San Marino.

Arturo Toscanini (25. 3. 1897 – 16. 1. 1957) aus Parma gilt als einer der herausragenden italienischen Dirigenten. Toscanini war lange leitender Dirigent an der Mailänder Scala, dann, vor dem zweiten Weltkrieg, Generalmusikdirektor des New York Philharmonic Orchestra. Er dirigierte in Salzburg und Bayreuth und ging in der Zeit des Nationalsozialismus zurück nach Amerika. Dort arbeitet er an der Metropolitan Opera und leitete das NBC-Symphonieorchester in New York.

Giuseppe Verdi, Italiens meisterlicher Opernkomponist des 19. Jh., wurde am 10. Oktober 1813 in Le Roncole bei Busseto in der Provinz Parma geboren. Als Zehnjähriger kam der Bauernsohn in die Musikschule von Busseto, die unter der Leitung des Domkapellmeisters Ferdinando Provesi stand.

Verdi entscheidet sich gegen den Eintritt in den geistlichen Stand, studiert Musiktheorie und beginnt bald zu komponieren und wird 1832 auf Fürsprache seines Förderers Barezzi nach Mailand zur Fortführung seiner Musikstudien geschickt. Dort wird Verdis Talent allerdings nicht erkannt. Er wird am Konservatorium abgewiesen und geht als Schüler zu Lavigna.

1836 wird Verdi Musikmeister in Busseto. Dort heiratet er Margherita, die Tochter seines Gönners und Förderers Barezzi und vollendet bald seine erste Oper „Oberto".

Trotz familiärer Schicksalsschläge vollendet er sein erstes Erfolgswerk „Nabucco" mit dem stürmisch gefeierten Gefangenenchor. Mit einem Mal ist Verdi über die Grenzen Mailands hinaus berühmt.

Verdi, nun ein gefragter Komponist, komponiert für die Opernhäuser von Mailand bis Neapel. Aber aufsehenerregende Erfolge lassen auf sich warten. Stücke wie „Alzira", „Attila" und „Macbeth" werden zwar beklatscht, geraten aber bald wieder in Vergessenheit. Giuseppe Verdi arbeitet in Rom, London und Paris und kehrt 1849 schließlich nach Italien zurück.

In den folgenden Jahren schafft Verdi Welterfolge wie „Rigoletto", „Troubadour" und die zunächst durchgefallene „La Traviata". 1855 folgt die anlässlich der Pariser Weltausstellung komponierte „Sizilianische Vesper" und wenig später die Oper „Simone Boccanegra", die in Venedig aber ein Misserfolg ist. Nach aufreibenden Jahren, Streitigkeiten um Urheberrechte und Differenzen mit seinem Musikverleger Ricordi zieht sich Verdi auf sein Landgut Sant' Agata zurück.

Zur Eröffnung des Suezkanals 1870 bestellt der ägyptische Vizekönig eine festliche Oper. Verdi wird mit deren Komposition betraut. Es entsteht die „Aida", eines der größten Opernereignisse, die Verdi je schuf. Die Uraufführung am 24. Dezember in Kairo ist ein gesellschaftliches Ereignis von Rang.

1887 wird Verdis Oper „Othello" uraufgeführt, die auf Shakespeares gleichnamigen Drama basiert. Und sechs Jahre später schreibt der nun schon 80 Jahre alte Komponist wieder einen Welterfolg. Diesmal ist es ein Werk das unter die Rubrik „komische Oper" einzureihen ist, nämlich „Falstaff". Im hohen Alter gründet der Komponist in Mailand die Stiftung „Casa di riposo", ein Altersheim für notleidende Musiker und stattet sie mit umfangreichen Mitteln aus.

Giuseppe Verdi stirbt am 27. Januar 1901. An seinem Leichenbegängnis, das dem eines Nationalhelden würdig ist, sollen Hunderttausende von Menschen teilgenommen haben. Italiens großer Meister der Oper ist in der „Casa di Riposo"in Mailand beigesetzt.

Giovanni Verga (1840 – 1922), Spross einer wohlhabenden Sizilianer Familie, der sich Zeit seines Lebens in und um Catania aufhielt, zählt zu den namhaften Schriftstellern Italiens.

Verga, der ursprünglich Rechtswissenschaften in Catania studiert hatte, wandte sich aber bald der Literatur zu. Sein Debutroman trägt den Titel „Amore e patria". Schon darin gibt Verga seine Sympathie mit den Revolutionären des Risorgimente (Widerstandsbewegung Mitte des 19. Jh., die einen geeinten Nationalstaat Italien anstrebte) und mit den Carbonari (Geheimbund, der die Absichten des Risorgimento unterstützte) zu erkennen. 1920 wird Verga zum Senator Italiens ernannt. Am 27. Januar 1922 stirbt Giovanni Verga in Catania.

Antonio Vivaldi (1678 – 1741), Geistlicher, Komponist und Geiger aus Venedig. Als Meister der Barockmusik schrieb er zahlreiche Violinkonzerte, Opern, Symphonien und geistliche Musik.

Graf Alessandro Volta (1745 – 1827), Physiker, machte zahlreiche Entdeckungen und Erfindungen auf dem Gebiete der Elektrophysik. Nach ihm ist die Maßeinheiten der elektrischen Spannung (Volt) benannt.

WIE KOMMT MAN HIN?

Fast alle Regionen Italiens und natürlich auch Florenz, Ausgangspunkt der geschilderten Rundreise durch die Regionen Mittelitaliens Toskana, Marken und Umbrien, sind auf Autobahnen zu erreichen.

Der schnellste und direkteste Weg führt über die Autobahn nach München (A8 oder A9) und weiter über Kufstein (A93), Innsbruck, Brenner (A13/A22), Bolzano, Verona, Modena (A1/E45) und Bologna nach Florenz (A1/E35).

Für Reisende aus dem südwestdeutschen Raum bietet sich die Alternativroute über Ulm, Kempten, Pfronten, Reutte/Tirol, Fernpass und Telfs nach Innsbruck und weiter über die Brenner-Autobahn an.

Die Brenner-Autobahn und die Autobahnstrecken in Österreich und in Italien (mit Ausnahme der Autobahnabschnitte in Süditalien südlich von Mercato, sowie mit Ausnahme der meisten Autobahnabschnitte auf Sizilien) sind **mautpflichtig**. Die **Jahresvignette für Österreichs Autobahnen** kostete zuletzt 86,40 Euro, die Zwei-Monats-Vignette 25,90 Euro und die 10-Tages-Vignette 8,90 Euro; www.asfinag.at/maut/vignette.

Für Motorradfahrer werden 34,40 Euro, bzw. 13,00 Euro, bzw. 5,10 Euro verlangt.

Die Vignette muss bereits bei Auffahrt auf eine Autobahn oder Schnellstraße ordnungsgemäß angebracht sein.

Fahrzeuge (auch Wohnmobile) über 3,5 Tonnen zulässigem Gesamtgewicht müssen eine streckenbezogene Maut entrichten, die weit über den Vignetten-Gebühren liegt.

Die **GO-Maut** wird je nach gefahrenen Kilometern, je nach Anzahl der Achsen des Zugfahrzeugs und je nach Emissionsklasse automatisch elektronisch berechnet. Voraussetzung dafür ist die sog. **GO-Box**, die Sie an ausgeschilderten Verkaufsstellen auf dem Weg nach Österreich und in Österreich kaufen können; https://www.go-maut.at/portal/portal. Sie sind selbst dafür verantwortlich, dass Sie genügend Mautgebühren für die GO-Box erwerben. Die GO-Box selbst müssen Sie im Fahrzeug innen an der Windschutzscheibe anbringen. Man sollte sich bei den Automobilclubs vorher ggf. nach den neuesten technischen Notwendigkeiten erkundigen!

Zu den Mautgebühren kommen in Österreich noch Gebühren für besondere Strecken, z. B. 9,00 Euro für die Brenner-Autobahn.

Die Entfernung von Frankfurt/M über den Brenner nach Florenz beträgt rund 1.000 km.

Wählt man den etwas umständlicheren **Weg durch die Schweiz**, muss für die Benutzung der dortigen Autobahnen und Nationalstraßen eine **Gebührenvignette** (am Grenzübergang oder schon zu Hause bei den Automobilclubs erhältlich) gekauft werden. Es wird ausschließlich eine Jahresvignette angeboten, die für Kfz (Pkw, Wohnmobile) bis 3,5 t zul. Gesamtgewicht, sowie für Motorräder 38,50 Euro kostet. Für Anhänger (Caravan) ist eine separate Vignette zu erwerben. Schwerere Fahrzeuge über 3,5 t zul. Gesamtgewicht müssen eine leistungsabhängige Schwerverkehrsabgabe entrichten; https://www.tolltickets.com/country/swiss/vignette.aspx.

Die Streckenführung durch die Schweiz könnte so aussehen: Autobahn Stuttgart – Singen (A81), Stein am Rhein, Eschenz, St. Gallen, Chur, Splügen, San Bernardino (Tunnel oder Passstraße, 2.065 m, Wintersperre November bis Mai/Juni), Bellinzona, Lugano, Autobahn-Tangentiale um Mailand, Piacenza, Bologna, Florenz.

Der Weg über Schaffhausen, Zürich, Luzern, St. Gotthard (Tunnel oder Passstraße, 2.109 m, Wintersperre Nov. –Juni), Bellinzona, Mailand etc. bietet zwar mehr Autobahnanteile, ist aber in der Ferienzeit noch stärker verkehrsbelastet.

Campings an den Anfahrtsrouten

Einige **Camping- und Wohnmobil-Stellplätze**, die sich in erster Linie wegen ihrer verkehrsgünstigen Lage an der Anfahrtsroute ggf. als Etappenplätze eignen:

– **München**, ***Camping München-Obermenzing*** **[N48° 10' 29.87" E11° 26' 47.77"]**, Lochhausener Straße 59, 15. März – 31. Okt., nahe Autobahn A8 Stuttgart – München, Ausfahrt München-Lochhausen.

– **Großseeham/Weyarn**, ***Camping Seehamer See*** **[N47° 51' 5.33" E11° 51' 41.23"]**, Hauptstraße 32, ganzjährig, A8 ca. 35 km südöstlich München, über die Autobahnparkplätze „Seehamer See-Ost" oder „Seehamer See-West" zu erreichen, zwischen Autobahn und See gelegen.

– **Bad Feilnbach**, ***Kaiser Camping*** **[N47° 47' 23.35" E12° 0' 35.88"]**, Reithof 2, ganzjährig, A8 Ausfahrt 100 Bad Aibling und noch 3,5 km südwärts.

– **Oberaudorf**, ***Reisemobilstellplatz beim Ochsenwirt*** **[N47° 38' 52.75" E12° 10' 9.06"]**, Carl-Hagen-Str. 14, nahe der Talstation der Hocheck Bergbahn, Schotterfläche für etwa 5 Reisemobile direkt neben dem Gasthof Ochsenwirt (Fremdenzimmer) mit gutem Restaurant. Bei Verzehr im Gasthof kostenloser Stellplatz, sonst Gebühr. Angenehmer Übernachtungsplatz vor allem in der Vor- und Nachsaison. Frischwasser, WC, Strom.

Österreich

– **Wiesing**, ***Camping Inntal*** **[N47° 24' 21.41" E11° 48' 21.59"]**, Rofansiedlung 100, ganzjährig, A12 Ausfahrt 39 Wiesing.

– **Kramsach**, ***Camping Seehof*** **[N47° 27' 42.94" E11° 54' 25.09"]**, Moosen 42, ganzjährig, Restaurant, A12 Ausfahrt Kramsach und „Zu den Seen"-Beschilderung folgen.

– **Hall in Tirol**, ***Schwimmbad Camping Hall*** **[N47° 17' 3.26" E11° 29' 47.02"]**, Scheidensteinstr. 24, Mai – Sept.; A12 Ausfahrt 68 Hall Mitte, 10 Reisemobilstellplätze auch außerhalb des Campingplatzes, auch während Schließungszeit zu nutzen, allerdings nur mit Frischwasser, Abwasserentsorgung und Strom.

Schweiz

– **Winterthur**, ***Camping Schützenweiher*** **[N47° 31' 10.44" E8° 42' 59.95"]**, Eichliwaldstraße 4, ganzjährig, A1 (Zürich – St.Gallen) Ausfahrt Winterthur-Ohringen.

Italien

– **Chiusa/Klausen**, ***Camping Gamp*** **[N46° 38' 28.22" E11° 34' 24.24"]**, Griesbruck 10, ganzjährig, A22 Autobahnausfahrt Chiusa. Restaurant. Separater Wohnmobilstellplatz.

Bozen/Bolzano, ***Camping Moosbauer*** **[N46° 30' 12.0" E11° 17' 57.5"]**, Moritzinger Weg 83, A22 (Klausen – Bozen) Ausfahrt Bozen-Süd, weiter Richtung Meran Ausfahrt Eppan, dann weiter Richtung Bozen/Krankenhaus; ganzjährig geöffnet; Restaurant, Laden, teils schattiges Wiesen- und Kiesgelände. WLAN.

Die schönsten
Auto-, Van-Camper- und Wohnmobil-Touren
in der Toskana

Mobile Touring Highlights

FLORENZ

Sehenswertes für mindestens 3 Tage

Seite 33

TOSKANA

12 Touren – ca. 17 Tage

Seite 94

ELBA

2 Touren – ca. 3 Tage

Seite 197

FLORENZ

Stadtgeschichte
Die Medici
Tipps zur Stadtbesichtigung
Stadtrundgänge

„Giglio Rosso", die Rote Lilie, das Symbol der Stadt Florenz

TOUR 1: FLORENZ

Reisedauer: Mindestens drei Tage.

Höhepunkte: Der **Dom von Florenz** mit Campanile und Kuppel *** – das **Baptisterium** ***, die prächtige Bildergalerie der **Uffizien** ***, die unvergleichliche Kunstsammlung im **Palazzo Pitti** *** und die anschließenden **Boboli Gärten** ** – die **Piazza della Signoria** ** – das **Bargello Musum** *** – Blick auf Florenz von der **Piazzale Michelangelo** *** – ein Bummel über die **Ponte Vecchio** ** – die **Medici Kapellen** ** und die **Kirche San Lorenzo** – die **Kirchen** Orsanmichele **, Santo Spirito **, Santa Maria del Carmine **, San Marco **, Ognissanti **, SS. Annunziata ** – die **Kirche Santa Croce** mit **Paz-zi Kapelle * –** die **Renaissancepaläste PalazzoVecchio **, Palazzo Medici-Riccardi ***, Palazzo und Galerie Corsini**, **Palazzo Strozzi**, **Palazzo Davanzati** – die **Kirche Santa Maria Novella** **mit Kreuzgang und Spanischer Kapelle – das **Dombaumuseum** * – das **Dante Haus** *.

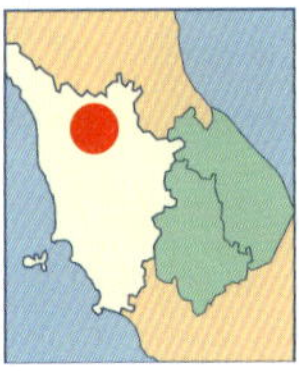

Florenz, die Stadt mit einem der klangvollsten italienischen Städtenamen, hält mühelos, was ihr Ruf als Mekka italienischer Renaissancekunst verspricht. Florenz ist ein Reiseziel, das mit seinen eindrucksvollen Sehenswürdigkeiten und einmaligen Kunstschätzen mit Leichtigkeit ganze Urlaubswochen ausfüllen kann.

Weniger enthusiastisch äußerte sich allerdings Goethe in seinem Tagebuch der „Italienischen Reise" über Florenz. Da liest man nämlich: „... wir ... sahen Florenz liegen in einem weiten Tal, das unglaublich bebaut und ins Unendliche mit Villen und Häusern besät ist.

Die Stadt hatte ich eiligst durchlaufen, den Dom, das Baptisterium. Hier tut sich wieder eine ganz neue, mir unbekannte Welt auf, an der ich nicht verweilen will. Der Garten Boboli liegt köstlich. Ich eilte so schnell heraus als hinein."

Florenz, italienisch *Firenze,* mit ca. 383.000 Einwohnern, ist das ganze Jahr über eine Reise Wert. Die bedeutendsten Sehenswürdigkeiten findet man in Museen, Palästen und Kirchen, also unter Dach. Das macht einen Besuch unabhängig vom Wetter. Dennoch bieten sich natürlich auch für einen Florenzbesuch der Frühling und der Frühsommer (etwa April bis Juni) und der Herbst (etwa September bis Ende Oktober) als angenehmste Reisezeit an.

Ex Florentia lux. Auch wenn den Florentinern ein wenig das Image anhängt, manchmal etwas großspurig und arrogant zu sein, das Zitat *„Aus Florenz kommt das Licht"* scheint zuzutreffen. Zumindest in den großen italienischen Kunstepochen der Renaissance, des Quattrocento und des Cinquecento galt, dass das „Florentiner Licht der Künste" ganz Europa erhellte.

Die Stadt mit ihrer grandiosen kunsthistorischen Vergangenheit liegt wunderschön zu beiden Seiten des Flusses Arno. Und das Stadtpanorama mit den die Silhouette beherrschenden Türmen der Palazzi und Kirchen und der mächtigen Domkuppel ist beinahe vollkommen. Besonders eindrucksvoll ist u. a. der Stadtblick von der Piazzale Michelangelo.

Goethe schreibt in seinem Tagebuch der „Italienischen Reise" von 1786 über

Florenz: „Der Stadt sieht man den Reichthum an, der sie erbaut hat und eine Folge von glücklichen Regierungen ist".

Stadtgeschichte

Die Entstehungsgeschichte von Florenz reicht zurück bis in die Zeit der etruskischen Stadtgründungen. Dabei wird davon ausgegangen, dass die Wiege von Florenz im heutigen Städtchen Fiesole, unweit nördlich vom heutigen Florentiner Stadtzentrum, gelegen hat.

Später nutzten die Römer die Etruskersiedlung als Basis für einen bewachten Übergang über den Arno an der Via Flaminia. Sie nannten die Siedlung *„Municipium Florentia"*.

Um das Jahr 1000 hatte sich das Römerfort am Arno zu einer Stadt entwickelt, von der bereits ein maßgeblicher wirtschaftlicher und vor allem politischer Einfluss auf die Region Toskana und ganz Oberitalien ausging. Florenz war Bischofssitz geworden und hatte ausgangs des 12. Jh. bereits mehr als 30.000 Einwohner.

Schon früh war der Rat der Stadt beeinflusst von wohlhabenden Patrizierfamilien, reichen Kaufleuten und der Geistlichkeit.

Besonders unter den Patrizierfamilien entbrannte ein unerbittlicher Machtkampf um die Vorrangstellung in Florenz. Mit der Ermordung eines Mitgliedes der Familie Buondelmonti am Ostersonntag 1215 erreichten die Rivalitäten einen Höhepunkt. Die Parteien spalteten sich in zwei erbittert verfeindete Gruppen, die *Ghibellinen* (Waiblinger), denen die Familien Amidei und Uberti angehörten und die Anhängerschaft der *Guelfen* (Welfen), denen die Buondelmonti und Donati angehörten.

Mitte des 13. Jh. haben die kaisertreuen Ghibellinen für kurze Zeit unter Farinata degli Uberti das Sagen in der Stadt. Aber mit dem Niedergang der Stauferkaiser erringen die Guelfen die Oberhand.

In der langen Zeit des Mittelalters, die geprägt war von politischen Streitigkeiten und Kriegen zwischen den Königen in Frankreich, Spanien und Deutschland und den Kaisern des Römischen Reiches einerseits und den Päpsten in Rom bzw. Avignon andererseits, stand Florenz traditionsgemäß an der Seite der Päpste. Die Signoria, die Stadtregierung, unterstützte also die papsttreuen Guelfen.

Und Florenz hatte auf die richtige Seite gesetzt. Nach dem Sieg des Papstes über den Deutschen Kaiser wurde Florenz zum Stadtstaat mit entsprechenden Kompetenzen und Privilegien erhoben.

Florenz eroberte Stadtstaaten wie Pisa, Arezzo und später auch Siena und sicherte sich so seine Vormachtstellung in der Toskana.

Mit allen Mitteln versuchte der Rat der Stadt zu verhindern, dass es einer einzelnen Familie erneut gelingen könnte, die Macht an sich zu reißen. Man rief die Republik aus und übertrug die Macht dem *„Popolo Grosso"*, einer Räteversammlung, der die sieben wichtigsten Zünfte der Stadt sowie der Adel und die reichen Kaufleute gleichermaßen angehörten. Die wichtigen Zünfte waren die Seidenhändler, die Wollhändler, die Apotheker und Ärzte, die Wechsler, die Kürschner und Gerber, die Richter und Notare und die Händler der Calimala.

Um 1300 spalteten sich die in Florenz tonangebenden Guelfen in zwei Parteien – in die *„Weißen" (Bianchi)* und in die *„Schwarzen" (Neri)*, die von den Familien Donati und Cerchi angeführt werden. Aber die Prioren des Stadtparlaments – einer von ihnen war damals kein geringerer als Dante Alighieri, der die Sache der Weißen unterstützte – schickten beide Vorsitzenden der schwarzen Partei in die Verbannung.

Die verbannten Herren revanchierten sich wenige Jahre später, als sie mit Unterstützung des Papstes wieder in Florenz einziehen konnten und verbannten ihrerseits die *Weißen* Prioren samt Dante.

Ende des 13. Jh. zwang der Rat von Florenz unter dem Einfluss der erstarkten bürgerlichen Zünfte dem Stadtstaat eine neue, demokratische Verfassung auf.

Künftig wählten 21 Zünfte oder Bannerschaften – in aller Regel Anhänger der papsttreuen Guelfen oder „Neri“ (die Schwarzen) – ihre Vorsitzenden oder Prioren. Den Vorsitzenden gaben sie den Titel „Signori“, Herren. Diese Signori traten zum „Rat der Stadt“, der „Signoria“, zusammen. Die Signoria wiederum wählt aus ihren Reihen den Vorsitzenden der Stadtrepublik. Sein Titel ist „Gonfalonieri di Giustitia“, was so viel bedeutet wie „Bannerträger der Gerechtigkeit“. Dieser oberste Staatsbeamte ist gleichzeitig der Befehlshaber der bewaffneten Zunftheere.

In jener Zeit sind die in der Signoria tonangebenden Florentiner Zünfte so mächtig, dass sie von Adeligen, die in der Signoria vertreten sein wollen, verlangen können, zuerst Mitglied in einer der Zünfte zu werden.

In jener Zeit der Stadtverfassung nach demokratischen Grundsätzen wurden die Obersten Stadtbeamten, die „Priori“, allerdings nur auf zwei Monate gewählt. Dann wurden Nachfolger in Neuwahlen nominiert. Bürokratenfilz, Vetternwirtschaft und Korruption sollte so vorgebeugt werden.

Während ihrer zweimonatigen Amtsperiode residierten die obersten Justizbeamten zusammen mit den acht Prioren, die ehrwürdige Signoria also, im Palazzo Vecchio, dem Regierungsgebäude von Florenz. Die Umgebung der Signoria wird als luxuriös, ihre Tafeln und Bankette als verschwenderisch geschildert.

Mitte des 14. Jh. erstarkt der Kirchenstaat der Päpste. Florenz befürchtet eine Beeinträchtigung seines Machtbereichs und zieht 1375 gegen Papst Gregor XI. zu Felde. Aber Florenz, inzwischen fast ausschließlich von den bürgerlichen Zünften regiert, schwächt damit seine Position eher, als sie zu stärken.

Der Adel und das Patriziertum stürzen schließlich die demokratische Regierung. Die Zünfte werden entmachtet, 1382 sogar abgeschafft. Die herrschende Macht ist nun eine Oligarchie der einflussreichsten Aristokraten, unter ihnen die Albizzi, Capponi und Uzzano.

Aber bald bilden sich auch hier wieder zwei Parteien – die eine vertritt die aristokratisch orientierte, die andere mehr die bürgerlich orientierte Bevölkerung von Florenz.

In der zweiten Hälfte des 15. Jh. tritt eine Florentiner Familie in den Vordergrund, welche die Geschicke von Florenz und der Toskana über zweihundert Jahre lang – wenn auch mit Unterbrechungen – wirtschaftlich, politisch und künstlerisch prägen sollte, die Medici.

Blick von der Piazzale Michelangelo auf Florenz

Die Medici

Aus der reichen und machtbewussten Familie der Medici tritt *Cosimo „il Vecchio"* (der Alte) als erster auf der politischen Bühne in Erscheinung. Diplomatisch geschickt erlangt er die Zustimmung der Bevölkerung und vertreibt 1434 die herrschenden Albizzi. Cosimo übernimmt, wenn auch nicht ganz legal, die Regierungsgewalt über Florenz.

Cosimo der Alte (1389 – 1464) galt als gewandter und taktisch kluger Finanzmann. Von ihm heißt es, dass nichts im Staate geschah, von dem er nicht erfuhr.

Cosimo begründete aber auch eine Tradition, die mehr als alle Finanzgeschäfte und politischen Finessen das Haus Medici für immer und über die Grenzen Italiens hinaus mit Florenz und der Toskana verbinden sollte. Er förderte die Künste. Künstler wie der Architekt Michelozzo, der Maler Filippo Lippi, der Bildhauer Donatello u. a. gingen im Hause Cosimos des Alten aus und ein. Später sollte Lorenzo de' Medici einem Michelangelo den künstlerischen Weg bereiten. Und Cosimo I. und seine Nachfolger setzten des Mäzenatentum gönnerhaft fort.

Natürlich sind die Medici ein altehrwürdiges Florentiner Geschlecht, aber sie sind keineswegs eines der ältesten von Rang und Namen in Florenz. In den Augen der Pazzi z. B., ihren Gegenspielern und Erzrivalen, galten sie als neureiche Emporkömmlinge. Und als die Medici noch Weinbauern waren, führten in Florenz die Salambadi, Peruzzi, Bardi, Strozzi, Pitti oder die Scali u. a. schon lange Bankgeschäfte mit den Handelshäusern Europas.

Mit ihren einflussreichen Banken, die nicht nur die Königshäuser von London bis Madrid, sondern auch die politischen Aktivitäten der Päpste finanzierten, formten Städte wie Florenz, Mailand oder Venedig maßgeblich das Finanz- und Kreditwesen Europas. Der Florentiner Gulden (fl.) war quasi die Leitwährung jener Jahrhunderte. Und Begriffe aus dem Bankwesen, die damals geprägt wurden, sind für uns heute selbstverständlich. Worte wie Rabatt, Konto, Bank, Skonto, Kredit oder die doppelte Buchführung etc. etc. stammen aus der damaligen Zeit.

Fast alle männlichen Medici der älteren Linie hatten mit einem großen körperlichen Handicap zu kämpfen. Sie litten an der Gicht, die sie oft schon im frühen Alter behinderte. Der Nachfolger Cosimos des Alten, *Piero* (1416 – 1469), trug gar den Beinamen „der Gichtige". Und von *Lorenzo dem Prächtigen* weiß man, dass er mit dreißig Jahren gichtkrank wurde und schon mit 43 Jahren starb.

Karl VIII. von Frankreich nutzte die Schwäche der Medici und besetzte 1494 Florenz.

Ausgangs des 15. Jh. verkündete in Florenz ein Dominikanerpater namens *Gerolamo Savonarola* (1452 – 1498) seine Lehre. Er predigte für eine Reform der Kirche und der Gesellschaft. Der Dominikaner aus dem Kloster San Marco eiferte gegen den Luxus in den gehobenen Kreisen der Renaissancegesellschaft und den Humanismus auf dem Gebiet der Kunst. Savonarola griff dabei immer häufiger politische Themen auf, wie z. B. den Aufstand gegen die Truppen Karls VIII. und die Einführung der Republik. Vor allem die aufwieglerischen politischen Inhalte stießen bald auf Ablehnung, vor allem auf Seiten des Papstes. Papst Alexander VI. erteilte Savonarola 1495 zunächst ein Verbot zu öffentlichen Reden, was einem Predigtverbot gleichkam, exkommunizierte den Dominikaner zwei Jahre später und erhob gegen dessen Hinrichtung am Galgen und anschließende Verbrennung im Jahre 1498 mitten auf der Piazza della Signoria in Florenz keinerlei Einwände.

Der Scheiterhaufen stand auf dem gleichen Platz, an dem Savonarola ein Jahr zuvor noch alle Zeichen des in seinen Augen ketzerischen Lebensstils in Flammen aufgehen ließ. Damals verbrannten seine Anhänger, meist Mitglieder des einfachen Bürgertums, Bücher, „moderne" Gemälde, Kleider, Perücken und Spiegel, für Savonarolas Anhänger alles Symbole des Hochmuts und der Eitelkeit, Nährboden der Sünde.

Mit der tatkräftigen Unterstützung des spanischen Herrscherhauses gelang es den Medici um 1512 in Florenz wieder Einfluss zu erlangen. 1513 wurde Giovanni de' Medici als Nachfolger von Julius II. zum Papst Leo X. gewählt. Giovanni wiederum ernennt seinen Neffen Lorenzo zum Herzog von Urbino.

Etwa bis Anfang des 16. Jh. spielte die Familie der Medici keine maßgebliche Rolle mehr in Florenz. Sie waren in der Stadt nur noch durch die illegitimen Familiensprosse *Allesandro* (illegitimer Sohn Giulio de' Medici und späteren Papstes Klemens VII.) und *Kardinal Ippolito* vertreten. Ippolito starb 1535 und Alessandro wurde 1537 vom schmächtigen Lorenzino, einem Spross aus einer Medici-Seitenlinie, ermordet.

Lorenzino wollte sich so selbst an die Macht bringen. Aus der Machtübernahme wurde allerdings nichts. Aber mit Alessandro war die männliche Nachkommenschaft der sog. „alten Linie" der Medici, der Linie Cosimos des Alten, ausgestorben.

Politischen Einfluss üben die Medici in jener Zeit vor allem über den Heiligen Stuhl aus, den von 1523 bis 1534 Papst Klemens VII. (Giulio de' Medici) innehat. Es ist jene Zeit, in der Kaiser Karl V. und seine spanisch-deutschen Truppen gegen Franz I. aus Frankreich um die Vormachtstellung in Italien kämpfen. Franz I. wird besiegt und gefangengenommen. Die Truppen Karls V. plündern Rom und setzen Klemens VII. in der Engelsburg gefangen.

In Florenz wird derweilen wieder eine Republik ausgerufen. Die Medici Jahre lang sollten seine Nachkommen noch in der Toskana herrschen.

Cosimo I. war in erster Ehe verheiratet mit der Spanierin Eleonora von Toledo. Aus ihrer Ehe entstammten der älteste Sohn *Francesco* (1541 – 1587) und der jüngste legitime Sohn *Ferdinand I.* (1549 – 1609).

Ferdinand war verheiratet mit Christine von Lothringen und sicherte mit seinem ältesten Sohn *Cosimo II.* (1590 – 1620), der mit Maria Magdalena von Habsburg verheiratet war, die Erbfolge der Medici.

Das Grabmal von Giuliano von Medici in der Medici-Kapelle, die allegorischen Figuren stellen Tag und Nacht dar

Alessandro und Ippolito werden aus der Stadt vertrieben.

1530 kapituliert die Republik Florenz vor den Truppen Kaiser Karls V. und die Medici können nach Florenz zurückkehren.

Nach der Ermordung von Alessandro de' Medici wird *Cosimo I.* aus der sog. „jüngeren Linie" Erbe und Nachfolger. Cosimo I., von Karl V. zum Herzog von Toskana ernannt (1750 wurde er Großherzog), regiert 37 Jahre lang und beweist großes staatsmännisches Geschick. Er festigt die Position der Medici ganz entscheidend. Über zweihundert

Francesco, der ältere der Brüder, sollte später Großherzog der Toskana werden. Er war in erster Ehe verheiratet mit Johanna von Habsburg. Ihre Tochter Maria heiratete im Jahre 1600 Heinrich IV., König von Frankreich.

Francesco, ein mit viel Kunstsinn gesegneter Mann, begann als erster die Staats- und Kanzleiräume der Uffizien auch als Kunstgalerie zu nutzen. Er war in zweiter Ehe mit der in Florenz als Schönheit bekannten Bankierstochter Bianca Capello verheiratet. Beide werden als lebensfrohe, weinfreudige Menschen geschildert. Um so tragischer nimmt

Lorenzo de' Medici
Eine Familie auf dem Höhepunkt ihrer Macht

Lorenzo „il Magnifico" (Lorenzo der Prächtige, 1449 – 1492) wurde in seinen politischen und finanziellen Geschäften stark von seiner intelligenten und klugen Mutter Contessina de' Bardi, Tochter aus dem reichen Florentiner Bankhaus der Bardi, beeinflusst und unterstützt. Lorenzo il Magnifico, der vor allem nach der mysteriösen und blutigen Pazzi-Verschwörung, der er mit knapper Not entging, sein Bruder Giuliano jedoch zum Opfer fiel, die Geschäfte seiner Familie mit viel Geschick in die Hand nahm. Trotzdem brachte er aber auf Grund seiner fast verschwenderischen Art, Kunst und Wissenschaft zu fördern – Lorenzo selbst schrieb Gedichte – das Haus Medici fast an den Rand des finanziellen Kollapses. In Rom wurde man darauf aufmerksam und entzog den Medici vorsorglich die Verwaltung des Kirchenvermögens.

Lorenzo, ein kluger, lebensfroher und kunstbeflissener Renaissancefürst und zweifellos die zentrale Figur im Florenz des Quattrocento, war verheiratet mit Clarissa Orsini. Clarissa stammte aus einer alten römischen Familie und wäre wohl nie ohne Zustimmung von Lorenzos Mutter ins Haus der Medici gekommen.

Lorenzo hatte mit Clarissa sieben Kinder – *Lucrezia*, die älteste Tochter, *Piero* (1471 –1503), der älteste Sohn und Stammhalter mit dem Beinamen *„der Unglückliche"* und Großvater von Katharina de' Medici (1519 – 1589), die Heinrich II., König von Frankreich heiratete, dann *Madallena*, *Giovanni* (1475 – 1521), *Luisa*, *Contessina* und den Jüngsten, *Guiliano* (1479 – 1516), dem späteren Herzog von Nemours.

Von den drei Söhnen ging *Giovanni* als *Papst Leo X.* in die Geschichte ein. Die beiden anderen männlichen Erben, *Piero* und *Giuliano*, hatten offenbar keine glückliche Hand, waren diplomatisch ungeschickt und verspielten die Vormachtstellung der Medici. Schließlich sahen sie sich sogar gezwungen, ins Exil zu gehen.

sich ihr Ende aus. Sie sollen Selbstmord durch Gift begangen haben.

Nach dem Tode Francescos, der keine männlichen Erben hinterließ, wurde Cosimo II., der Sohn von Francescos Bruder Ferdinand, sein Nachfolger. Cosimo II. wird nachgesagt, dass er besonders die Naturwissenschaften förderte. Vor allem Galileo Galilei genoss den Schutz des großen Medici.

Noch einmal, mit den Nachfolgern *Ferdinand II.* (1610 – 1670) und *Cosimo III.* (1642 – 1723) – beide regierten jeweils rund 50 Jahre lang – prägten die Medici die Geschichte der Toskana. Aber mit dem Tode Cosimos III. im Jahre 1723 begann der Stern dieses großen Hauses schnell zu sinken. Der letzte in der männlichen Linie, der Medici *Gian Gastone* (1671 – 1737), war mehr als Trunkenbold gefürchtet, denn als Staatsmann und Kunstmäzen geschätzt. Mit seinem Tode 1737 war auch die männliche Linie der Medici ausgestorben.

1743 schließlich starb mit *Anna Maria Ludovica* (1667 – 1743) auch die letzte weibliche Erbin der Medici.

Nach der langen Aera der Medici wird das Großherzogtum Toskana nach dem Tode Gian Gastones im Jahre 1737 Franz Stephan von Lothringen, dem späteren österreichischen Kaiser und Gemahl Maria Theresias, zugesprochen. Lange bleibt die Toskana und damit Florenz dem Hause Habsburg Lothringen verbunden. Erst Mitte des 18. Jh. wird unter dem Großherzog Peter Leopold, auch er ein Habsburger, wieder ein gewisses Maß an Autonomie zurückerworben. In der Zeit der Aufklärung ausgangs des 18. Jh. schließlich werden Reformen durchgeführt, die es politisch ermöglichen, dass sich die Toskana mit dem Reich König Vittorio Emanueles vereinigt.

Nach der Einigung Italiens ist Florenz zwischen 1865 und 1871 Hauptstadt des neuen vereinigten Reiches. In jener Zeit wird der historische alte Markt in Florenz abgerissen und durch die Piazza della Repubblica ersetzt, von der viele Florentiner sagen, er hätte das Gesicht der Renaissancestadt unvorteilhaft verändert.

Während des Zweiten Weltkrieges konnten glücklicherweise die meisten der beweglichen Kunstgüter ausgelagert und vor der Zerstörung bewahrt werden. Florenz selbst war Schauplatz von zahlreichen Gefechten zwischen Partisanen und deutschen Truppen vor allem im August 1944. U. a. wurden damals alle Arnobrücken mit Ausnahme der Ponte Vecchio zerstört.

Im Spätherbst 1966 wurde Florenz von einer Überschwemmungskatastrophe heimgesucht. Der Arno trat in einem verheerenden Ausmaß über die Ufer und hinterließ nach dem Abfließen der Wasser eine meterhohe Schlammschicht in den Straßen und Kellern. Viele der Kunstwerke und historischen Gebäude wurden dadurch ernstlich gefährdet.

Tipps zur Stadtbesichtigung

Fast die gesamte **Innenstadt** von Florenz mit ihren historischen Sehenswürdigkeiten ist als verkehrsberuhigte Zone (ZTL Zone - Zona a Traffico Limitato) ausgewiesen und für nicht einheimische Autofahrer **gesperrt**. Lediglich Anlieger mit entsprechender Genehmigung können die Innenstadt mit ihren Autos befahren. Versuchen Sie erst gar nicht ohne Genehmigung in eine ZTL-Zone einzufahren. Es wird teuer. Bußgelder können dreistellig ausfallen! „Aktiv" ist die ZTL Zone gewöhnlich Montag bis Freitag von 7.30 Uhr bis 20 Uhr und samtags von 7.30 Uhr bis 16 Uhr (Änderungen möglich!). Außerhalb dieser Zeiten könnten Sie also mit Ihrem Auto in die ZTL Zone einfahren, einen Parkplatz hätten Sie dann aber noch lange nicht.

Straßenparkplätze in der Innenstadt sind in aller Regel für Anwohner reserviert.

Viele Straßenzüge im historischen Zentrum zwischen Dom und Ponte Vecchio sind als Fußgängerzone ausgewiesen.

Besucher dürfen zwar zum Be- und Entladen vor das Hotel fahren, müssen dann aber ihr Fahrzeug unverzüglich wieder aus der Innenstadt (ZTL Zone) entfernen, es sei denn, das Hotel hat private Abstellplätze oder eine Garage für Gäste. Fragen Sie beim von Ihnen gebuchten Hotel vorher nach, ob es Ihnen evtl. eine Kurzzeit-Einfahrtsgenehmigung verschaffen muss. Geben Sie der Rezeption Ihr Kfz-Kennzeichen bekannt, damit das Hotel bei der zuständigen Polizeibehörde das Kennzeichen bekannt geben kann.

Öffentliche Parkhäuser liegen außerhalb der ZTL Zone. Ein **zentrumsnahes Parkhaus** für Besucher, die mit Pkw unterwegs sind, ist die **Garage La Stazione [N43° 46' 32.92" E11° 14' 57.25"]**, Piazza della Stazzione, am Bahnhof Santa Maria Novella (35), tgl. 24 Std. geöff-

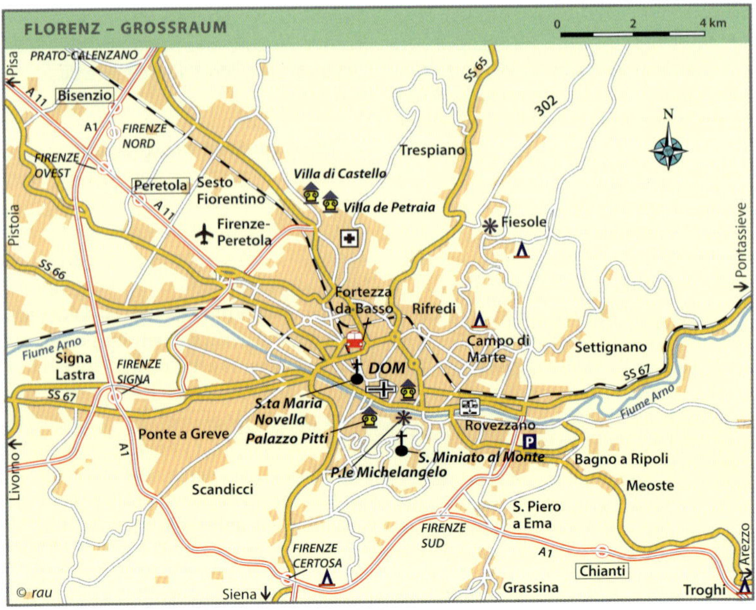

net. Falls Sie dort einen Platz finden, können Sie hier auch **Fahrräder mieten**. Die Zufahrt zur Garage La Stazione ist wg. Einbahn-Straßenführung und wg. der Gefahr in eine ZTL Zone zu graten etwas kompliziert und nur von der Via Nazionale und der Largo Fratelli Alinari her möglich!

10 Gehminuten nördlich vom Bahnhof Santa Maria Novella findet man an der Nordwestseite der Fortezza da Basso die **Tiefgarage Fortezza Fiera [N43° 46' 57.56" E11° 14' 44.96"]**, Viale Filippo Strozzi, tgl. 24 Std. geöffnet.

Rund 3 km südöstlich des Stadtzentrums liegt an der Viale Europa und ganz in der Nähe der A1-Autobahnausfahrt Firenze Sud der gebührenpflichtige, aber recht preiswerte, 24 Std. geöffnete Parkplatz **Parcheggio Europa [N43°45'20.10" E11°18'22.18"]**, Viale Europa, ca. 200 Plätze. Lt. Mitteilung können Wohnmobile gegen eine Zusatzgebühr von 5,- Euro Frischwasser aufnehmen und Abwasser entsorgen. In der Nähe Haltestellen der Buslinien 23, 33, 71, 81 ins Stadtzentrum, Fahrzeit rund 20 Minuten.

Aufgrund der unguten Parkplatzsituation in Florenz kann Besuchern mit Wohnmobilen nur geraten werden, das Fahrzeug entweder auf dem Stellplatz östlich der Stadt oder auf dem Parcheggio Viale Europa (s. o.) abzustellen und mit öffentlichen Vekehrsmitteln in die Stadt aufzubrechen.

Kostenlose Parkmöglichkeiten sind in und um Florenz nicht zu finden.

Leider sind auch in Florenz Autoeinbrüche keine Seltenheit. Es empfiehlt sich also dringend, nur auf bewachten Parkplätzen zu parken.

Größere Entfernungen innerhalb der Stadt bewältigt man während eines Besichtigungsaufenthalts am einfachsten mit den laufend verkehrenden **Stadtbussen** der ATAF. Fahrkarten kauft man in Tabak- (tabacchi) oder Zeitungskiosken mit „Bigletti ATAF"-Hinweis. Tickets müssen im Bus entwertet werden. Ein Normalticket (Gültigkeit nach Entwerten 90 Min.) kostete zuletzt 1,20 Euro. Es gibt Tickets für 4 Fahrten, 3-Tages-Tickets sowie Blocks mit 10 Tickets (Carta Agile). Und es gibt für 24 Euro am Fahrkartenschalter im Bahnhof eine 7 Tage gültige Fahrkarte (Carta Arancia) für alle Stadt- und Überlandbusse und Züge innerhalb der Provinzen Florenz und Prato. Ausgangs- oder Anlaufpunkt fast aller Busse ist der Bahnhof Stazione Santa Maria Novella.

Zum Aussichtspunkt Piazzale Michelangelo und zur Kirche San Miniato kommt man ab Dom z. B. mit Bussen der Linien 12 oder 13, oder nach Fiesole mit Bussen der Linie 7.

Für Besucher, die ein ausgiebiges Besichtigungsprogramm vorhaben, kann der Erwerb des **FirenzePASSport** oder der **Firenzecard** von Vorteil sein (www.firenzecard.it). Damit können Sie die öffentlichen Verkehrsmittel unbeschränkt nutzen und Sie erhalten Ermäßigungen für Sehenswürdigkeiten, Museen und Attraktionen. Zu erhalten im Touristenbüro.

Beachten sollte man die **unterschiedlichen Öffnungszeiten** der einzelnen Kirchen, Museen und Galerien. Der Montag ist nur in den staatlichen Museen (Uffizien, Bargello, San Marco etc.) einheitlicher Ruhetag.

Da sich gerade bei nicht staatlichen Museen die Öffnungszeiten ändern können, empfiehlt es sich, vor Ort den neuesten Stand zu erkunden, z. B. im kostenlosen Veranstaltungskalender „Florenz aktuell".

Florenz gilt nicht als Stadt mit besonders hoher Kriminalität. Dennoch können Taschendiebe an den touristischen Brennpunkten, von denen Florenz ja etliche vorzuweisen hat, wie der Domplatz, die Piazza della Signoria, die Ponte Vecchio, der Bogengang der Uffizien, der Bahnhof Santa Maria Novella, die Piazzale Michelangelo u. a., am Werk sein.

Wie überall auf Reisen empfiehlt es sich, nur notwendige Geldbeträge und Dokumente mit auf einen Stadtspaziergang zu nehmen.

Deponieren Sie alles andere im Hotelsafe oder, wenn nicht möglich, tragen Sie Geld, Dokumente etc. in körpernahen Innentaschen und NICHT in der Handtasche oder in einem für Stadtspaziergänge ja sehr praktischen Rücksäckchen. Die Polizei von Florenz kontrolliert Plätze und die erwähnten touristischen Brennpunkte rund um die Uhr mit Videokameras.

Blick von der Piazzale Michelangelo auf Ponte Vecchio und Arno

Was besichtigt man?

Natürlich den **Dom (2)** und das **Baptisterium (3)**, dann die weltberühmte Gemäldegalerie in den **Uffizien (11)** und den historischen **Palazzo Vecchio (10)**. Bezieht man z. B. die Besteigung des Campanile des Doms und einen Bummel durch die Innenstadt zur immer mit buntem Leben erfüllte **Ponte Vecchio (15)** ein, ist damit rasch ein Tag ausgefüllt.

Nur, dabei sollte man es aber keinesfalls belassen. Auf jeden Fall sollte man auch die unvergleichliche Gemäldesammlung im **Palazzo Pitti (16)**, das Nationalmuseum im **Bargello (12)** und die eindrucksvolle **Medici-Kapelle (20)** besichtigen.

Unternimmt man dann noch eine Fahrt (oder einen Spaziergang) zur **Piazzale Michelangelo (24)**, um von dort die prächtige Aussicht auf die Stadt zu genießen, ist ein weiterer Tag verplant.

Einen **Mindestaufenthalt** von drei ganzen Tagen sollte man also bei einem ersten Besuch zum Kennenlernen der wichtigsten Sehenswürdigkeiten schon einplanen.

Drei, vier oder fünf Tage in Florenz:

1. Tag: Dom (2), Baptisterium (3), Dombaumuseum (4), Kirche Orsanmichele (6), Palazzo Vecchio (10) und Piazza della Signoria (8), Uffizien (11).

2. Tag: Bargello (12), Dante Haus (14), Ponte Vecchio (15), Palazzo Pitti (16), Kirche Santo Spirito (17), Kirche Santa Maria del Carmine (18), abends evtl. zur Piazzale Michelangelo (24).

3. Tag: Kirche San Lorenzo und Medici-Kapellen (20), Palazzo Medici-Riccardi (21), San Marco Kirche (22), Kunstgalerie Accademia dell Accademia d. belle Arti (23).

4. Tag: Mit Bus Nr. 13 zur Piazzale Michelangelo (24 – Stadtblick), Kirche San Miniato al Monte (25), über Treppenwege hinab zur Piazza G. Poggi und zur Ponte alle Grazie, Kirche Santa Croce mit Pazzi Kapelle (28), Haus Buonarroti (29).

5. Tag: Kirche Santa Maria Novella mit Kreuzgang und Spanische Kapelle (30), Kirche Ognissanti (31), Palazzo und Galerie Corsini, Palazzo Strozzi (19), Palazzo Davanzati (33) (Halbtagesrundgang) oder Kirche und Platz SS. Annunziata (34), Archäologisches Museum (ein weiterer halber Tag).

Mein Tipp! Sie werden es bei Ihrem Florenzbesuch wahrscheinlich auch nicht vermeiden können, sich stundenlang nach **Eintrittskarten** in die Uffizien, in den Palazzo Pitti oder in den Dom etc. anstellen zu müssen. Haben Sie endlich die begehrten Billetts in Händen, wartet oft noch weitere Wartezeit in der Besucherschlange auf Sie, bis Sie endlich vor den weltberühmten Kunstwerken stehen.

Sie können zumindest den ersten Teil der Warterei verkürzen, wenn Sie Eintrittskarten vorbestellen. Das kostet allerdings eine Extragebühr. Die **Reservierungsstelle** ist **Firenze Musei**, **www.firenzemusei.it**. Online-Tickets für Florentiner Museen kann man auch unter **www.florence-tickets.com** bestellen.

Online reservierte Tickets müssen per Kreditkarte bezahlt werden. Man erhält eine Bestätigung per E-Mail, mit der man das Ticket am Museum (angeblich ohne Schlangestehen) abholt. Falls der gewünschte Termin bereits ausgebucht ist, weist Ihnen das Reservierungssystem automatisch einen Ersatztermin zu.

Tickets kann man auch telefonisch reservieren unter Tel. 055 29 48 83 von Montag bis Freitag von 8.30 Uhr bis 18.30 Uhr und samstags von 8.30 Uhr bis 12.30 Uhr.

Und noch ein Tipp! Wenn Sie sich eingehend für Kirchenmalerei und Architektur interessieren, empfiehlt es sich, eine kleine **Taschenlampe** und ein **Opernglas** oder ein kleines, vielleicht faltbares Fernglas mitzuführen. Oft sind die Lichtverhältnisse in den Innenräumen nicht so gut – und nicht in allen Kirchen gibt es Münzautomaten, mit denen sich die Beleuchtung einschalten lässt – oder die Kunstwerke sind vom Betrachter weit entfernt (in hohen Kuppeln oder Decken, oder an vom Kerzenruß gedunkelten Wänden), dass man die Feinheiten der Malereien, Plastiken oder architektonischen Besonderheiten mit bloßem Auge nur unvollkommen betrachten kann.

Italiener kleiden sich gerne chic und dennoch leger. In Boxershorts, Sweatshirt oder knappen Träger-Tops und Badelatschen aber in einer Stadt auf Besichtigungstour zu gehen, ist in ihren

Augen mehr als komisch. In solcher Aufmachung Kirchen zu besichtigen wird nicht gerne gesehen.

Shopping

Es soll doch tatsächlich Leute geben, die keineswegs ausschließlich der historischen Kunstschätze wegen den Weg nach Florenz finden. Und das hat seine Gründe. Florenz ist nämlich bei Weitem nicht nur ein Mekka der Renaissancekunst.

Wenn Sie sich also nach Tagen voller Madonnenbildnissen, Kirchenfassaden, diversen Botticellis, Giottos, Lippis und Ghirlandaios etwas müde fühlen, machen Sie zur Abwechslung einen Einkaufsbummel.

Florenz ist ein Shopping Paradies, nicht unbedingt für Schnäppchenjäger, aber eine Fundgrube für Liebhaber netter Antiquitäten, eleganter Mode oder feiner Lederwaren, Schuhe vor allem.

Natürlich sind auch auf den Florentiner Flohmärkten die Zeiten längst dahin, in denen man tatsächlich noch ein schönes Stück zu einem moderaten Preis erwischen konnte. Trotzdem sollten Sie, wenn Sie ein Faible für hübsche alte Dinge haben, auf dem täglichen (außer montags) **Flohmarkt Mercato delle Pulce** auf der **Piazza di Ciompi** im Santa Croce Viertel (ein gutes Stück östlich vom Dom) vorbeischauen oder, wenn Sie gerade in der Stadt sind, an einem zweiten Sonntag im Monat den **Kunstmarkt** auf der Piazza S. Spirito am linken Arnoufer besuchen. Dort stellen dann Künstler aus Florenz und Umgebung ihre Arbeiten aus. Auch Kunsthandwerk findet man hier.

Eine Reihe der bekanntesten und renommiertesten **Antiquitätengeschäfte** in Florenz, wenn nicht ganz Italiens, finden Sie am linken (südlichen) Arnoufer in der Via Maggio oder in der Via di Santo Spirito. Das ganze Viertel um Santo Spirito ist übrigens eine Hochburg der Restauratoren, der Kunsthandwerker und des Antiquitätenhandels. Und wenn Sie nach hübschem Goldschmuck suchen, werden Sie an den Läden auf der Ponte Vecchio nicht vorbeigehen können.

Beherrscht die Silhouette der Stadt, der Dom von Florenz

Einer der bedeutendsten Märkte von Florenz ist der **Mercato San Lorenzo** auf dem gleichnamigen Platz mit der Kirche San Lorenzo und der Grabkappelle der Medici. Außer am Sonntag können Sie hier abends bis 19 Uhr Kleidung und Lederwaren, jede Art von Gürteln, Taschen und Schuhen und vieles mehr finden.

In der Nachbarschaft, ein paar Straßen weiter nördlich, finden Sie in der Via dell'Ariento die hübsche Markthalle des **Mercato Centrale (22)** (vormittags), einer der größten Florentiner Wochenmärkte für Lebensmittel (Gemüse, Metzgereien, Geflügel) und Kleidung. Viele der Stände auf dem Zentralmarkt werden seit Generationen von den gleichen Familien betrieben. Und in den Trattorias der Markthalle findet man immer eine Leckerei zum Essen und ein Gläschen zum Probieren.

Der Zentralmarkt ist vergleichbar mit dem **Mercato Sant'Ambrogo** auf der Piazza Ghiberti im Santa Croce Viertel.

Der **Mercato Nuovo (7)** schließlich, früher der wichtigste Markt in Florenz, auf dem die Seiden- und Wollhändler und die Goldschmiede prächtige Geschäfte machten, ist heute erobert von Souvenirständen, Kofferhändlern, Leder- und Korbboutiquen. Aber vergessen Sie nicht, wenn Sie am Mercato Nuovo vorbeikommen, dem bronzenen Eber, den die Florentiner liebevoll „porcellino" (Schweinchen) nennen, über die Schnauze zu streicheln. Das bringt bestimmt Glück!

Wer etwas für köstliche Süßigkeiten übrig hat, muss einfach eine Stippvisite in der **Pasticceria Robiglio** in der Via dei Tosinghi 11R machen. Seit Generationen ist diese Patisserie eine Institution in Florenz. Konfekt und Kuchen von Robiglio sind ein Traum. Sie sollten sich an die Adresse erinnern, wenn Sie privat zum Essen eingeladen werden und noch nach dem obligatorischen Gastgeschenk (ein Muss bei einer Essenseinladung in Italien) suchen.

Stadtbesichtigung

1. Rundgang – Der Domplatz Dom (2) – Baptisterium (3) – Campanile – Dombaumuseum (4)

Bei mehrtägigem Aufenthalt empfiehlt es sich, das gedrängte Programm

Prächtig, die Westfassade des Doms

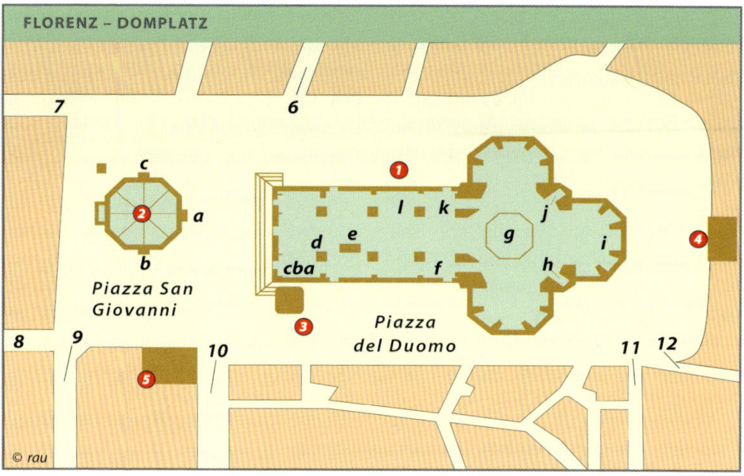

*DER DOMPLATZ – **1** – Dom Santa Maria del Fiore (**a** – Brunelleschi Büste, **b** – Statue von di Banco, **c** – Giotto Büste, **d** – Weihwasserbecken von 1380, **e** – Krypta Santa Reparata, **f** – Büste von M. Ficino, **g** – Chor, Kuppel, **h** – Sagrestia Vecchia, **i** – Zenobi Reliquiar, **j** – Sagristia Nuovo, **k** – Kuppelzugang, **l** – Reiterbild); **2** – Baptisterium (**a** – Osttor, **b** – Südtor, **c** – Nordtor), **3** – Campanile, **4** – Dommuseum, **5** – Loggia del Bigallo. **Straßen: 6** – Via de' Martelli, **7** – Via de' Cerretani, **8** – Via de' Pecori, **9** – Via Roma, **10** – Via Calzaiuoli, **11** – Via del Proconsolo, **12** – Via dell' Oriuolo.*

dieses ersten Stadtrundgangs etwas zu entflechten und – da diese Einrichtungen auch nachmittags geöffnet sind – eine evtl. vorgesehene Besteigung des Campanile oder den Besuch des Dombaumuseums und später der Kirche Orsanmichele auf einen der späteren Nachmittage zu verschieben.

Ausgangspunkt für unseren ersten Stadtspaziergang ist die **Piazza del Duomo (2),** der Domplatz im Zentrum von Florenz.

Die Piazza del Duomo ist übrigens an jedem Ostersonntag Vormittag Schauplatz des spektakulären Festes *„Scoppio del Carro"*. In einer feierlichen Zeremonie wird während des Festes mittels eines Feuersteins eine Fackel in Form einer Taube entzündet, die an einem Seil vom Altar auf den Platz schwebt, und dort einen bunten, mit Feuerwerkskörpern beladenen Karren entzündet. Der Feuerstein soll zu Zeiten der Kreuzzüge von einem Mitglied der Familie Pazzi aus dem Heiligen Land nach Florenz gebracht worden sein.

Der Platz wird beherrscht vom mächtigen Marmorbau des Doms mit seiner gewaltigen Kuppel, dem formvollendeten, freistehenden Campanile und dem wenige Schritte vor der Westfassade des Doms an der Piazza San Giovanni stehenden Baptisterium, einem weiteren Kleinod Florentiner Baukunst.

Der Dom von Florenz (2), Duomo Santa Maria del Fiore, *(geöffnet Mo - Sa 10 - 17 Uhr, So 13.30 - 16.45 Uhr; www.operaduomo.firenze.it)* geweiht der Heiligen Maria von den Blumen, ist nicht nur das prägende Bauwerk der Florentiner Stadtsilhouette schlechthin, er ist einer der größten Bauten der Christenwelt überhaupt.

Besonders gewaltig erscheint der Dombau, wenn man ihn von der Südseite her betrachtet. Imposant ist der Blick auch von der Südostseite des Domplatzes (Via del Proconsolo) über die Halbkuppeln der Kapellen hinauf zur Domkuppel.

An der Stelle der früheren Kathedrale Santa Reparata begann der Baumeister Arnolfo di Cambio im Jahre 1296 mit dem Bau des heutigen Doms. Mit dem Tode Cambios 1310 kam die Bautätigkeit zunächst zum Stillstand. Man war sich in der Stadt auch nicht mehr ganz einig über die Baupläne. Änderungen wurden in Auftrag gegeben, der Bau wurde größer projektiert.

1357 konnte Francesco Talenti mit dem Bau fortfahren. Zwanzig Jahre später wurde das Mittelschiff vollendet und 1421 war der Dom bis auf die mächtige Kuppel so gut wie fertig.

Brunelleschi, der große Baumeister des Quattrocento, hatte die Pläne für den gewaltigen Kuppelbau berechnet und gezeichnet. Es gab wilde Diskussionen über die statischen Probleme und über die Realisierbarkeit dieses wirklich kühnen Planes. Bis dahin gab es kaum Vergleichbares in der christlichen Kirchenarchitektur. Brunelleschi hatte eine brillante technische Finesse erdacht. Die Kuppel sollte aus Schalenhälften entstehen, die von fischgrätartigen Gerippen auf den acht Seiten des Tambours getragen wurden.

1436, die Domkuppel war bis auf die abschließende Laterne vollendet, wurde das Bauwerk von Papst Eugen IV. eingeweiht.

Nach dem Tode Brunelleschis im Jahre 1446 wurde die Laterne von Michelozzo, einem Schüler und Freund Brunelleschis, zu Ende geführt. Und Verrocchio schließlich schloss um 1465 mit der vergoldeten Bronzekugel und dem Kreuz auf der Laterne den 106 m hohen Kuppelbau ab.

Das Äußere des Doms ist vollkommen mit Marmor verkleidet, wobei durch den Einsatz von grünem und rotem Marmor geometrische Muster erzeugt werden.

Die Westfassade mit ihren drei Rosetten und drei Bronzeportalen, war ursprünglich von Arnolfo di Cambio im romanischen Stil entworfen und später von Talenti umkonzipiert worden. Man war aber mit dem Werk ganz offenbar nicht sehr glücklich. Denn die gesamte Außenverkleidung der Westfassade wurde 1587 abgenommen. Erst Ende des 19. Jh. schuf man die Westfassade nach Plänen von Emilio de Fabris im gotischen Stil neu. Es ist die Prunkfassade, die wir heute sehen und von der einige Puristen meinen, sie stünde mit dem streng gegliederten Äußeren des übrigen Bauwerks nicht im Einklang. Die Mosaiken über den Portalen entstanden erst ausgangs des 19. Jahrhunderts.

Ganz im Gegensatz zum fast schon pompösen Äußeren des Doms und dem wunderbaren, in seinen Proportionen so harmonischen Campanile, ist das Innere von überraschender Schlichtheit. Das dreischiffige, gotische Kircheninnere mit seinen Bündelpfeilern und hoch aufstrebenden Spitzbögen beeindruckt nicht durch Marmorschmuck oder kostbare Fresken, sondern einfach durch seine schiere Größe.

Wenn man den Dom von der Südseite her durch das Seitenportal neben dem Campanile betritt, erkennt man im Inneren linkerhand eine Büste Giottos von Benedetto da Maiano gefertigt, dann eine Heiligenstatue von Nanni di Banco und weiter zur Westfassade hin eine Büste Brunelleschis. Brunelleschi widerfuhr das Privileg, als einer der wenigen namhaften nichtadeligen Söhne der Stadt, im Dom beigesetzt zu werden.

Geht man im rechten (südlichen) Seitenschiff Richtung Chor, passiert man zwischen dem ersten und zweiten Pfeiler den Treppenabgang zur Krypta Santa Reparata (Eintritt). Zwischen 1966 und 1970 wurden die Reste der frühchristlichen romanischen Kirche freigelegt, die um das 4. Jh. entstand und später dem Dombau weichen musste. Zu sehen sind neben Mauerresten Fragmente eines Bodenmosaiks und von Fresken aus der früheren Kirche und diverse Grabplatten.

Auf dem Weg zum Chor kann man die Bleiglasfenster betrachten, die aus dem 14. Jh. stammen.

Der Chor liegt unter der gewaltigen, 91 m hohen Kuppel von Brunelleschi. Der Blick nach oben ist beeindruckend. Die Fresken im Kuppelrund mit Motiven des „Jüngsten Gerichts" wurden von Vasari und Zuccari in der zweiten Hälfte des 16. Jh. ausgeführt. Die runden Bleiglasfenster an den acht Seiten des Kuppelunterbaus (Tambour) wurden von Ghiberti, Donatello, Castagno und Paolo Uccello entworfen.

Mitten in dem oktogonalen Rund erhebt sich der Chor, den Baccio Bandinelli und Giovanni Bandini schufen sowie der Altar mit einem Kruzifix von Benedetto da Maiano.

1478 war der Chor Schauplatz der blutigen und legendären **Pazzi-Verschwörung**. Während des Hochamts am Sonntag dem 26. April entging in der überfüllten Kirche Lorenzo de' Medici, der Prächtige, nur mit knapper Not den Dolchen seiner Häscher. Noch während der Messe fielen von der Pazzi-Familie gedungene Mörder über Lorenzo und seinen Bruder her. Unter den Attentätern sollen Herren des geistlichen Standes gewesen sein, so der Erzbischof von Pisa, Francesco Salviati. „Weltliche" Killer hatten damals offenbar noch soviel Skrupel, wenigstens nicht sonntags in der Kirche zu meucheln. Von der Pazzi-Verschwörung wird gar behauptet, selbst Papst Sixtus IV. hätte in dem Ränkespiel um die Macht in Florenz mitgemischt, was dem ganzen Drama eine staatspolitische Dimension verleiht.

Giuliano, Lorenzos Bruder, erlag an Ort und Stelle den über 15 Messerstichen, die ihm vor allem von Francesco Pazzi beigebracht worden waren. Lorenzo, lediglich am Hals verwundet, sprang über die Chorschranken und flüchtete mit ein paar Getreuen in die linke Sakristei, die „Sagristia Nuova" und entkam. Die Verschwörer konnten in dem allgemeinen Tumult entkommen und eilten zum Palazzo Vecchio, um ihn zu besetzen und die Macht in der Stadt an sich zu reißen. Allerdings sollen sie dort mit den Geheimschlössern an den Palasttüren nicht zurechtgekommen sein und schlossen sich selbst ein. Mühelos wurden sie gefasst und an den Fensterkreuzen des Palazzo Vecchio aufgehängt.

Morde während der Messe, in der die

Nach kühnen Plänen Brunelleschis errichtet – die Kuppel des Florentiner Doms

Opfer relativ ungeschützt in der Menge auftreten mussten, waren in der damaligen Zeit nicht nur in Italien ein probates Mittel, die Machtverhältnisse zu korrigieren. Gerne zum Dolchstoß genutzt wurde der Moment, wenn sich die Gemeinschaft der Gläubigen ehrfürchtig vor der geweihten Hostie oder zum Empfang des Segens verneigte und zu Boden blickte. Anlass der Pazzi-Verschwörung war letztendlich das Bestreben der alten Familie der Pazzi, den Medici die Vormachtstellung in Florenz zu entreißen. Die Pazzi unterhielten, wie die Medici, große Bankhäuser. Lange finanzierten die Medici viele Unternehmungen des Vatikans und der Päpste. Bei der Finanzierung eines Grundstückgeschäfts, das Sixtus IV. in der Nähe von Florenz tätigen wollte, kam es zu Differenzen zwischen dem Papst und Lorenzo de' Medici, der die Aktivitäten des Heiligen Stuhls ungern bis nach Florenz reichen sah. Der Papst übertrug daraufhin seine Gelder auf Konten der Pazzi-Bank, die ihn von nun an finanzierte und die Kontakte nutzte, gegen die Medici zu opponieren.

Neuen Sakristei am Abzweig des nördlichen Querschiffs. Sie sind aus glasierter Terrakotta gefertigt, einer Technik, die Luca della Robbia zu meisterhafter Vollendung brachte. Dargestellt sind „Auferstehung" bzw. „Himmelfahrt",

In der Kapelle am östlichen Scheitelpunkt der Apsis ist ein von Lorenzo Ghiberti gefertigter Schrein zu sehen, der die Reliquien des Heiligen Zenobius, des ersten Bischofs von Florenz, enthält.

Geht man weiter gegen den Uhrzeigersinn durch den Dom, kommt man zur Neuen Sakristei, in die damals Lorenzo de' Medici flüchtete. Die Bronzetüren wurden wie die Terrakottaplastik darüber von della Robbia gefertigt.

Domenico di Michelino, Dante mit der „Göttlichen Komödie", Wandgemälde, Dom von Florenz

Übrigens wurde der Tatort der Verschwörung erst im letzten Moment in den Dom verlegt. Eigentlich war vorgesehen gewesen, die Medici Brüder bei einem Bankett ins Jenseits zu befördern. Lorenzo ließ sich aber wegen Unwohlseins entschuldigen, entsagte der Festlichkeit und kündigte an, lediglich an der Messe am nächsten Tag teilnehmen zu können.

Geht man rechts um den Chor herum, erkennt man am Abzweig des südlichen Querschiffs die Tür zur Alten Sakristei „Sagristia Vecchio". Beachtung verdienen die Plastiken von Luca della Robbia über den Türen zur Alten und auch zur

Die unfertige, aber deswegen nicht minder berühmte Pietà von Michelangelo, die in der ersten Seitenkapelle des nördlichen Querschiffs stand, ist jetzt im Dommuseum zu sehen.

Im anschließenden nördlichen Seitenschiff findet man den Zugang zur **Domkuppel.** Der Aufstieg lohnt. 463 Stufen führen hinauf durch die interessante Kuppelkonstruktion, die man beim Aufstieg gut studieren kann, zur 91 m hohen Kuppelkrone. Unterwegs kann man von der Innengalerie hinab auf den

Chor sehen. Und wer vor großen Höhen nicht zurückschreckt, kann oben an der Laterne auf einer Plattform ins Freie treten und wird mit einem **grandiosen Blick auf die Stadt** belohnt.

An der Wand des nördlichen Seitenschiffes sieht man verschiedene Gemälde. Das erste wurde von Domenico di Michelino im Jahre 1465 geschaffen und stellt Dante mit der „Göttlichen Komödie" dar, die Florenz erleuchtet. Ausserdem sind wichtige Stationen – Fegefeuer, Hölle und Paradies – aus Dantes großem Werk angedeutet.

Etwas weiter sieht man zwei große Reitergemälde. Dargestellt sind zwei berühmte Florentiner Heerführer (condottieri). Das erste Fresko stammt von Paolo Uccello und stellt Giovanni Acuto dar, der Engländer war, eigentlich Sir John Hawkwood hieß und der das toskanische Heer Ende des 14. Jh. führte. Den anderen Reiter, Niccolo da Tolentino, malte Mitte des 15. Jh. Andrea del Castagno.

Beim Zurückgehen sieht man gut die drei Rundfenster an der Westseite, die nach Zeichnungen und Entwürfen von Ghiberti 1413 gefertigt wurden.

Man kann nun den Dom durch das Westportal verlassen und die wenigen Schritte hinübergehen zum **Battistero (3).** Die Taufkapelle (Baptisterium) ist dem Heiligen Johannes der Täufer, dem Schutzpatron der Stadt Florenz, geweiht *(geöffnet Mo - Fr 8.15 - 10.15 + 11-15 - 19.30 Uhr, Sa 8.15 - 18.30 Uhr, So 8.15 - 13.30 Uhr; www.operaduomo.firenze.it).*

Mit dem Bau wurde im 11. Jh. begonnen. Somit ist sie eines der ältesten, aber auch vollkommensten romanischen Bauwerke in Florenz. Allerdings weisen ältere Fundamentsfragmente darauf hin, dass hier schon in römischer Zeit ein heidnischer Tempel gestanden haben muss, der sehr wahrscheinlich Mars geweiht war.

Das achteckige Baptisterium mit der weißen, flachen, oktogonalen Dachpyramide wurde mit seiner mehrfarbigen Marmorverkleidung zum Vorbild für viele weitere Kirchenbauten in der Toskana. Der Bau mit seinen die architektonischen Akzente unterstreichenden geometrischen Marmormustern weist einmalige Kunstwerke auf. Bewundernswert sind vor allem die Türen außen und die Mosaiken innen.

Das **Ostportal,** gegenüber der Domfassade, ist ein Meisterwerk Lorenzo Ghibertis. Mit seinen Schülern und Gehilfen Cennini, Gozzoli und Michelozzo arbeitete er ab 1425 über 25 Jahre daran. Glanzpunkt sind die zehn Relieftafeln aus vergoldeter Bronze. In seiner Art der Darstellung der biblischen Szenen wagte Ghiberti als einer der ersten den Schritt von der starren gotischen Form hin zu einer freieren, lockereren Form in der Anordnung der Gestalten und Perspektivakzente. Das Werk, es wird als Lebens- und Meisterwerk Ghibertis bezeichnet, gelang so vollkommen, dass Michelangelo das Portal als **„Porta del Paradiso" (Paradiestür)** bezeichnete.

Die Bildmotive (von links nach rechts und von oben nach unten) stellen Szenen aus dem Alten Testament dar: 1. Erschaffung Adams und Vertreibung aus dem Paradies; 2. Geschichte Kains und Abels; 3. Noahs Trunkenheit und Sintflut; 4. Abraham und die Opferung Isaacs; 5. Jakob und Esau; 6. Joseph wird verkauft, Joseph deutet den Traum des

Baptisterium "Paradiestür"
Ostportal
© rau

Pharao, Entdeckung des Bechers in Benjamins Sack, und Joseph gibt sich seinen Brüdern zu erkennen; 7. Moses erhält auf dem Berge Sinai die Tafeln mit den Zehn Geboten; 8. Der Fall der Stadt Jericho (Trompeten); 9. Kampf mit den Philistern, David besiegt Goliath; 10. Salomon und die Königin von Saba.

Die Relieftafeln sind umrahmt von kleinen Figuren und Köpfen, die Propheten und Zeitgenossen Ghibertis darstellen. Ghibertis Portrait ist der Kopf in Türknaufhöhe auf dem linken Türflügel.

Türmedaillon an der Paradiestür – „Moses erhält auf dem Berg Sinai die Tafeln mit den Zehn Geboten"

Die beiden Säulen außen sind aus Porphyr und wurden Florenz im 12. Jh. von der Stadt Pisa zum Dank für militärische Unterstützung gegen die Sarazenen gestiftet.

Auf dem Gesims über dem Ostportal sieht man eine Figurengruppe aus Marmor. Dargestellt sind Jesus und Johannes der Täufer. Die Plastiken wurden von Andrea Sansovino zu Beginn des 16. Jh. geschaffen. Der Engel links stammt aus dem späten 18. Jh. und ist von Innocenzo Spinazzi.

Es empfiehlt sich, nun zum **Nordportal** des Baptisteriums zu gehen. Es stammt ebenfalls von Ghiberti, aber aus einer Zeit, als er als junger Künstler noch ganz den Traditionen der Gotik verbunden war. Entsprechend gestaltet sind die Motive hier. Vergleicht man die Arbeiten am Nordportal mit denen am Ostportal, kann man den stilistischen Wandel von der Gotik hin zur Renaissance, den Ghiberti im Laufe seines künstlerischen Schaffens erarbeitete, gut nachvollziehen.

Am Nordportal erkennt man 28 Motivfelder. Dargestellt sind Szenen aus dem Neuen Testament und dem Leben der Evangelisten. Die Plastiken über dem Portal wurde im 16. Jh. geschaffen und sollen auf Vorlagen von Leonardo da Vinci beruhen.

Das älteste der drei Portale am Baptisterium ist das **Südportal**. Es entstand um 1336 und wurde von Andrea Pisano, dem großen Bildhauer des 14. Jh. geschaffen. In 28 Bildtafeln werden Szenen aus dem Leben Johannes' des Täufers und die acht Tugenden dargestellt. Den Bronzerahmen um das Portal schuf Vittorio Ghiberti, Sohn von Lorenzo Ghiberti.

Man betritt das **Baptisterium** durch das Südportal. Es gibt Münzautomaten für die Beleuchtung. Das **achteckige In-**

nere ist ganz mit verschiedenfarbigem Marmor ausgekleidet. Überwältigend aber sind die herrlichen Mosaiken im byzantinischen Stil in der Kuppel. Sie wurden von venezianischen und Florentiner Künstlern im 13. und 14. Jh. geschaffen. In fünf Bildkreisen werden innen die Erzengel und nach außen biblische Motive dargestellt. Dominierend ist das große runde Medaillon mit der Christusgestalt als Weltenherrscher. Es wird Coppo di Marcovaldo zugeschrieben. Rechts und links davon Szenen aus dem *„Jüngsten Gericht"*. Die weiteren Bilderreihen stellen Szenen aus der Schöpfungsgeschichte, aus dem Leben des Joseph, aus dem Leben Johannes des Täufers und aus dem Leben Christi dar.

Die Mosaiken an der Chorseite über dem Altar sind die ältesten im Baptisterium. Sie stammen aus dem frühen 13. Jh. und werden Fra Jacopo zugeschrieben. Dargestellt sind u. a. das *„Lamm Gottes"*, *„Maria mit dem Kind"* und *„Johannes der Täufer auf dem Thron"*.

Beachtet werden müssen außerdem das Taufbecken aus der Pisaner Schule um 1370, sowie rechts des Chors das Grabmal des Gegenpapstes Johannes XXIII. Es wurde von Donatello und Michelozzo um 1427 geschaffen.

Bis in die Mitte des 12. Jh. diente das Baptisterium als Kathedrale, danach wurde es seiner eigentlichen Bestimmung als Taufkapelle zugeführt, der es auch noch heute dient. Dante Alighieri, der große italienische Dichter mit politischen Ambitionen, wurde hier im Mai 1265 getauft.

Übrigens, als Dante 1302 seine Heimatstadt verlassen musste, war Florenz noch lange nicht die Stadt mit den großartigen Bauwerken. Dante kannte den Domplatz nur mit dem Baptisterium als vollendetem Bauwerk. Der Glockenturm war noch unfertig. Der Dom war zwar begonnen, aber noch lange nicht fertiggestellt. Von der Kuppel Brunelleschis hatte man noch keine Vorstellung. Und die Piazza della Signoria, heute ein weiteres Zentrum der Stadt, war noch ohne Palazzo Vecchio und Loggia dei Lanzi. Die Ponte Vecchio war zu Dantes Zeiten noch nicht gebaut und ebensowenig der Bargello.

Die Steinsäule mit dem Kreuz an der Nordseite des Baptisteriums wurde im 14. Jh. zu Ehren des ersten Bischofs von Florenz, dem Heiligen Zenobius, errichtet.

Der Campanile, der freistehende Glockenturm des Doms *(geöffnet tgl. 8.15 - 19 Uhr)*, wurde im Jahre 1334 von Giotto, dem damaligen Stadtbaumeister von Florenz, begonnen. Der Turm hat einen quadratischen Grundriss, ist fast 85 m hoch und passt sich mit seiner schlanken, wohlproportionierten gotischen Form und der Marmorverkleidung harmonisch in das Gesamtbild am Domplatz zwischen Baptisterium und Dom ein.

Die Struktur des Turms wird durch seine achteckigen Ecksäulen und fünf durch Gesimse getrennte Abschnitte geprägt. Die beiden untersten Etagen sind fensterlos oder haben nur angedeutete Nischen und sind knapp 15 m hoch.

Unten verläuft ein Kranz von sechseckigen Medaillons (Basreliefs), die zwischenzeitlich durch Kopien ersetzt wurden. Die Originale sieht man im Museo dell'Opera. Die Motive stellen Szenen aus der Menschheitsgeschichte dar. Viele wurden nach Vorlagen von Giotto gefertigt. Aber auch Luca della Robbia, di Bartelo und Andrea Pisano lieferten Zeichnungen dazu.

Darüber sind in Rauten Motive wie *„Die Tugenden"*, *„Die Künste"*, *„Die Sakramente"* zu sehen.

Der Turmbau war noch nicht über das erste Stockwerk hinausgelangt, als Giotto starb und Andrea Pisano mit der Bauleitung betraut wurde. Unter Pisano entstand die Etage mit den 16 Nischen, in denen ehemals Plastiken von Johannes dem Täufer, Propheten und Heiligen standen. Auch hier stehen die Originale im Dombaumuseum.

Die restlichen zwei Drittel des Turmes, mit den nach oben größer werdenden gotischen Fenstern, wurden zwischen 1348 und 1359 unter Francesco Talenti zu Ende geführt. Talenti hielt sich getreu an die Zeichnungen und Plä-

414 Stufen führen hinauf zur Aussichtsgalerie des Campanile. Der fast 85 m hohe Turm steht frei neben der Westfassade des Doms.

ne von Giotto. Nur beim Turmabschluss verzichtete er auf eine Turmhaube und schloss mit einem flachen Dach ab, das von unten nicht zu erkennen ist.

Es lohnt, sich der Mühe zu unterziehen und die 414 Stufen durch den schmalen Treppenaufgang hinaufzusteigen bis zur Turmspitze. Der Blick von der Galerie, die rund um den Turm verläuft, auf den Dom, die Kuppel und auf die Stadt ist prächtig!

Das Dommuseum **Museo dell'Opera di Santa Maria del Fiore (4),** oder auch Museum der Dombauhütte, liegt gegenüber der Ostseite des Doms *(geöffnet tgl. 9 - 19.30 Uhr; www.operaduomo.firenze.it)*.

Auf dem Wege dahin sollten Sie von der Südostseite her (z. B. Ecke Via del Proconsolo) nochmals einen Blick auf den Dom werfen. Die Ansicht ist sehr eindrucksvoll. Man erkennt von dort an der Kuppelbasis eine unvollendete Galerie. Aufgrund von Einwänden von Michelangelo soll sie nicht weiter ausgeführt worden sein.

Hier im Dommuseum findet man eine Sammlung von Kunstwerken, Architekturmodellen, Zeichnungen und Goldschmiedearbeiten, die alle in Zusammenhang mit dem Dom, dem Baptisterium oder dem Campanile und deren Entstehungsgeschichte zu bringen sind.

Im **Saal der antiken Domfassade** z. B. sind Skulpturen und Heiligenfiguren zu sehen, welche die von Arnolfo di Cambio gezeichnete Domfassade vor ihrer Neugestaltung im 16. Jh. durch Talenti zierten. Unter den Skulpturen sind Arbeiten von Arnolfo di Cambio (Santa Raparata, Bonifazius VIII., Madonnen), Nanni di Banco (Hl. Lukas) oder Donatello (Hl. Johannes).

Außerdem sieht man im Untergeschoss die **Pietà von Michelangelo**, die lange Zeit im nördlichen Seitenschiff des Doms stand. Der Meister schuf die Plastik für sein eigenes Grab, war aber mit der Arbeit nie ganz zufrieden. Vasari, der große Maler, Baumeister und Kunsthistoriker der Renaissance, behauptet in seiner Lebensbeschreibung Florentiner Künstler „Vite", dass das Portrait des Nicodemus, das ist die Gestalt mit der Kapuze, die den Leichnam Jesu hält, ein Selbstbildnis Michelangelos sein soll. Die Gestalt der knienden Maria Magdalena links wurde von Calcagni, einem Schüler Michelangelos, vollendet.

Besondere Beachtung verdienen im Obergeschoss die berühmten **Kanto-**

reien (Sängertribünen oder Kanzeln), die ehemals über den Eingängen zu den Sakristeien im Dom angebracht waren. Diese Meisterwerke der Renaissancekunst stammen von Donatello und Luca della Robbia und entstanden Mitte des 15. Jh.

Auf der gleichen Etage findet man die Figuren und Basreliefs, die ehemals die Nischen am Campanile zierten.

Eine weitere Abteilung des Dommuseums befasst sich mit dem Bau der Kuppel des Brunelleschi. Man sieht ein Holzmodell, Werkzeuge etc.

Eine Kostbarkeit ist der **Silberaltar aus dem Baptisterium**, ein Meisterwerk der Goldschmiedekunst, an dem über 100 Jahre gearbeitet wurde. Auf den Motivfeldern werden u. a. Szenen aus dem Leben Johannes des Täufers dargestellt. Im Freigelände schließlich sieht man Sarkophage aus römischer Zeit.

Pietà von Michelangelo

2. Rundgang

Calzaiuoli Fußgängerzone – Piazza della Repubblica (5) – Kirche Orsanmichele (6) – Piazza della Signoria (8) – Loggia della Signoria (9) – Palazzo Vecchio (10) – Uffizien Kunstgalerie (11)

Wir setzen den Stadtrundgang fort und gehen vom Dommuseum über die von Portraitmalern bevölkerte Piazza del Duomo zurück bis zur nach Süden abzweigenden Via dei Calzaiuoli, die gegenüber vom Campanile nach Süden führt.

Beachtenswert ist am Eckhaus (gegenüber der Südseite des Baptisteriums) die **Loggia del Bigallo**. Die kleine Bogenhalle entstand Mitte des 14. Jh. nach Plänen von Alberto Arnoldi. In den drei Nischen über dem Südbogen sieht man Statuen der Heiligen Lucia, der Mutter Maria und des Heiligen Petrus, die aus der Schule Nino Pisanos stammen. Interessant ist das Bild über der Pforte rechts. Das Fresco zeigt neben der Madonna della Misericordia eine seltene Ansicht des frühen Florenz.

Das Gebäude war damals Sitz der „Barmherzigen Gesellschaft" (Compagnia della Misericordia) und es war Brauch, in der Loggia Findelkinder niederzulegen. Waren sie innerhalb von drei Tagen nicht abgeholt, wurden sie von der Barmherzigen Gesellschaft zur Adoption oder an Klöster gegeben.

In den Sommermonaten ist hier der touristische „Infopoint Bigallo" [N43° 46′ 22.07″ E11° 15′ 18.35″] eingerichtet.

Im Haus findet man außerdem das kleine **Museo del Bigallo**, mit Kunstwerken, die ehemals von der Barmherzigen Gesellschaft in Auftrag gegeben worden sind. Das Museum ist werktags 9.30 – 17.30 Uhr geöffnet.

Wir folgen der verkehrsberuhigten Einkaufs- und Geschäftsstraße **Via dei Calzaiuoli** nach Süden. Der gerade Straßenzug folgt der Trasse einer alten Römerstraße, war früher im alten Florenz die Hauptstraße vom Domplatz zur Piazza della Signoria und ist heute eine belebte Fußgängerzone.

Schon nach etwa 200 m zweigt nach rechts (westwärts) die Straße zur Nahen Piazza della Repubblica ab. Der Platz ist umgeben von Hotels, Geschäften und Cafés.

Wir bleiben aber auf der Calzaiuoli und kommen nach weiteren rund 200 m zur rechterhand gelegenen **Kirche Or-**

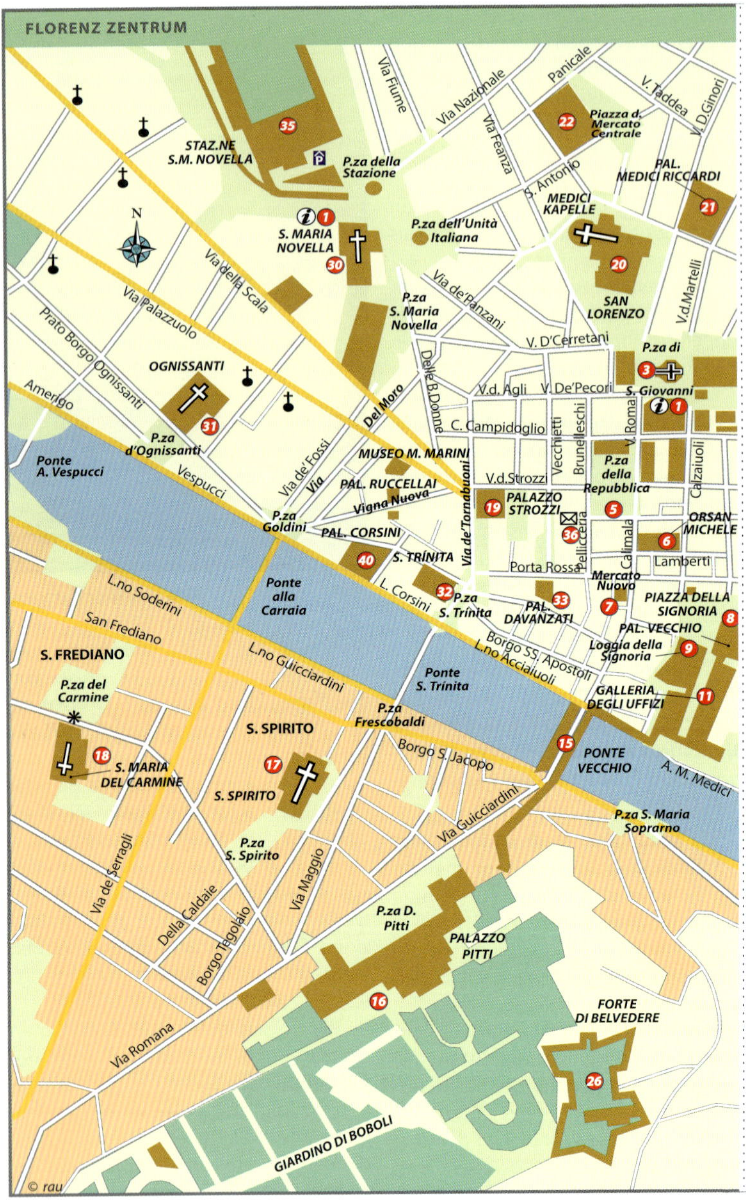

*FLORENZ INNENSTADT – **1** Touristeninformation – **2** Dom, Domplatz – **3** Baptisterium – **4** Dombaumuseum – **5** Piazza della Repubblica – **6** Orsanmichele – **7** Mercato Nuovo mit „Porcellino" – **8** Piazza della Signoria – **9** Loggia della Signoria – **10** Palazzo Vecchio – **11** Uffizien Galerie – **12** Bargello Nat. Museum – **13** La Badia – **14** Dante Haus – **15** Ponte Vecchio – **16** Palazzo Pitti, Galerie, Boboli Gärten – **17** Santo Spirito – **18** Santa Maria del Carmine, Branacci-Kapelle – **19** Palazzo Strozzi – **20** San Lorenzo und Medici-Kapellen – **21** Palazzo Medici-Riccardi – **22** Mercato Centrale – **23** Akademie Kunstgalerie – **24** Piazzale Michelangelo – **25** Richtung San Miniato al*

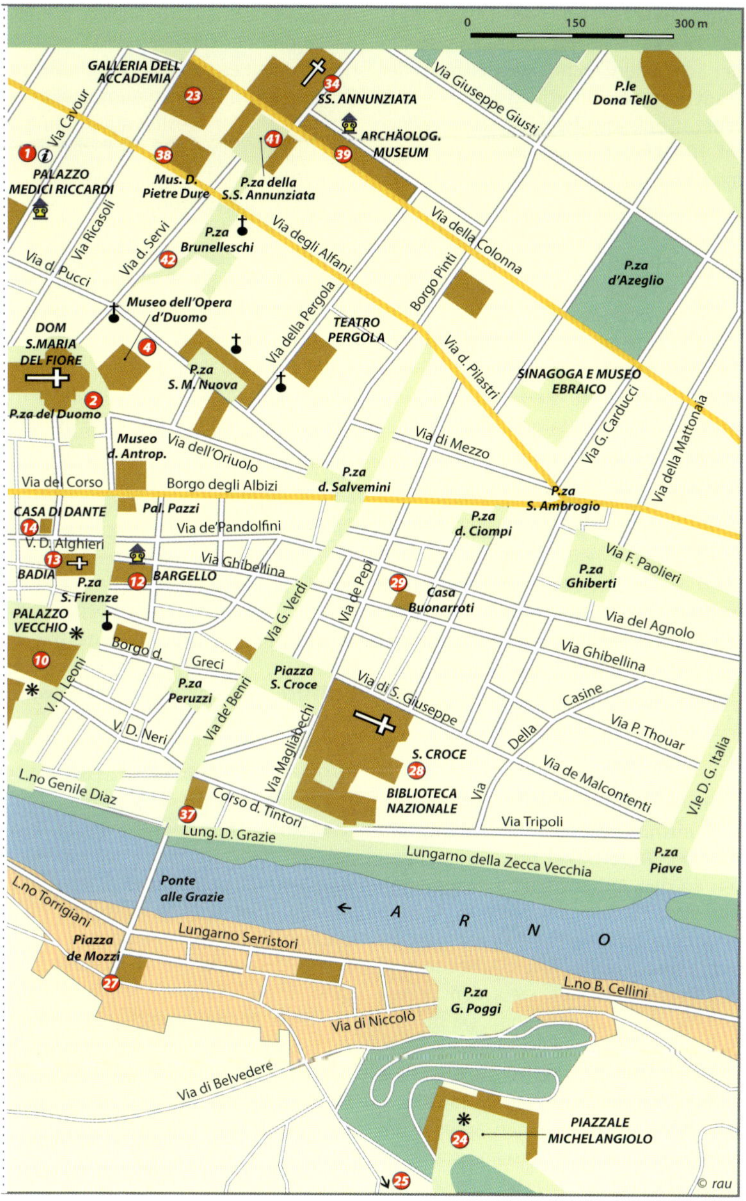

Monte – **26** *Belvedere Festung –* **27** *Museo Bardini –* **28** *Santa Croce, Pazzi-Kapelle –* **29** *Casa Buonarroti –* **30** *Santa Maria Novella –* **31** *Ognissanti –* **32** *Santa Trinità –* **33** *Palazzo Davanzati –* **34** *SS. Annunziata –* **35** *Hauptbahnhof Stazione Centrale Santa Maria Novella –* **36** *Hauptpost –* **37** *Museo Horne –* **38** *Museo delle Pietre Dure –* **39** *Archäologisches Museum –* **40** *Palazzo Corsini –* **41** *Galerie im Waisenhaus –* **42** *Leonarda da Vinci Museum*

sanmichele (6) [N43° 46' 14.28" E11° 15' 18.79"], Via Arte della Lana, einem der schönsten Architekturbeispiele der Stadt aus der Übergangsperiode zwischen Gotik und Renaissance *(geöffnet tgl. 10 - 17 Uhr, Eintritt frei; www.orsanmichele.net)*. Der für ein Gotteshaus etwas eigenwillige rechteckige Bau wurde denn auch ursprünglich als Handelshalle für Getreide gebaut. Schon im 9. Jh. stand hier eine Kirche. Sie war San Michele in Orto geweiht. Daraus leitete sich im Laufe der Jahrhunderte der heutige Kirchenname ab.

Ende des 13. Jh. wurde die Kirche unter der Bauleitung von Arnolfo di Cambio durch eine Markthalle ersetzt, die aber 1304 schon wieder abbrannte. 1337 begannen Francesco Talenti, Neri di Fioravanti und Benci di Cione mit dem Neubau der Verkaufshalle für Getreide. 1380 wurde das Gebäude als Betstätte genutzt und später zur Kirche geweiht. Damals wurde Simone Talenti damit beauftragt, die Arkaden zu schließen, wodurch ein geschlossener Baukörper entstand. S. Talenti versah die Arkaden mit feinstem gotischen Maßwerk und setzte ein zweites Stockwerk auf, das fortan als Getreidehalle dienen sollte.

Kunsthistorisch von Bedeutung sind die sog. **Tabernakel** mit Heiligenfiguren an den Außenwänden. Sie wurden von den Zünften der Stadt in Auftrag gegeben. Dabei wetteiferte man um die künstlerisch wertvollsten Arbeiten und war immer bestrebt, stets den besten Künstler dafür zu gewinnen. Da sich die Arbeiten an den diversen Tabernakeln zwischen dem 14. und 16. Jh. über eine Spanne von etwa 200 Jahren hinzogen, stellen die Arbeiten einen Spiegel der Bildhauerkunst in der Toskana dar.

Die Figuren stellen die Schutzpatrone der einzelnen Zünfte dar und zwar: Ostfassade (Via de' Calzaiuoli) den *Hl. Johannes der Täufer* von Lorenzo Ghiberti, den *Ungläubigen Thomas* von Verrocchio und den *Hl. Lukas* von Da Bologna (Giambologna) aus dem frühen 16. Jh.

Nordfassade (Seitengasse Via Orsanmichele) *Hl. Petrus* von Donatello aus dem frühen 15. Jh., die *Vier Märtyrer* (Quattro Santi Coronati) von Nanni di Banco und der *Hl. Georg* von Donatello. Hier handelt es sich um eine Kopie. Das Original ist im Bargello ausgestellt. Die Figuren an der Westfassade stammen von Ghiberti um 1420 und stellen den *Hl. Matthäus* und den *Hl. Stephan* dar.

An der Südfassade in der Via dei Lamberti schließlich sieht man eine *Madonna mit Kind* die Giovanni Tedesco zugeschrieben wird und *Johannes den Evangelisten*, den Montelupo zu Beginn des 16. Jh. schuf.

Im Inneren des dunklen, rechteckigen Kirchenraumes (Beleuchtungsautomaten) sieht man schöne Bleiglasfenster, wertvolle Fresken, den berühmten Marmortabernakel *„Tod und Himmelfahrt der Jungfrau Maria"* von Andrea Orcagna (Mitte 14. Jh.) und das Altargemälde *„Madonna delle Grazie"* von Bernardo Daddi.

Das Gebäude hinter Orsanmichele, das mit einem Bogengang mit der Kirche verbunden ist, ist als **„Palazzo dell'Arte della Lana"** bekannt. Er wurde im 14. Jh. von der einflussreichen Zunft der Wollhändler erbaut. In einer schön gearbeiteten Ecknische sieht man einen Madonnenaltar aus dem 14. Jh.

Man kann nun über die Via dei Calzaiuoli auf direktem Wege bis zur Piazza della Signoria gehen, oder einen kleinen Umweg über den Mercato Nuovo (7) machen. Dazu folgt man der hinter der Kirche Orsanmichele verlaufenden Via Calimala nach Süden.

Schon an der nächsten Querstraße sieht man links die Bogenhalle des **Mercato Nuovo (7) [N43° 46' 11.56" E11° 15' 15.14"]**, der auch als „Strohmarkt" bekannt ist. In der Zeit des Quattrocento und auch später noch, war die Halle Sitz der Florentiner Bankiers und Geldwechsler. In der Mitte der Halle, meist von den Buden der Taschenhändler völlig verborgen, findet sich ein Stein, an dem früher die Bankrotteure angeprangert wurden.

Viele Begriffe aus dem Bank- und Kreditgewerbe stammen ja aus dem Italienischen, angefangen von „Bank" über „Konto", „Skonto", „Kredit" bis „Ban-

„Porcellino" (Schweinchen) auf dem Mercato Nuovo

krott" – *banca rotta*. Banca rotta bedeutet nichts anderes als „zerstörte Bank" und weist auf den Brauch hin, dass früher zahlungsunfähigen Geldhändlern und Geldverleihern ihre Holzbank, auf der sie ihre Münzen auslegten, von den unbefriedigten Gläubigern zertrümmert wurde.

An der Südseite des Platzes findet man im Schatten der Markthalle einen kleinen Brunnen mit einem bronzenen Eber, den die Florentiner liebevoll **„il Porcellino"**, das Schweinchen, nennen.

Um diesen stadtbekannten Wildeber ranken sich diverse Legenden. Eine berichtet davon, dass sich der Eber in einen ansehnlichen jungen Mann verwandeln konnte, der bei den Florentiner Damen überaus gerne gesehen war. Eines Tages vertraute er seiner Angebeteten das Geheimnis unter dem Siegel strengster Verschwiegenheit an. Sollte das Mädchen das Geheimnis weitererzählen, würde er für immer in der Gestalt des Ebers gefangen bleiben.

Das Mädchen aber wollte nur ihrer Mutter und die wieder nur ihrer engsten Freundin davon berichten, natürlich nur im Vertrauen und nur, wenn ja nichts weitererzählt würde. Kurz, am nächsten Tag kannte ganz Florenz das Geheimnis und der junge Mann war auf ewig in die Gestalt des Ebers gebannt. Das Mädchen aber wurde zur Strafe in einen Frosch verwandelt, wie jeder, der seine Zunge nicht im Zaum halten kann. Das Fröschlein sitzt vorne am Beckenrand. Wenn es das Gedränge vor der Figur zulässt, streichen Sie dem Eber über seine Rüsselschnauze, das bringt Glück!

Gehen Sie nun die Via Calimala noch ein paar Schritte weiter. Der nächsten Gasse, die nach links abzweigt, folgen Sie. Es müsste die Via Vacchereccia sein, die direkt auf die Piazza della Signoria zuführt und den Blick auf den Palazzo Vecchio und seinen Turm freigibt.

Seit dem Mittelalter ist der ausladende Platz **Piazza della Signoria (8)** Mittelpunkt des öffentlichen Lebens von Florenz. Der Platz wurde ganz bewusst als Gegenpol zum Domplatz angelegt, der ja durchaus als das religiöse Zentrum der Stadt bezeichnet werden kann.

Früher umstanden den Platz die Paläste und Geschlechtertürme der großen Florentiner Ghibellinenfamilien Uberti, Foraboschi u. a. Gegen Ende des 13. Jh. wurden die Gebäude abgerissen und der Platz erweitert und neu gestaltet.

Die Piazza della Signoria war Schauplatz wichtiger politischer Ereignisse, aber auch von Festen und Feierlichkeiten. Savanorola z. B. verbrannte hier mitten auf dem Platz in einer spektakulären Aktion Bücher, Bilder, Kleider u. ä., um damit ein Fanal zu setzen und zur Rückkehr zu einem gottesfürchtigen Leben aufzurufen. Wenige Jahre später wurde er selbst als Ketzer bezeichnet und auf dem Platz verbrannt. Eine Gedenkplatte vor dem Neptunsbrunnen kennzeichnet die historische Stelle.

Auf der Piazza wurden früher farbenprächtige Turnierfeste abgehalten. Sie waren große gesellschaftliche Ereignisse im Florenz der Renaissancezeit.

Im Laufe der Jahrhunderte, vor allem aber im 16. Jh., wurde die Piazza ein wahres Freilichtmuseum mit Skulpturen großer Florentiner Meister. Auf der westlichen Hälfte des Platzes sieht man das **Reiterstandbild** des Großherzogs von Toskana, Cosimo I. de' Medici, das Giambologna Ende des 16. Jh. schuf. Bildtafeln am Denkmalssockel stellen Szenen aus dem Leben Cosimos dar.

Der Neptunsbrunnen auf der Piazza della Signoria

Das Bauwerk hinter dem Denkmal, am Nordrand des Platzes also, ist der Palazzo Uguccioni aus dem 16. Jh.

Unübersehbar ist der **Neptunsbrunnen** von Ammannati. Der Brunnen mit seiner etwas schwer ausgefallenen Mittelfigur des Neptun, entstand um 1575.

Eine Bodenplatte zur Platzmitte hin kennzeichnet die Stelle, an der Savonarola und zwei seiner Anhänger, Silvestro und Domenico, am 23. Mai 1498 erhängt und dann auf dem Scheiterhaufen verbrannt wurden.

Beherrscht aber wird die Piazza della Signoria vom derb, wehrhaft und unnahbar wirkenden **Palazzo Vecchio [N43° 46′ 9.37″ E11° 15′ 21.20″]** mit seinem weithin sichtbaren Zinnenturm und der **Loggia della Signoria** daneben, die den Platz nach Süden abschließt.

Die **Loggia della Signoria (9)** wird auch *Loggia der Prioren*, *Loggia dell'Orcagna* oder *Loggia dei Lanzi* genannt, weil dort zur Zeit Cosimos I. die Landsknechtswachen Aufstellung nahmen. Die Loggienhalle, die als eines der schönsten spätgotischen Bauwerke in Florenz gilt, wurde von Simone Talenti und Benci di Cione in der zweiten Hälfte des 14. Jh. erbaut. Auftraggeber waren die Ratsherren der Stadt, die sich eine angemessene Tribüne schaffen ließen, um sich dem Volk bei wichtigen Anlässen, Festen und Zeremonien würdig und standesgemäß präsentieren zu können.

Im wesentlichen besteht die Halle aus drei großen Rundbögen, die von Bündelpfeilern und im Inneren von Kreuzgewölben getragen werden. Über den Bögen außen vier der Tugenden und darüber die Wappen der Republik. Rechts und links des Treppenaufgangs stehen Löwen, Wappentiere der Republik Florenz. Die Loggia ist Standort einiger weltberühmter Plastiken. Unter der rechten Arkade sieht man den

Die Loggia della Signoria

„Raub der Sabinerinnen" ein Meisterwerk von Giambologna aus den 80er Jahren des 16. Jh. In der Mitte steht die Plastik *„Menelaos stützt Patroklos"*, ebenfalls von Giambologna und nach einem antiken Vorbild geschaffen, und unter dem linken Bogen schließlich die berühmte Bronzeplastik *„Perseus"* mit dem bluttriefenden Haupt der Medusa in der ausgestreckten Hand, von Benvenuto Cellini (1554), und *„Entführung von Polyxena"* von Pio Fedi aus dem 19. Jh. An der Rückwand eine Reihe von antiken Frauengestalten.

Auch auf der Freitreppe zum Palazzo Vecchio findet man eine Reihe wertvoller Kunstwerke. Rechts vom Brunnen steht auf dem Treppenabsatz der *„Marzocco"* (Kopie), ein Löwe, das Wappentier der Stadt, mit dem Lilienwappen von Florenz zwischen den Pranken. Das Original stammt von Donatello und steht heute im Bargello Museum. Daneben, auf einer Säule, die Bronzefigur *„Judith und Holofernes"*, ebenfalls eine Arbeit Donatellos.

Vor dem Portal des Palazzo Vecchio seiht man links *„David"* und rechts eine Marmorgruppe von Baccio Bandinelli von 1536, die *„Herkules und Kakus"* dargestellt. Die weiße Marmorskulptur des David hebt sich schön vom dunkleren Hintergrund des Palazzo Vecchio ab. Die Statue ist eine Kopie des berühmten David von Michelangelo. Das Original wurde im Juni 1504 an dieser sorgsam ausgesuchten Stelle aufgestellt. Dort stand sie – in den ersten Jahren zeitweise unter Bewachung, weil gewisse Kreise rivalisierender Künstler das Werk demolieren wollten – bis Ende des 19. Jh. und kam dann ins Museum der Accademia, um sie vor der Zerstörung durch Umwelteinflüsse zu schützen.

Mit dem Bau des Palazzo della Signoria, später dann **Palazzo Vecchio (10)** genannt, dem Regierungssitz des Stadtstaates Florenz und bedeutendsten Profanbau der Stadt, wurde 1293 begonnen *(geöffnet Mo - So 9 - 19, Do 9 - 14 Uhr, letzter Einlass eine Stunde vor Schließung)*. Die Stadt hatte ihren politischen Einfluss in Oberitalien soweit ausgebaut, dass die mächtigen Ratsherren nach einem standesgemäßen Sitz riefen.

Arnolfo di Cambio wird als erster Baumeister genannt. Vor allem der untere Teil der Außenmauern gleicht eher einer Festung als dem Palast von Stadtprioren. Erst nach dem ersten Gesims lo-

Der Eingang zum Palazzo Vecchio wird flankiert von einer Kopie des „David" von Michelangelo und von „Herkules und Kakus" von Bandinelli

ckert die Front durch zwei Reihen spitzbogiger Doppelfenster auf, um oben in einem reichen Zinnenschmuck zu enden, der sich im schlanken, 95 m hohen Turm wiederholt. Im 16. Jh. wurde der Komplex von Vasari und im 17. Jh. von Buontalenti erweitert.

Bis ins 16. Jh. war der Palast Sitz der Signoria. Später wurde er Residenz Cosimos I. Zwischen 1858 und 1871 hielten hier die Abgeordneten des italienischen Reiches Sitzungen ab. Danach war der Palast zeitweise Sitz des Außenministers. Und heute dient der historische Bau wieder als Rathaus der Stadt.

Die erste Überraschung erlebt der Besucher im kleinen **Innenhof** ganz in der Nähe des Eingangs. Nichts erinnert in diesem fast lauschigen, zierlichen Renaissancehof mehr an die martialische Außenansicht.

Michelozzo hat den Innenhof 1453 gestaltet, mit eleganten Bögen, Säulen und Gewölben. Die Stuckdekoration der Säulen, die Ausmalung der Gewölbe und die Wandgemälde wurden anlässlich der Hochzeit von Francesco de' Medici mit Johanna von Österreich von Vasari angefertigt. Die Wandmotive stellen österreichische Stadtansichten dar. In einer Wandnische die Skulptur *„Samson und der Philister"* von Pierino da Vinci.

In der Mitte des Hofes ein kleiner Porphyrbrunnen mit einem geflügelten Putto mit Delphin. Eine Arbeit von Andrea del Verrocchio. Das Original dieser Kopie ist im Palast in der sog. Alten Kanzlei ausgestellt.

Über einen monumentalen Treppenaufgang, von Vasari gestaltet, erreicht man das **Obergeschoss**. Den größten Teil der Etage nimmt der prächtige **„Salone dei Cinquecento"** ein. Dieser 53 m lange und 22 m breite „Saal der Fünfhundert" ist von Simone del Pollaiolo, genannt Cronaca, um 1495 konzipiert und ausgestaltet worden. Es war der Repräsentations- und Versammlungssaal des obersten Rates der Stadt.

Ursprünglich sollte u. a. Leonardo da Vinci den Saal mit Schlachtengemälden ausmalen. Leonardo scheiterte jedoch an einer neuen Maltechnik, die er versuchsweise anwenden wollte und gab die Arbeit schon im Anfangsstadium wieder auf (siehe auch „Die großen Kunstepochen und ihre Meister"). Cosimo I. ließ den Salone dei Cinquecento um 1563 von Vasari in einen Prunk- und Festsaal umwandeln.

Beeindruckend ist die Decke mit Gemälden von Vasari und seinen Schülern. Die monumentalen Schlachtengemälde an den Wänden (u. a. die Einnahme von Siena) stammen ebenfalls von Vasari. Die Reihe von Gobelins darunter stammen von Fevère und zeigen Szenen aus der Geschichte Johannes des Täufers.

Sechs große Marmorplastiken stellen Taten des Herkules dar. Es sind Werke von Vincenzo Rossi. In der mittleren Nische der einen Querseite steht die Marmorstatue *„Der Sieger"* von Michelangelo. Ursprünglich war die Figur vorgesehen für das Grabmal Julius' II. Auf der gegenüberliegenden Querseite, der erhöhten Audienzseite, sieht man eine Statue Leos X. von Bandinelli.

Die benachbarte **„Sala dei Dugento"** (Saal der Zweihundert) hat eine wertvolle Kassettendecke und schöne Gobelins. Er dient als Sitzungssaal des Gemeinderates und ist gewöhnlich auf Besichtigungen nicht zugänglich.

Eine kleine Tür führt vom Saal der Fünfhundert in das kleine **„Studio di Francesco I".** Dieser von einem Tonnengewölbe überspannte Raum diente Francesco de' Medici, der sich intensiv mit den Naturwissenschaften befasste und alchemistische Experimente durchführte, als Studierzimmer.

Um 1570 wurde dieses Studio von Vasari und anderen Künstlern mit Gemälden meist im Stil des Manierismus ausgestattet. Die Motive im Gewölbe zeigen Szenen mit Prometheus und den Elementen, darunter an den Seitenwänden Motive zu *„Der Mensch und die Elemente"* und in der untersten Reihe Motive aus der Mythologie. Außerdem sieht man zwei Bildnisse von Cosimo I. und seiner Frau Eleonora von Toledo.

An den zentralen Saal der Fünfhundert schließen die **„Quartiere di Leone X."** an, die Gemächer Leos X.

Die Zimmerflucht umfasst sechs Säle mit kostbarem Freskenschmuck von Vasari und anderen Florentiner Künstlern. Dargestellt sind Motive, die den Ruhm der Medici dokumentieren sollten. In der angrenzenden Kapelle (zeitweise nicht zugänglich) befindet sich die Kopie eines Madonnenbildes von Raffael, *„Madonna dell'Impannata"*, dann ein Bildnis Cosimos des Alten sowie Darstellungen der Heiligen Kosmas und Damian, alle von Vasari.

Im benachbarten **Saal Klemens VII.** ist ein Wandgemälde zu sehen, das die Belagerung von Florenz durch Kaiser Karl V. zwischen 1529 und 1530 darstellt.

Über eine Treppe gelangt man in das zweite Geschoss. Im Treppenhaus eine Nachtansicht der Piazza della Signoria während des Johannisfestes.

Im zweiten Stockwerk ist die Zimmerflucht mit den **„Quartiere degli Elementi"** (Saal der Elemente) sehenswert. Mitte des 16. Jh. haben Vasari und seine Gehilfen an den Wänden allegorische Fresken, welche die vier Elemente Feuer, Wasser, Erde und Luft zum Inhalt haben, angebracht. Prächtige Decke! Zur Zimmerflucht gehören außerdem die sog. **„Saturnterrasse"**, der **„Raum des Herkules"**, der **„Saal des Jupiter"** mit Deckengemälden und Florentiner Gobelins aus dem 16. Jh., weiter das **„Cibelenzimmer"** mit Deckengemälden der vier Jahreszeiten und Gobelins aus dem 18. Jh. und schließlich das **„Cereszimmer"**.

Die ehemaligen Räume der Prioren an der Südwestseite des Palazzo Vecchio wurden später die Appartements von Eleonora von Toledo, der Gemahlin Cosimos I. Zu diesen **„Quartiere di Eleonora di Toledo"** gehören folgende Gemächer: Das „Grüne Zimmer", die „Kapelle der Eleonora" mit Fresken von Bronzino, die Szenen aus dem Leben Moses' darstellen, weiter der „Saal der Sabinerinnen", das ehemalige Quartier der Hofdamen, dann der „Saal der Esther", der als Speisesaal diente, der „Saal der Penelope" und schließlich der „Saal der Gualdrada", benannt nach der schönen Gualdrada aus Dantes „Göttlicher Komödie".

Weiter sieht man auf dem gleichen Stockwerk die **„Capella della Signoria"**. Diese Kapelle ist dem hl. Bernhard geweiht. Um 1514 wurde sie von Rodolfo del Ghirlandaio ausgemalt. Im **„Sala dell'Udienza"**, dem Audienzsaal, verdient vor allem die herrliche Kassettendecke von Giuliano da Maiano Beachtung. Vom selben Künstler stammt auch das weiße Marmorportal mit der Statue der Gerechtigkeit darüber. Die Wandfresken stammen aus der Mitte des 16. Jh. und sind von Salviati.

Blau ist die dominierende Farbe im **„Sala dei Gigli"** (Liliensaal). Wie der Audienzsaal ist auch der Liliensaal von Benedetto da Maiano, dem Bruder Giuliano da Maianos, erbaut. Die vergoldete Kassettendecke ähnelt der im Audienzsaal und ist ebenfalls Giuliano da Maiano zuzuschreiben. Im Liliensaal sieht man außerdem das Original von Donatellos Bronzeskulptur *„Judith und Holofernes"*.

Die **„Cancelleria"** (Alte Kanzlei) war Niccolò Machiavellis Arbeitszimmer während seiner Amtszeit in Diensten der Republik Florenz. Das Zimmer mit der Bezeichnung „Guardaroba" diente den Medici als Tresorraum, in dem vor allem Geheimpapiere aufbewahrt wurden. Dazu zählten damals u. a. auch Land- und Weltkarten. Ausgestellt ist in der Kanzlei auch das Original des geflügelten Putto mit Delphin von Verrochio aus dem kleinen Innenhof am Palasteingang.

Des weiteren ist im Zwischenstock die **Kunstsammlung Löser** zu besichtigen. Zu sehen sind Gemälde und Skulpturen Florentiner Künstler des 14. bis 16. Jh. Weiter sind ausgestellt kostbare Musikinstrumente u. a. von Amati, Stradivari, Guarneri.

Der Turm des Palazzo Vecchio kann bestiegen werden *(geöffnet Apr. - Sept. tgl. 9 - 21 Uhr, Do 9 - 14 Uhr; Okt. - März tgl. 10 - 17 Uhr, Do 10 - 14 Uhr, letzter Einlass 30 Min. vor Schließung)*.

Unmittelbar neben dem Palazzo Vecchio erstrecken sich zum Arno hin die beiden langen Gebäudeflügel des **Palazzo degli Uffizi (11) [N43° 46' 8.17" E11° 15' 20.74"]**, Piazza degli Uffizi, 6, Tel. + 39 055 2 38 86 51 *(geöffnet Di - So 8.15 - 18.50 Uhr, letzter Einlass 18.35 Uhr, Kassenschluss 18.05 Uhr, Tel. +39 055 29 48 83; www.uffizi.firenze.it)*.

Ohne vorherige Reservierung von Eintrittskarten, z. B. über www.firenzemusei.it oder Tel. +39 055 29 48 83 (siehe auch weiter vorne), können die Wartezeiten in der Besucherschlange vor allem in der Hochsaison noch länger sein. Einlass ist alle 15 Minuten. Man muss damit rechnen, dass nicht immer alle Ausstellungsräume besichtigt werden können, z. B. wegen Umbau- oder Restaurierungsarbeiten, wegen fehlendem Aufsichtspersonals o. ä.

Die Piazza degli Uffizi öffnet sich zum Arno hin

Die beiden Gebäudeflügel des Anwesens sind nur durch einen schmalen Innenhof voneinander getrennt und werden zum Arnoufer hin durch Arkaden abgeschlossen.

Der Uffizienpalast wurde ab 1560 von Vasari im Stil der Spätrenaissance begonnen und zwanzig Jahre später von Bernardo Buontalenti und Alfonso Parigi nach Vasaris Plänen vollendet. Der Bau gilt als Meisterwerk der Spätrenaissance.

Cosimo I. hatte das Bauwerk in Auftrag gegeben. Er wollte alle Kanzleien der öffentlichen Ämter (publici uffizi) in einem Gebäude untergebracht wissen.

In den Nischen der unteren Arkadensäulen sieht man Statuen bedeutender Persönlichkeiten aus der Toskana und aus Florenz. Unter ihnen sind Dante, Petrarca, Cosimo der Alte und Lorenzo der Prächtige, Michelangelo und Leonardo da Vinci u. a.

Heute beherbergt der Gebäudekomplex die **Galleria degli Uffizi.** Diese Gemäldesammlung ist die größte in Italien und eine der bedeutendsten Kunstsammlungen der Welt. Die Galerie der Uffizien bietet dem Besucher einen einmaligen und vollständigen Überblick über die großen Kunstepochen in der Toskana und Oberitaliens überhaupt.

Francesco de' Medici legte den Grundstein für die kostbare Kunstgalerie, als er 1575 die diversen Sammlungen der Familie im zweiten Stock der Uffizien zusammentrug. Nahezu alle folgenden Mediciherrscher erweiterten und förderten die Galerie.

In der **Eingangshalle** sieht man Gobelins aus der Manufaktur der Medici, eine Marmorgruppe *„Mars und Venus"* darstellend und eine Ausstellung von Fresken von Andrea del Castagno und Sandro Botticelli (*Mariä Verkündigung*). Diese Ausstellung ist nicht regelmäßig geöffnet!

Über einen monumentalen Treppenaufgang, nach Plänen von Vasari gebaut, erreicht man die oberen Etagen.

Im ersten Stock ist im **Graphischen Kabinett** eine bedeutende Sammlung von Kupferstichen und Zeichnungen ausgestellt.

Die weltberühmte **Gemäldegalerie** liegt im zweiten Stock im Ost- und im Westflügel. Verbunden sind die Flügel und die einzelnen Räume durch Korridore mit herrlich gestalteten Decken.

Durch das sog. Vestibül (Skulpturen) gelangt man in den **Ostkorridor.** Im Raum 1, am Nordende des Korridors, findet man Skulpturen aus der Antike.

Im Ostkorridor selbst sind die Wände behangen mit kostbaren Gobelins aus dem 16. Jh. aus flämischen und mediceischen Werkstätten. Die Motive sind einmal die Monate des Jahres (flämisch) und zum anderen Szenen vom französischen Hof zu Zeiten Katharina de Medicis und Heinrichs II. (florentinisch). Außerdem sieht man Statuen und Büsten aus der Antike, sowie römische Sarkophage.

Die wichtigsten Werke in den Sälen des Ostkorridors:

Saal 2: Werke von Giotto und frühen toskanischen Meistern des 13. Jh., darunter *„Madonna auf dem Thron umgeben von Engeln"* aus dem frühen 14. Jh. von Giotto, *„Madonna in Maestà"* (13. Jh.) von Cimabue und *„Madonna mit Kind und Engeln"* von Duccio di Buoninsegna aus der Sieneser Schule ausgangs des 13. Jh.

Saal 3: Hauptsächlich Werke der Sieneser Schule aus dem 14. Jh., darunter *„Mariä Verkündigung"* von Simone Martini und *Madonnenbildnisse* von Ambrogio und Pietro Lorenzetti.

Saal 4: Hauptsächlich Werke und Madonnen aus der Florentiner Schule Giottos aus dem 14. Jh., darunter *„Modonna in Gloria"* von Bernardo Daddi.

Säle 5 – 7: Gotische Kunst und im Saal 7 toskanische Meister aus dem 15. Jh. U. a. sind von herausragender Bedeutung *„Schlacht von San Romano"* von Paolo Uccello (ursprünglich drei Tafeln, dies ist die mittlere, die beiden anderen befinden sich in London bzw. Paris), die markanten *Portraits von Federico di Montefeltro*, Herzog von Urbino und seiner Gemahlin *Battista Sforza* von Piero della Francesca, eine *„Madonna"* von Masaccio oder *„Krönung der Jungfrau"* von Fra Beato Angelico, und andere.

Saal 8: Vor allem Werke von Filippo Lippi, darunter die *„Anbetende Madonna mit Kind"* und *„Krönung der Jungfrau Maria".*

Saal 9: Werke der Gebrüder Antonio und Piero del Pollaiolo.

Säle 10 – 14: Zusammengefasst in einen großen Saal, der vor allem den

UFFIZIEN
1. Saal des Hermaphroditen
2. Toskanische Meister, 13. Jh.
3. Sieneser Schule
4. Florentiner Schule
5. – 6. Saal der gotischen Malerei
7. Saal der Frührenaissance
8. Filippo Lippi
9. Angelico und Botticelli
10. – 14. Botticelli, Filippino Lippi, flämische Maler
15. Leonardo da Vinci, Verrocchio
16. Saal der Landkarten
17. Kleiner Saal
18. Saal der Tribüne
19. Perugino, Francia, Signorelli
20. Dürer und Mantegna
21. Saal von Bellini und Giorgione
22. Saal flämischer und deutscher Meister, Holbein
23. Saal von Correggio
24. Saal der Miniaturen
25. Michelangelo, Raffaelo
26. Saal von Andrea del Sarto
27. Pontorno
28. Tizian
29. – 33. Saal der italienischen Meister Dosso Dossi, Sebastiano del Piombo
34. Saal von Paolo Veronese
35. Tintoretto und Baroccio
36. – 40. Vorhalle, Buontalenti-Treppe, Büros
41. Rubens-Saal
42. – 43. Niobensaal
44. Rembrandt-Saal

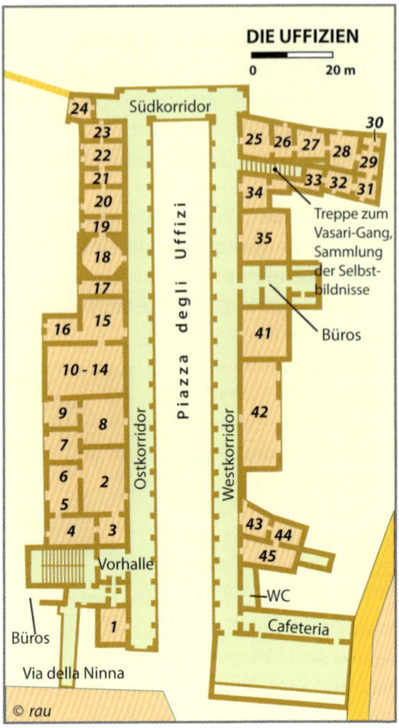

Meisterwerken Sandro Botticellis gewidmet ist. Besondere Aufmerksamkeit verdienen natürlich die weltberühmten Werke *„Allegorie des Frühlings“*, von Botticelli zwischen 1477 und 1478 gemalt und *„Geburt der Venus“*, 1468 gemalt und wahrscheinlich Botticellis berühmtestes Werk, zu dem er durch Verse von Poliziano inspiriert worden sein soll.

Außerdem sind zu sehen der berühmte *Portinari-Altar* von Hugo van der Goes aus der zweiten Hälfte des 15. Jh., sowie *„Anbetung der Könige“*, *Madonnen*, ein *Selbstbildnis von Filippo Lippi* und andere Werke.

Saal 15: Zu den herausragenden Werken zählen hier die berühmte *„Taufe Jesu“* von Verrocchio aus der zweiten Hälfte des 15. Jh., die *„Verkündigung“*, ein frühes Werk Leonardo da Vincis, *die „Anbetung der Könige“*, ebenfalls von Leonardo, sowie Werke von Luca Signorelli und anderen.

Besonders interessant ist in Verrocchios *„Taufe Jesu“* der kleine Engel außen am linken Bildrand. Ihn durfte der junge Leonardo da Vinci, damals Schüler Verrocchios, in das Bild einfügen und konnte damit sein großes Genie erstmals beweisen.

Saal 16: Hier findet man alte *Kartenwerke* sowie *Gemälde* von Memling.

Saal 17: Zu sehen sind die *Statue des Hermaphrodit*, eine Kopie aus der Römerzeit eines griechischen Originals, sowie diverse *Bronze- und Marmorplastiken*.

Saal 18: Dieser achteckige Saal wurde im 16. Jh. nach Plänen von Buontalenti erbaut. In der Saalmitte die Skulptur der *„Venus der Medici“*, sowie Gemälde im Stil des Florentiner Manierismus des 16. Jh. wie *„Cosimo der Alte“* von Pontormo, *„Lucrezia Panciatichi“* sowie das Portrait *„Eleonora di Toledo"* von Bronzino und das Bildnis *„Lorenzo il Magnifico"* von Vasari,

Saal 19: Werke von Luca Signorelli und Perugino sind hier zu sehen.

Saal 20: Werke von Albrecht Dürer, dem großen deutschen Renaissancemeister, werden hier gezeigt, darunter *„Anbetung der Könige"*, eines seiner Meisterwerke. Außerdem sieht man von Lucas Cranach *„Adam und Eva"* und ein Bildnis von *Martin Luther*.

Saal 21: Venezianische Meister des 15. Jh. wie Giovanni Bellini und Giorgione.

Saal 22: Niederländische bzw. flämische und deutsche Meister des 16. Jh., u. a. Hans Holbein.

Saal 23: Der Saal ist vor allem Corregio, einem italienischen Maler des 16. Jh., gewidmet. Zu seinen größten Werken zählen hier *„Madonna in Gloria"*, sowie *„Ruhe auf der Flucht"*.

Saal 24: Dieses einsehbare Eckzimmer dient der Präsentation von Miniaturen.

Anschließend kommt man über den **Südkorridor** mit Blick zum Arno, Deckenfresken aus dem 17. Jh. und einer Kopie des berühmten griechischen *„Dornausziehers"*, in den langgestreckten **Westkorridor**. Die Gobelins an den Wänden zeigen Motive aus der Passionsgeschichte.

Die bedeutendsten Werke der Bildergalerie im Westkorridor:

Saal 25: Wichtige Werke des großen Michelangelo Buonarroti, darunter sein weltberühmtes Rundbild *„Die Heilige Familie"* oder *„Tondo Doni"* von 1505 sind hier zu finden. Des weiteren Arbeiten von Fra Bartolomeo, Fiorentino u. a.

Saal 26: U. a. *„Madonna del Cardellino"* (Madonna mit dem Stieglitz) aus dem Jahre 1506 und ein *Bildnis des Medicipapstes Leo X.* von 1519, beide von Raffaello Sanzio.

Saal 27: Italienische Manieristen des 16. Jh. wie Andrea del Sarto *(Madonnenbildnis)*, Pontormo *(Abendmahl)* und Rosso Fiorentino *(Madonna)*.

Saal 28: Werke Tizians, des großen venezianischen Meisters des 16. Jh. werden hier präsentiert. Zu seinen berühmten Arbeiten, die hier zu sehen sind, zählen die *„Venus von Urbino"*, *„Flora"* und andere.

Säle 29 – 33: Italienische Meister des 16. Jh. darunter Dosso Dossi, Parmigianino *(Madonna)*, Sebastiano del Piombo und Lorenzo Lotto.

Saal 34: Es ist der Saal des Paolo Veronese, einem der großen Maler der venezianischen Schule des 16. Jh.

Saal 35: Hier sind Werke Tintorettos zu sehen. Tintoretto war ein Zeitgenosse Veroneses und ein den Stil der venezianischen Schule mitprägender Maler. Zu sehen ist u. a. *„Leda mit dem Schwan"*. Außerdem Werke von Baroccio.

Zwischen diesen Räumen mündet der **Corridoio Vasariano** in den Uffizien Palast. Der Gang wurde um 1565 von Vasari erbaut und verband einst die Uffizien über die Ponte Vecchio mit dem Palazzo Pitti. 1976 wurde hier eine seltene Sammlung von Selbstportraits vieler bedeutender italienischer und ausländischer Künstler eingerichtet, unter ihnen Vasari, Raffael, Rubens, Velazquez u.v.a. Dieser Gang ist nur nach Voranmeldung zu besichtigen.

Saal 41: Hier sind bedeutende Werke von Peter Paul Rubens (1577 – 1640) und anderen niederländischen Malern zu sehen. Von Rubens sind das *Bildnis der Isabella Brandt*, *Siegesgemälde* über den Einzug Heinrichs IV. in Paris und Ferdinands von Österreich in Antwerpen.

Von Justus Sustermans, einem holländischen Porträtisten, der lange am Hofe der Medici arbeitete, stammt das *Portrait Galileo Galileis* und von Van Dyck das *Reiterbild Kaiser Karls V.*

Säle 42 – 43: *„Niobidengruppe"*, Kopie des griechischen Originals aus römischer Zeit, niederländische Maler des 17. Jh. sowie Werke Caravaggios u. a. *„Bacchus"*, und *„Isaaks Opfer"*.

Saal 44: Bilder von Rembrandt (1606 – 1669), darunter das beeindruckende *„Bildnis des alten Mannes"*, Selbstbildnisse Rembrandts u. a.

3. Rundgang

Bargello (12) – Badia (13) – Dante Haus (14) – Ponte Vecchio (15) – Pa-

lazzo Pitti (16) – Kirche Santo Spirito (17) – Kirche Santa Maria del Carmine (18) – Palazzo Strozzi (19) – Piazza della Repubblica (5) oder Piazzale Michelangelo (24). Beachten Sie bei der Planung des Rundgangs, dass die Museen Bargello und Palazzo Pitti teils sonntags bzw. montags geschlossen sind!

Das **Nationalmuseum Bargello (12) [N43° 46' 13.54" E11° 15' 28.33"]** an der Via del Proconsolo Nr. 4 *(geöffnet tgl. 8.15 - 16.50 Uhr; www.bargellomusei.beniculturali.it/)* ist untergebracht in einem streng wirkenden, festungsartigen, mit Zinnen und Turm, der „Volognana", bewehrten Stadtpalais aus der Mitte des 13. Jh. Ursprünglich für den Stadthauptmann Capitano del Popolo im gotisch-florentiner Stil errichtet, wurde das Gebäude später Sitz des „Podestà", des Bürgermeisters, und ab dem 16. Jh. Residenz des Obersten Gerichtsrates. Als sich 1574 hier der Gerichts- und Polizeihauptmann, der *„Bargello"* niederließ, übertrug sich der Name auf das Gebäude, das damals auch als Gefängnis und Hinrichtungsstätte diente.

Glasierte Terrakottaplastik von della Robbia

Mitte des 19. Jh. wurde der Bargello vollkommen restauriert und danach zum Nationalmuseum bestimmt, das heute zu den wichtigsten Museen auf dem Gebiet der bildenden Kunst in der Toskana, vor allem aus der Zeit der Renaissance, zählt. Besonders reich vertreten sind Werke von Donatello, aber auch von Della Robbia und Michelozzo.

Man betritt das Gebäude über einen sehr schönen **Innenhof** mit Arkaden und Freitreppe, die zu einer Loggia hinaufführt. Umgeben ist der Hof von Gebäudeflügeln aus verschiedenen Bauabschnitten.

Im **Saal 1** sieht man Werke Michelangelos, darunter *„Der trunkene Bacchus"*, *„Madonna mit Kind und Johannes"*, einen *„David"* u. a. Außerdem Skulpturen von Benvenuto Cellini, Ammannati, Giambologna, Sansovino u. a.

In den **Nebensälen 2 und 3** sind gotische Plastiken aus dem 14. Jh. zu bewundern.

In der **Loggia** des ersten Stockes steht u. a. ein *Bronzemerkur* von Giambologna und im **Hauptsaal** sind überwiegend Arbeiten von Donatello ausgestellt, die ihresgleichen suchen, darunter der berühmte *„David"*, eine Bronzestatue aus der Mitte des 15. Jh., außerdem *„Johannes der Täufer"*, der *„Hl. Georg"* u. a. Bemerkenswert sind außerdem Werke von Luca della Robbia, Michelozzo, Brunelleschi, Ghiberti u. a.

Im **Saal 3** sind in erster Linie Gobelins, Teppiche und Goldschmiedearbeiten vom 14. bis 16. Jh. zu sehen. Beachtung verdient außerdem die „Kapelle der Podestà" mit Fresken.

Die **Säle 6 bis 8** im ersten Stock sind Holzskulpturen toskanischer Meister des 14. und 15. Jh., Goldschmiede- und Juwelierarbeiten, sowie Majolikakunstwerken gewidmet

In den **Sälen des 2. Stockes** sind vor allem glasierte Terrakottaplastiken von Giovanni und Andrea della Robbia (Säle 1 und 2), Bronzeplastiken von Verrocchio (u. a. *„David"* Saal 3), sowie diverse Kunstwerke aus der Zeit der Renaissance zu sehen, darunter Waffen, Rüstungen, Medaillen.

Unmittelbar südlich vom Bargello erstreckt sich die hübsche Piazza San Firenze. An der Ostseite die Barockfassade des ehemaligen **Klosters San Firenze**, 1715 von Ruggeri erbaut, und an der Westseite der **Palazzo Gondi [N43° 46' 10.62" E11° 15' 26.94"]**, ein Patrizierhaus aus dem späten 15. Jh., in dem zeitweise Leonardo da Vinci während seiner Florentiner Schaffenszeit wohnte.

Nördlich des Palazzo Gondi und gegenüber des Bargello sieht man den schlanken, gotischen Glockenturm der Kirche **La Badia Fiorentina (13)**. Die Kirche einer ehemaligen Benediktiner-Abtei (Badia) des 9. Jh. wurde im 14. Jh. von Zisterziensern erweitert und im 17. Jh. erheblich umgestaltet.

Die Kirche weist einige bemerkenswerte Renaissancekunstwerke auf. So verdient das **Portal** von Benedetto da Rovezzano aus dem späten 15. Jh. mit einer Terrakottamadonna mit Kind von Buglione Beachtung. Im Inneren, das im Barockstil gehalten ist, sind die *Madonna von Mino da Fiesole*, die **Grabmäler** in den Querschiffen und der sog. **Orangenkreuzgang** (Chiostro degli Aranci) aus dem 15. Jh. von Sosselino sehenswert. Von dort Blick auf den Campanile.

Steht ausreichend Zeit zur Verfügung, bietet es sich an, einen kleinen Umweg über die **Casa di Dante (14) [N43° 46' 15.83" E11° 15' 25.41"]**, das sog. Dante Haus in der Via Santa Margherita Nr. 1 zu machen *(geöffnet 1. Apr. - 30. Sept. tgl. 10 - 18 Uhr, sonst Di - So 10 - 17 Uhr; www.museocasadidante.it)*. Das Haus soll auf Fundamenten errichtet sein, die ehemals zum Anwesen der Alighieri gehört haben sollen. Es gilt traditionsgemäß als Geburtshaus des großen Dante Alighieri. Andere Quellen berichten, Dante, oder Durante Alighieri, sei am 30. Mai 1265 auf einem Landgut vor den Toren von Florenz zur Welt gekommen.

Ausstellungen, darunter diverse Ausgaben der *„Divina Commedia"* der „Göttlichen Komödie", erinnern an den Schriftsteller. Außerdem heißt es, Dante habe in der kleinen Kirche Santa Margherita dei Cerchi in der Straße, erstmals Beatrice getroffen. Dante verherrlicht das Mädchen in seinen Dichtungen, z. B. in *„La Vita Nuova"* und lässt sich von ihr in der „Göttlichen Komödie" durch das Paradies führen.

Über die Piazza della Signoria zur **Ponte Vecchio (15) [N43° 46' 6.04" E11° 15' 12.30"]**. Sehr wahrscheinlich befand sich hier schon zur Römerzeit ein wichtiger Übergang über den Arno, der aber von den Fluten des anschwellenden Flusses oft weggerissen wurde. Nach einer jener Überschwemmungen im 14. Jh. wurde die Brücke auf drei starken Bögen in Stein, wahrscheinlich von Neri di Fioravante, vielleicht auch von Taddeo Gaddi, in ihrer heutigen Form erbaut.

Auf der Brücke befanden sich schon damals zwei Reihen von Geschäften, die im 14. Jh. allerdings von Fleischern belegt waren.

Cosimo I., Herzog von Toskana, war der erste Medici, der sich am anderen Arnoufer im Palazzo Pitti niederließ. Auf dem Wege vom Palast in die Staatsräume müssen den Herzog beim Überqueren der Brücke wohl die unansehnlichen Fleischerläden und der von ihnen ausgehende Gestank so gestört haben, dass er 1565 anordnete, in den Geschäften auf der Ponte Vecchio hätten sich künftig ausschließlich Goldschmiede und Juweliere niederzulassen. So ist es bis auf den heutigen Tag geblieben.

Cosimo I. war es auch, der von seiner Residenz im Palazzo Pitti einen Geheimgang bauen ließ, um von der Öffentlichkeit unbemerkt vom Palast zum Regierungssitz in den Uffizien zu gelangen.

Vasari, der Architekt dieses sog. *„Corridoio Vasariano"* setzte auf die flußaufwärts gelegene Ladenetage einfach noch eine Etage, die unauffällig den Geheimgang über die Ponte Vecchio aufnahm. Die Weiterführung des Ganges sieht man am rechten Arnoufer (siehe auch Uffizien). Die Büste auf der Brückenmitte flußabwärts stellt Benvenuto Cellini, einen Florentiner Goldschmiedemeister, dar.

Folgt man am Südende der Brücke Ponte Vecchio der weiterführenden Via

Die Ponte Vecchio über dem Arno-Fluss

de' Guicciardini, erreicht man nach wenigen Gehminuten den linkerhand gelegenen, ausladenden Komplex des **Palazzo Pitti (16) [N43° 45' 55.02" E11° 14' 59.71"]** an der Piazza Pitti *(geöffnet Di - So 8.15 - 18.50 Uhr)*.

Der Palazzo Pitti, zweifellos der monumentalste Renaissancepalast in Florenz, wurde Mitte des 15. Jh. nach Plänen Brunelleschis von Luca Fancelli für den wohlhabenden Florentiner Kaufmann Luca Pitti erbaut und im darauffolgenden Jahrhundert zunächst von Ammannati, der den Innenhof anlegte, dann im 17. Jh. von Giulio Parigi und noch im 18. Jh. von Giuseppe Ruggeri, der den Seitenflügel „rondò" anfügte, mehrfach erweitert.

1549 kaufte Eleonora von Toledo, Gemahlin Cosimos I., den Palast, der wenig später die Residenz der mächtigen mediceer Herzöge und Großherzöge wurde. Mit dem Tode von Anna Maria Ludovica de' Medici starb die Dynastie der Medici aus und der Palast ging an das Haus Lothringen. Zwischen 1865 und 1870, zu Zeiten, als Florenz Hauptstadt des Königreichs Italien war, wurde der Palazzo Pitti als Residenz der königlichen Familie genutzt.

Heute dient der Palazzo als Museum und beherbergt einige der kostbarsten Kunst- und Gemäldesammlungen der Welt.

Zu besichtigen sind normalerweise die prächtige Gemäldesammlung **„Galleria Palatina"**, dann die **„Galleria d'Arte Moderna"** (Galerie der Modernen Kunst), die **„Appartamenti Monumentali"** (königliche Gemächer), das **„Museo degli Argenti"** (Silbermuseum), das **„Museo delle Carrozze"** (Kutschenmuseum) und schließlich der angrenzende **Boboli-Garten** (Giardino di Boboli) und dort im Palazzina del Cavaliere das **„Museo delle Porcellane"** und im Palazzina della Meridiana die **„Galleria del Costume"** (Kostümemuseum).

Bitte beachten Sie, dass – außer den Gemäldegalerien – Abteilungen und Ausstellungen geschlossen sein können, meist wegen Renovierung, aber gelegentlich wegen Mangel an Aufsichtspersonal. Die einzelnen Museumsabteilungen verlangen separaten Eintritt. Die Billetts für das Silbermuseum gelten allerdings auch für das Porzellanmuseum und die Kostümesammlung.

Mein Tipp! Bei begrenzter Zeit und ohne kunsthistorische Präferenzen sollte auf alle Fälle die Galleria Palatina besichtigt werden. Besser noch ist es, sich mindestens einen ganzen Vormittag ausschließlich für den Palazzo Pitti vorzunehmen.

Der Bau des Palazzo Pitti mit seinem groben Bossenwerk scheint für die Ewigkeit gemacht und verrät von außen durch nichts, welche Kunstwerke sich in seinem Inneren verbergen.

Man betritt den Palazzo durch das zentrale Portal an der etwas erhöht an einem leicht abfallenden Platz gelegenen Nordwestseite und kommt zunächst in den nach seinem Erbauer Ammannati benannten **Innenhof**.

Der Gebäudeflügel rechts beherbergt im wesentlichen die königlichen Gemächer, während in der linken (nordöstlichen) Gebäudehälfte im Erdgeschoss das Silbermuseum, im ersten Stock die Galleria Palatina und im zweiten Stock die Galleria d'Arte Moderna untergebracht sind. Nach Südosten öffnet sich der Innenhof zu einer Terrasse mit einer Grotte und dem Brunnen **„Fontana del Carciofo"**. Dahinter erstrecken sich die Boboli-Gärten.

Die auserlesene Gemäldesammlung der **Galleria Palatina** verteilt sich über mehr als zwanzig Räume im ersten Stock des Nordostflügels. Man sieht berühmte Meisterwerke aller wichtigen europäischen Schulen vom 15. bis ins 18. Jh. Den Grundstein für die Sammlung legte Cosimo II. im Jahre 1620. Alle nachkommenden Medici, vor allem aber Ferdinand II., bereicherten die Galerie durch Neuerwerbungen.

Um 1821 wurden die Kunstwerke erstmals der Öffentlichkeit zugänglich gemacht. Und 1911 schließlich kam die wertvolle Galleria Palatina in die Obhut des italienischen Staates.

Anders als in den Uffizien, wo die kostbaren Exponate nach einem gewissen System und nach Galeriemanier ausgestellt sind, zieren die Gemälde im Palazzo Pitti die Wände der Salons ohne sichtbare Ordnung. Man wähnt sich weniger in einem nüchternen Kunstmuseum, denn in den Privatgemächern kunstbeflissener Herrscher. Und sicher hängen einige der Bilder noch genau an derselben Stelle, an der sie zu Zeiten Cosimos II. oder Ferdinands angebracht worden sind. Dieser Aspekt verleiht einem Besuch in der Galleria Palatina einen ganz eigenen Reiz.

Über einen breiten Treppenaufgang von Ammannati erreicht man die Galerie und zunächst den

Saal 1, Venus-Saal. Von besonderer Bedeutung sind hier Gemälde von Tizian (*„Das Konzert"*, das Frauenbildnis *„La Bella"*, das *Portrait Petro Aretinos*) und von Rubens (*„heimkehrende Bauern"*, *„Odysseus bei den Phäakern"*, sowie die *Seenlandschaften* von Salvator Rosa u. a.

Saal 2, Apollo-Saal: U. a. Tizian (*„Bildnis eines Edelmannes"*, *„Maria Magdalena"* u. a.), Rosso Fiorentino (*„Madonna auf dem Thron"*), van Dyck (*„Karl von England und Henriette von Frankreich)"*, Andrea del Sarto (*„Grablegung") u. a.*

Saal 3, Mars-Saal: U. a. Werke von Rubens (*„Vier Philosophen"*, *„Konsequenzen des Krieges" u. a.)*, Van Dyck, Sustermans, Veronese, Tizian (*„Kardinal Ippolito de' Medici")*, Tintoretto, Guido Reni *(u. a. „Kleopatra"*) und *Madonnenbildnisse* von Murillo.

Saal 4, Jupiter-Saal: U. a. Fra' Bartolomeo (*„Kreuzabnahme")*, Andrea del Sarto (*„Mariä Himmelfahrt"*, *„Johannes der Täufer"*,« *„Mariä Verkündigung"*), Rubens (*„Nymphe und Satyren"*, *„Die Hl. Familie"*), Raffael (Frauenbildnis *„La Velata"*), Bronzino, Borgognone, Perugino, Guercino.

Saal 5, Saturn-Saal: U. a. mehrere Werke von Raffael (*„Madonna des Granduca"*, das Rundbild *„Madonna della Seggiola"*, Frauenbildnis *„Fornarina")*, Perugino (*„Maria Magdalena")*, Fra' Bartolomeo (*„Auferstehung Christi und die Evangelisten"*), Andrea del Sarto, Guercino.

Saal 6, Ilias-Saal: Die Motive aus der Ilias in den Halbbögen oben stammen aus dem frühen 19. Jh. von Luigi Sabatelli und Ciro Ferri. Die Gemälde sind u. a. von Sustermans (diverse *Portraits*,

Deckenfresko in der Galleria Palatina, Palazzo Pitti

darunter das Bildnis *„Waldemar Christian von Dänemark"),* Andrea del Sarto (zwei große Motive *„Himmelfahrt"),* Diego Velàzquez (Reiterbild *„Philip IV. von Spanien"*), Raffael (Darstellung einer unbekannten Schwangeren). Die Marmorstatue in der Mitte des Saales ist von Lorenzo Bartolini und stellt die Barmherzigkeit dar.

Die bedeutendsten Kunstwerke sind in den oben erwähnten Sälen zu sehen.

In den anschließenden **Sälen 8 – 26** verdienen besondere Beachtung: **Saal 8 –** Caravaggio *„Schlafender Amor",* **Saal 11 –** Rubens *„Die drei Grazien",* Filippo Lippi Rundbild *„Madonna mit Kind",* Guido Reni *„Junger Bacchus".* **Saal 12,** Säulengang – Gemälde niederländischer Meister; **Saal 13,** Gerichtssaal – Bildnisse von Tizian, Tintoretto und Veronese; **Saal 18,** Castagnolisaal – der „Apollotisch" mit sog. Pietre-Dure-Arbeiten, kunstvollen Einlegearbeiten aus Stein.

Die **Galleria d'Arte Moderna** im zweiten Stock des Palazzo Pitti umfasst Gemälde und Skulpturen italienischer und Toskanischer Künstler des 19. und 20. Jahrhunderts. Aus der Epoche der Klassizistik sieht man Werke von Vincenzo Camuccini, Lorenzo Bartolini u. a. Die Romantik ist durch Arbeiten von Francesco Hayez, Luigi Sabatelli, Cassioli u. a. vertreten. Außerdem sieht man interessante Beispiele der Stilrichtung der sog. Fleckenmalerei *„Pittura della Macchia",* sowie Werke moderner italienischer Maler wie De Chirico, Casorati, Marini, Severini u. a.

Das **Museo degli Argenti** im Erdgeschoss wurde 1919 gegründet und umfasst wertvolle Silber-, Goldschmiede- und Juwelierarbeiten aus den Familienschätzen der Häuser Medici und Habsburg-Lothringen. U. a. ist z. B. der Familienschmuck von Anna Maria Ludovica de' Medici zu sehen.

Die **Appartamenti Monumentali** im Obergeschoß des Südwestflügels waren einst die Residenz der Medici und später der Lothringer. Die Gemächer und Repräsentationsräume, rund 17 an der Zahl, sind prunkvoll ausgestattet und möbliert. Zu den besonders kostbar dekorierten Räumen zählen der **Thronsaal,** den Gatti ausgemalt hat und der **Weisse Saal**, mit herrlicher Stuckdecke. Die Räume sind überwiegend im Stil des Klassizismus möbliert. Die Gemälde stammen vorwiegend von Sustermans.

Das **Museo delle Carrozze** befindet sich im rechten (südwestlichen) Palastflügel und zeigt historische Kutschen.

Hinter dem Palazzo Pitti erstreckt sich der **Boboli-Garten (Giardino di**

Ein Dank an Anna Maria Ludovica

Beim Betrachten der überwältigenden Ansammlung weltberühmter Kunstwerke in den Uffizien und hier im Palazzo Pitti kommt man irgendwann auf den Gedanken, wie es Florenz wohl gelungen sein mag, die vielen Kunstschätze zu bewahren, in der Stadt zu behalten. In manch anderen Städten erlitten die Kunstsammlungen großer Familien oft das Schicksal verkauft, verpfändet, versteigert oder anderweitig in alle Winde verstreut zu werden. Wo sind z. B. die Kunstschätze der Sforza in Mailand, der d'Este von Modena, der Visconti etc.?

Nicht so bei den fast unermesslichen Kunstschätzen der Medici. Keine Kunstauktion konnte ihnen etwas anhaben, kein späteres Stadtoberhaupt konnte sie zu Geld machen. Ein glücklicher Umstand für die Kunstfreunde in aller Welt!

Dem Familien- oder soll man eher sagen, dem Kunstsinn einer Frau haben wir es zu verdanken, dass man nicht eine Reise durch die Museen der Welt antreten muss, um die italienischen Meisterwerke der großen Zeit der Renaissance, des Quattrocento und des Cinquecento, bewundern zu können.

Die letzte der Medici, Anna Maria Ludovica (1667 – 1743), verheiratet in Deutschland mit dem Kurfürsten von Pfalz-Neuburg, kam nach dem Tode ihres Mannes zurück nach Florenz. Dort erlebte sie mit ihrem alkoholkranken Bruder den wenig ruhmreichen Niedergang der Familie.

Und eben diese Anna Maria Ludovica, letzte der Medici Dynastie und Erbin einer der größten Kunstsammlungen der Welt, war es, die in einer dem großen Namen ihrer Familie würdigen Verfügung bestimmte, dass die unschätzbare mediceische Kunstsammlung unveräußerlich und für alle Zeiten in der Toskana und in Florenz zu verbleiben habe. Und in diesem Vermächtnis bestimmt sie weiter, dass ihr Geschenk an den toskanischen Staat „stets und immer Besuchern aus allen Ländern der Erde zugänglich" sein müsse. Dieser Satz sichert Florenz und der Toskana auf ewige Zeiten einen Touristen- und Devisenbringer ersten Ranges. Um so verwunderter ist der Besucher, wenn er in der Stadt vergeblich nach einem Denkmal dieser großherzigen Gönnerin sucht.

Boboli) *(geöffnet Juni - Aug. tgl. 8.15 - 19.30, Apr, Mai, Sept. Okt. tgl. 8.15 - 18.30 Uhr, sonst bis 16.30 Uhr).* Es empfiehlt sich, einen Spaziergang durch den Park auf einen Nachmittag zu verschieben, wenn viele der Museen bereits geschlossen sind. Den ausgedehnten, im Stil der italienischen Gartenarchitektur der Renaissance angelegten Park, ließen Eleonora von Toledo und Cosimos I. anlegen. Mehrere Architekten, unter ihnen Ammannati, Buontalenti und Parigi waren mit den Arbeiten betraut. In dem gepflegten, leicht ansteigenden Park mit Alleen, Terrassen, schönen Brunnen, Grotten, Wegen, einem Amphitheater und Plätzen sieht man eine Reihe von Skulpturen und genießt von den erhöhten Stellen schöne Ausblicke

Eine Kuriosität ist die **„Fontäne des Bacchus"** gleich hinter dem Parkeingang an der Piazza Pitti. Dort sieht man den beleibten Piero Barbino, den Hofzwerg Cosimos I., auf einer Schildkröte reiten. Ganz in der Nähe die **„Grotte des Buontalenti"** mit Plastiken von Rossi, Bendinelli und Giambologna („*Venus entsteigt dem Bade*").

In den Pavillons des Parks sind interessante Ausstellungen untergebracht.

Im **Palazzina della Meridiana** ist die *Collezione Contini-Bonacossi* zu sehen, eine schöne Sammlung von Malereien, Skulpturen und anderen Kunstwerken italienischer und spanischer Meister wie Veronese, Tintoretto, Bellini, Cimabue, Francisco Goya oder El Greco. Der Ausstellung wurde eine Kostümkollektion

Der „Hofzwerg“ Piero Barbino reitet auf einer Schildkröte, an der Bacchus Fontäne in den Boboli Gärten

angefügt. Die Ausstellungen sind nur nach Voranmeldung beim Sekretariat der Uffizien zu besichtigen!

Im **Palazzina del Cavaliere** kann eine kostbare *Porzellansammlung* mit Stücken aus italienischen, französischen und deutschen Manufakturen besichtigt werden. Öffnungszeit wie Palazzo Pitti.

Am Südwestende des Palazzo Pitti liegt die Piazza Felice. Dort zweigt die Via Mazzetta nach Westen ab. Ihr folgen wir bis zur nahen Piazza Santo Spirito.

Dort erhebt sich die **Kirche Santo Spirito (17) [N43° 46‘ 1.56“ E11° 14‘ 53.20“]**, ein schöner Renaissancebau, den 1444 Brunelleschi begonnen hatte und Manetti schließlich zu Ende führte *(geöffnet Do - Di 9.30 - 12.30 Uhr)*. Der Glockenturm stammt aus dem 16. Jh. und die Kuppel wurde nach Plänen von Brunelleschi im 15. Jh. errichtet.

An den Wänden des kreuzförmigen Kircheninneren reihen sich 39 kleine Kapellennischen. Von Bedeutung sind im linken Querschiff in der 5. Kapelle von rechts ein **Madonnenbild** von Filippino Lippi, dann der barocke **Hochaltar** von Giovanni Caccini aus dem frühen 17. Jh., die **Sakristei** und ihr Vorraum und schließlich, ebenfalls auf der linken Seite, ein im Laufe der Zeit stark in Mitleidenschaft gezogenes **Abendmahl-Fresko** von Andrea Orcagna aus der Mitte des 14. Jh.

Noch ein paar Straßenzüge weiter westlich findet man die **Basilica Santa Maria del Carmine (18) [N43° 46‘ 5.31“ E11° 14‘ 38.00“]** an der Piazza Carmine. Die Ursprünge dieses Gotteshauses gehen zurück in romanische Zeit. 1771 brannte die Kirche völlig aus und wurde noch im 18. Jh. neu aufgebaut.

Die **Brancacci-Kapelle** im rechten Querschiff der Kirche beherbergt einige der schönsten Fresken Italiens, die glücklicherweise von dem Brand von 1771 nicht ernsthaft beschädigt wurden. Der **Freskenzyklus** besteht aus 15 Motivfeldern und stellt den Sündenfall sowie Szenen aus dem Leben des Apostels Petrus dar *(geöffnet tgl. a. Di 10 - 17 Uhr, Sa + So 13 - 17 Uhr, letzter Einlass 30 Min. vor Schließung, Reservierung empfohlen, Tel. 05 52 76 82 24, Kombiticket mit Palazzo Vecchio)*.

Masolino begann 1424 mit den Arbeiten, die dann von Masaccio in unnachahmlicher Weise zwischen 1425 und 1428 fortgeführt und 60 Jahre später schließlich von Filippino Lippi vollendet wurden. Das Werk zählt zu den großen Meisterwerken der italienischen Freskomalerei (siehe auch unter „Die großen Kunstepochen und ihre Meister“).

Von besonderer Ausdruckskraft durch geschickte Andeutung von Licht, Raum und Bewegung der Gestalten – ein spektakuläres Novum in der Malerei des 15. Jh., das Masaccio erstmals anwandte und damit bahnbrechend auf die gesamte Malerei in Italien wirkte – ist das erste Motiv *„Vertreibung aus dem Paradies“* links oben außen, oder *„Der Zinsgroschen“* oben rechts daneben.

Fast die gesamte untere Bildreihe stammt, bis auf die beiden Motive rechts und links des Altars, von Filippino Lippi.

In der nebenan liegenden Sakristei können Fresken von Andrea di Firenze und Bicci di Lorenzo und im Refektorium

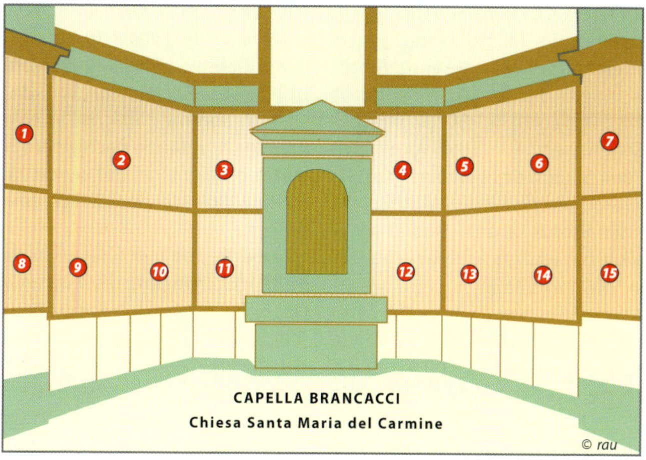

*BRANCACCI KAPELLE – **1** Vertreibung aus dem Paradies (Masaccio) – **2** Der Zinsgroschen (Masacchio) – **3** Predigt Petri (Masolino) – **4** Petrus tauft die Neubekehrten (Masaccio) – **5** Heilung des Krüppels (Massaccio) – **6** Petrus – gefolgt von Johannes – erweckt Tabita zum Leben (Masolino u Masaccio) – **7** Die Versuchung von Adam und Eva (Masolino) – **8** Paulus besucht Petrus im Gefängnis (Filippino Lippi) – **9** Petrus erweckt den Enkel des Kaisers zum Leben (Filippino Lippi) – **10** Petrus auf dem Katheder (Masaccio) – **11** Petrus – gefolgt von Johannes – heilt mit seinem Schatten die Kranken (Masaccio) – **12** Petrus und Johannes verteilen Almosen (Masaccio) – **13** Die Kreuzigung Petri (Filippo Lippi) – **14** Petrus und Paulus vor dem Prokonsul (Filippino Lippi) – **15** Die Befreiung Petri (Filippino Lippi)*

ein Abendmahl-Fresko aus dem 16. Jh. besichtigt werden.

Man kann nun weiter zum Arnoufer gehen, den Fluss auf der Ponte alla Carraia überqueren und von der Piazza C. Goldoni am jenseitigen Ufer über die rechterhand stadteinwärts führende Via d. Vigna Nuova bis zum **Palazzo Strozzi (19) [N43° 46′ 17.36″ E11° 15′ 5.95″]** gehen. Trotz seines groben Bossenwerks wirkt der dreigeschossige Renaissancepalast durch seine Doppelfenster in den oberen Etagen fast elegant. Und er gilt auch als schönstes Palais seiner Art in der Stadt. Der Bau wurde um die Wende vom 15. zum 16. Jh. nach Plänen von Benedetto da Maiano erbaut. Er beherbergt heute städtische Institutionen und ist innen nicht zu besichtigen.

Beenden kann man diesen Stadtrundgang ggf. auf der drei Straßen weiter östlich gelegenen Piazza della Repubblica (5).

4. Rundgang

Kirche San Lorenzo und Medici-Kapellen (20) – Palazzo Medici-Riccardi (21) – Kirche San Marco (22) – Kunstgalerie der Akademie (23).

Die **Kirche San Lorenzo (20) [N43° 46′ 30.36″ E11° 15′ 14.75″]** am gleichnamigen, durch die bunten Marktstände der Taschen-, Leder-, Korbwaren- und Kleiderhändler immer lebhaften Platz, ist seit ihrer Entstehung eng mit dem Hause Medici verbunden.

Cosimo der Alte gab Anfang des 15. Jh. Brunelleschi den Auftrag, auf dem Gelände der alten Basilika des Hl. Ambrosius aus dem 4. Jh. die Kirche San Lorenzo zu errichten. Der Bau entstand in seiner heutigen Form zwischen 1420 und 1460 im Stil der Frührenaissance und wurde – ab 1447 von Antonio Manetti – bis auf die Ostfassade vollendet. Die Ostfassade präsentiert sich heute noch wie Mitte des 15. Jh. in grobem Ziegelmauerwerk. Die vorgesehene, prächtige Fassade, die Michelangelo bereits entworfen hatte, wurde nie ausgeführt.

Das Innere der Basilika wird durch korinthische Säulen in drei Schiffe geteilt. Sehenswert dort sind vorne zwischen den Säulen des von einer Kassettendecke abgeschlossenen Mittelschiffs die beiden Bronzekanzeln. Es sind wahrscheinlich die letzten Arbeiten, die Donatello 1460 ausführte.

Vor dem Altar weisen unter der Zentralkuppel Bronzeeinlassungen im Boden auf die letzte Ruhestätte von Cosimo il Vecchio de' Medici (Cosimo der Alte), auch „Pater Patriae" genannt, hin.

In die Besichtigung sollte man auch einen Besuch der von Brunelleschi entworfenen **Alten Sakristei** neben dem linken Querschiff einbeziehen. Beachtenswert sind die harmonische Form des von einer Kuppel überspannten Raumes, seine Bronzetüren und die Dekorationen von Donatello.

Der Sarkophag aus Prophyr und Bronze – ein Werk von Verrocchio – ist die Grabstätte von Piero und Giovanni de' Medici.

Im linken Seitenschiff findet man außerdem das Grabmal Donatellos und das Fresko *„Mariä Verkündigung"* von Filippo Lippi.

Vor dem linken Seitenschiff führt ein Durchgang zum **Kreuzgang.** Der Kreuzgang ist auch durch ein Portal links an der Ostfassade zugänglich.

Vom Kreuzgang gelangt man über eine Treppe hinauf zur **„Biblioteca Laurenziana"** *(geöffnet tgl. 9 - 13 Uhr).* Sie wurde von Cosimo dem Alten in Auftrag gegeben, aber erst unter Lorenzo il Magnifico, dem Prächtigen, Nachfolger von Cosimo, vollendet und mit einer kostbaren Sammlung antiker Manuskripte ausgestattet. Den architektonischen Entwurf für die Bibliothek, die Lorenzos Namen trägt, stammt von Michelangelo.

Von der Piazza Madonna degli Aldobrandini an der Westseite der Kirche San Lorenzo hat man Zugang zu den **Cappelle Medicee (20),** den **Medici-Kapellen** *(geöffnet tgl. 8.15 - 17 Uhr, Winter bis 14 Uhr, 1., 3. und 5. Sonntag im Monat 8.15 - 14 Uhr, 2. und 4. Montag im Monat 8.15 - 14 Uhr, letzter Einlass 30 Min. vor Schließung, Ticketvorbestellung empfohlen unter www.florence-museum.com/de/).*

Man kommt zunächst in eine weiträumige Krypta, die nach einem Entwurf von Buontalenti gebaut wurde. Hier sind einige Mitglieder der Medici Familie beigesetzt.

Eine Treppe führt hinauf in die **Cappella dei Principi,** die Fürstenkapelle. Der hohe, achteckige Kuppelbau, üppig mit „Pietre Dure", also verschiedenfarbigen Steineinlegearbeiten prächtig ausgestaltet, wurde im Jahre 1604 von Nigetti nach Planentwürfen von Giovanni de' Medici begonnen. Die Arbeiten an dem Barockbau zogen sich bis ins 19. Jh. hin. Erst 1828 wurde die Kuppel von Pietro Benvenuti mit Szenen aus der Schöpfungsgeschichte ausgemalt.

In die Wände sind sechs Prunkkenotaphe in Erinnerung an die mediceer Großherzöge eingelassen. In zwei der Nischen darüber stehen Figuren von Pietro und Fernando Tacca. Unter den Scheinsarkophagen sieht man die Wappen der Städte, die zum Großherzogtum Toskana zählten.

Durch einen Gang erreicht man die sog. **Neue Sakristei.** In dieser Grabkapelle der Medici, mit quadratischem Grundriss und Kassettendecke, sieht man an der rechten Seite das Grabmal von Lorenzo (gest. 1519), Herzog von Urbino und Neffe Lorenzos des Prächtigen, mit den allegorischen Figuren des Morgens und des Abends. Gegenüber das fast identische Grabmal von Giuliano, Herzog von Nemours (gest. 1516) mit den allegorischen Figuren des Tages und der Nacht. Die Statuen in den Nischen darüber stellen die hier beigesetzten Herzöge in idealisierter Pose dar. Die Grabmäler sind Meisterwerke von Michelangelo.

An der Eingangsseite, gegenüber dem Altar, ein einfacher Sarkophag, der die sterblichen Reste von Lorenzo il Magnifico und seinem in der Pazzi-Verschwörung erstochenen Bruder Giuliano de' Medici enthält. Die drei Figuren darauf stellen Madonna mit Kind von Michelangelo und rechts und links die Heiligen Kosmas und Damian dar.

An der Wand hinter dem Altar und in einem Nebenraum (Besichtigung nur nach Vereinbarung) sind Skizzen zu Wandzeichnungen freigelegt worden, die Michelangelo zugeschrieben werden.

Wir gehen zurück zur schmucklosen Ostfassade von San Lorenzo und weiter durch die schmale Via Gori zur Hauptstraße Via Cavour.

Der mächtige Gebäudekomplex linkerhand ist der **Palazzo Medici-Riccardi (21) [N43° 46′ 30.57″ E11° 15′ 21.69″]** *(geöffnet tgl. a. Mi 9 - 19 Uhr, letzter Einlass 30 Min. vor Schließung)*. Cosimo der Alte gab den Bau 1440 in Auftrag. Er sollte die Familienresidenz der Medici für das nächste Jahrhundert werden. Brunelleschi war mit der Planung beauftragt. Aber Cosimo wäre nicht ein echter Florentiner Bankier gewesen, hätte er nicht Brunelleschis Modell als zu pompös abgelehnt. Als Banker von echtem Schrot und Korn war es dem Medici nicht recht, den Wohlstand der Familie am Prunk seines Stadthauses aller Welt vor Augen zu führen. Von Brunelleschi aber wird berichtet, dass er das Modell aus Wut über die Ablehnung in „tausend Stücke" schlug.

Michelozzo, der ebenfalls sehr vom Hause Medici gefördert wurde, führte den Bau nach abgeänderten Plänen schließlich aus und schuf ein Stadtpalais im Stil der Frührenaissance, das für seine Zeit als geradezu modern galt.

Ausgangs des 17. Jh. wurde der Palazzo von Francesco Riccardi erworben. Heute sind im Palazzo Medici-Riccardi Abteilungen der Stadtverwaltung untergebracht. Besuchern ist aber der schöne **Innenhof** und die **Familienkapelle** im ersten Stock zugänglich. Die Kapelle wurde 1459 von Benozzo Gozzoli ausgemalt. Besondere Beachtung verdient vor allem das Motiv *„Zug der Heiligen Drei Könige nach Bethlehem"*. Die oft geäußerte Deutung, dass die abgebildeten Könige der Hl. Joseph, Kaiser Johannes VIII. und Lorenzo il Magnifico auf dem Weg zum Konzil von Florenz darstellen, ist aber nicht belegt.

Wir folgen nun der Via Cavour nach Norden und kommen nach rund 400 m zur hübschen **Piazza San Marco**.

Die umliegenden Gebäudekomplexe sind an der Westseite der Palazzo Livia, an der Ostseite die Loggia des ehemaligen Mathäus-Krankenhauses, die heute Teil der Kunstakademie der Universität ist und an der Nordseite des Platzes

Der Palazzo Vecchio und sein markanter Turm

schließlich sieht man die Barockfassade der Klosterkirche von San Marco. Das Denkmal in der Mitte des Platzes stellt Manfredo Fanti dar.

Die einschiffige **Basilica di San Marco [N43° 46' 41.57" E11° 15' 30.82"]** wurde 1452 von Michelozzo auf der alten Klosterkirche der Silvestriner von 1299 errichtet *(geöffnet Mo - Fr 8.15 - 13.20 Uhr, 8.15 - 18.50 Uhr jeden 1., 3. und 5. Samstag im Monat und 8.15 - 18.50 jeden 2. und 4. Sonntag im Monat, letzter Einlass 30 Min. vor Schließung).* Nach dem Kirchenneubau wurde das Kloster von Cosimo dem Alten dem Dominikanerorden vermacht.

Die Kirche von San Marco erfuhr im Laufe der Jahrhunderte mehrfach Änderungen ganz im Gegensatz zum angrenzenden **Kloster von San Marco**, das fast unverändert aus der Renaissancezeit erhalten ist. Es war im 15. und 16. Jh. ein wichtiges Zentrum der Künste und des Geisteslebens in Florenz.

Einige der Dominikanermönche, die im 15. Jh. im Kloster wirkten, zählen zu den bedeutendsten Malern jener Zeit. In San Marco lebten und arbeitete Beato Angelico, S. Antonino, Savonarola, Fra' Bartolomeo u. a. namhafte Künstler. 1920 wurde die Klosteranlage in ein Museum umgewandelt.

Vom **Kreuzgang** aus hat man Zugang zum ehem. **Hospiz der Pilger,** zum alten **Refektorium** und zum **Kapitelsaal.** Hier sind viele Werke des Beato Angelico zu sehen, die er für verschiedene Kirchen in der Stadt gemalt hatte, u. a. Fra' Angelicos berühmtes Fresko *„Das Jüngste Gericht"*, dann *Altartafeln* von San Marco, weiter der **„Leineweberalter"** (Tabernacolo dei Linaioli) oder die *„Kreuzigung"* im Kapitelsaal. Im Raum neben dem Treppenaufgang, dem sog. **Kleinen Refektorium**, sieht man das *„Heilige Abendmahl"* von Domenico Ghirlandaio (1433). Im Obergeschoss verdienen neben den ausgemalten **Klosterzellen** vor allem die *„Verkündigung"* und die eindrucksvolle *„Kreuzigung"* von Fra' Angelico Beachtung. In den Priorsquartieren am Ende des Ganges hat Savonarola zeitweise gelebt.

Im **Chiostro dello Scalzo,** dem Kreuzgang der Barfüßigen, in der Via Cavour Nr. 69 ist ein Freskenzyklus mit Szenen aus dem Leben Johannes' des Täufers von Andrea del Sarto aus dem Jahre 1526 zu sehen.

An der Südostseite der Piazza San Marco liegt die **Galleria dell'Accademia (23) [N43° 46' 37.16" E11° 15' 31.56"]** *(geöffnet Di - So 8.15 - 18.50 Uhr, letzter Einlass 45 Min. vor Schließung).* Der Eingang befindet sich in der Via Ricasoli.

Weltberühmtes Prunkstück der Kunstsammlung dort ist die makellose, weiße, 4,25 m hohe Marmorfigur des **„David"** von Michelangelo, die mitten im großen Saal steht.

Im Jahre 1501 erhielt Michelangelo vom Dombaumeister den Auftrag eine Monumentalplastik zu schaffen, die als Symbol der Republik Florenz auf der Piazza della Signoria aufgestellt werden sollte. Von Michelangelo stammen auch die vier unvollendeten *„Gefangenen"*, die ehemals für das Grabmal von Papst Julius II. bestimmt waren, sowie die ebenfalls nur teilweise vollendete *„Pietà Palestrina"*.

Außerdem sind in der Galerie der Akademie eine Reihe von Gemälden Florentiner Künstler des 15. Jh. und andere Kunstwerke zu sehen.

Unweit von der Galerie der Akademie ist im Gebäude Ecke Via Ricasoli und Via degli Alfani (Eingang Via degli Alfani 78) das Florentinische Museum für Mosaikkunst, **Museo delle Pietre Dure (38),** untergebracht. Es wurde schon Ende des 16. Jh. von Ferdinando I. de' Medici gegründet.

Die Sehenswürdigkeiten an der Piazza della S.S. Annunziata, die nur einen Straßenblock weiter östlich liegt, werden auf dem 6. Stadtrundgang beschrieben.

5. Rundgang

Piazzale Michelangelo (24) – Kirche San Miniato al Monte (25) – Forte Belvedere (26) – Museo Bardini (27) – Museo Horne – Kirche Santa Croce (28) – Haus Buonarroti (29).

Der Blick auf Florenz von der Piazzale Michelangelo

Zur **Piazzale Michelangelo (24) [Parkplatz, WP 002 / N43° 45' 45.33" E11° 15' 53.65"],** Bushaltestelle „Il David", fährt man am einfachsten mit den Stadtbussen der Linien 12 oder 13, ab Bahnhof Santa Maria Novella oder Domplatz, Fahrzeit ca. 30 Minuten. Wer mit dem Auto unterwegs ist, findet auf der Piazzale Michelangelo einen großen gebührenfreien Parkplatz. Es ist aber auch ein sehr schöner Spaziergang über die Ponte alle Grazie ans südliche Arnoufer unterhalb des Forte Belvedere, weiter über die Via San Niccolò zur Porta San Miniato in der alten Stadtmauer und dahinter über einen Treppenweg hinauf zur Piazzale Michelangelo. Man kann aber auch die Hinfahrt per Bus und den Rückweg hinab zu Fuß unternehmen.

Von den **Terrassen** der erhöht gelegenen Piazzale Michelangelo hat man die wohl **schönste Aussicht auf Florenz**. Der wirklich herrliche Blick geht ungehindert über den von Brücken überspannten Arno – links erkennt man deutlich die Ponte Vecchio – über das rote Dächermeer der Stadt mit dem dominierenden Uhrenturm des Palazzo Vecchio, weiter zum die Stadtsilhouette beherrschenden Dom mit dem Campanile und der noch aus der Entfernung imposanten, gerippten, roten Domkuppel bis zu den Hängen von Fiesole im Norden. Glücklicherweise stört noch kein architektonischer Fremdkörper dieses Stadtpanorama, das zweifellos eines der schönsten in Europa ist.

Am empfehlenswertesten ist der Besuch hier am frühen Vormittag oder besser noch am späten Nachmittag.

Mitten auf dem Platz steht ein Michelangelo gewidmetes Denkmal mit Kopien einiger der bedeutendsten Werke des Meisters, obenauf der „David", darunter Bronzekopien der vier Skulpturen von den Medici-Gräbern „Tag und Nacht", „Morgen und Abend". Unterhalb der Terrasse findet man eine Cafeteria.

Mein Tipp! An der Bergseite der Piazzale Michelangelo über der Straße liegt das recht gute **Restaurant „La Loggia"**, von dessen Terrasse man ebenfalls schön auf die Stadt sieht. An einem lauen Abend sicher ein ausgezeichneter Platz (wenn auch gelegentlich etwas laut und voll) zu Abend zu essen. Tischreservierung empfehlenswert Tel. +39 055 234 28 32; www.ristorantelaloggia.it

Unweit hinter oben erwähntem Restaurant findet man in einem Zypressenhain die sehenswerte Kirche **San Salvatore al Monte**, die 1475 von Cronaca erbaut wurde. Michelangelo, so heißt es, soll diese schlichte Kirche sehr bewundert haben. Man sollte von der Piazzale Michelangelo nun der leicht ansteigenden Straße Via Galileo eine kurzes Stück nach Westen folgen. Nach etwa fünf Gehminuten erreicht man die linkerhand auf der Anhöhe des Monte alle Croci sehr schön gelegene **Kirche San Miniato al Monte (25) [N43° 45' 36.40" E11° 15' 52.97"]**. Haltestelle Bus Nr. 13. Eine breite Freitreppe führt hinauf zur Terrasse vor der weißen Westfassade der Kirche. Auch von hier genießt man einen prächtigen Blick auf Florenz.

San Miniato al Monte

Die Kirche San Miniato al Monte, einem heiliggesprochenen römischen Soldaten und Märtyrer des 3. Jh. geweiht, wurde zu Beginn des 11. Jh. von Bischof Hildebrand errichtet und nach fast 200-jähriger Bauzeit fertiggestellt. Die Kirche gilt – neben dem Baptisterium am Dom von Florenz – als das vollkommenste romanische Bauwerk der Stadt und als einer der schönsten Sakralbauten in Italien.

Die Fassade mit ihren fünf Bögen wurde erst im 13. Jh. vollendet und ist in weißem und grünem Marmor mit für die toskanische Architektur typischen geometrischen Mustern ausgeführt. Oberhalb des Fensters über der Mitteltür sieht man ein Mosaik auf Goldgrund aus dem 13. Jh. Dargestellt sind Christus auf dem Thron, flankiert von der Jungfrau Maria und San Miniato, dem Kirchenpatron. Der Kirchenturm übrigens blieb unvollendet.

Das über die Jahrhunderte so gut wie unveränderte **Innere** der Basilika ist durch auf Säulen und Bündelpfeilern ruhenden Bögen in drei Schiffe geteilt. Beachten sollte man das freiliegende bemalte **Dachgebälk** und die **Marmorintarsien** im Boden. Am Ostende des Kirchenraumes fällt der erhöhte **Chor** auf, der auf fünf Bögen ruhend eine **Kryptahalle** überspannt. Der Chor, zu dem zwei Treppen führen, ist durch eine viel beachtete Chorschranke abgeschlossen. In der Krypta mit Fresken von Taddeo Gaddi werden die Reliquien des Kirchenheiligen San Miniato aufbewahrt.

Vor der Krypta steht die einem kleinen Tempel ähnelnde und von einer sehr schön gearbeiteten Deckenwölbung überspannte **Kreuzkapelle**, ein Werk Michelozzos aus der Mitte des 15. Jh. Die Deckenkassetten aus glasierter Terrakotta stammen von Luca della Robbia, die bemalten Altartafeln von Agnolo Gaddi.

In der **Sakristei** von San Miniato al Monte sind wertvolle Fresken mit Szenen aus dem Leben des Heiligen Bernhard von Aretino aus dem 14. Jh. zu sehen und im linken, nördlichen Seitenschiff findet man die **„Kapelle des Kardinals von Portugal"** mit einem kunstvoll gearbeiteten Totenschrein des Kardinals, von Rossellino gearbeitet, und an der Decke Terrakottamotive von della Robbia.

Das Mosaik in der Halbkuppel der Apsis stammt aus dem späten 13. Jh. und stellt Christus Pantokrator, links Maria und rechts den Heiligen Miniato dar.

Wir gehen zurück bis kurz vor die Piazzale Michelangelo und nehmen den Treppenweg, der linkerhand hinab in die Stadt führt. Hat man unten das Stadttor **Porta San Miniato** erreicht, kann man der Stadtmauer nach Westen folgen und einen Abstecher zur **Forte di San Giorgio in Belvedere (26) [N43° 45' 47.61" E11° 15' 15.55"]** machen. Der Weg dorthin zur Festung lohnt sich eigentlich nur der schönen Aussicht wegen, die man von den Bastionen auf Florenz hat.

Von der Porta San Miniato kommt man in die Via San Niccolò. Ihr folgen wir nach links (westwärts) und gehen an der Piazza dei Mozzi, in Höhe der Brücke Ponte alle Grazie, rechts zum Arno.

Je nach Interessenlage wird man vorher noch das an der Piazza dei Mozzi gelegene **Museo Bardini (27) [N43° 45' 53.81" E11° 15' 29.35"]** mit der **Galleria Corsi** besichtigen *(geöffnet Di - Fr 11 - 17 Uhr)*. Zu sehen ist die umfangreiche Sammlung des Florentiner Kunsthändlers Bardini (19. Jh.). Sie besteht vor allem aus Möbeln, Gobelins, Gemälden und Skulpturen und anderen Kunstgegenständen.

Über die Ponte alle Grazie und durch die weiterführende Via de' Benci Richtung Innenstadt.

An der Ecke zur rechts abzweigenden Straße Corso dei Tintori liegt das **Museo Horne (37) [N43° 46' 1.57" E11° 15' 33.00"]** *(geöffnet Mo - Sa 9 - 13 Uhr, letzter Einlass 30 Min. vor Schließung; www.museohorne.it)*. Untergebracht ist es in einem Palazzo aus dem 15. Jh. in der Via dei Benci 6. Gezeigt wird eine kleine, aber wertvolle Sammlung von Werken Giottos, Daddis, Lorenzettis, Filippo Lippis u. a., sowie eine beachtliche Kollektion seltener Zeichnungen großer italienischer Meister.

Wir gehen die Via de' Benci weiter bis zur nahen **Piazza Santa Croce (28)**, die

Dante-Denkmal auf der Piazza Santa Croce

sich rechts öffnet. Links vor der Basilika ein Denkmal für Dante.

Die Piazza Santa Croce ist der alte Turnierplatz von Florenz. Noch im 15. Jh. wurden hier z. B. im Juni zu Ehren Johannes des Täufers, dem Schutzpatron der Stadt, festliche und farbenprächtige Turniere durchgeführt. Bei einem der Turniere soll Sandro Botticelli auf der Piazza erstmals die schöne Simonetta Vespucci, eine Cousine des Kaufmanns und Seefahrers Amerigo Vespucci (1451 - 1512, nach ihm ist der amerikanische Kontinent benannt), gesehen haben. Giulio Medici hatte sich Simonetta nach alter Manier des Rittertums als Dame erwählt, zu deren Ehre er ins Turnier ritt. Es heißt, die liebliche Simonetta sei das Modell, oder zumindest das ideelle Vorbild, für Botticellis großartiges Gemälde *„Geburt der Venus"* gewesen.

Beherrscht wird die Piazza Santa Croce von **Basilica Santa Croce (28) [N43° 46' 7.03" E11° 15' 43.70"]**, die sich an seiner Ostseite erhebt.

Santa Croce wurde ausgangs des 13. Jh. vermutlich nach Plänen von Arnolfo di Cambio als Klosterkirche der angrenzenden ehemaligen Franziskanerabtei errichtet. Es entstand ein Bau, dessen Inneres als Beispiel reinster Florentiner Gotik gilt. Der Turm und die marmorverkleidete Westfassade wurden erst in der zweiten Hälfte des 19. Jh. angefügt.

Zwei Reihen achteckiger Pfeiler auf denen Spitzbögen ruhen, gliedern das schlichte, dreischiffige Innere der Kirche, deren Grundriss der T-Form eines griechischen Kreuzes ähnelt. Das Mittelschiff wird durch schön gearbeitetes, freiliegendes Dachgebälk dekorativ abgeschlossen. Vor allem an der Chorseite sind herrliche **Glasfenster** aus dem 15. Jh. zu sehen. Santa Croce ist die Grab- und Gedächtniskirche vieler großer Italiener und auch aus diesem Grund unbedingt einen Besuch wert.

An den Innenwänden reihen sich eine Anzahl von Monumenten, Kunstwerken, Grabmälern und Gedenkstätten. Beginnt man rechts und geht gegen den Uhrzeigersinn um den Kirchenraum sind das:

An der Südseite der ersten Säule das Relief *„Madonna del Latte"*, ein Marienbildnis mit Kind von Antonio Rosselino. An der Wand gegenüber das *Grabdenkmal für Michelangelo*, das von Vasari aus dem Jahre 1570 stammt. Die um den Kenotaphen sitzenden Gestalten sind die allegorischen Figuren der Malerei, der Bildhauerei und der Architektur. Über dieses Denkmal gehen die Meinungen auseinander. Manche Stimmen sind der Ansicht, dass die unvollendete Pietà, die heute im Dommuseum steht, ein würdigeres Denkmal für das große Kunstgenie Michelangelo gewesen wäre.

Gegenüber der nächsten Säule ein *Kenotaph zu Ehren von Dante Alighieri*. Das Grab des großen italienischen Dichters des 14. Jh. befindet sich in Ravenna, wo Dante 1321 im Exil starb.

Santa Croce

Schaut man sich diese Grabmäler so an, könnte man dem Gedanken verfallen, dass Florenz seinen berühmten Söhnen nicht sonderlich dankbar zu sein scheint. Dante wurde nach langem HIn und Her durch eine Statue auf der Piazza Santa Croce vor der Kirche geehrt. Und das Grabmal für den fürstlichen Bildhauer Michelangelo ist eher ein Trauerspiel, denn ein dem Künstler würdiges Werk.

Es folgt ein *Denkmal für Vittorio Alfieri* von Canova, dem Schriftsteller, gegenüber an der Säule zum Hauptschiff hin eine *Kanzel* von Maiano und danach ein *Monument für Niccolò Machiavelli* (siehe auch unter „Große Namen") mit der allegorischen Figur der Diplomatie.

Es folgen – vor dem Durchgang – das Grab von Lanzi und ein Tabernakel von Donatello.

Nach dem Durchgang zum Kreuzgang sieht man das *Grabdenkmal für Gioacchino Rossini* und daneben das *Grabmal* des italienischen Humanisten des 15. Jh., *Leonardo Bruni*.

Weiter rechts schließen sich der Zugang zur Sakristei und eine Reihe von Kapellen an, u. a. die **Baroncelli-Kapelle** mit Fresken von Taddeo Gaddi aus dem 14. Jh., die Szenen aus dem Leben der Mutter Maria darstellen, eine Altartafel von Giotto etc.

Eine weitere Reihe von **Grabkapellen** namhafter Florentiner Geschlechter reiht sich an der Stirnseite rechts und links vom Altar. Besondere Erwähnung verlangen die beiden Kapellen rechts vom Altar, die **Bardi-Kapelle** und die **Peruzzi-Kapelle**. Beide weisen großartige Freskenzyklen von Giotto auf, mit Szenen aus dem Leben des Hl. Franziskus in der Bardi-Kapelle und Szenen von Johannes dem Täufer in der Peruzzi-Kapelle.

Am Ende des linken Querschiffs sollte man in der *Bardi-Kapelle* (eine andere als die vorher erwähnte) das *Holzkreuz von Donatello* beachten.

Schließlich sieht man in der Mitte des linken Seitenschiffs die in den Fußboden eingelassenen *Grabplatten von Lorenzo und Vittoria Ghiberti* und am Ende das *Denkmal für Galileo Galilei* mit den allegorischen Figuren der Astronomie und der Geometrie.

Nicht versäumen sollte man nach der Kirchenbesichtigung einen Besuch im **Museo dell'Opera di Santa Croce** *(geöffnet Mo - Sa 9.30 - 17.30 Uhr, Kombiticket mit Kirche Santa Croce und Pazzi Kapelle)*. Das Kirchenmuseum ist im alten Refektorium des ehemaligen Franziskanerklosters untergebracht. Es befindet sich an der Südwestseite des ersten Klosterhofes.

Unter den Gemälden und Skulpturen aus Florentiner Schulen des 14. bis 16. Jh. ragen vor allem das *Kruzifix von Cimabue* und das monumentale *Fresko von Taddeo Gaddi*, das die gesamte Stirnwand einnimmt. In dem berühmten Werk sind in der Mitte der Kreuzesbaum und darunter die Abendmahlsszene zu sehen.

An der Ostseite des Klosterhofes erhebt sich die **Pazzi-Kapelle (28)** *(geöffnet wir Museo dell'Opera di Santa Croce)*. Sie gilt als eines der architektonischen Meisterwerke im Renaissancestil, das von Brunelleschi Mitte des 15. Jh. im Auftrag von Andrea Pazzi errichtet wurde. Bemerkenswert ist die Vorhalle mit den schlanken Säulen, das harmonische Maß des Inneren und die Terrakotta-Motive von della Robbia.

Zum Arno hin schließt sich dem Gebäudekomplex von Santa Croce die Nationalbibliothek an.

Zwei Straßenzüge nördlich von der Kirche Santa Croce ist in der Via Ghibellina das Haus Nr. 70 als **Casa Buonarroti (29) [N43° 46' 11.39" E11° 15' 49.28"]** bekannt *(geöffnet 1. März - 31. Okt. tgl. a. Di 10 - 17 Uhr, übrige Zeit bis 16 Uhr; www.casabuonarroti.it/)*. Dieses Haus wurde von Michelangelo erworben, im 17. Jh. von Michelangelo dem Jüngeren weiter ausgebaut und 1858 von einem der letzten der Familie Buonarroti der Stadt Florenz vermacht. Heute dient es als **Michelangelo-Museum**, das vor allem Frühwerke des großen Bildhauers und Malers zeigt. Neben diversen Modellen und Entwürfen sind eine umfangreiche Sammlung von Zeichnungen Michelangelos, ein schön gearbeitetes Holzkruzi-

Santa Maria Novella

fix, die *„Schlacht der Kentauren"* und das Basrelief *„Madonna della Scala"*, das um 1490 entstand, zu sehen.

6. Rundgang

Kirche Santa Maria Novella (30) - Kirche Ognissanti (31) - Palazzo Corsini (40) - Kirche Santa Trìnità (32) - Palazzo Davanzati (33) - Kirche SS. Annunziata (34) - Archäologisches Museum (39) - Leonardo da Vinci Museum (42)

Unweit südlich vom Hauptbahnhof *Stazione Centrale Santa Maria Novella* (35) und dem Bahnhofsvorplatz *Piazza Stazione* und vorbei an der *Piazza dell'Unita Italiana* kommt man zur ausladenden *Piazza Santa Maria Novella*, mit Grünflächen, zwei kleine Obelisken und Springbrunnen.

Der Platz ist einer der bekanntesten in der Stadt. Er ist immer bevölkert und war schon zu Zeiten Cosimos I. de'Medici populär wegen der hier ausgetragenen Wagenrennen, den spektakulären *„Palio dei Cocchi"*, an die die schon erwähnten Obelisken erinnern, die einst von Giambologna gefertigt worden sind.

Die große Sehenswürdigkeit, die berühmte, im Stil der Florentiner Gotik errichtete **Basilika von Santa Maria Novella (30) [N43° 46' 27.04" E11° 14' 57.61"]**, liegt an der Nordseite des Platzes *(geöffnet Apr. - Sept. Sa - Do 9 - 19 Uhr, Fr 11 - 19 Uhr; Okt. - März Sa - Do 9 - 17.30 Uhr, Fr 11 - 17.30 Uhr; letzter Einlass 45 Min. vor Schließung)*. Baumeister des Dominikanerordens, damals bekannt für die harmonische Raumaufteilung ihrer Bauwerke, lieferten den Entwurf, der im 13. Jh. realisiert und 1360 vollendet wurde. Über hundert Jahre später erst, 1476, führte Alberti die schöne Südfassade im Renaissancestil aus. Ähnlich wie in den beiden anderen großen Kirchenbauwerken der Stadt, San Miniato und Santa Croce, wird auch hier das Innere auf kreuzförmigem Grundriss durch zwei Säulenreihen in drei Kirchenschiffe unterteilt.

Die Innenwände des Kirchenraumes werden von Seitenaltären und Kapellen gesäumt, die zum Teil mit wertvollen Kunstwerken ausgestattet sind. In der **Rucellai-Kapelle** im rechten Seitenschiff sieht man eine 1423 von Ghiberti gearbeitete Grabtafel und auf dem Altar eine Madonnenstatue von Nino Pisano.

Die **Strozzi-Kapelle** rechts vom Altar mit dem Strozzi-Grabmal von Maiano ist mit Fresken von Filippo Lippi ausgemalt. Besondere Beachtung verdient in der mittleren **Hauptkapelle** (Beleuchtungs-Münzautomat) der berühmte Freskenzyklus von Domenico Ghirlandaio, der Motive aus dem Leben der Jungfrau Maria darstellt. Das Altarkreuz ist von Giambologna.

In der **Gondi-Kapelle** links vom Altar beeindruckt vor allem das Holzkruzifix von Brunelleschi.

Zu den besonders erwähnenswerten Kunstwerken in der **Sakristei** zählt ein Lavabo aus Marmor und Terrakotta, das Giovanni della Robbia 1498 schuf.

Von besonderer kunsthistorischer Bedeutung ist schließlich noch das Fresko *„Dreieinigkeit"* mit der Jungfrau Maria und Johannes dem Täufer, das Masaccio um 1427 schuf. Das Werk, man sieht es im dritten Bogen des linken Seitenschiffes, gilt wegen der angedeuteten Räumlichkeit , damals noch eine viel bewunderte Novität in der Malerei, als besonders wertvoll.

Neben der Kirche liegt der **„Chiostro Verde"** (Grüner Kreuzgang), mit Fresken von Paolo Uccello und seinen Schülern. Von dort hat man Zugang zur sog. **„Capella degli Spagnoli".** Die Spanische Kapelle, so benannt, weil sie mit der spanischstämmigen Gemahlin Cosimos I., Eleonora von Toledo, in Verbindung gebracht wird, ist vollständig mit Fresken von Andrea da Firenze (auch Andrea di Bonaiuto) aus der Mitte des 14. Jh. ausgemalt. Die dargestellten Motive zeigen Szenen aus dem Neuen Testament und rühmen die Errungenschaften des Dominikanerordens.

Im Refektorium an der Westseite des Kreuzgangs ist eine Freskenausstellung untergebracht.

An der Südwestseite der Piazza Santa Maria Novella folgen wir ein kurzes Stück der Via della Scala, gehen dann die Via del Porcellana nach links und sehen in der nach wenigen hundert Metern auftauchenden Querstraße Borgo Ognissanti rechts die **Kirche Ognissanti (31) [N43°46'20.46" E11°14'45.01"]**. Die Kirche stammt zwar aus dem 13. Jh., wurde aber im 17. Jh. vollständig umgebaut. Vom Ursprungsbau blieb lediglich der Turm erhalten. An der Barockfassade sieht man das **Terrakottamotiv „Marienkrönung"** von Giovanni della Robbia. Die Kirche ist die Grabkirche der Familie Vespucci. Eine Platte vor dem Altar kennzeichnet das Familiengrab.

Von besonderem kunstgeschichtlichem Wert ist im Refektorium das **„Abendmahl"** von Domenico del Ghirlandaio *(Refektorium geöffnet Mo, Di und Sa 9 - 12 Uhr)*. Das Bildnis des Hl. Augustinus an der rechten Wand stammt von Botticelli.

Man kann nun die Straße Borgo Ognissanti von der Kirche aus nach links (ostwärts) gehen und erreicht dann die Piazza C. Goldoni an der Arnobrücke Alla Carraia.

Schon im Jahre 1220 gab es hier einen Flussübergang, der aber erst im 14. Jh. als Steinbrücke errichtet wurde, um den Überschwemmungen besser Stand zu halten. Wie alle Arnobrücken (mit Ausnahme der Ponte Vecchio), wurde auch die Ponte alla Carraia im zweiten Weltkrieg zerstört und nach 1945 in Anlehnung an alte Pläne wieder aufgebaut.

Östlich des Goldini-Platzes in der Via del Parione ist im **Palazzo Corsini (40)** die **Galleria Corsini** untergebracht. Die Gemäldesammlung mit Florentiner Meistern aus dem 15. und 16. Jh., sowie Werken anderer Künstler, vor allem aus dem 17. Jh., ist eine Hinterlassenschaft von Lorenzo Corsini, der sie Mitte des 18. Jh. anlegte. Die Privatsammlung ist nur nach Vereinbarung zu besichtigen!

Man kann nun die Via della Vigna Nuova, die auf den Palazzo Strozzi zuführt, ein Stück nach Osten gehen. Etwa auf halbem Wege sieht man linkerhand (Haus Nr. 18) den **Palazzo Rucellai [N43° 46' 16.47" E11° 14' 58.59"]** und auf der anderen Straßenseite die **Loggia Rucellai**. Sie stammt wie der Palazzo aus den Jahren um 1460 und ist ein gelungenes Beispiel dieser für Florentiner Stadtpalais des Quattrocento typischen Anbauten, die vor allem bei offiziellen Anlässen und Festlichkeiten genutzt wurden.

Wir setzen den Stadtrundgang über die Via del Purgatorio, die vor der Loggia rechts (ostwärts) abzweigt, fort, nehmen eine der nächsten Gassen nach rechts und stoßen gleich darauf auf die Via del Parione. Sie führt links (ostwärts) zur hübschen Piazza Santa Trìnità. In der Mitte des Platzes steht auf einer Granitsäule, die aus den Thermen des Caracalla in Rom stammen soll, Justitia, die Göttin der Gerechtigkeit.

Gleich rechts, an der eleganten Via Tornabuoni, erhebt sich die **Kirche Santa Trinità (32) [N43° 46′ 12.10″ E11° 15′ 3.60″]**. Dieses Gotteshaus wurde schon im 11. Jh. im romanischen Stil errichtet, später dann, vor allem im 14. Jh., im gotischen Stil umgebaut. Die Fassade, die wir heute sehen, entstand erst ausgangs des 16. Jh.

Sehenswert im Inneren, das noch Stilelemente der Romanik enthält, ist vor allem in der **Kapelle Sassetti** (zweite Kapelle rechts vom Altar) der berühmte **Freskenzyklus von Domenico Ghirlandaio** aus der Zeit zwischen 1483 und 1486. Dargestellt sind Szenen aus dem Leben des Hl. Franz von Assisi. Das Altarmotiv **„Anbetung der Hirten"** stammt ebenfalls von Ghirlandaio. In der vierten Kapelle rechts sieht man Fresken und ein Tafelbild **„Mariä Verkündigung"** von Lorenzo Monaco.

In der zweiten Kapelle links vom Altar stammt das Marmorgrabmal für Bischof Federighi von Luca della Robbia.

Man kann anschließend am Nordende des Trinità-Platzes ein kurzes Stück der Via Porta Rossa nach rechts (ostwärts) folgen und erreicht schon nach rund einhundert Metern rechterhand den **Palazzo Davanzati (33) [N43° 46′ 12.72″ E11° 15′ 10.20″]** am gleichnamigen Platz gleich hinter dem Hauptpostamt.

Dieser herrschaftliche Stadtpalast stammt aus der Mitte des 14. Jh. Untergebracht ist hier das interessante **Museo della Casa Fiorentina Antica** *(geöffnet tgl. 8.15 - 13.50 Uhr),* ein Museum über die Wohnkultur der oberen Stände im Florenz des Quattrocento und Cinquecento, der großen Zeit der Renaissance also. Schöne Sammlung von Mobiliar, Gobelins, Keramik etc.

Wir gehen zurück bis zur Piazza Santa Trinità. Von dort führt unser Rundgang nun durch die Borgo SS. Apostoli, vorbei am Palazzo Spini an der Südostseite des Platzes, ein kurzes Stück nach Osten.

An der Piazza del Limbo sieht man die **Kirche SS. Apostoli [N43° 46′ 9.76″ E11° 15′ 7.47″]**. Die Basilika stammt aus dem 11. Jh., wurde auf den Grundmauern einer alten römischen Therme errichtet und später mehrfach umgebaut. Sehenswert sind das Portal aus dem 16. Jh. und im Inneren eine Altartafel **„Mariä Empfängnis"** von Vasari.

Die Borgo SS. Apostoli mündet nach kaum 200 m in die Straße Via Por Santa Maria, die Straße, die zur Ponte Vecchio führt. Folgt man ihr stadteinwärts, kann man auf dem Wege zur Piazza della Repubblica links einen Abstecher in die Via delle Terme machen. Dort sieht man an der zweiten Querstraße rechts den **Palazzo di Parte Guelfa [N43° 46′ 10.36″ E11° 15′ 12.22″]** am gleichnamigen Platz. Der ehemalige Sitz der Guelfenpartei aus dem 14. Jh. gilt als schönes Architekturbeispiel, das Stilelemente von der Früh- bis zur Spätrenaissance zeigt.

Der **zweite Teil dieser Stadtbesichtigung** befasst sich mit den Sehenswürdigkeiten um die Piazza della SS. Annunziata, die man z. B. vom Domplatz aus nordöstlich über die Via dei Servi erreicht.

Die **Piazza della SS. Annunziata (34)** gilt als einer der schönsten und harmonischsten Plätze in Florenz. In seiner Südseite erhebt sich das Reiterstandbild des Großherzogs von Toskana, Ferdinand I., von Giambologna und Tacca. Außerdem sieht man zwei schöne bronzene Brunnen, die ebenfalls aus der Werkstatt Taccas aus dem frühen 17. Jh. stammen.

Die Harmonie dieses Platzes wird vor allem durch die Säulengänge hervorgerufen, die ihn an drei Seiten umgeben.

Der Gebäudeflügel links (Westseite) gehört zur ehemaligen Bruderschaft der Serviten (Servi dei Maria).

An der Nordseite sieht man die Vorhalle der **Kirche SS. Annunziata (34) [N43° 46′ 36.16″ E11° 15′ 39.09″]**. Der

Kirchenbau wurde im 13. Jh. von Mönchen der Serviten Bruderschaft gegründet. Im 15. Jh. aber erhielt Michelozzo den Auftrag, die Kirche vollkommen umzubauen.

Von der Vorhalle gelangt man in den kleinen Innenhof **„Chiostro dei Voti"**, der mit Fresken von Pontormo, del Sarto u. a. ausgemalt ist. Das einschiffige Kircheninnere ist im Barockstil gehalten.

Durch das linke Querschiff gelangt man in den Kreuzgang **„Chiostro dei Morti"**, den Michelozzo entworfen hat. Hier sind kostbare Fresken zu bewundern, darunter über dem Eingang die „Madonna del Sacco", von Andrea del Sarto.

An der Nordseite des Kreuzgangs hat man Zugang zur **„Cappella di San Luca"**, in der namhafte Florentiner Künstler begraben sind.

Rechts neben der Kirche erhebt sich das **Ospedale degli Innocenti (41)**, das älteste Waisenhaus des Landes, vielleicht ganz Europas *(geöffnet Mo - Sa 8.30 - 19 Uhr)*. Dieses Findelhaus mit Spital stammt aus dem frühen 15. Jh. und wurde von Brunelleschi geplant und begonnen und nach mehr als 25-jähriger Bauzeit eröffnet.

Zwischen den Bögen der Vorhalle mit ihren schlanken Säulen sieht man Darstellungen von Wickelkindern in Reliefmedaillons (Tondos) von Andrea della Robbia. In der Nähe des Eingangs lief früher ein Tellerrad durch die Wand, auf dem die Findelkinder niedergelegt werden konnten. Im Inneren können eine Sammlung von Fresken aus den Zeit vom 14. bis ins 17. Jh. und Werke von Ghirlandaio *(„Anbetung der Hl. Drei Könige")*, von Filippo Lippi, Sandro Botticelli, Benedetto da Maiano, Rosselino und Luca della Robbia (Relief *„Madonna mit Kind"*) besichtigt werden.

Hinter dem Waisenhaus, in der Via della Colonna Nr. 38, findet man das **Archäologische Museum (39)** von Florenz *(geöffnet Di - Fr 8.30 - 19 Uhr, Sa - Mo 8.30 - 14 Uhr)*. Das Museum ist im ehemaligen Palast der Großherzogin Maria Magdalena von Österreich untergebracht. Von Bedeutung sind vor allem die umfangreichen etruskischen Sammlungen, sowie die Exponate aus den ägyptischen, griechischen und römischen Kulturepochen. Eines der bekanntesten Stücke des Museums ist die *„Chimäre von Arezzo"*.

Wählt man den Weg zurück zum Domplatz durch die Via d. Servi, passiert man das **Museo Leonardo da Vinci (42) [N43° 46' 29.97" E11° 15' 32.23"]**, Via dei Servi 66 r *(geöffnet März - Okt. tgl. 9.30 - 19 Uhr; Nov. - Feb. tgl. 9.30 - 18 Uhr; letzter Einlasss 45 Min. vor Schließung)*. Das kleine Museum gibt Einblick in das Lebenswerk des Universalgenies (Skizzen, Nachbauten seiner Maschinenerfindungen etc.).

Weitere Sehenswürdigkeiten

Museo Stibbert [N43° 47' 34.23" E11° 15' 18.06"], Via Stibbert 26, nördlich des Stadtzentrums. In der ehemaligen Villa des Engländers Frederik Stibbert ist die Sammlung des Kunstliebhabers zu besichtigen. Ausgestellt sind Gemälde, Mobiliar, Porzellan, Waffen und ein seltener Reiterzug aus Gips.

Das **Museum Marino Marini [N43° 46' 18.99" E11° 14' 59.87"]** an der Piazza San Pancrazio *(geöffnet Mo, Mi - Sa 10 - 17 Uhr)*, etwa zwischen Palazzo Strozzi und Santa Maria Novella gelegen, ist seit 1988 in der zum Museum umgewandelten Kirche San Pancrazio untergebracht. Die Kirche wurde schon im 9. Jh. erwähnt, im 11. und 12. Jh. vom Benediktinerorden erweitert und Mitte des 15. Jh. schließlich von Leon Battista Alberti im Auftrag der Familie Rucellai in ihre heutige Form umgestaltet. Zu sehen sind in erster Linie 176 Skulpturen, Gemälde, Zeichnungen und Graphiken des Künstlers Marino Marini (1901 – 1980) und dessen Frau Mercedes „Marina" Pedrazzini. Großen Raum nehmen u. a. Reiterstandbilder und Pferdeplastiken ein.

Parco delle Cascine [Parkplatz, N43° 46' 56.62" E11° 13' 8.74"] – Dieser schön angelegte, weitläufige Stadtpark erstreckt sich westlich des Zentrums entlang des Arno. Spazierwege, Grünflächen, Sportmöglichkeiten, kleiner Tierpark.

PRAKTISCHE HINWEISE – FLORENZ

Infopoint Bigallo, Piazza San Giovanni 1, gegenüber Baptisterium, Domplatz, Tel. +39 055 288 496. *Geöffnet Mo - Sa 9 - 19 Uhr, So 9 - 14 Uhr.*
Infopoint Santa Maria Novella, Piazza Stazzione 4, Nähe Bahnhof und Santa Maria Novella Kirche, Tel. +39 055 212 245. *Geöffnet Mo - Sa 9 - 19 Uhr, So 9 - 14 Uhr.*
A.P.T. Ufficio Informazioni Turistiche / Touristeninformation, Via Camillo Cavour 1 r, neben Palazzo Medici Riccardi, Tel. +39 05 52 76 03 82, Via Cavour 1 r, Tel. +39 05 52 90 832; www.firenzeturismo.it; *geöffnet Mo - Fr 9 - 13 Uhr.*
Tourist Contact Center, Tel. +39 055 000, tgl. 9 - 19 Uhr, telefonische touristische Auskünfte, auch in Deutsch; oder per E-Mail und Antwort innerhalb von 24 Std. über touristinfo@comune.fi.it.
Firenze Card und **Firenze Card Plus**, freier Eintritt in 72 Museen, Villen und Gärten; gilt 72 Stunden, kostet 72,- Euro pro Person. Firenze Card Plus, zusätzlich zur Firenze Card, kostet zusätzlich 5,- pro Person, zusätzlich Fahrten mit Stadtbussen 3 Tage lang, inkl. WIFI. Zu erwerben bei Piazza Stazione 4 (Mo - Fr 9 - 19 Uhr, Sa + So 9 - 14 Uhr) und A.P.T. Cavour 1r (Mo - Fr 9 - 13 Uhr); www.firenzecard.it.
ACI Pannenhilfe, Abschleppdienst: Tel. 116
Allgemeine Notrufnummer: 112 (Polizei, Notarzt, Feuerwehr, Unfall).

Konsulate
Deutschland, Corso dei Tintori, 3, Tel. +39 055 234 35 43.
Österreich, Lungarno A. Vespucci, 58, Tel. +39 055 265 42 22.
Schweiz, Piazzale Galilei, 5, Tel. +39 055 22 24 34.

RESTAURANTS

Angaben über Restaurants sind oft so vergänglich wie die Jahreszeiten. Wechselnde Besitzer, Köche, Personal sind in den meisten Fällen Grund für Veränderungen in Qualität und Atmosphäre. Unter den vielen besuchenswerten Lokalen der Stadt haben nachfolgende über Jahre ihren hohen Standard gehalten:
Trattoria Cibrèo-Cibreino, Via dei Macci 118r, Tel. +39 05 52 34 11 00; www.cibreo.com; etwas für verwöhnte Gaumen, u. a. hervorragende toskanische Küche, guter Service, mittlere Preislage, Tischreservierung empfehlenswert. Im August und montags geschlossen.
Taverna del Bronzino, Via delle Ruote 27r, Tel. +39 05 54 95 220; www.tavernadelbronzino.net/; einladendes Lokal westlich vom Kloster San Marco, Ambiente mit Terrakottaboden, gehobene Preislage, Spezialitäten sind Artischocken- und und Fischgerichte. Sonntags geschlossen.
Alle Mossacce, Via del Proconsolo 55, Tel. +39 05 52 94 361; www.trattorialemossacce.it/de/; nicht nur der ausgeschenkte Fasswein macht das Lokal bei Touristen und Einheimischen beliebt, sondern auch die üppigen Pastagerichte wie Lasagne al Forno etc. etc. Samstag und Sonntag geschlossen.
Del Fagioli, Corso Tintori 47, Tel. +39 05 52 44 285, zwei Straßen östlich den Uffizien gelegen, eine toskanische Trattoria, in die auch Einheimische gerne einkehren, gute Küche, moderate Preise, im August, Samstag und Sonntag geschlossen.
Dino, Via Ghibellina 47r, Tel. +39 05 52 41 452; www.ristorantedino.it; Sonntagabend und Montag geschlossen.
Casa del Vino Santo, Via Porta Rossa 15, Tel. +39 05 52 16 995, geschlossen Dienstag und Mittwoch.
Buca dell'Orafo, Via dei Girolami 28, Tel. +39 05 52 13 619; eine kleine Kellerkneipe; Sonntag Ruhetag, montags nur mittags.
Eine zentrales, von Einheimischen und eingeweihten Touristen gleichermaßen gerne besuchtes Lokal mit guter Küche und erschwinglichen Preisen ist

das **Giglio Rosso,** Via Panzani 35r, Tel. +39 05 52 11 795; www.ristorantegigliorosso.com, Sonntag Ruhetag.
Viele Lokale in der Innenstadt haben im Ferienmonat August ganz oder zeitweise geschlossen!

HOTELS

Firstclass
Atlantic Palace **,** 58 Zi., Via Nazionale 12, Tel. +39 05 52 13 031; www.atlanticpalace.it; Nähe Bahnhof S. M. Novella, Parkmöglichkeit.
Grand Hotel Baglioni ****, 193 Zi., Piazza Unità Italiana 6, Tel. +39 05 52 35 8; www.hotelbaglioni.it; namhafte Hoteladresse in zentraler Lage, gehobenen Preislage, gegenüber Bahnhof S. M. Novella, Restaurant, Parkmöglichkeit.
Brunelleschi **,** 89 Zi., Piazza Santa Elisabetta 3, Tel. +39 05 52 73 70; www.hotelbrunelleschi.it; eingerichtet in zwei schön restaurierten alten Gebäuden, dem Torre della Pagliazza aus dem 14. Jh. und San Michele in Palchetto aus dem 15. Jh., First Class Hotel, gehobene Preislage, Frühstücksrestaurant im Torre della Pagliozza, von den allermeisten Zimmern genießt man einen prächtigen Blick über die Dächer von Florenz. Restaurant. Fitnessraum.

Mittelklasse
Palazzo dal Borgo Aprile *,** 28 Zi., Via della Scala 6, Tel. +39 05 52 16 237; www.hotelaprile.it, Nähe S.M. Novella, in einem Palast aus dem 15. Jh., Parkgarage.
Hotel Tornabuoni Beacci *,** 38 Zi., Vai de Tornabuoni 3, Tel. +39 05 52 12 645; www.tornabuonihotels.com, zentral, Restaurant, WLAN, Hotelterrasse mit Aussicht.
Calzaiuoli *,** 45 Zi., Via Calzaiuoli, 6, Tel. +39 05 52 12 456; www.calzaiuoli.it, in der gleichnamigen Fußgängerzone, sehr zentral gelegen, mittlere bis gehobenen Preislage.
Rodo Hotel Fashion Delight, 14 Zi., Via Calzaiuoli 13, Tel. +39 05 52 14 752; www.rodohotel.com/rodo-hotel/. Hotel in sehr zentraler Lage, zum Dom 300 m, die gute Lage schlägt sich auch hier im Preis nieder. Individuell eingerichtet Zimmer, 14 - 16 qm. Viel gelobte Terrasse mit Aussicht. Parkmöglichkeit.

Budget
Europa, 13 Zi., Via Cavour 14, Tel. +39 05 52 39 67 15; www.webhoteleuropa.com; Mittelklassehotel der einfacheren Art.
Maxim, 26 Zi., Via Calzaiuoli 11, Tel. +39 05 52 17 474; www.hotelmaximfirenze.it; im 3. Stock eines Wohnhauses, einfach, aber gut geführt und preiswert, Internetecke, äußerst zentral.
David, 29 Zi., Viale Michelagiolo 1, Tel. +39 05 56 81 16 95; www.davidhotel.com; einfaches Mittelklassehotel südöstlich der Innenstadt, eines der wenigen Häuser der Stadt mit eigenem Parkplatz. Moderate bis mittlere Preislage. Hotelgarten.

CAMPING

Camping Michelangelo [N43° 45′ 41.23″ E11° 16′ 6.99″] steht nur noch Zelt-Campern zur Verfügung! Keine Caravans, Campingbusse, Wohnmobile!
Camping Area Sosta Firenze [WP 001, N43° 45′ 56.9 E11° 18′ 56.8], Viale Generale dalla Chiesa 13, Tel. +39 05 54 69 83 00; www.ecvacanze.it. Ganzjährig geöffnet. Ca. 3 km östlich von Florenz Zentrum an der Straße 69 Richtung Arezzo gelegen. Autobahnausfahrt Firenze Sud, weiter auf der Straße SP-127 und über die Arnobrücke bis zur Ampel und rechts. Im Stadtteil Rovezzano. Ebenes Wiesengelände, eingezäunt, durch Hecken unterteilt, parzelliert, **bis auf weiteres keine Zelte**; ca. 8 ha – 300 Stpl.; Standard-Sanitärausstattung, Waschmaschine, Trockner; Imbiss. WLAN. **V & E Station** auf dem Parkplatz

vor dem Platzeingang. Fahrradverleih. Bushaltestelle gut 500 m entfernt.

Camping Villa di Camerata [N43° 47' 07.05" E11° 17' 37.04"], Viale Augusto Righi 2, Tel. +39 05 56 00 315, Anf. März – Anf. Nov.; A1/E35 Ausfahrt Sud über Rovezzano zum Nordostrand von Florenz, an der Straße nach Fiesole; ca. 1,5 ha – 55 Stpl.; einfach ausgestatteter Platz bei der Jugendherberge.

Fiesole

Camping Panoramico [WP 004 / N43° 48' 22.17" E11° 18' 22.38"], gepflegter Terrassenplatz in aussichtsreicher Halbhöhenlage in **Fiesole**, Näheres siehe unter Fiesole.

Bottai-Impruneta

Camping Village Internazionale Firenze [WP 003 / N43° 43' 25.70" E11° 13' 10.14"], Via San Cristofano 2, Tel. +39 05 52 37 47 04; www.campinginternazionalefirenze.com/de/; Mitte März – Ende Okt.; Nahe der Autobahn A1/E35 Ausfahrt Firenze Certosa, beschilderte Zufahrt. Gut schattiger Terrassenplatz; 6 ha – 250 Stpl.; Standard-Sanitärausstattung. Restaurant, Imbiss, Laden, Schwimmbad, Internetecke. **V & E für Wohnmobile**. Mietbungalows. Bushaltestelle (Bus 37) ganz in der Nähe, Busfahrt nach Florenz ca. 30 Min.

Troghi

Camping Village Il Poggetto [N43° 42' 4.75" E11° 24' 18.91"], Troghi, Via Il Poggetto 143, Tel. +39 05 58 30 73 23; www.campingilpoggetto.com; 1. Apr. – 15 Okt.; A1/E35 Ausfahrt Incisa, weiter SS69, 4 km der Beschilderung folgen, 15 km östlich Florenz entfernt; 4 ha – 90 Stpl.; Komfort-Sanitärausstattung. Restaurant, Imbiss, Laden, Schwimmbad, Fahrradverleih, WLAN auf allen Plätzen, Internetecke. **V & E für Wohnmobile**. Mietbungalows. Busausflüge nach Florenz und Siena.

Figline Valdarno

Camping Norcenni Girasole Club [WP 005 / N43° 36' 46.50" E11° 26' 52.73"], via Norcenni 7, Tel. +39 05 59 15 141; www.ecvacanze.it; Anf. Apr. – Mitte Okt.; rund 38 km südöstl. von Florenz A1/E35 Ausfahrt Incisa, weiter SS69, im Ort Richtung Siena, dann Beschilderung folgen (Beschilderung unbedingt beachten, evtl. Missweisung durch Navi); mehrere breite Geländestufen, gepflegte Anlage mit Baumschatten, Sträuchern und Blumen, gehört zu einer ausgedehnten Feriensiedlung; 15 ha – 180 Stpl.; Komfort-Sanitärausstattung. Restaurants, Imbiss, Supermarkt, 3 Schwimmbäder, Fahrradverleih, Minigolf, Tennis, Sauna, teilweise WLAN, Internetecke. **V & E für Wohnmobile**. Mietbungalows. Shuttle-Bus nach Florenz.

WOHNMOBIL-STELLPLÄTZE

Wohnmobil-Stellplatz Parcheggio Gelsomino [WP 006 / N43° 45' 6.06" E11° 14' 38.74"]. Zufahrt/Lage: Via del Gelsomino 11, außerhalb südlich der Stadt und ein gutes Stück südlich der Boboli-Gärten. **Geöffnet:** Ganzjährig. **Gebühr:** Gebührenpflichtig. **Ausstattung:** Großer, ebener Parkplatz in einem Wohngebiet, ca. 40 Wohnmobilstellplätze im hinteren Teil des Pkw-Parkplatzes. Toiletten, Frischwasser, Abwasser- und Chemikaltoilettenausguss, beleuchtet. In Gehnähe zur Medicivilla Poggio Imperiale. Bus: Ataf 37.

Wohnmobil-Stellplatz Area Sosta Camper Scandicci [N43° 45' 44.52" E11° 12' 32.76"]. Zufahrt/Lage: Via di Scandicci 241, am Südwestrand des Stadtgebietes von Florenz, vor dem Stadtteil Scandicci. **Geöffnet:** Ganzjährig. **Gebühr:** Gebührenpflichtig. **Ausstattung:** Eine recht einfache Stellplatzmöglichkeit für etwa 20 Wohnmobile im Rahmen eines Abstellplatzes für Wohnmobile; Strom, Frischwasser, Ausguss für Abwässer.

Ausflüge von Florenz

Fiesole – Der kleine Ort mit knapp 15.000 Einwohnern liegt in schöner, hügeliger und zypressenbestandener Toskanalandschaft auf einem Höhenzug rund 9 km nördlich von Florenz.

Fiesoles Ursprünge gehen zurück auf eine etruskische Siedlung, die später von Römern erweitert wurde.

Mit dem Aufstieg von Florenz, etwa ab dem 12. Jh., fiel zwar die strategische und politische Bedeutung von Fiesole, als Villenort war das Städtchen dank seiner ansprechenden Lage aber auch weiterhin sehr geschätzt. Viele der namhaften Florentiner Familien hatten hier ihren Sommersitz.

Von Lorenzo il Magnifico de' Medici z. B. weiß man, dass er sich gerne in der Villa Medici an der alten Zufahrtsstraße südwestlich der Stadt aufhielt, um mit Künstlern zu diskutieren. Die Lage, die Umgebung, die Ausstrahlung von Fiesole waren es vielleicht, die schon seit altersher den Ort anziehend für Künstler machte.

Von Florenz aus (Bahnhof Santa Maria Novella, Domplatz, San Marco) verkehren Busse der Linie 7 nach Fiesole.

Autofahrer finden **Parkmöglichkeiten** am Nordostrand des Ortes **[N43° 48' 30.15" E11° 17' 53.90"]** und westlich vom römischen **Amphitheater [N43° 48' 31.21" E11° 17' 32.44"]**.

Beherrscht wird die Piazza Mino da Fiesole vom **Dom**, der sich an der Nordseite erhebt. Mit dem Bau des Doms, der dem Hl. Romulus geweiht ist, wurde schon zu Beginn des 11. Jh. begonnen. Im 13. Jh. entstand der markante romanische, viereckige Glockenturm, der von einer Zinnenkrone abgeschlossen wird. Das dreischiffige Innere ähnelt mit seinem erhöhten Chor über einer Krypta dem Kirchenraum von San Miniato al Monte.

Beachtung verdienen in der rechten Seitenkapelle „Salutati" Fresken von Roselli und das Grabmal des Bischofs Leonardo Slautati von Mino da Fiesole.

Rechts vom Dom führt eine Straße hinab zur nahen **Zona Archeologica**. Auf dem Wege dahin liegt links der Straße das **Museo Bandini [N43° 48' 26.52" E11° 17' 34.75"]** *(geöffnet tgl. 10 - 19 Uhr)*. Ausgestellt sind Bilder und Skulpturen Florentiner Meister des 14. und 15. Jh., u. a. Terrakottaplastiken von den Gebrüdern della Robbia.

Ein kurzes Stück weiter kommt man zum Eingang der Ausgrabungen aus der Römerzeit. Gut erhalten ist das **Teatro Romano** aus dem 1. Jh. vor Christus. Tempel und Thermen sind anhand von Mauerresten noch zu erkennen. Am Eingang zum Ausgrabungsfeld kann ein bescheidenes **Archäologische Museum** besichtigt werden.

Nicht versäumen sollte man den kurzen Spaziergang vom Dom links und hinauf zum **Kloster San Francesco** mit einer kleinen gotischen Kirche, einem schönen Kreuzgang aus dem 14. Jh. und den nur wenige Quadratmeter großen Mönchszellen. Das Kloster ist an der Stelle der alten römischen Akropolis errichtet. Vor allem ist es aber auch die **herrliche Aussicht [N43° 48' 26.39" E11° 17' 23.38"]** von der Klosterterrasse hinab ins Arnotal bis nach Florenz, die den Weg hierher lohnt.

Auf dem Weg zurück nach Florenz kann man rund 3 km südlich von Fiesole die **Klosterkirche von San Domenico [N43° 48' 5.24" E11° 17' 9.04"]** besichtigen. Fra Beato Angelico war hier einst Prior. Von ihm stammt das Madonnenbildnis am Altar.

Unweit westlich von San Domenico liegt die mittelalterliche Benediktinerabtei **Badia Fiesolana**, die unter Cosimo dem Alten nach Plänen von Brunelleschi im Stil der Renaissance restauriert wurde. Die grün-weiße Marmorfassade ist romanisch.

Medici-Villen

In den Hügeln nördlich von Florenz liegt eine Reihe von herrlichen alten Villen, die sich wohlhabende Florentiner Familien, darunter natürlich auch die Medici, vor allem im 15. Jh. als Landsitze und Sommerresidenzen bauen ließen.

An der Landstraße Richtung Prato liegen bei Sesto Fiorentino im Nordwesten von Florenz die **Medici-Villen Villa**

Di Castello [N43° 49' 10.59" E11° 13' 41.87"], eines der ehemaligen Anwesen von Lorenzo il Magnifico, mit schöner Parkanlage *(geöffnet Juni - Aug. tgl. 8.15 - 19.30 Uhr; Apr., Mai + Sept., Okt. bis 18.30 Uhr; März bis 17.30 Uhr; sonst bis 16.30 Uhr, am 2. und 3. Montag im Monat geschlossen)* und **Villa La Petraia [N43° 49' 10.57" E11° 14' 14.17"]**, die von Brunelleschi für Ferdinand de' Medici umgebaute mittelalterliche Burg mit herrlicher Parkanlage *(geöffnet wie Villa Di Castello)*.

Rund 17 km westlich von Florenz liegt an der Straße Nr. 66, der südlichen Verbindung von Florenz nach Pistoia, die **Villa Poggio a Caiano [N43° 48' 59.55" E11° 3' 19.13"]**, Via Cancellieri *(geöffnet wie Villa Di Castello s. o.)*. Traurige Berühmtheit erlangte das herrschaftliche Landhaus aus dem 15. Jh., als hier der Großherzog von Toskana, Ferdinand I., mit seiner zweiten Frau Bianca Capello 1587 den Freitod durch Gift suchte. Sehr schöne Loggienfassade mit Dekorationen von della Robbia und prächtige Kassettendecke im Großen Salon.

Ein lohnender Ausflug führt von Florenz nach Süden ins rund 7 km entfernte **Galluzzo.** Sehenswert ist dort die **Certosa del Galluzzo [Parkplatz, N43° 43' 51.02" E11° 13' 19.25"]** *(geöffnet Di - Sa 9 - 12 + 15 - 18 Uhr)*, das Kartäuserkloster aus dem 14. Jh. mit herrlichem Renaissance-Kreuzgang, einem (leider beschädigten) Freskenzyklus mit Szenen aus der Passionsgeschichte, den Pormono im Jahre 1522 schuf, und schönem Chorgestühl in der Klosterkirche.

PRAKTISCHE HINWEISE – FIESOLE

Ufficio Informazioni e accoglienza Turistica [N43° 48' 26.10" E11° 17' 35.62"], Via Portigiani 3/5, 50014 Fiesole, Tel. +39 05 55 96 13 23; www.comune.fiesole.fi.it, *geöffnet Mo – Fr 9.30 – 18.30, Sa 10 – 18 Uhr, So 10 - 13, 14 - 18 Uhr.*

HOTELS

Villa San Michele ***,** 39 Zi., Via Doccia, 4, Tel. +39 05 55 67 82 00; www.villasanmichele.com; berühmtes Haus mit erstklassigem Restaurant in herrlicher Lage, Schwimmbad, Parkmöglichkeit.
Villa Aurora **,** 25 Zi., Piazza Mino, 39, Tel. +39 05 55 93 63; www.villaurora.net, Restaurant mit Terrasse, Parkmöglichkeit.
Villa Bonelli *,** 19 Zi., Via F. Poeti, 1, Tel. +39 055 59 513, Fax 05 55 95 13; www.hotelvillabonelli.com; Frühstücksraum mit Panoramablick, Internetecke. Parkplatz.

CAMPING

Camping Panoramico [WP 004 / N43° 48' 22.17" E11° 18' 22.38"], Via Peramonda 1, Tel. +39 05 55 99 069; www.florencevillage.com; Mitte März – Anf. Nov.; etwa 1 km nordöstlich des Ortes, steile Auffahrt; Terrassengelände mit dichtem Baumbestand in ansprechender Lage, teilweise schöner Blick Richtung Florenz, nur wenige Terrassen für größere Fahrzeuge geeignet, Baumschatten; ca. 5 ha – 100 Stpl.; Komfort-Sanitärausstattung; Restaurant, Imbiss, Laden, Schwimmbad. Internetecke. **V & E für Wohnmobile.** Mietbungalows. Relativ teuer. Pendelbusdienst nach Fiesole. Von dort Bus Nr. 7 nach Florenz (Santa Maria Novella, Duomo etc.).

WOHNMOBIL-STELLPLATZ

Wohnmobil-Stellplatz Fiesole Parcheggio Comunale [WP 007 / N43° 48' 30.80" E11° 17' 51.46"]. Lage/Zufahrt: Nördlich der Stadt in der Via Pierlugi Banchi. Neben dem großen Pkw-Parkplatz und nahe Hotel Residence Fiesole. **Geöffnet:** Ganzjährig. **Gebühr:** Kostenlos. **Ausstattung:** Ebene, befestigte, schattenlose Parkplatzfläche, von Hecken und Laubbäumen umgeben, unmittelbar an der Straße.

Der „Schiefe Turm“ in Pisa

TOSKANA

12 Touren – Ca. 17 Tage

Toskanalandschaft bei Siena

TOUR 2: FLORENZ - AREZZO

Länge der Tour: Rund 180 km, ohne Abstecher.

Die Route: Über die SS67 bis **Pontassieve** – SS70 über **Consuma** und **Poppi** bis **Bibbiena** – SS208 über **Chiusi della Verna** bis **Pieve Sto. Stefano** – E45/SS3bis **Sansepolcro** – E78/SS73 bis **Arezzo**.

Abstecher: Nach **Città di Castello** und **Möglichkeit zur Marken-Rundfahrt und zur Umbrien-Rundfahrt**.

Reisedauer: Mindestens ein Tag.

Höhepunkte: Die Fahrt über den **Passo di Consuma** nach Poppi – das **Kloster La Verna** * – das **Kunstmuseum** in Sansepolcro – die **„Madonna del Parto"** * in Monterchi – **Arezzos alter Stadtkern** ***, sowie die **Fresken in der Kirche San Francesco** ***, der **Dom**, die **Piazza Grande** ** und die **Museen** Arezzos.

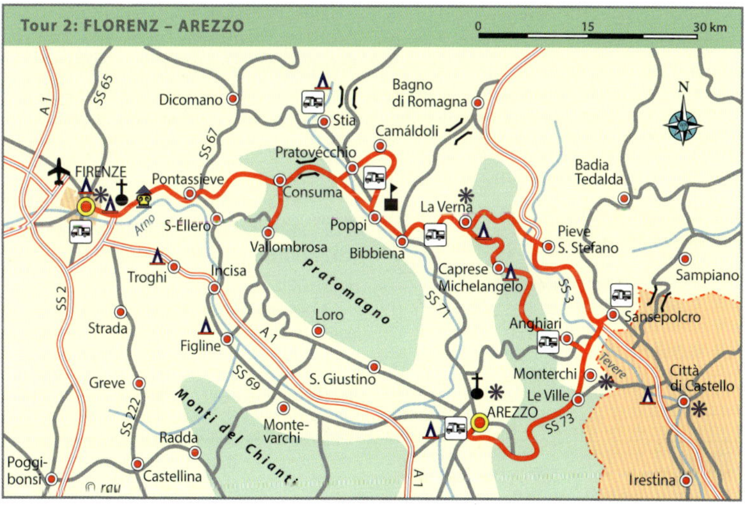

Arezzo lässt sich von Florenz aus rasch auf der Autobahn A1/E35 und die weiterführende SS679 erreichen, ca. 80 km. Wesentlich abwechslungsreicher aber ist der Weg über Pontassieve, Poppi, Bibbiena und Sansepolcro.

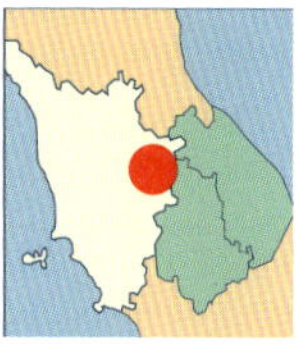

*ROUTE: Ab Florenz zunächst auf der Straße SS67 ostwärts und durch das Arnotal Richtung **Pontassieve/Arezzo.** In Pontassieve verlassen wir die SS67 und folgen der SS70 in östlicher Richtung über **Consuma** und **Poppi** bis **Bibbiena**.*

*Alternativ bietet sich die Möglichkeit zu einem Umweg von Pontassieve auf der SS69 südwärts bis **Sant'Éllero** und von dort auf kurvenreichen Landstraßen durch Hügellandschaft ostwärts über **Tosi** und **Vallombrosa** nach **Consuma** weiter zu reisen.*

Umweg über Vallombrosa

Der Weg über Tosi und Vallombrosa ist allerdings sehr zeitraubend! Das Sträßchen hinauf zum abgelegenen Ort ist schmal mit starken Steigungen und sehr kurvenreich. Caravangespannen ist der Weg nicht zu empfehlen!

Sant'Éllero präsentiert sich dem Durchreisenden als kleiner Ort am Arno mit Bahnstation. In dem Städtchen ist noch ein Stück der mittelalterlichen Stadtmauer erhalten geblieben.

Der kleine, fast 1.000 m hoch gelegene Luftkurort **Vallombrosa**, der ansprechend auf den waldreichen Höhen des Pratomagno-Bergzuges liegt, weist ein **Mönchskloster [N43° 43' 55.74" E11° 33' 24.45"]** auf, das seine Ursprünge auf das 11. Jh. zurückführen kann. Giovanni Gualberto hatte hier um 1050 einen Einsiedlerorden gegründet.

Es bieten sich Möglichkeiten zu ausgedehnten Spaziergängen und Wanderungen durch das weitläufige Waldgebiet im Naturreservat von Vallombrosa. Unterwegs trifft man gelegentlich auf verlassene Einsiedeleien und Kapellen.

Ab Vallomborsa fährt man nordwärts zur SS70 bei Consuma, ca. 8 km.

HAUPTROUTE

*ROUTE: Landschaftlich nicht minder reizvoll ist der direkte Weg über die SS70 von Pontassieve ostwärts Richtung **Consuma**. Rund 3 km vor der Anhöhe des **Passo di Consuma** (1.060 m) passiert man die Einmündung aus (bzw. den Abzweig nach) Vallombrosa.*

Am Passo di Consuma kann man bei klarem Wetter schöne Ausblicke hinab ins Arnotal Richtung **Bibbiena** genießen. Über **Poppi** erreicht man – ca. 25 km nach der Passhöhe – schließlich **Bibbiena.**

Umweg über Stia und Camáldoli

Etwa auf halbem Wege zwischen Passo di Consuma und Poppi empfiehlt sich bei ausreichend zur Verfügung stehender Zeit ein – wenn auch etwas zeitraubender – Umweg nordwärts über **Pratovécchio** nach **Stia** und evtl. weiter über **Camáldoli** und **Serravalle.**

Das Hügelland im Quellgebiet des Arno nordwestlich von Stia ist das Stammland des alten Geschlechts der Guidi. Die Grafen unterstützten ehemals die Partei der Guelfen und boten Dante nach seiner Vertreibung aus Florenz zeitweise Unterschlupf.

In **Stia [Parkplatz N43° 47' 58.58" E11° 42' 22.96"]** ist eine romanische **Kirche** und eine **Burg** der Guidi zu besichtigen.

Man kann in der Gegend schöne **Wanderungen** unternehmen, z. B. von Pratovécchio aus südwestwärts zur Ruine der Guidi-Burg **Castello di Romena**,

CAMPING

Papiano bei Stia

Camping Falterona [N43° 49' 49.15" E11° 42' 5.54"], Montalalto, Tel. +39 05 75 58 23 60; www.campingfalterona.it; Mai – Mitte Sept.; von Stia auf der SS310 nordwärts Richtung Papiano, beim Ort auf kurvenreiche Straße abzweigen und noch ca. 3 km zum Platz; terrassiertes Wiesengelände mit schönen Ausblicken; 8 ha – 50 Stpl.; einfache Standardsanitärausstattung.

WOHNMOBIL-STELLPLATZ

Stia

Wohnmobil-Stellplatz Stia, Area Camper Parco Canto alla Rana [N43° 48' 13.09" E11° 42' 12.09"], Via Londa. **Zufahrt/Lage:** Aus Pratovecchio kommend auf der SS 310 am östlichen Ortsrand auf die SP 556 (Via Londa) abzweigen und noch 500 m. Steile Abfahrt zum Platz. **Ausstattung:** Völlig verwahrloster Platz am Hang, Stellflächen teils eingeschränkt wg. abgebrochener Hangkante. Umgestürzte Platzlaterne. Frischwasser. Gebührenfrei. Ganzjährig zugänglich. Nur noch als absolute Notlösung zu gebrauchen.

Pratovécchio

Wohnmobil-Stellplatz Area Attrezzata per Camper Pratovécchio [N43° 47' 12.01" E11° 43' 10.17"], Via Uffenheim. **Zufahrt/ Lage:** In Pratovecchio von der SS310 (Stia – Poppi) abzweigen, beschildert. **Ausstattung:** Asphaltierter Platz für 8 Wohnmobile bei den Sportanlagen, hinter den kommunalen Abfallcontainern, am Arno gelegen. Stromanschluss, Wasserzapfstelle, Abwasser-Bodenauslass. Kostenlos und uneingeschränkt zugänglich. Zum Ortszentrum mit Restaurants und Läden ca. 800 m.

oder von der Höhe Passo la Cella (1.296 m) an der SS310, 15 km nördlich von Stia, zu einem der **Quellflüsse des Arno** unterhalb des 1.654 m hohen Monte Falterona.

Wer enge und kurvenreiche Landstraßen nicht scheut, dem bietet sich ab Pratovécchio Gelegenheit, den Umweg durch die **Landschaft des Casentino** noch etwas auszudehnen und nach Nordosten in die Berge der **Monte Falterona** zu fahren.

Auf dem Weg über die enge Bergstrasse (Wintersperre gewöhnlich zwischen Dezember und April, für Caravangespanne m. E. nicht empfehlenswert) passiert man die tief in einem einsamen, dicht bewaldeten Bergtal gelegene Einsiedelei **Eremo di Camáldoli [N43° 48' 36.14" E11° 49' 0.40"]**, die im 11. Jh. vom Heiligen Romualdo gegründet worden ist.

Von dort führt der Weg südwärts zur nicht minder abgeschieden in waldreicher Umgebung gelegenen **Abbazia Camáldoli** (Kloster von Camáldoli) **[Parkplatz, N43° 48' 36.14" E11° 49' 0.40"].**

Schließlich erreicht man in **Serravalle** die SS71, der man südwärts nach Bibbiena folgt. Der gesamte Umweg über Camàldoli und Serravalle ist knapp 50 km lang.

HAUPTROUTE

*ROUTE: Der Weg unsere Hauptroute führt von Consuma auf der SS70 weiter nach Südosten und über **Poppi** nach **Bibbiena**.*

Der kleine, hübsche Ort **Poppi** liegt in einer alten toskanischen Kulturlandschaft, dem **Casentino** im oberen Arnotal.

Poppi, mit seinen langen Bogengängen an den Häusern in der Ortsmitte, wird von einem stolzen Kastell, dem **Castello Guidi [N43° 43' 22.92" E11° 46' 3.20"]**, mit hohem Bergfried überragt. Der gotische Palast, den sich im 13. Jh. die Fürsten Guidi hatten errichten lassen, und den Arnolfo di Camio später etwas erweiterte, hat nichts von seinem mittelalterlichen Erscheinungsbild eingebüßt.

Immer noch machen ihn seine schönen Doppelfenster und der sehenswerte **Innenhof** mit den wappengeschmückten Mauern, der schwungvollen Freitreppe und den Holzgalerien zu einem der schönsten Kastells in der Toskana.

Beachtung verdienen die Fresken in der **Burgkapelle** sowie die **Bibliothek**, in der über 20.000 Bücher und kostbare Handschriften verwahrt werden sollen.

Heute dient das Castello Guidi als Rathaus (Palazzo Pretoria). Der Turm kann werktags (bis 14 Uhr) bestiegen werden. Prächtiger Rundblick.

HOTELS

Camáldoli

Locanda dei Baroni **, 12 Zi., Via di Camaldo, 5, Tel. +39 05 75 55 62 02; www.alberghicamaldoli.it. Altes Gasthaus aus dem 17. Jh. mit bodenständigem Restaurant und schöner Sommerterrasse.

HOTELS – BIBBIENA

Brogi ***, 11 Zi., Via Selvaggia Mazzoni, 5, Tel. +39 05 75 53 62 22; www.albergoristorantebrogi.it. Zentral gelegen, hübsches Restaurant. Kein Parkplatz.

CAMPING – CHIUSI DELLA VERNA

Camping La Verna [N43° 41′ 50.13″ E11° 55′ 28.05″], Vezzano, Tel. +39 05 75 53 21 21; www.campinglaverna.it; Mai – Sept., in Vezzano, ca. 1,5 km südlich von Chiusi della Verna abzweigen, talwärts fahren, vorbei am Sportplatz, Zufahrt im Ort beschildert; Wiesenterrassen an einem Hang, schattig durch Bäume; 3 ha – 90 Stpl.; einfache Standardsanitärausstattung. Pizzeria, Bar, Schwimmbad, Waschmaschine. Fahrradverleih, Internetecke. **V & E für Wohnmobile.**

WOHNMOBIL-STELLPLÄTZE

Bibbiena

Wohnmobil-Stellplatz La Collina delle Stelle [N43° 43′ 1.34″ E11° 51′ 6.60″], Casanova 63, Tel. +39 05 75 59 48 06; www.lacollinadellestelle.it. **Zufahrt/Lage:** Von Bibbiena auf der SP208 ca. 7 km Richtung Chiusi della Verna, bis zum beschilderten Abzweig bergwärts durch ein Wäldchen zum Platz. **Ausstattung:** Schmaler, geschotterter Streifen mit Platz für 8 Wohnmobile bei einem hübschen Landgut in ruhiger Lage. Frischwasserversorgung und Grauwasser- und Chemikaltoilettenentsorgung, Strom, Dusche, WC, WLAN, Schwimmbad. Fitness - und Wellneseinrichtungen. Reservierung empfohlen. **Geöffnet** 1. Apr. – 6. Jan. 8 Fremdenzimmer.

Chitignano
Wohnmobil-Stellplatz Centro Sportivo San Vincenzo Chitignano [N43° 39′ 48.19″ E11° 52′ 52.45″], Via Verna. **Zufahrt/Lage:** Ca. 9 km südwestlich von Chiusi della Verna gelegen; oder von der SS71 (Bibbiena – Arezzo) in Rassina Abzweig Richtung Chiusi della Verna. **Ausstattung:** Asphaltierter, beleuchteter Parkplatz am Centro Sportivo San Vincenze mit Platz für 5 Wohnmobile. Wasserzapfstelle und Abwasserentsorgung. **Gebühr**: Kostenlos.

*ROUTE: Ab **Bibbiena** folgen wir weiter der SS208 nordostwärts. Die Straße führt sehr kurvenreich zum Luftkurort **Chiusi della Verna**.*

Abstecher zur Einsiedelei des Hl. Franziskus

Eine Serpentinenstraße führt von Chiusi della Verna hinauf zur Abtei **Abbazia La Verna [Parkplatz, WP 008 / N43° 42′ 26.83″ E11° 56′ 10.30″].** Vom gebührenpflichtigen Parkplatz führt ein Fußweg (ca. 5 bis 10 Min.) zum Kloster (kein Eintritt).

Mittelpunkt der Klosteranlage ist eine **Basilika** aus dem 15. Jh. mit sehenswerten Terrakottaskulpturen von Andrea della Robbia. In einer Seitenkapelle ist das grobe Habit des Heiligen Franziskus von 1224 in einer Glasvitrine zu sehen. Unmittelbar neben der Basilika liegt die kleinere Wallfahrtskirche **Santa Maria degli Angeli** aus dem 13. Jh. Der Heilige Franziskus hielt sich im Jahre 1224 in La Verna auf. Die **Capella della Stimmata** gilt traditionsgemäß als der Ort, an dem der Heilige die Stigmata empfing. Die Einsiedelei wird noch heute von Franziskanern betreut.

Umweg über Michelangelos Geburtsort

ROUTE: Man kann ab Chiusi della Verna über den 1.055 m hohen Passo dello Spino (schöne, weite Ausblicke) auf

Abbazia La Verna

kurvenreicher Strecke (SS208) direkt hinab nach ***Pieve Santo Stefano*** *im Arnotal fahren oder einen kleinen südlichen Umweg über das Bergdorf* ***Caprese Michelangelo*** *auf der SP54 machen.*

Abkürzung: *Man kann die Route etwas abkürzen, wenn man auf den Weg über Pieve Santo Stefano und Sansepolcro verzichtet und von Caprese Michelangelo weiter südostwärts über Anghiari zur E78/SS73 fährt, der man bis Arezzo folgt.*

Nur wenige Kilometer nördlich von **Pieve Santo Stefano** entspringt einer der namhaftesten Flüsse Italiens, der **Tiber** (Tévere), der nach 420 km seines windungsreichen Laufes bei Lido di Ostia südwestlich von Rom ins Tyrrhenische Meer mündet.

Caprese Michelangelo gilt als Geburtsort des genialen Malers, Bildhauers und Architekten **Michelangelo Buonarroti**, der hier am 6. März 1475 als Sohn des Bürgermeisters das Licht der Welt erblickte. Der Palazzo del Podesta (Zufahrt für Wohnmobile gesperrt!), sein Geburtshaus, ist als **Museum [N43° 38' 35.59" E11° 59' 8.60"]** eingerichtet. Dort sieht man Gipsabgüsse vieler seiner bekannten Skulpturen *(geöffnet Apr. - 14. Juni Di - Fr 11 - 18 Uhr, Sa + So 10.30 - 18.30; 15. Juni - 15. Sept. tgl. 10.30 - 18.30 Uhr, Juli Mo - Fr 10 - 19 Uhr, Sa + So 10 - 19 Uhr, Aug. tgl. 9.30 - 19.30 Uhr; 16. Sept. - 31. Okt. Mo - Fr 10.30 - 18.30 Uhr, Sa + So 10 - 19 Uhr, sonst Fr - So 11 - 17 Uhr; www.capresemichelangelo.net).*

HAUPTROUTE

ROUTE: *Der Weg unserer Hauptroute führt ab Chiusi della Verna auf der SS208 südostwärts über den 1.055 m ho-*

CAMPING

Caprese Michelangelo

Camping Michelangelo [N43° 38' 11.32" E11° 59' 16.52"], Loc. Zenzano 266, Tel. +39 05 75 79 38 86; www.campingmichelangelo.com; 1. Apr. – 31. Okt.; von Caprese Michelangelo ca. 1 km südwärts; Wiesengelände mit schattigen Eichenbäumen; 4 ha – 50 Stpl.; einfache Sanitärausstattung.

hen Passo dello Spino kurvenreich hinab nach ***Pieve Santo Stefano*** *im Tibertal. Von der Passstraße bieten sich herrliche, weite Ausblicke. Ab Pieve Santo Stefano über die autobahnähnliche E45/SS-3bis, die hier das fruchtbare Val Tiberina durchquert, nach* ***Sansepolcro.***

Sansepolcro [Parkplatz, WP 009 / N43° 34' 19.08" E12° 8' 35.08"] gilt als die Stadt der Renaissancemalerei und der Pasta. Die Stadt mit ihrem mittelalterlichen Kern ist bekannt für ihre Teigwaren. Aus dem Mittelalter hat sich der Brauch des Armbrustschießens erhalten. Jedes Jahr am zweiten Sonntag im September findet in Sansepolcro ein farbenfroher Wettbewerb statt, bei dem die Armbrustschützen in historischen Kostümen auftreten.

Aus Sansepolcro stammt der große Renaissancemaler *Piero della Francesca* (1417 – 1492), der in die Kunstgeschichte als Meister der Perspektive einging.

Sehenswert sind der **Dom [Parkplatz, N43° 34' 19.08" E12° 8' 35.08"]** aus dem 11. Jh. mit romanischen und gotischen Stilelementen und mit Fresken und Gemälden namhafter Künstler der Florentiner Schule, sowie das Museum **Museo Civico** im Rathaus, das sich vor allem mit Werken von Piero della Francesca befasst.

Abstecher nach Città di Castello

Città di Castello [Parkplatz Piazzale Ferri, WP 011 / N43° 27' 28.61" E12° 14' 9.35"] am linken Tiberufer, liegt im äußersten nördlichen Teil der Provinz Umbrien. Der Ursprung der Kleinstadt, die noch große Teile ihrer mittelalterlichen Stadtmauer erhalten hat und in der heute rund 38.000 Einwohner leben, geht zurück auf die römische Gründung Tifernum. Bis ins 17. Jh. war Città di Castello Sitz der Grafen von Vitelli, denen es zu verdanken ist, dass vor allem in der Zeit der Renaissance namhafte Künstler mit Arbeiten an den Kirchen und Palazzi betraut wurden. Unter den Meistern waren Vasari, Ghirlandaio, Luca Signorelli, der hier die berühmte Plastik „Martyrium des Hl. Sebastian" schuf (jetzt im Kunstmuseum des Vitelli Palastes) und die della Robbias, die mit Arbeiten an den Kirchen und Palais betraut worden waren.

Die wichtigsten Sehenswürdigkeiten liegen im Zentrum der Stadt zwischen der Piazza Matteotti und der Piazza Gabriotti, den beiden lebhaften Mittelpunkten von Città di Castello.

Es bietet sich an, auf dem großen öffentlichen **Parkplatz Piazzale Ferri [WP 011 / N43° 27' 28.61" E12° 14' 9.35"]** (mit Tankstelle und Busparkplatz) am westlichen Stadtrand zu parken und von dort über die Via Antimo Marchesani

WOHNMOBIL-STELLPLÄTZE

Anghiari bei Sansepolcro

Wohnmobil-Stellplatz Anghiari-Crocina/Campo della Fiera [WP 010 / N43° 32' 20.40" E12° 3' 10.81"], Via Campo della Fiera, Piazza 2 Agosto. **Zufahrt/Lage:** Vom Zentrum von Anghiari auf der Corso Matteotti südwestwärts, dann links ab auf die Via del Campo della Fiera zum Parkplatz. **Gebühr:** Kostenlos. **Ausstattung:** Städtischer, asphaltierter Parkplatz mit Platz für 10 Wohnmobilen, falls nicht von Pkw belegt. Wasserzapfstelle und Abwasser- und Chemikalentsorgung.

Sansepolcro

Wohnmobil-Stellplatz Sansepolcro/Parcheggio di porta del Ponte [N43° 34' 11.21" E12° 8' 12.47"], Viale Alessandro Volta. **Zufahrt/Lage:** Von Ortszentrum auf der Viale Vittorio Veneto zur Viale Alessandro Volta, hier Parkplatz an der Stadtmauer. **Geöffnet:** Ganzjährig. **Ausstattung:** Asphaltierter, ebener Parkplatz am südlichen Ortsrand. Wasserzapfstelle, Bodenauslass für Abwasser. Beleuchtet.

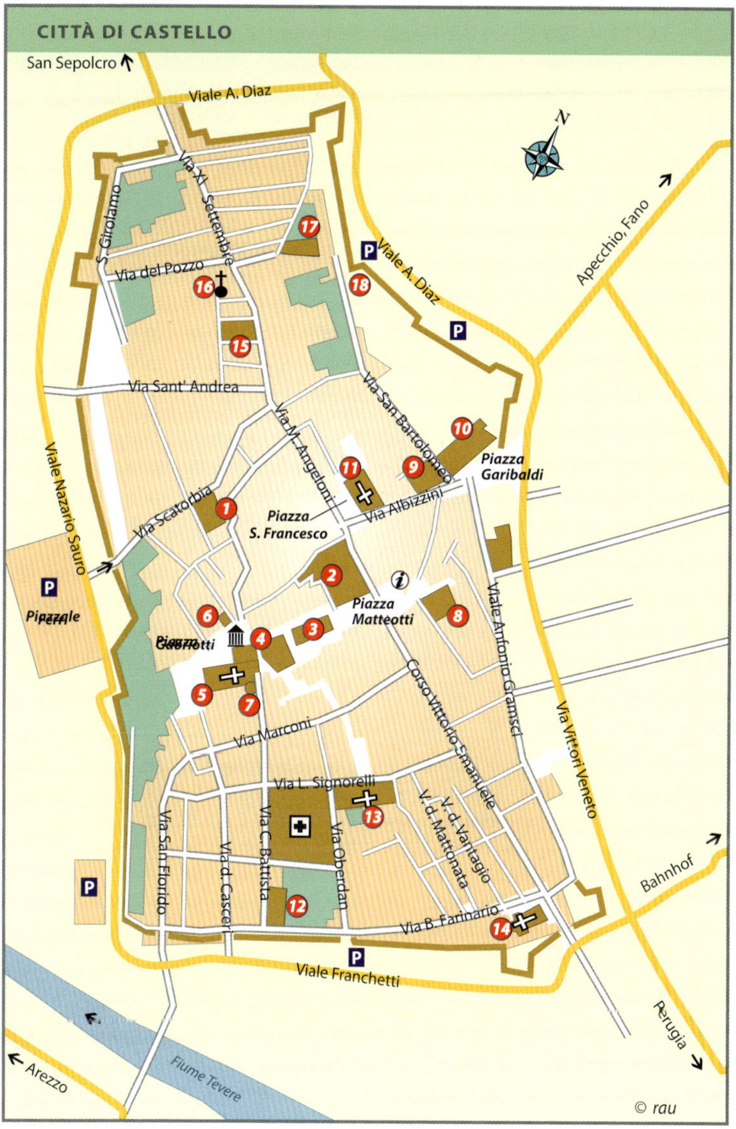

*CITTÀ DI CASTELLO – **1** Stadttor – **2** Palazzo Vitelli – **3** Palazzo del Podestà – **4** Palazzo del Comune – **5** Dom und Museum – **6** Torre Comunale – **7** Campanile Rotondo – **8** Laboratorio Tela Umbra (Weberei) – **9** Palazzo Albizzini – Sammlung Burri – **10** Palazzo Vitelli a S. Egidio – **11** San Francesco – **12** Palazzo Vitelli alla Cannoniera – Städt. Pinakothek – **13** San Domenico – **14** Santa Maria Maggiore – **15** Palazzo Vitelli a S. Giacomo – Piazza Merchese Paolo – **16** Santa Maria delle Grazie – **17** Stadtbibliothek – **18** Palazzina Vitelli*

und Via Scatorbia hinein in die Altstadt zu gehen. Am Theater sollte man sich rechts halten. Über die Via Plinio il Giovane kommt man dann zur Piazza Gabriotti. Eines der bedeutendsten Baudenkmäler von Città di Castello ist der Dom

Cattedrale di San Florido (5) [N43° 27' 24.27" E12° 14' 15.36"] an der Piazza Gabriotti. Der Bau stammt ursprünglich aus dem 11. Jh. Die Kirche ist dem Heiligen Florido geweiht, dem Schutzpatron von Città di Castello. Im 15. Jh. wurde der Dom im Stil der Renaissance umgestaltet. Eines der Kleinodien im Inneren ist das Gemälde „Anbetung des glorreichen Christus durch die Heiligen". Es stammt aus dem frühen 16. Jh. und gilt als ein Meisterwerk von Rosso Fiorentino (1494 – 1540), einem der großen Maler der Renaissance. Die Chorapsis und die Wände über dem schön gearbeiteten Chorgestühl (15. Jh.) sind mit Fresken von Marco Menefial ausgemalt. Sie entstanden in den Jahren zwischen 1747 und 1749 und zeigen vor allem Szenen aus dem Leben des hl. Florido.

In der ehemaligen Sakristei ist das besuchenswerte **Museo Capitolare (5)**, das Dommuseum untergebracht. Es beherbergt den kostbaren Kirchenschatz. Gezeigt wird u. a. silberner Altarschmuck aus dem 12. Jh. *(geöffnet Apr. - Sept. Di - So 10 - 13 + 15.30 - 18 Uhr, Okt. - März tgl. 10 - 12.30 + 15 - 17 Uhr; www.museoduomocdc.it).*

Unmittelbar an den Dom ist zur Platzseite hin der **Palazzo del Comune (4)**, ein strenger Bau aus dem 16. Jh., angefügt. Der **Torre Comunale** gegenüber überragt seit dem 13. Jh. den Platz.

Geht man links am Palazzo del Comune und am **Campanile Rotondo (7)**, dem mittelalterlichen Rundturm des Doms aus dem 12. Jh., vorbei und über die Piazza Garigliano und die Via Battisti bis ans Südende der Altstadt, kommt man zum linkerhand gelegenen **Palazzo Vitelli alla Cannoniera (12)**. Der prächtige Renaissancebau mit reich dekorierter Fassade stammt aus dem frühen 16. Jh. und entstand damals unter der Federführung von Antonio da Sangallo il Givane. Heute ist hier die **Pinacoteca Comunale**, die städtische Kunstgalerie, untergebracht *(geöffnet tgl. 10 - 18.30 Uhr)*. Zu den kostbarsten Stücken der sehenswerten Gemäldesammlung zählen Frühwerke von Raffael (u. a. „Erschaffung der Eva und zwei Engel"), ein Marienbildnis von Ghirlandaio, eine Arbeit von Luca Signorelli mit dem Titel „Martyrium des Hl. Sebastian", sowie glasierte Terrakottaplastiken von della Robbia und viele andere.

Von der Piazza Gabriotti am Dom kann man über den Corso Cavour und vorbei am Palazzo Podestà aus dem 15. Jh., der dann rechterhand liegt, zur großen **Piazza Matteotti**, dem Marktplatz der Stadt, gehen. Der mächtige Bau an der Nordseite des Platzes ist der **Palazzo Vitelli (2)**. Die Vitellis waren in der Zeit der Medici große Heerführer.

Rechts des Gebäudes findet man den Zugang zum Touristenbüro.

Weiter rechts, an der Ostseite des Platzes, führt die Via Mazzini zum **Palazzo Albizzini (9)**. Hier ist heute die Collezione Burri eingerichtet, eine Sammlung moderner Kunstobjekte.

Von der Piazza Matteotti oder vom Palazzo Albizzini geht man, vorbei an der **Kirche San Francesco (11)** mit der von Vasari gestalteten **Vitelli-Kapelle**, über die Via M. Angeloni stadtauswärts (nordwestwärts) bis zur Querstraße Via dei Fucci, die nach links, westwärts, abzweigt. Ihr folgen wir und gehen, wieder vorbei am Theater, zurück zum Parkplatz.

Città di Castello ist aber auch ein freundliches Zentrum des Weinanbaugebiets „Colli Altotibernini", das sich von Perugia im Tibertal flussaufwärts erstreckt. Von hier stammt u. a. der Weißwein „Panicale".

In den Hügeln gut 10 km westlich von Cittá di Castello liegt hoch auf einem Bergkegel **Monte Santa Maria Tibernia**. Das pittoreske, sehenswerte Dorf aus dem 11. Jh. wartet mit der Festung **Palazzo Bourbon del Monte** auf, einst Familiensitz des del Monte Clans. In der Kirche Santa Maria findet sich das Familiengrab der del Monte.

Rundreisen durch Umbrien, Marken

Stehen **Rundreisen durch die Regionen Marken und/oder Umbrien** auf Ihrem Reiseplan bietet sich Città di Castello als Ausgangspunkt an. Details dazu finden Sie in unserem **Reiseführer „Mobil Reisen Umbrien, Marken"**.

Città di Castello

PRAKTISCHE HINWEISE - CITTÀ DI CASTELLO

Touristeninformation: A.P.T. dell'Umbria & dell'Alta Valle del Tevere [N43° 27' 26.98" E12° 14' 24.63"], Piazza Matteotti, Corso Cavour 5, 06012 Città di Castello, Tel. +39 07 58 55 49 22; www.cittadicastelloturismo.it. *Geöffnet Mo - Fr 8.30 - 13.30 + 15.30 - 18.30 Uhr, Sa + So 9.30 - 12.30 Uhr.*

Feste, Folklore, Märkte: Kammermusikfestival der Nationen, jedes Jahr Ende August.

Mostra Nazionale del Cavallo – Große Pferdeausstellung, Pferdeschau, Auktion, nationales Reitturnier, Hindernisrennen, Westernreiten etc., jedes Jahr am zweiten Septemberwochenende freitags bis sonntags; www.mostradelcavallo.com.

Il Tartufo Bianco – Ausstellung der Trüffel und Waldfrüchte, jedes Jahr am letzten Oktoberwochenende freitags bis sonntags; www.iltartufobianco.it.

HOTELS

Tiferno ****, 47 Zi., Piazza Raffaelo Sanzio, 13, Tel. +39 075 85 50 331; www.hoteltiferno.it. Alteingesessenes gutes Mittelklassehotel in elegantem Stil, eingerichtet in ehemaligem Kloster aus dem 17. Jh. Wellnesseinrichtungen, gutes Restaurant. WLAN. Öffentliche Parkmöglichkeit.

Garden ****, 59 Zi., Viale Aldo Bologni, 96, Tel. +39 075 85 50 593; www.hotelgarden.com; gutes Mittelklassehotel etwas außerhalb des Ortszentrums gelegen, Restaurant, Bar, Wellnesseinrichtungen, Hotelgarten mit Schwimmbad, WLAN. Parkmöglichkeit.

Park Hotel Ge.Al. ***, 56 Zi., Via Piero della Francesca, 24, Tel. +39 075 852 1313; www.hotelparkgeal.it; Mittelklassehotel am nordwestlichen Ortsrand nahe der SS221 gelegen, schöner Hotelgarten mit Schwimmbad, Restaurant, Bar, WLAN. Parkplatz.

CAMPING

Monte Santa Maria Tibernia bei Città di Castello

Camping Luna del Monte [WP 012 / N43° 26' 15.83" E12° 9' 33.97], Via San Pietro 8, Tel. +39 366 89 06 331; www.campinglunadelmonte.nl; 15. Apr. –

15. Sept.; von Città di Castello auf der SS73/ E45 Richtung Perugia bis Abzweig Richtung San Secondo und Giobello und weiter Richtung Monte Santa Maria Tibernia. Fast ebenes, erhöht gelegenes Gelände mit Baumbestand, im bewaldeten Hügelland. Von hohen Hecken begrenzte Stellplätze. Von den Platzrändern teils schöne Ausblicke. Für Fahrzeuge über 7 m Länge etwas beengte Platzverhältnisse; ca. 2 ha – 35 Stpl.; sehr einfache Standard-Sanitärausstattung. Schwimmbad, **V & E für Wohnmobile**. Miethütten. Neben Ristorante „Il Poggio".

HAUPTROUTE

*ROUTE: Ab **Sansepolcro** auf der E78/SS73 – vorbei an den Abzweigen nach Anghiari – nach Südwesten. Nach 13 km bietet sich bei **Le Ville** Gelegenheit zu einem kurzen Abstecher in den nur 2,5 km östlich der Hauptstraße gelegenen kleinen Ort **Monterchi**.*

In **Monterchi** lohnt ein Besuch im Museum der **„Madonna del Parto"** am südöstlichen Ortsrand **[N43° 29' 3.84" E12° 6' 44.74"]**, Via della Reglia 1 *(geöffnet 1. Apr. - 1. Nov. tgl. 9 - 13 + 14 - 19 Uhr; Nov. - 31. März tgl. 9.30 - 12.30 + 14 - 17 Uhr; www.madonnadelparto.it)*.

Mittelpunkt des Museums ist ein Fresco aus dem 15. Jh., das von Piero della Francesca stammt, 1993 restauriert wurde und das eine sichtbar schwangere Maria darstellt. Betont wird die Haltung und die Gestalt der majestätisch und etwas nachdenklich anmutenden „Madonna der Geburt" durch die Andeutung des gewölbten Leibes, durch das leicht offen stehende Kleid und die wie schützend vor den Körper gehaltene Hand. Ein ungewöhnliches Bildmotiv in der italienischen Kunstgeschichte.

Der Ortsname „Monterchi" soll übrigens von einer antiken Stätte des Herkuleskults, die als „Mons Herculis" bekannt war, herrühren.

*ROUTE: Ab Monterchi zurück zur E78/SS73, der wir ab **Le Ville** südwestwärts durch bewaldetes Bergland hinauf nach **Arezzo** folgen.*

Arezzos Piazza Grande, Santa Maria delle Pieve (links), Loggia (rechts)

*AREZZO – **1** Information – **2** Bahnhof, Busbahnhof – **3** Piazza Guido Monaco – **4** Hauptpost – **5** Kirche San Francesco – **6** Santa Maria d. Pieve – **7** Piazza Grande – **8** Dom – **9** San Domenico – **10** Vasari Haus – **11** Kunstmuseum – **12** SS. Annunziata – **13** Archäologisches Museum und Anfiteatro*

Arezzo – Einen großen **Parkplatz** findet man an der den Altstadtkern umgehenden Straße am nördlichen Rand der Altstadt - **Parcheggio Pietri [WP 013 / N43° 28′ 12.25″ E11° 52′ 58.55″]**.

Unweit nördlich, jenseits des großen Kreisverkehres, liegt der **Park-/Stellplatz für Wohnmobile [WP 014 / N43° 28′ 20.98″ E11° 53′ 0.85″]**.

Eine andere Parkmöglichkeit [N43° 27′ 34.17″ E11° 52′ 52.05″] bietet sich südöstlich vom Bahnhof in der Nähe des antiken römischen Theaters.

Die Stadt Arezzo mit annähernd 95.000 Einwohnern erstreckt sich an einer Bergflanke, die sich aus dem fruchtbaren Arnotal erhebt und sich hinaufzieht bis zum alten Stadtabschluss an der Medici-Zitadelle. Arezzo, am östlichen Rand der Toskana gelegen, ist eine alte Stadt, deren Ursprünge auf eine frühe etruskische Siedlung zurückgehen. Später war man römische Kolonie, dann selbständige Stadtrepublik im Mittelalter und ab dem 14. Jh. abhängig vom mächtigen Florenz.

Aus Arezzo stammen namhafte Persönlichkeiten, wie z. B. Guido d'Arezzo (11. Jh.), der in der Musikwissenschaft als Erfinder der Tonleiter geführt wird, oder Francesco Petrarca (1304 – 1374) der Humanist und Dichter oder der berühmte Architekt, Maler und Kunsthistoriker Giorgio Vasari (1511 – 1574).

Vor allem in der **Oberstadt**, dem alten Zentrum von Arezzo mit Dom, Stadtpark, Medici-Festung und Piazza Grande, hat sich das mittelalterliche Stadtbild gut erhalten. Hier in der Oberstadt, die für den allgemeinen Autoverkehr gesperrt ist, befinden sich auch die Sehenswürdigkeiten der Stadt.

KIRCHE SAN FRANCESCO Freskenzyklus

***1** der Tod Adams*
***2** Anbetung des Heiligen Kreuzes*
***3** die Begegnung Salomons mit der Königin von Saba*
***4** die Schlacht von Konstantin und Massenzio*
***5** Überführung des Heiligen Kreuzes*
***6** der Traum des Konstantin*
***7** Strafe d. Hebräers*
***8** Mariä Verkündigung – **9** Verherrlichung des Kreuzes – **10** Wiederauffindung der drei Kreuze – **11** die Prüfung des wahren Kreuzes – **12** die Schlacht von Eraclio und Cosroe*

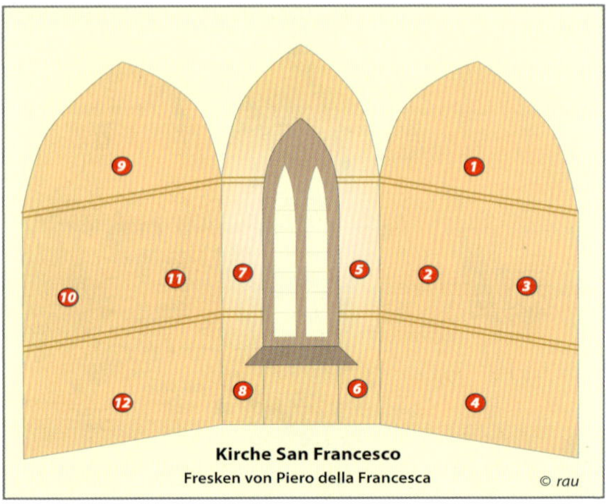

Einen **Stadtrundgang** kann man an der Piazza della Repubblica am Bahnhof (2) und benachbarten Busbahnhof im Südwesten der Altstadt beginnen. Hier findet man am Bahnhofsvorplatz an der Ecke zur Hauptstraße Viale Michelangelo auch das **Touristeninformationsbüro (1) [N43° 27‘ 41.04“ E11° 52‘ 33.91“].**

Die Via Guido Monaco, eine der Haupteinkaufsstraßen, führt über die Piazza Guido Monaco (3) stadteinwärts. Ihr folgen wir, vorbei am linkerhand gelegenen Postamt (4) und dem Teatro Petrarca, bis zum Ende der Straße und wenden uns dort an der Piazza San Francesco nach rechts.

Wenige Meter weiter sieht man rechterhand die eher unscheinbare Fassade der **Kirche San Francesco (5) [N43° 27‘ 52.51“ E11° 52‘ 51.54“]** *(geöffnet Apr. - Okt. Mo - Fr 9 - 19 Uhr, Sa 9 - 18 Uhr, So 13 - 18 Uhr; Nov. - März Mo - Fr 9 - 17.30 Uhr, Sa 9 - 17 Uhr, So 13 - 17 Uhr Uhr; www.museistataliarezzo.it/museo-san-francesco).*

Die gotische Basilika wurde im 14. Jh. für den Franziskanerorden errichtet und ist an sich ein schlichter Bau, der aber in der Altarapsis einen außergewöhnlich wertvollen **Freskenzyklus** aufweist, den Piero della Francesca zwischen 1453 und 1464 schuf. Diese Fresken gelten unter Kunstkennern wegen der Kraft ihrer Farben und der Klarheit und Sicherheit der Linienführung mit zum Besten, was toskanische Künstler in der Zeit der Renaissance in Italien schufen.

Die Bildmotive stellen Szenen aus der *„Legende vom Heiligen Kreuz“* dar. Die kostbaren Wandmalereien, wohl Arezzos größte Kunstschätze, sind in den vergangenen Jahren umfassend restauriert worden.

Wir gehen von der Kirche nach rechts bis zur nächsten Querstraße, dem Corso Italia und folgen dem schönen alten Straßenzug links bergwärts bis zur **Kirche Santa Maria della Pieve (6) [N43° 27‘ 54.03“ E11° 52‘ 59.62“]** *(geöffnet Mai - Sept. tgl. 8 - 19 Uhr, Okt. - Apr. tgl. 8 - 12 + 15 - 18 Uhr)*. Diese Kirche stammt aus dem 12. und 13. Jh. und zählt zu den schönsten romanischen Kirchen der Gegend. Der 59 m hohe, eckige Turm der Kirche, wegen seiner vielen Doppelfenster auch **„Turm der hundert Löcher“** (delle cento buche) genannt, ist eines der Wahrzeichen von Arezzo.

Bewundernswert ist die Westfassade mit den drei sich nach oben verjüngenden Säulengalerien. Nahezu jede Säule hier ist anders gearbeitet.

Im Kircheninneren ist vor allem der **Flügelaltar** von Pietro Lorenzetti (1320) sehenswert. Dargestellt sind die Jungfrau Maria mit Kind im Zentrum, flankiert von jeweils zwei Heiligen, darüber Mariä Verkündigung und zwölf Heilige.

An der Turmseite der Kirche vorbei kommt man zur **Piazza Grande (7) [N43° 27′ 53.25″ E11° 53′ 3.75″]**, dem eigentlichen Zentrum der Stadt. Der leicht abfallende, trapezförmige Platz ist von Renaissancepalais und schönen mittelalterlichen Turmbauten umgeben. Man darf ihn wohl zu einem der schönsten Stadtplätze in Italien zählen.

An der Westseite des Platzes sieht man die halbrunde, säulengeschmückte romanische Altarapsis der Kirche Santa Maria della Pieve. Rechts davon, mit der geschwungenen Freitreppe, der Gerichtshof im Renaissancestil aus dem 17. Jh. und unmittelbar anschließend der **„Palazzetto della Fraternita dei Laic“** (Haus der Laienbruderschaft) mit schöner, teils gotischer, teils Renaissance-Fassade und einem Glockentürmchen mit einer astronomischen Uhr.

Beachtenswert ist die *„Pietà di Spinello“* in der Lünette über dem Portal und darüber das Flachrelief *„Maria der Barmherzigkeit“* (15, Jh.) von Settignano.

An der Nordseite schließt ein langer Arkadengang, die sog. **Logge Vasari**, mit Geschäften und Restaurants, den Platz ab.

Jedes Jahr am ersten Sonntag im September ist die Piazza Grande Schauplatz des **„Sarazenenturniers“ Giostra del Saracino**. In diesem farbenfrohen Folklorespiel, dessen Brauch ins 13. Jh. reicht, kämpfen Lanzenreiter in historischen Kostümen gegen eine auf einem Pfahl rotierend angebrachte Sarazenen-Puppe.

Jeder der vier alten Stadtteile schickt ein Team aus Reitern, Bogenschützen, Herolden, Bannerträgern und Musikanten in den Farben ihres Quartiers in den Wettkampf – die aus Porta del Foro in Gelb und Grün, die aus Porta Crucifera in Rot und Grün, die aus Porta Sant'Andrea in Weiß und Grün und die aus Porta Santo Spirito in Gelb und Blau.

Außerdem findet auf dem Platz an jedem ersten Sonntag im Monat eine Antiquitätenmesse statt.

Der Arkadengang Logge Vasari an der Piazza Grande

Den Arkadengang der Logge Vasari entlanggehend kommt man an der Nordseite der Kirche Santa Maria della Pieva in die ansteigende Via Pileati, die von malerischen alten Häusern gesäumt wird. Das Eckhaus links ist der Palazzo Camaiani. Und am Hauseck rechterhand sieht man ein schönes **Vasari-Denkmal** an der Wand.

Wir gehen bergwärts, am **Palazzo Pretoria**, dem Haus der Statthalter, deren Wappen an der Fassade zu sehen sind und am restaurierten **Petrarca Haus** (Casa Petrarca) vorbei, halten uns links und kommen, vorbei am Park Passegio del Prato, schließlich zum **Dom Cattedrale dei Santi Pietro e Donato (8) [N43° 28′ 1.62″ E11° 52′ 58.28″]** von Arezzo *(geöffnet tgl. 7 - 12.30 + 15 - 18.30 Uhr)*. Mit dem Bau des gotischen Doms, dessen Turm die Stadt überragt, war schon im 13. Jh. begonnen worden. Abgeschlossen wurde er aber erst nach fast 200jähriger Bauzeit. An der Südseite sieht man ein romanisch-gotisches Portal.

Einer der Söhne der Stadt Arezzo ist Giorgio Vasari, einer der großen Meister der Renaissance

Sehenswert im etwas düsteren Inneren sind die **Bleiglasfenster** von Guglielmo de Marcillat, dann im rechten, südlichen Seitenschiff beim Eingang der **Sarkophag** von Papst Gregor X., der 1276 in Arezzo starb, etwas weiter das **Grabmonument** von Vescobo Tarlati aus dem 14. Jh. und im linken, nördlichen Seitenschiff schließlich eine *„Maria Magdalena"* von Piero della Francesca.

Hinter dem gotischen Hochaltar findet sich das Grab des Schutzpatrons der Stadt, des Hl. Donatus.

Dem Dom angeschlossen ist das **Diözesanmuseum,** mit Gemälden und kostbaren liturgischen Geräten *(geöffnet Do - Sa 10 - 12 Uhr)*.

Von den Stufen des Doms, auf denen sich ein Denkmal Ferdinands I. erhebt, wenden wir uns nach rechts und folgen ein kurzes Stück der Via Ricasoli bis nach rechts die Via Sasso Verde abzweigt, die nach etwa 200 m an der Piazza San Domenico endet.

Dort erhebt sich die **Kirche San Domenico (9) [N43° 28′ 7.83″ E11° 52′ 54.56″]** *(geöffnet Mo - Sa 10 - 13 + 14 - 19 Uhr, So 10 - 11 Uhr + 12.30 - 19 Uhr)*. Der gotische Bau stammt aus dem 13. Jh., weist Fresken von Spinello Aretino auf und enthält ein überaus beeindruckendes Kreuzigungsbildnis aus dem 13. Jh. von Cimabue.

Von der Piazza San Domenico wenige Schritte westlich führt von der Via Domenico die zweite Querstraße, Via XX Settembre, links stadteinwärts. Schon nach wenigen Metern liegt rechterhand (Haus Nr. 55) die **Casa di Giorgio Vasari (10) [N43° 28′ 8.12″ E11° 52′ 48.99″]** *(geöffnet Mo - Sa 8.30 - 19.30 Uhr, So 8.30 - 13.30 Uhr, Mi geschlossen, letzter Einlass 30 Minuten vor Schließung; www.museistataliarezzo.it/museo-casa-vasari)*. Im ehemaligen Wohnsitz des großen Meisters der Renaissance sind Werke des Malers und Bildhauers und seiner Zeitgenossen zu sehen. Besonders reich ausgemalt und mit herrlicher Decke versehen ist *„La Sala del Camino"*, das Kaminzimmer.

Am Ende der Straße stößt man auf die Piaggi del Murello. Unmittelbar rechts liegt das **Museo Nazionale d'Arte Medievale e Moderno (11) [N43° 28' 4.41" E11° 52' 42.00"]** *(geöffnet Di - So 10 - 12 + 16 - 18 Uhr; www.museistataliarezzo.it/museo-arte-medievale)*. Das Museum für mittelalterliche und moderne Kunst ist im ehemaligen Palazzo Bruni-Ciocchi untergebracht und in zwei Abteilungen gegliedert – eine Gemäldesammlung, vornehmlich mit Werken alter Aretiner und italienischer Meister, wie Margaritone d'Arezzo *(„San Francesco" 13. Jh.)*, Spinello, Bartolomeo della Gatta *(„San Rocco"* 15. Jh.), Luca Signorelli oder Vasari, sowie einer Abteilung mit Kunstgegenständen aus Keramik, Glas, Bronze und eine umfangreiche Majolika- und Waffensammlung.

Über die Via Garibaldi kann man zurück in die Innenstadt gehen. Man passiert die Renaissancekirche **SS. Annunziata (12) [N43° 28' 1.71" E11° 52' 41.17"]** und kommt über die Piazza del Popolo wieder zurück zur Hauptstraße Via Guido Monaco.

Innerhalb der Stadtmauern liegen im südöstlichen Stadtteil die Reste eines römischen Amphitheaters (Anfiteatro Romano) mit dem **Museo Archeologico Nazionale Gaio Cilnio Mecenate e anfiteatro Romano (13) [N43° 27' 38.21" E11° 52' 46.17"]** *(geöffnet Mo - Sa 8.30 - 19.30 Uhr, So 13.30 - 19.30 Uhr, letzter Einlass 30 Munten vor Schließung; www.museistataliarezzo.it/museo-archeologico-gaio-cilnio)***.** Besonders interessant unter den Exponaten des Archäologischen Museums ist eine umfangreiche Sammlung von Münzen, etruskischen Bronzeskulpturen, griechischen Vasen und vor allem herrlichen *Korallenvasen*, für die Arezzo in der Römerzeit berühmt war.

Vielversprechend, Tischdekoration an einem Restauranteingang in Arezzo

Etwa 1 km in südlicher Richtung (nahe der SS73) liegt die **Kirche Santa Maria delle Grazie [N43° 27' 4.31" E11° 52' 56.72"]** *(geöffnet tgl. 7 - 12 + 15 - 19.30 Uhr, So 7.30 - 12.30 + 15.30 - 21 Uhr)*. Die Kirche entstand Mitte des 15. Jh. und ist für ihre wunderschöne Renaissance-Vorhalle berühmt.

PRAKTISCHE HINWEISE – AREZZO

Centro Servizi Turistici [N43° 27′ 41.04″ E11° 52′ 33.91″], Piazza della Repubblica, 28, am Bahnhof, Tel. +39 05 75 37 76 78; www.visitarezzo.com. *Geöffnet Apr. - Okt. tgl. 9 - 13 + 15 - 19 Uhr, sonst Mo - Sa 10 - 13 + 15 - 18 Uhr, So 9 - 13 Uhr.*

Informazioni utili per Centro Servizi Turistici, Emiciclo Giovanni Paolo II., Tel. +39 05 75 18 22 770; www.arezzoturismo.it. *Geöffnet tgl. 9.30 – 19 Uhr.*

Feste, Folklore, Märkte: „Giostra del Saracino" ein buntes, spektakuläres Reiterspiel, das von Teilnehmern in historischen Kostümen aus den vier alten Stadtteilen bestritten wird. Jedes Jahr am ersten Sonntag im September.

RESTAURANTS

Buca di San Francisco, Via di San Francesco, 1, Tel. +39 05 75 23 271; www.bucadisanfrancesco.it, renommiertes Lokal mit schöner Innenausstattung, das für seine gute toskanische Küche gelobt wird und für seine illustren Gäste (Charlie Chaplin, Salvador Dalí u. a. waren schon hier) bekannt ist.

Logge Vasari, Piazza Grande, 19, Tel. +39 05 75 29 58 94; www.loggevasari.it, exzellente Küche, gutes Preis-Leistungsverhältnis, in schöner Lage an der Piazza Grande.

HOTELS

Etrusco Arezzo ****, 80 Zi., Via A. Fleming, 39, Tel. +39 05 75 98 40 66; www.etruscohotel.it/de/. Gutes Mittelklassehotel außerhalb des Zentrum, nahe des Messegeländes. Restaurant, Bar, WLAN. Parkplatz.

Minerva ****, 130 Zi., Via Fiorentina, 4, Tel. +39 05 75 37 03 90; www.hotel-minerva.it/de/. Gehobenes Mittelklassehotel nahe des Bahnhofs Arezzo-Casello 1, wo Züge ins Zentrum verkehren. Restaurant, Bar, Fitnesscenter, Fahrradverleih, WLAN. Parkplatz.

Continentale ****, 73 Zi., Tel. +39 05 75 20 251, Piazza Guido Monaco 7; www.hotelcontinentale.com. In zentraler Lage, jüngst renoviert. Bar, kein Restaurant. Dachterrasse mit Blick zur Altstadt. Das Hotel liegt ganz in der Nähe der Kirche San Francesco mit den berühmten Fresken. Kein Parkplatz.

CAMPING

Camping Villaggio Le Ginestre [WP 015 / N43° 26′ 59.3″ E11° 47′ 23.7″], Loc. Ruscello 100, Tel. +39 05 75 36 35 66; www.camping-leginestre.it; März – Okt.; A1 Ausfahrt Arezzo; ca. 5 km südwestlich Arezzo Abzweig von der Straße Arezzo – Battifolle Richtung Ruscello, 200 m unbefestigte Zufahrt; Baumwiesen in Terrassen, unterste Ebene durch Kiesauflage befestigt, obere Terrassen mit Grasuntergrund, nach langem Regen tiefgründig; 2 ha – 50 Stpl.; Standard-Sanitärausstattung, Waschmaschine/Trockner. Restaurant, Bar, Schwimmbad. **V & E für Wohnmobile**. Mietbungalows.

WOHNMOBIL-STELLPLATZ

Wohnmobil-Stellplatz Arezzo/Area di Sosta Camper Via Pierluigi da Palestrina [WP 014 / N43° 28′ 20.98″ E11° 53′ 0.85″], Via Pierluigi da Palestrina. **Zufahrt/Lage:** „Scarico Autocaravan"-Beschilderung folgen. **Geöffnet:** Ganzjährig. **Gebühr:** Gebührenpflichtig. **Ausstattung:** Ebener, befestigter, schattenloser Parkplatz am nördlichen Ortsrand mit Platz für ca. 20 Wohnmobile. Wasserzapfstelle und Abwasserentsorgung..

TOUR 3: AREZZO – ORVIETO (UMBRIEN) – BOLSENA (LATIUM)

Länge der Tour: Rund 130 km.

Die Route: Über die SS71 und über **Cortona** bis **Castiglione del Lago** am Lago Trasimeno (Umbrien) – SS71/SS146 bis **Chiusi** – SS71 über **Città della Pieve** bis **Orvieto** (Umbrien) – SS71 und Landstraße bis **Bolsena** (Latium).

Reisedauer: Mindestens ein Tag, plus mindestens ein separater halber Tag für einen Orvieto-Besuch.

Höhepunkte: Ein Spaziergang durch das schön gelegene **Cortona** ** – das **Museo Nazionale Etrusco** * in Chiusi – die prächtige Lage der Altstadt von **Orvieto** *** – der **Dom** *** zu Orvieto – der hübsche alte **Ortskern** * **von Bolsena** .

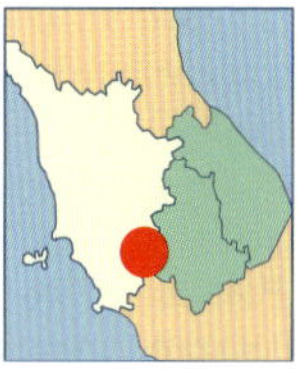

*ROUTE: Weiterreise von Arezzo über die SS71 südwärts, vorbei an **Castiglion Fiorentino** (Kirchen aus dem 12. und 15. Jh. mit Arbeiten Aretiner Maler) und vorbei an der schön oberhalb der Straße gelegenen Burg **Montécchio Vesponi** nach **Cortona**.*

Von der Hauptstraße SS71 im Tal führt eine kurvenreiche Straße hinauf in das schön gelegene Städtchen **Cortona**, das zum größten Teil noch von der alten Stadtmauer etruskischen Ursprungs umgeben ist. Überragt wird die Stadt von einer Burg der Medici.

Cortona [Parkplatz, WP 016 / N43° 16‘ 26.14“ E11° 58‘ 59.87“], heute eine Stadt mit ca. 23.000 Einwohnern, liegt zwischen 500 und 650 m hoch am Westhang des Monte Sant'Egidio. Es ist eine der ältesten Städte in Italien, die schon längst von Umbriern besiedelt war, als sie dann im 8. Jh. v. Chr. von Etruskern übernommen und zu einem der 12 Mitglieder des etruskischen Städtebundes gemacht wurde.

In einer der Stadtchroniken liest man, dass Vergil (röm. Dichter zu Beginn unserer Zeitrechnung) den sagenhaften Dardano, einen Vorfahr der Trojaner, als Urvater von Cortona ansieht.

Gegen Ende des 4. Jh. v. Chr. ging Cortona ein Bündnis mit Rom ein, wur-

Die Piazza Repubblica mit dem Palazzo Civico in Cortona

Von der **Porta San Agostino** gehen wir durch die Via Guelfa hinauf zur zentralen Piazza Repubblica.

Links dominiert der **Palazzo Civico** (auch **Palazzo Comunale (5) [N43° 16′ 30.19″ E11° 59′ 6.31″]**) mit Uhrturm und großer Freitreppe. An der rechten Seite des Platzes der Palazzo del Popolo.

Eine schmale Gasse rechts vom Palazzo Civico führt zur **Piazza Signorelli (6)** mit dem **Palazzo Casali** (auch **Palazzo Pretorio**) an der Westseite und dem Palazzo Fierli an der Ostseite.

Der **Palazzo Pretorio / Palazzo Casali** stammt aus dem 13. Jh., war im 14. Jh. Sitz der damals herrschenden Familie Casali und später des Magistrats der Stadt, der Pretoria. Die gotische Fassade rechts trägt noch die Wappen der Prätoren.

de im 11. Jh. nach Kriegen mit Perugia und Arezzo freie Stadt. 1335 wurde die Stadt Bischofssitz, kam dann unter die Herrschaft der Familie Ranieri Casali und 1411 durch Verkauf an das Großherzogtum Toskana.

Zu den großen Söhnen der Stadt zählen die Maler Luca Signorelli (1450 – 1523) und Pietro da Cortona (1596 – 1669).

Recht gute **Parkmöglichkeiten [WP 016 / N43° 16′ 26.14″ E11° 58′ 59.87″]** (beschildert) findet man am Südwestrand der Stadt vor der Mauer, nördlich des Stadttores **Porta San Agostino (2)** (an der Straßengabelung vor der Stadt links und gleich wieder rechts aufwärts zum Stadttor).

Ein Spaziergang durch die alten Straßen und Treppengassen von Cortona mit ihrer typischen Steinpflasterung lohnt!

Heute beherbergt der alte Stadtpalast das **Museo dell'Accademia Etrusca [N43° 16′ 31.54″ E11° 59′ 5.13″]** *(geöffnet Apr. - Okt. tgl. 10 - 19 Uhr, Nov. - März Di - So 10 - 17 Uhr; www.cortonamaec.org)*, mit einer Sammlung etruskischer Bronzegegenständen (u. a. Öllampe aus dem 5. Jh. v. Chr.) und eine kleine Gemäldesammlung.

Die Gasse rechts am Prätoren Palast vorbei mündet auf die Piazza Trento e Trieste. Dahinter schließlich öffnet sich die Piazza del Duomo, von deren erhöhten Balustrade aus man einen schönen Ausblick nach Nordwesten über die terrassierte Kulturlandschaft ins fruchtbare Val di Chiana genießen kann.

Rechterhand erhebt sich neben dem Palazzo Vescovile der **Dom Concattedrale di Santa Maria Assunta (8) [N43° 16′ 35.29″ E11° 59′ 2.43″]** aus dem 16. Jh.

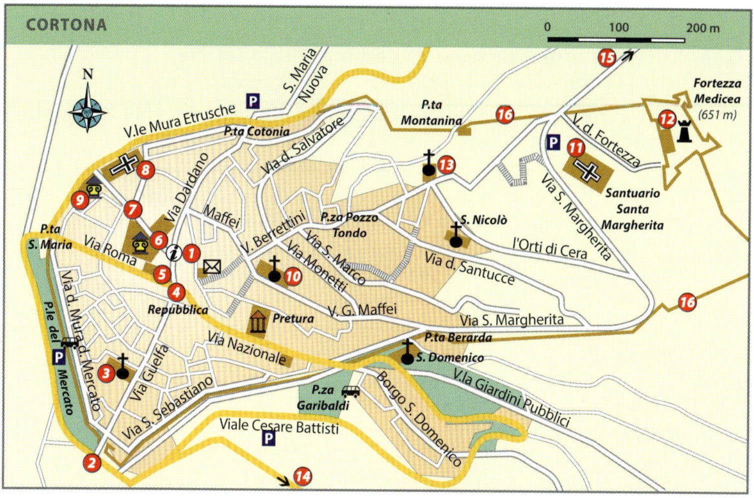

*CORTONA – **1** Information – **2** Porta San Agostino – **3** San Agostino – **4** Piazza Repubblica – **5** Palazzo Comunale / Civico – **6** Piazza Signorelli, Palazzo Casali / Pretorio und Museo dell'Accademia Etrusca, Palazzo Fierli – **7** Piazza Trento e Trieste – **8** Dom – **9** Museo Diocesano – **10** San Francesco – **11** Santa Margherita – **12** Medici-Festung Girifalco – **13** San Cristoforo – **14** zur Kirche S. Maria d. Calcinaio und Richtung Arezzo, Perugia – **15** Richtung Città di Castello – **16** alte Stadtmauer*

Sehr besuchenswert ist das **Museo Diocesano (9)** *(geöffnet Apr. - Okt. tgl. 10 - 19 Uhr, Nov. - März Di - So 10 - 17 Uhr; www.diocesiarezzo.it)* gegenüber vom Dom, in das die Kirche *Chiesa del Gesù* mit schöner Holzdecke einbezogen ist.

Das Diözesanmuseum beherbergt eine kostbare Kunstsammlung. Zu den bedeutendsten Werken zählen *„Mariä Verkündigung"* und Szenen aus dem Leben des Heiligen Domenico von Beato Angelico, *„Christi Geburt"*, *„Geißelung Jesu"*, *„Kreuzabnahme"* und *„Das letzte Abendmahl"* von Luca Signorelli, weiter ein Kruzifix von Pietro Lorenzetti, sowie eine »*Madonna mit Kind"* von Duccio da Boninsegna.

Wir gehen zurück zur Piazza Repubblica und die Via Nazionale, die Hauptgeschäftsstraße und einzige ebene Straße der Stadt, nach Osten.

Nach knapp 100 m kann man einen schmalen Treppenweg links hinauf gehen und kommt oberhalb des Hospitals zur bescheidenen **Kirche San Francesco (10) [N43° 16' 30.94" E11° 59' 11.93"]**. Sie stammt aus dem 13. Jh. und weist im Inneren schöne Seitenaltäre und ein byzantinisches Kreuzreliquiar am Hochaltar auf. Ob Luca Signorelli hier wirklich begraben liegt, ist noch nicht nachgewiesen.

Die Via Nazionale endet auf der **Piazza Garibaldi [N43° 16' 25.83" E11° 59' 16.58"]** (Busstation). Der Blick von dem luftigen Platz nach Süden und bei klarem Wetter bis zum Lago Trasimeno ist vielgerühmt.

Bei ausreichend zur Verfügung stehender Zeit lohnt ein Spaziergang von der Piazza Garibaldi über die Via Santa Margherita innerhalb der Stadtmauern bergwärts nach Südosten. Die Straße endet an der hoch über der Stadt gelegenen **Kirche Santa Margherita (11) [Parkmöglichkeit, N43° 16' 35.93" E11° 59' 31.51"]**. In der Kirche befindet sich das gotische *Grabmal der Heiligen Margherita*. Vom Platz vor der Kirche hat man einen schönen Blick auf Stadt und Umland.

Noch weiter oberhalb schließt die **Medici-Festung Girifalco (12) [N43° 16' 36.94" E11° 59' 37.33"]** aus dem 15. Jh. die Stadtbefestigung ab.

Auf dem Rückweg zurück in die Stadt kann man an der Porta Montanina noch

PRAKTISCHE HINWEISE – CORTONA

Ufficio Turismo Comune di Cortona, Piazza Signorelli, Palazzo Casali, 52044 Cortona, Tel. +39 05 75 63 72 21; www.cortonaweb.net.

Feste, Folklore, Märkte: Mostra Mercato Antiquariato e Modernariato, Antiquitätenmarkt, Piazza Signorelli, jeden 1. Sonntag 9 - 20 Uhr.

RESTAURANTS

Gute Küche findet man u. a. im **La Bucaccia**, Via Ghibellina, 17, Tel. +39 05 75 60 60 39, im **Preludio**, Via Guelfa 11, Tel. +39 05 75 63 01 04, neben dem San Michele Hotel oder im **Borgo Il Melone**, Case Sparse, 38, Tel. +39 05 75 60 33 30, Landgasthof mit Fremdenzimmer, etwas außerhalb gelegen.

HOTELS

San Michele ****, 43 Zi., Via Guelfa, 15, Tel. +39 05 75 60 43 48; www.hotelsanmichele.net; komfortables Haus in zentraler Lage, gehobene Preislage, Bar, Haustiere auf Anfrage, WLAN. Garage.
San Luca ****, 57 Zi., Piazza Garibaldi,2, Tel. +39 05 75 63 04 60; www.hotelsanlucacortona.com; Mittelklassehotel in ansprechender Lage am Stadtrand, Zimmer teilweise mit schönem Ausblick, mittlere Preislage, Restaurant, Terrasse, Fitnesscenter, WLAN. Fahrradverleih. Parkplatz.

die ältesten Teile der Stadtmauer aus etruskischer Zeit sehen.

Auf dem Weg von Cortona talwärts passiert man die **Kirche Santa Maria delle Gracie al Calcinaio (14) [N43° 16' 12.07" E11° 59' 11.64"]**. Der Bau auf kreuzförmigem Grundriss und achteckiger Zentralkuppel wurde ausgangs des 15. Jh. im Renaissancestil errichtet. Schöne Glasfenster.

Unweit westlich der Kirche liegt ein etruskisches Grabmal aus dem 4. Jh. v. Chr., das auch **„Tanella di Pitagora" [N43° 16' 13.98" E11° 58' 54.41"]** (Pythagoras-Grab) genannt wird.

Wer eine **Rundreise durch Umbrien** anschließen will, dem bietet sich ab **Cortona** eine gute Gelegenheit dazu. Man fährt dann auf der SS71 südwärts bis zum **Lago Trasimeno** und weiter nach Perugia, der Hauptstadt der Region Umbrien, nach Assisi mit der Grabkirche des Heiligen Franz von Assisi, nach Spoleto, eine historische umbrische Stadt, durch die weiland schon Goethe wandelte etc.

Kulinarische Spezialitäten der Region, die Sie unbedingt mal probieren sollten! Die Gegend rund um Cortona bis hinauf nach Arezzo ist bekannt für seine **Pilze** und **Trüffel**. Wenn Sie also Funghi- oder Tartufo-Gerichte auf der Karte finden, sollten Sie Ihrer Neugierde nachgeben.

Vor allem rund um den Lago Trasimeno, aber auch im Val di Chiana mit seinen Seen bei Chiusi werden viele **Aale** gefangen. Ein bekanntes Aalgericht ist z. B. **„Anguilla all'Aretina"**.

Ein beliebtes Nudelgericht sind **„Gnocchi del Casentino"**.

Eine andere Besonderheit aus der hiesigen regionalen Küche ist **„Sedano Fritto e Infornato"**, ein Gericht mit überbackenem Sellerie.

*ROUTE: Weiterreise von Cortona auf der SS71 südwärts bis **Castiglione del Lago**, 18 km erreicht. Castiglione del Lago liegt bereits in der Provinz Umbrien.*

Castiglione del Lago [Parkplatz, WP 017 / N43° 7' 40.13" E12° 3' 12.00"] erstreckt sich auf einem in den Lago Trasimeno vorspringenden Bergrücken am Wesufer des Sees.

Das Städtchen, die „Löwenburg am See", hat einen sehenswerten alten Ortskern, der von einer mächtigen **Festung** bewacht und überragt wird.

Die fünfeckige Festungsanlage mit ihren wehrhaften vier Ecktürmen stammt aus der Zeit um 1250 und wurde damals vermutlich nach Plänen von Elia Coppi auf einem Kalksteinfelsen errichtet. Die Löwenburg zählt zu einem der schönsten Beispiele in der Militärarchitektur Umbriens.

Die Via Lungolago führt im Uhrzeigersinn am Seeufer entlang um den Stadtfelsen.

Oben in der Stadt steht am Mauerring in unmittelbarer Nähe zur Festung der **Palazzo della Corgna** *(geöffnet Apr. - Sept. tgl. 9.30 - 19 Uhr, Okt. tgl. 9.30 - 18.30 Uhr, Nov. - Feb. tgl. 10 - 17 Uhr, März 10 - 18 Uhr; www.palazzodellacorgna.it)* Der imposante Feudalbau aus dem 16. Jh., ehemalige Residenz der Familie Baglioni, ist durch einen Laufgang mit der Festung verbunden. Diese direkte Verbindung zwischen Palast und Burg wird von Historikern als Zeichen für den Einfluss, den die Baglioni auf die Geschicke der Stadt und die Region ausübten, gewertet.

Sehenswert im Inneren sind in erster Linie die **Fresken** in den repräsentativen Räumen des Palastes. Zu den herausragenden Werken zählen die Darstellungen der Abenteuer des Ascanio von Corgna, mit denen Niccolò Circignani, der im Kreis seiner Künstlerkollegen besser bekannt war als „il Pomarancio", 1574 mit der Ausmalung der Palasträume begann.

PRAKTISCHE HINWEISE – CASTIGLIONE DEL LAGO/LAGO TRASIMENO

Servizio Turistico Territoriale del Trasimeno [N43° 7' 39.28" E12° 3' 12.63"], Piazza Gramsci, 1, Palazzo del Comune, 06061 Castiglione del Lago, Tel. +39 075 96 52 484; www.lagotrasimeno.net.

RESTAURANTS

Ristorante La Cantina Aurora, Via Vittorio Emanuele, Tel. +39 07 59 65 24 62; www.ristorantecantina.it; man sitzt hübsch im rustikalen Lokal mit Rundbögen als auch im lauschigen Restaurantgarten.

HOTELS

Ducca della Corgna *,** 25 Zi., Via Bruno Buozzi, 143, Tel. +39 07 59 53 238; www.hotelcorgna.com; Hübsches Mittelklassehotel mit Hotelgarten und Schwimmbad, Restaurant, WLAN. Parkplatz.

Miralago *,** 19 Zi., Piazza Mazzini, 6, Tel. +39 07 59 51 157; www.hotelmiralago.it; Mittelklassehotel im Altstadtzentrum, Restaurant mit Terrasse., Hotelgarten mit Schwimmbad, Fahrradverleih, WLAN im öffentlichen Bereich. Parkplatz.

CAMPING

Castiglione del Lago

Camping Listro [N43° 8' 3.68" E12° 2' 39.26"], Via Lungolago, Tel. +39 07 59 51 193; www.camping-listro.de; 1. Apr. – 30. Sept.; im nördlichen Ortsbereich am See, beim Sportstadion; schattiges Wiesengelände, Plätze am Trasimeno-See schattenlos bzw. mit Schattendächern; ca. 1 ha – 100 Stpl.; Standardsanitiärausstattung. Laden, Restaurant, Waschmaschine, Fahrradverleih. **V & E für Wohnmobile**.

Borghetto / Lago Trasimeno

Camping Badiaccia [WP 018 / N43° 10' 48.75" E12° 1' 0.12"], Via Pratovecchio, 1, Badacchia, Tel. +39 07 59 65 90 97; www.badiaccia.com; 1. Apr. – 30. Sept.; ausgedehntes, fast ebenes Wiesengelände mit hohen, teils etwas eng stehenden Schattenbäumen, beschilderter Abzweig von der SS71 Richtung Castiglione del Lago, zwischen Straße und

Trasimeno-See gelegen, zwischen Platz und flachem Seeufer Sport- u. Liegewiese, Sandstrand; 5 ha – 200 Stpl.; zeitgemäße Komfort-Sanitärausstattung. Laden, Restaurant, Imbiss, Waschmaschine, Trockner, Schwimmbad, Boots- und Fahrradverleih, Bootsslipanlage, Tennis, Internetecke. Mietcaravans. **V & E für Wohnmobile.**

Tuoro / Lago Trasimeno
Camping Village Punta Naváccia [N43°11'35.22" E12°4'36.08"], Via Naváccia, 4, Tel. +39 07 58 26 357; www.puntanadiaccia.it; Ende März – Ende Spet.; Zufahrt von der Schnellstraße Richtung Perugia, Beschilderung ‚Lago' folgen; weitläufiges Wiesengelände durch Laubbäume und Wege vielfach unterteilt; zur Seefront hin breite Liegewiese mit Kinderschwimmbecken und Spielplatz vorgelagert; ca. 6 ha – 200 Stpl.; Komfortsanitärausstattung. Restaurant, Imbiss, Laden, Waschmaschine, Trockner, Schwimmbad. Fahrrad- und Bootsverleih, Slipanlage, Segelschule. WLAN im Gelände. Internetecke. Mietbungalows. **V & E für Wohnmobile**.

WOHNMOBIL-STELLPLATZ

Castiglione del Lago
Wohnmobil-Stellplatz Parcheggio Camper Lungolago [N43° 8' 0.77" E12° 2' 43.03"]. Zufahrt/Lage: Von der SR71 (Via Firenze) zum See abzweigen, Zufahrt wie Camping Listro. **Ausstattung:** Asphaltierter, ebener Parkplatz für 15 Wohnmobile, neben Camping Listro. **Geöffnet:** Jederzeit zugänglich. Keinerlei Installationen wie Wasser, Abwasserausguss o. ä. **Gebühr:** Gebührenpflichtig.

ROUTE: *Von Castiglione del Lago weiter auf der SS71 über* ***Moiano*** *bis* ***Po Bandino*** *(20 km). Dort auf die S146 ins knapp 4 km nordwestlich gelegene* ***Chiusi.***

Chiusi liegt nur wenige Kilometer östlich der Autobahn E25/A1 ganz in der Nähe des Sees Lago di Chiusi. Das Städtchen ist ein Highlight für alle, die sich für Kunst und Kultur aus der Etruskerzeit interessieren.

Das, wie so viele Orte in dieser Region, auf einem Hügel gelegene Kleinstädtchen ist zweifellos etruskischen Ursprungs. Im 7. vorchristlichen Jahrhundert zählte das reiche *Chamars*, so der damalige Name des heutigen Chiusi, zu den wichtigen Mitgliedern des etruskischen Städtebundes.

Zwei Jahrhunderte später erreichte der Stadtstaat seinen machtpolitischen Höhepunkt, als er unter *König Porsenna* die Römer besiegte.

Im 1. Jh. v. Chr. dann wurde aber auch Chamars römisch und 90 v. Chr. erhielten die Bürger der Stadt die römische Staatsbürgerschaft und die Stadt den Namen *Clusium*.

Als sich später das Christentum mehr und mehr ausbreitete, war Chiusi eine wichtige Bastion dieser neuen Religion.

Darauf, dass die Zusammenkünfte der ersten Christen eher konspirativen Treffs geglichen haben müssen, weisen die **Katakomben von Santa Mustiola** und **Santa Caterina** hin. Sie sind Teil eines Labyrinths unterirdischer Gänge, das sich unter der Stadt ausdehnt und mit der Sage über den Schatz König Porsennas in Verbindung gebracht wird. Später dann, ab dem 6. Jh., hatten die Goten die Herrschaft über Chiusi. Ihnen folgten die Langobarden und Chiusi wurde für lange Zeit ein lombardisches Herzogtum der Farolfi.

Der Niedergang bis hin zur politischen Bedeutungslosigkeit kam für das alte etruskische Städtchen mit dem Sieg von Florenz über Siena, dessen treuer Verbündeter es bis zum Schluss war.

Heute ist Chiusi eine ruhige Landgemeinde mit annähernd 10.000 Einwohnern.

Zu den bedeutenden Sehenswürdigkeiten von Chiusi zählt vor allem das

Museo Archeologico Chiusi [N43° 0' 57.31" E11° 56' 57.44"] *(geöffnet tgl. 9 - 20 Uhr, Eintritt frei am ersten Sonntag im Monat)* in der Via Porsenna, 93. Das Etruskische Museum zeigt Ausstellungsstücke aus der Zeit der Etrusker natürlich, aber auch aus der Villanova Zeit und der Lombardischen Periode.

Zu den wertvollsten Exponaten zählen etruskische Steinsarkophage, Terrakotta-Urnen, die ägyptischen Kanopen ähneln, Steinsphingen, Bronzegegenstände und schöne attische, korinthische und griechische Vasen.

Die Gegenstände stammen alle aus den etruskischen Gräbern, die in reicher Zahl in der Nähe von Chiusi entdeckt wurden. Einige der Gräber kann man besichtigen. Erkundigen Sie sich aber vorher im Museum oder beim Touristenamt, welche gerade zugänglich sind.

Die bedeutendsten Gräber sind die **Tomba di Scimimia** (Grab des Affen) **[Parkplatz, WP 019 / N43° 1' 47.15" E11° 57' 4.84"]** *(geöffnet März - Okt. Di, Do, Sa 11 - 16 Uhr, Nov. - Feb. 11 - 14.30 Uhr)* und die **Tomba delle Pellegrina e Tomba del Leone**. Die Gräber liegen nördlich der Stadt, östlich der Straße zum Lago di Chiusi.

Sehenswert sind weiter die schon erwähnten **Katakomben St. Mustiola**, ein wahres Labyrinth von Grabhöhlen, die im 17. Jh. entdeckt worden sind *(geöffnet Juni - Mitte Okt. tgl. 11 - 16.30 Uhr)*, weiter die **Domkirche San Secundiano [N43° 0' 56.23" E11° 56' 56.05"]** und schließlich das angrenzende **Museo**

PRAKTISCHE HINWEISE – CHIUSI

Ufficio Turistico Pro-Loco [N43°0'57.34" E11°56'55.45"], Via Porsenna, 79, 53043 Chiusi, Tel. +39 05 78 22 76 67; www.prolocochiusi.it. *Geöffnet Apr. - Juni Mo - Sa 9 - 13 + 15 - 17 Uhr, So 9 - 13 Uhr, Juli - Aug.Mo - Sa bis 18 Uhr, Sept. Mo - Sa bis 17.30 Uhr, Okt. - März Di - Sa 9.30 - 12.30 Uhr.*

RESTAURANTS

Keineswegs nur Suppen, wie der Restaurantname fälschlicherweise vermuten lassen könnte, sondern gute toskanische Küche wird im **La Solita Zuppa** serviert, Via Porsenna, 21, Tel. +39 05 78 21 006; www.lasolitazuppa.it. Ausgesuchte Weine. Mittlere Preislage.

HOTELS

Ismaele ***, Querce al Pino bei Chiusi, Tel. +39 05 78 27 40 77; www.hotelismaele.it. Gutbürgerliches Hotel nahe der A1 mit Hotelgarten und Schwimmbad, Restaurant, Tennis. WLAN. Parkplatz.

CAMPING

Camping Hotel Ristorante La Fattoria [N43° 2' 39.30" E11° 57' 20.75"], Loc. Paccianese, 48, Tel. +39 05 78 21 407; http://m.lafattoriachiusi.com/; Juli – Okt.; 4 km nördlich Chiusi in Nähe des Lago di Chiusi gelegen bei einem Hotel mit Restaurant, einfach ausgestatteter Platz.

Camping Pesce D'Oro [N43° 3' 2.55" E11° 57' 27.53"], Via Sbarchino, 36, Tel. +39 05 78 21 403; Apr. – Okt.; ca. 4 km nördlich Chiusi am Lago di Chiusi, kleiner, einfacher Platz am See.

WOHNMOBIL-STELLPLATZ

Città della Pieve

Area Comunale per Camper Wohnmobil-Stellplatz [WP 020 / N42° 57' 26.12" E12° 0' 14.58"]. Zufahrt/Lage: Am Nordrand der Innenstadt. **Geöffnet:** Ganzjährig. **Gebühr:** Kostenlos. **Ausstattung:** Große, ebene, asphaltierte, schattenlose Parkplatzfläche mit 20 markierten Stellplätzen, beleuchtet, Frischwasser, Abwasser- und Chemikaltoilettenentsorgung. Ortszentrum in Gehnähe.

della Cattedrale mit etruskisch-römischen und mittelalterlichen Ausgrabungen *(geöffnet März - Okt. 10 - 12.45 Uhr + 15.20 - 18.15 Uhr, sonst 10 - 12.45 Uhr)*.

Rund 9 km südlich von Chiusi liegt an der SS71 **Città della Pieve** (Umbrien) **[Parkplatz/Wohnmobilstellplatz, WP 020 / N42° 57′ 26.12″ E12° 0′ 14.58″]**. Das Städtchen ist der Geburtsort des Malers *Pietro Vannucci*, der zwischen 1446 und 1523 lebte und als *Il Perugino* in die Kunstgeschichte einging. Im Dom und in der **Kirche Santa Maria dei Bianchi** sind Werke, wie „Anbetung der Könige" (1504), von ihm zu sehen.

Vannucci wirkte hauptsächlich in Perugia und war eines der prägendsten Mitglieder der sog. *Umbrischen Schule*.

Die drei Stadtteile von Città della Pieve, die Terzieri „Borgo Dentro", „Casalino" und „Castello", wetteifern jedes Jahr während des **„Palio dei Terzieri"** ab Mitte August ca. 2 Wochen in einem traditionellen Bogenschießen auf eine bewegte Stierattrappe um die Ehre des besten Schützen. Der Ursprung des Festes geht zurück auf die Stierkampftradition, die der Adel im 15. und 16. Jh. in der alten Burg der Stadt pflegte. Dem Bogenschießen geht ein farbenprächtiger Umzug in Renaissancekostümen mit Stierhatz voraus. Und in vielen Tavernen des Städtchens wird zur Feier des Tages deftige toskanisch-umbrische Küche geboten.

ROUTE: Weiterreise auf der kurvenreichen SS71 über ***Valico di Monte Nibbio*** *nach Südosten bis* ***Orvieto*** *in der Region Umbrien (ca. 45 km).*

Orvieto liegt am äußersten Südwestrand der Provinz Umbrien. **Die Lage der Stadt**, die hoch auf einem Felsplateau thront, ist prächtig!

Die Altstadt ist für den allgemeinen Autoverkehr gesperrt. Man muss sich der angebotenen Parkmöglichkeiten am Stadtrand bedienen. Eine gute Möglichkeit ist der große Parkplatz **Parcheggio Funicolare [WP 021 / N42° 43′ 30.96″ E12° 7′ 39.00″]** nordöstlich der Altstadt vor dem Bahnhof an der Piazza Matteotti in der Unterstadt. Neben dem Pkw-Parkplatz findet man den **Wohnmobil-Stellplatz/Parkplatz** (siehe auch weiter hinten).

Hinter dem Bahnhof liegt die Talstation der **Funicolare,** der Standseilbahn, die regelmäßig in kurzen Abständen hinauf zur Piazza Cahen in der Oberstadt mit der historischen Altstadt fährt. Von der Piazza Cahen kann man mit Minibussen (gleiches Ticket innerhalb von 90 Minuten) weiter bis zum Dom fahren.

Die gebührenpflichtige **Standseilbahn** verkehrt zwischen Stazione FS/Piazza Matteotti und Piazza Cahen Montag bis Samstag von 7.20 Uhr bis 20.30 Uhr alle 10 Minuten und an Sonn- und Feiertagen von 8 Uhr bis 20.30 Uhr alle 15 Minuten.

Orvietos prächtige Lage

Auch oben am Ostrand der Altstadt findet man auf der Piazza Cahen einige gebührenpflichtige Parkplätze, die aber oft spätestens zu Beginn der Geschäftszeit belegt sind.

Orvieto, das antike *Velsina*, liegt auf einem hohen Plateau vulkanischen Ursprungs, dessen Wände nahezu senkrecht abfallen.

Lange war Orvieto eine starke Bastion im Bund der zwölf etruskischen Städte. Im 3. vorchristlichen Jahrhundert aber gelang es römischen Truppen, die etruskischen Einwohner zu vertreiben, die sich gezwungenermaßen weiter südwestlich am Lago di Bolsena ansiedelten und von ihrer alten Heimat als *„Urs Vetus"*, der alten Stadt, sprachen. Daraus entwickelte sich im Laufe der Zeit der heutige Stadtname.

Ihre Lage machte die Stadt lange Zeit nur sehr schwer einnehmbar. Diesen strategischen Vorteil erkannten auch die Päpste sehr früh. Orvieto wurde dem Kirchenstaat einverleibt und zu einer päpstlichen Fluchtburg ausgebaut. Diesem Umstand verdankt Orvieto seine Entwicklung zu einer ansehnlichen Stadt.

Seit einigen Jahren hat Orvieto (ca. 21.000 Einw.) mit einem ernsten Problem zu kämpfen. Der poröse Tuffsteinkegel, auf dem die Stadt liegt, beginnt an den Rändern brüchig zu werden, was schon zu Erdrutschen geführt hat. Nun wird mit großem finanziellen und tech-

ORVIETO – ***1*** *Information –* ***2*** *San Patrizio Brunnen –* ***3*** *Dom –* ***4*** *Papstpalast-Museum –* ***5*** *Archäologisches Museum Claudio Faina–* ***6*** *Torre di Maurizio –* ***7*** *Palazzo dei Signori Sette e Torre del Moro –* ***8*** *San Andrea –* ***9*** *San Giovenale –* ***10*** *Palazzo del Popolo –* ***11*** *San Domenico –* ***12*** *San Francesco –* ***13*** *Postamt –* ***14*** *Funicolare (Standseilbahn) –* ***15*** *Bahnhof –* ***16*** *Rolltreppe und Aufzug in die Oberstadt „Quartiere Vecchio" –* ***17*** *Porta Maggiore –* ***18*** *Etruskische Nekropole*

nischen Aufwand versucht, diesen Erosionserscheinungen entgegenzuwirken.

Orvieto ist das Zentrum eines Weinanbaugebiets, das den Namen der Stadt trägt und hervorragende Weiß- und Rotweine hervorbringt.

Spaziergang durch Orvieto

Wir beginnen unseren Stadtrundgang an der oben schon erwähnten **Piazza Cahen** am äußersten östlichen Stadtrand. Neben gebührenpflichtigen Parkplätzen befindet sich hier auch die **Haltestelle der Pendelbusse** und die Bergstation der **Funicolare (14),** der Standseilbahn.

Ursprünglich verkehrte hier bis 1970 die „Funiculare Bracci". Benannt war die Bahn nach dem Financier der Bahn, Giuseppe Bracci, der ihren Bau im 19. Jh. möglich machte. Die Bahn damals wurde übrigens durch Wassertanks bewegt, die unter den Waggons angebracht waren und die Wagen, die sich immer auf halbem Wege begegneten, gegenläufig bergwärts bzw. talwärts zogen. Seit der Generalüberholung in den 70ern funktioniert nun alles natürlich mit moderner Technik.

An der Ostseite der Piazza Cahen liegen die Reste der im 14. Jh. von Kardinal Egidio Albornoz zum Schutze der dem Kirchenstaat einverleibten Stadt erbaute Burg **Fortezza Albornoz** und die **Porta Rocca**. Das Gelände der ehemaligen Festung ist heute Grünanlage. Von hier herrliche Ausblicke ins Tal.

Unweit nördlich der Festung liegt am Ende der Via Sangallo der sehenswerte **Pozzo di San Patrizio (2) [N42° 43' 21.16" E12° 7' 13.34"]** *(geöffnet März, Apr., Sept., Okt. tgl. 9 -18.45 Uhr, Mai - Aug. tgl. 9 - 19.45 Uhr, Nov. - Feb. 10 - 16.45 Uhr)*. Der über 60 m tiefe Brunnenschacht wurde im Auftrag des Medici-Papstes Klemens VII. im Jahre 1527 nach Plänen von Sangallo il Giovane angelegt. Gegenläufige Treppengänge, die sich durch zahlreiche große Fenster in den Brunnenschacht öffnen, führen in die Tiefe.

Als geflügeltes Wort bedeutet in Italien der Begriff „so tief wie der Pozzo di

San Patrizio" das gleiche, was wir als „Fass ohne Boden" bezeichnen.

An der Westseite der Piazza Cahen führt der **Corso Cavour**, Orvietos Hauptstraße, quer durch die Altstadt bis zur Piazza della Repubblica, dem Mittelpunkt der Stadt.

Wir folgen der leicht ansteigenden Cavour ein gutes Stück und nehmen dann, etwa in Höhe des kleinen Kirchplatzes, links eine der engen Gassen aufwärts und suchen den Weg durch die Via San Angelo und über die Via Nebbia hinter dem Hauptpostamt zum Dom. Über Treppen gelangt man schließlich hinauf zur Nordseite des Doms.

Verschiedenfarbiges Streifenmuster ist ein typisches Architekturmerkmal der italienischen Romanik, Südseite des Doms von Orvieto

Der **Dom Cattedrale di Santa Maria Assunta (3) [N42° 43' 0.67" E12° 6' 46.80"]** von Orvieto ist das architektonische Prunkstück der Stadt, ein Kunstjuwel, das weit über die Grenzen Umbriens hinaus bewundert wird *(geöffnet Apr. - Sept. tgl. 7.30 - 19.30 Uhr; März + Okt. tgl. 7.30 - 18.30 Uhr; Nov. - Feb. tgl. 7.30 - 13 Uhr; www.inorvieto.it/en/visit/orvieto_s_duomo.html)*. Mit dem Bau des Doms war im Jahre 1290 in Anwesenheit von Papst Nikolaus IV. begonnen worden. Die Pläne des im romanischen Stil begonnenen und im gotischen Stil schließlich vollendeten Doms lieferte – vor allem für die Westfassade – der Sieneser Architekt Maitani. Eine Ähnlichkeit der Domfassade mit der des Doms von Siena ist nicht zu verkennen.

Mit dem Dom von Orvieto sollte dem „Wunder von Bolsena" ein Denkmal gesetzt und ein würdiger Schrein für das Bluttuch von Bolsena geschaffen werden.

Im Jahre 1263 hatte sich nämlich folgendes Mirakel ereignet: Einem zweifelnden Priester geschah es, dass während der Messe, die er in Bolsena hielt, aus der geweihten Hostie Blut auf das Altartuch tropfte. Durch dieses Wunder war der Glaube des Priesters in das katholische Dogma, dass sich beim Messopfer die Hostie in den Leib Christi wandelt, wieder gefestigt.

In einem eigenartigen Kontrast stehen die gestreiften Wände zu der überaus prächtigen gotischen **Domfassade,** die zu einer der kostbarsten ihrer Art in Italien gezählt wird. Vor allem am späteren Nachmittag, wenn die Ornamente, Skulpturen, Reliefs und Goldmosaiken durch das weiche Licht der sinkenden Sonne an Plastizität noch gewinnen, ist das Betrachten ein beeindruckendes Erlebnis.

An der Gestaltung der Fassade, die erst in den letzten Jahren des 16. Jh. voll-

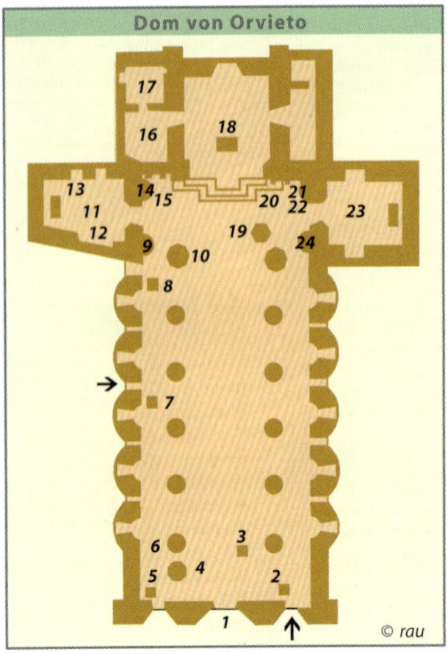

DOM VON ORVIETO
__1__ Westfassade – __2__ Weihwasserbecken, von Cardinali – __3__ Weihwasserbecken, von Antonio Federighi – __4__ Taufbrunnen – __5__ Weihwasserbecken, verm. von Scalza – __6__ Madonna mit Kind, von Gentile da Fabriano – __7__ Weihwasserbecken (Scalza) – __8__ Weihwasserbecken (Scalza) – __9__ „Der Auferstandene" von Raffaello da Montelupo – __10__ Pietà, von Ippolito Scalza – __11__ Kapelle des Korporale – __12__ Grab Bischof Vanzis, von Ippolito Scalza – __13__ Madonna der Schutzbefohlenen, von L. Memmi – __14__ Marienstandbild, von Raffaello da Montelupo – __15__ Kapelle Mariä Heimsuchung – __16__ Sakristei – __17__ Kapitelsaal – __18__ Presbyterium und Apsis – __19__ Kanzel – __20__ Ecce Homo, von Ippolito Scalza – __21__ Kapelle der Weisen aus dem Morgenland – __22__ Adam Standbild, von Fabiano Toti – __23__ Kapelle des Hl. Britius oder Cappella Nuova – __24__ Eva Standbild, von Fabiano Toti

endet werden konnte, wirkten die namhaftesten Künstler ihrer Zeit mit. Im Lauf der rund 300 Jahre dauernden Entstehung das Baus waren nicht weniger als 30 Baumeister und über 150 Bildhauer beschäftigt gewesen.

Einer der ersten war Lorenzo Maitani, der Dombaumeister, der zwischen 1310 und 1330 u. a. auch an der Fassade arbeitete. Sein Sohn Vitale, später Andrea Pisano (bis 1345), dann Andrea Orcagna (um 1359) und Sanmicheli im 16. Jh. setzten die Arbeiten fort.

Ein Treppensockel führt zu den drei reichverzierten **Portalen** hinauf. Sie werden flankiert von einmalig schönen Marmorreliefs, die Lorenzo Maitani schuf. Von links nach rechts stellen sie im wesentlichen Motive aus dem Alten und Neuen Testament dar, vom Stammbaum Abrahams, über die Schöpfungsgeschichte und das Leben Christi bis zum Jüngsten Gericht ganz rechts.

Die bronzenen Türflügel der Portale sind neueren Datums. Sie wurden von Emilio Greco geschaffen und 1970 angebracht. Wie kaum anders zu erwarten wird recht kontrovers darüber diskutiert, ob die neuen Türen nun mit den alten Portalen harmonieren oder nicht.

Über den Portalen sieht man die Bronzeskulpturen der Symbole der vier Evangelisten. Auch sie stammen von Maitani. Die Lünette (Bogenfeld) über dem Mittelportal schmückte ehedem eine Marienfigur mit Baldachin und Heiligen von Maitani. Diese Bronzeskulptur ist schon länger abgenommen. Darüber sieht man wunderbare Goldmosaiken, die aber erst im 17. Jh. entstanden.

Die prächtige **Fensterrose** in quadratischem Rahmen stammt von Orcagna. Rechts und links wird sie eingerahmt von den zwölf Aposteln und darüber reihen sich zwölf Propheten.

Im hoch aufstrebenden Inneren, das durch runde Säulen in drei leicht ansteigende lange Schiffe geteilt wird, wiederholt sich das durch Verwendung von verschiedenfarbigem Gestein entstandene Streifenmuster. Oben läuft um das Mittelschiff ein schöner Fries.

Gedämpftes Licht, das durch teils ganz mit Alabaster versehene Fenster tritt, erhellt das Innere angenehm und verleiht ihm, unterstrichen durch die Streifen, ein sehr elegantes Aussehen, wenn dieser Ausdruck für einen Kirchenraum zutreffend ist.

Im Inneren steht links vom Eingang am Beginn des linken Seitenschiffs ein herrliches gotisches Taufbecken aus dem 15. Jh. Gleich dahinter an der Seitenwand sieht man ein kleines Wandgemälde. Es zeigt die *„Jungfrau mit Kind"*, ein Meisterwerk des 15. Jh., das von Gentile da Fabriano stammt.

Man geht durch den hohen Kirchenraum nach vorne Richtung Hochaltar.

Im linken Querschiff findet man die **Capella del Corporale** (Kapelle des Messtuches). Hier wird in einem kostbar gearbeiteten Reliquienschrein (in einer Glasvitrine links) das Altartuch aufbewahrt, das in Zusammenhang mit dem weiter oben erwähnten „Wunder von Bolsena" gebracht wird. Der prächtig gearbeitete Reliquienschrein wird als wertvollstes Stück des Kirchenschatzes des Doms angesehen.

Die prächtige Fassade des Doms von Orvieto

Dieses wahre Meisterwerk der Goldschmiedekunst wurde 1337 vom Bischof von Orvieto bei Ugolino di Vieri in Auftrag gegeben. Das 1,39 m hohe und 63 cm breite Kunstwerk zeigt u. a. 12 rechteckige Felder aus blauem Emaille und Silbermotiven mit Szenen des Wunders von Bolsena und aus dem Leiden Christi. An hohen kirchlichen Festtagen (z. B. Pfingsten), wird das verehrte Messtuch den Gläubigen im Altar der Kapelle gezeigt. Die sonst geschlossenen Altarflügel sind dann geöffnet.

In einer Spitzbogenwölbung rechts in der Kapelle sieht man das Fresko „Muttergottes der Schutzbefohlenen". Das eindrucksvolle Werk ist eine Arbeit von Lippo Memmi.

Vor der Capella del Corporale links steht eine eindrucksvolle **Pieta** des Orvieter Bildhauers **Ippolito Scalza**, die der Meister zwischen 1570 und 1579 schuf. Bemerkenswert an der Arbeit, die als Meisterwerk Scalzas gilt, ist, dass die Plastik aus einem einzigen Marmorblock gehauen wurde.

Im rechten Querschiff liegt die **Capella della Madonna di San Brizio** oder kurz **Capella Nuova** oder **„Signorelli Kapelle"** *(geöffnet wie Dom, s. o.)*. Der Zutritt zur Kapelle ist nur gegen Eintritt möglich. Eintrittskarten sind vorher im Informationsbüro oder in den Souvenirgeschäften gegenüber vom Dom zu kaufen!

Die Kapelle hinter einem großen schmiedeeisernen Chorgitter ist mit berühmten Fresken ausgemalt, an denen Mitte des 15. Jh. Fra Beato Angelico und Benozzo Gozzoli (Deckengemälde im Gewölbe, u. a. *Christus der Erlöser* umgeben von Propheten und Engeln) arbeiteten und die in den ersten Jahren des 16.

Details an der Westfassade des Doms von Orvieto

Jh. von dem begnadeten Luca Signorelli, der hier wohl sein Meisterwerk schuf, schließlich vollendet wurden.

Signorellis Freskenzyklus an den Wänden der Capella Nuova, der zu den kostbarsten aus der Renaissance gehört, ist überaus eindrucksvoll. Links sieht man die *„Predigt des Antichristen"* mit Selbstporträts von Fra Angelico und Luca Signorelli, rechts die *„Auferstehung des Fleisches"*, weiter Motive des Weltendes und des Jüngsten Gerichts. Es heißt, Michelangelo habe diese Arbeiten Signorellis studiert, bevor er mit seinem Auftrag begann, die Sixtinische Kapelle auszumalen.

Ziemlich genau gegenüber der Domfassade findet man übrigens das **Touristen-Informationsbüro (1)**.

Rechts vom Dom sind im **Palazzo dei Papali (4)**, dem ehemaligen, vollständig restaurierten Papstpalast, das **Museo Archeologico Nazionale** *(geöffnet tgl. 8.30 - 19 Uhr; https://www.umbriatourism.it/de_DE/-/museo-archeologico-nazionale-orvieto)* untergebracht.

Das **Dombaumuseum (Museo dell'Opera del Duomo),** auch MODO genannt *(geöffnet Apr. - Sept. tgl. 9.30 - 19 Uhr, Nov. - Feb. Mi - Mo 10.30 - 13 + 14 - 17 Uhr, März + Okt. Mi - Mo 10 - 17 Uhr; http://www.museomodo.it/)*, zeigt Skulpturen und Gemälde, sowie Pläne und Skizzen aus der Zeit des Dombaus, die von Baumeistern und Künstlern stammen, die am Dom gearbeitet haben. Ein Teil beherbert das **Emilio Greco Modern Art Museum.**

Mit dem Bau des aus drei Flügeln bestehenden Papstpalastes war 1262 unter Urban IV. begonnen worden, der zunächst den Nordflügel errichten ließ. Papst Martin IV. vergab 1281 Aufträge für Erweiterungsbauten und Bonifatius VIII. schließlich ließ 1297 den Westflügel anfügen. Im Laufe der Jahrhunderte hatten nicht weniger als 33 Päpste und hohe kirchliche Würdenträger den Palast als Fluchtburg benutzt.

Ein weiteres sehenswertes Museum ist das **Palazzo e Museo Etrusco „Claudio Faina" (5)** *(geöffnet Apr. - Sept. tgl. 9.30 - 18 Uhr, Okt. - März Di - So 10 - 17 Uhr 10 - 17 Uhr; www.museofaina.it)*. Das archäologische Museum liegt an der Westseite des Domplatzes, Ecke Via Maitani. Hier sind vor allem interessante etruskische Funde, die in den Nekropolen bei Orvieto gemacht wurden, ausgestellt. Die umfangreichen Sammlungen der Familie Faina enthalten u. a. Terrakotten, Reliefs, Vasen, Bronzeskulpturen u. a.

Der Tuffsteinkegel, auf dem die Stadt Orvieto thront, ist unterirdisch durchlöchert wie ein Schweizer Käse. Vor etwa dreitausend Jahren begann, was dann von Generationen seit der etruskischen Zeit bis in Mittelalter in mühevoller Handarbeit weitergeführt wurde, nämlich in den weichen Tuffstein unter Orvieto Höhlungen, Gänge, Galerien etc. zu graben.

Im Laufe der Zeit entstand so eine **„Città sotterranea"**, ein weitverzweigtes unterirdisches, sich kreuzendes und überlagerndes Netz aus Tunnels, Treppen, Räumen mit Nischen und Durchgängen, die teils so dicht am Rand des Felsens verlaufen, dass sie durch Lichthöhlen geheimnisvoll erhellt werden.

Vom Touristenbüro auf dem Domplatz starten Führungen durch die **„Unterwelt" von Orvieto.** Zu sehen gibt es einen Teil von insgesamt weit über tausend Höhlen, Tunnels, Zisternen, Brunnenschächten, Taubennisthöhlen u. v. a. Außerdem wird eine noch komplette mittelalterliche Mühle gezeigt. Anmelden kann man sich im Touristenbüro. In der Sommersaison finden die Führungen auch in deutscher Sprache statt.

Vom Domplatz gehen wir die Via del Duomo nach Norden stadteinwärts. Man passiert den gleich rechterhand gelegenen Turm **Torre di Maurizio (6)**, einen Uhrturm aus dem 14. Jh., neben dem Hotel Virgilio.

Etwas weiter, ebenfalls rechts, erhebt sich der **Palazzo Netti** und an der Ecke zur Straße Corso Cavour, wieder rechterhand, sieht man den **Palazzo Gualterio**. Ihm schräg gegenüber, Ecke Corso Cavour und Via Costituente, erhebt sich der **Palazzo dei Signori Sette (7)** mit dem 42 m hohen viereckigen **Torre del Moro [N42° 43' 6.36" E12° 6' 38.21"].**

Man kann nun die Cavour links hinaufgehen und kommt dann kurz darauf zum eigentlichen Stadtzentrum an der **Piazza della Repubblica**, die den Platz des früheren antiken römischen Forums einnimmt. Gleich links erhebt sich die **Kirche S. Andrea (8) [N42° 43' 5.65" E12° 6' 30.85"]**. Bemerkenswert an dem historischen Gotteshaus, in dem 1216 Papst Innozenz III. zum vierten Kreuzzug aufrief, ist der romanische, zwölfseitige **Kirchturm**. Gegenüber sieht man den **Palazzo Comunale** (das Rathaus). Er stammt aus dem 16. Jh.

Geht man von der Piazza della Repubblica noch weiter nach Westen, über die Via Filippeschi und die Via Malabranca, gelangt man in den verwinkelten, mittelalterlichen Stadtteil **„Quartiere Vecchio"**.

Am äußersten Westende erreicht man schließlich die gotische **Kirche San Giovenale (9) [N42° 43' 11.04" E12° 6' 14.65"],** die in der Apsis Fresken aus dem 14. Jh. aufweist. Vom Kirchplatz über den Stadtmauern hat man einen recht schönen Blick nach Westen.

Zurück bis zum Torre del Moro an der Cavour und hier links zur nahen **Piazza del Popolo**, die vom **Palazzo del Popolo (10) [N42° 43' 9.24" E12° 6' 39.21"]** mit sehr schöner Fassade beherrscht wird. Auf dem Platz findet donnerstags und samstags der Wochenmarkt der Töpfer statt.

Zu den sehenswerten Kirchen von Orvieto zählt vor allem auch die am nördlichen Stadtrand gelegene **Kirche San Domenico (11) [N42° 43' 15.18" E12° 6' 48.31"]** aus dem 13. Jh., mit dem **Grabmal des Kardinals De Braye** von Arnolfo di Cambio, mit der **Petrucci-Kapelle** und dem wundertätigen **Kreuz**, das 1263 zu Thomas von Aquin gesprochen haben soll.

Beachtung verdient auch die **Kirche San Francesco (12) [N42° 42' 58.03" E12° 6' 38.61"]** an der Via Maitani westlich vom Dom. In der Kirche aus dem 13. Jh. fanden historische Begebenheiten statt, so die Heiligsprechung des französischen Königs Ludwig IX. durch Papst Bonifatius VIII.

An der Straße, die an der Nordwestseite hinauf zur Oberstadt führt, liegt bei einem sehr kleinen Parkplatz die **Necropoli Etrusca del Crocifisso del Tufo (18) [Parkplatz, N42° 43' 16.79" E12° 6' 24.40"],** eine der größten und am besten erhaltenen Totenstädte aus der Etruskerzeit *(geöffnet Sommer tgl. 8.30 - 19 Uhr, Winter tgl. 8.30 - 17 Uhr)*.

Die kirchlichen Feste Pfingsten und Fronleichnam werden in Orvieto mit

Umzügen und Prozessionen sehr feierlich begangen. Große Anziehung hat am Pfingstsonntag das **„Fest der Taube"**, die **„Palombella"**. Eine den Heiligen Geist symbolisierende Taubenfigur schwebt dann genau um 12 Uhr unter dem staunenden Geraune der Menge, die den Domplatz füllt, an einem dünnen Drahtseil aus einer eigens am nahen Turm der Kirche San Francesco angebrachten Nische, die das Paradies symbolisiert, herab in einen Tabernakel auf den Domtreppen. Wie es heißt, sollen die alteingesessenen Bauern der Gegend aus dem Verlauf des Spektakels Vorzeichen für die Ernte erkennen können.

PRAKTISCHE HINWEISE – ORVIETO (UMBRIEN)

Orvieto District Territorial Tourist Service, Piazzo Duomo, 24, 05018 Orvieto, Tel. +39 07 63 34 17 72; www.inorvieto.it/en/. *Geöffnet Mo - Fr 8.15 - 13.50 + 16 - 19 Uhr, Sa + So 10 - 13 Uhr, 15 - 18 Uhr.*
Informazioni Turistiche, Piazza Cahen, Tel. +39 07 63 34 01 68 (nur saisonal).

Feste, Märkte: „Fest der Taube", jedes Jahr am Pfingstsonntag.
Il Mercato di Piazza del Popolo, Wochenmarkt jeden Donnerstag- und Samstagvormittag auf der Piazza del Popolo.

RESTAURANTS

Zu den namhaften **Restaurants** der Stadt zählt das **Duca di Orvieto** in der Via della Pace, 5, serviert wird Bestes aus Küche und Keller.
Gute Häuser der mittleren Preisklasse sind u. a. **Dell'Ancora**, Via di Piazza del Popolo, 5, Donnerstag Ruhetag; **Del Cocco**, Via Garibaldi 4/6; **Maurizio,** Via del Duomo, 78, Dienstag Ruhetag.

HOTELS

Palazzo Piccolomini ****, 31 Zi., Piazza Ranieri, 36, Tel. +39 07 63 34 17 43; www.palazzopiccolomini.it/; in mittelalterlichem Gebäude in rustikalem Ambiente, Hotel Garni, WLAN. Parkmöglichkeit.
Grand Hotel Italia ***, 46 Zi., Via di Piazza del Popolo, 13, Tel. +39 07 63 34 20 65; www.grandhotelitalia.it; zentral gelegenes, gut geführtes Stadthotel, eingerichtet in einem Palais des 19. Jh., von vielen der Zimmer schöner Blick, mittlere Preislage. Bar. Hotel Garni. WLAN. Kein Parkplatz.
Virgilio *,** 13 Zi., Piazza Duomo, 5, Tel. +39 07 63 39 49 37; www.orvietohotelvirgilio.com. In prachtvoller Lage neben dem Dom. Hotel Garni, Bar. WLAN. Öffentliche Parkmöglichkeit.

Hotels in Orvieto Scalo (Unterstadt):
Orvieto *,** 41 Zi., Via Angelo Constanzi, 63, Tel. +39 07 63 30 27 51; www.hotelorvieto.it, Restaurant, Bar, WLAN. Parkplatz und Garage.

CAMPING

Bislang gibt es **keine Campingmöglichkeit** in unmittelbarer Nähe von Orvieto. Die nächstgelegenen Campingplätze findet man am Lago di Bolsena, siehe weiter hinten oder am Lago di Corbara (Camping Scacco Matto) und bei Civitella di Lago (Camping Il Falcone), siehe unten.

Civitella del Lago
Camping Il Falcone [WP 023 / N42° 42' 26.24" E12° 17' 31.38"], Vallonganino, 2/a, Tel. +39 07 44 95 02 49; www.campingilfalcone.com; 1. Apr. – 30. Sept.; ca. 18 km östlich von Orvieto; Abzweig von der SS448 (Orvieto – Todi) bei KM 5 zum Ort, und noch 8 km der Beschilderung folgen; Wiesenterrassen im Olivenhain, schöner Blick zum Lago di Corbara; 1 ha – 30 Stpl.; einfache Standardsanitärausstattung. Imbiss, Waschmaschine, Schwimmbad, Internetecke, **V & E für Wohnmobile**. Mietbungalows.

Keramik aus Orvieto

Baschi
Camping Restaurant Hotel Scacco Matto [N42° 41' 58.32" E12° 14' 50.08"], Tel. +39 07 44 95 03 73; www.scaccomatto.net; März – Sept.; ca. 15 km östlich Orvieto, Zufahrt über die SS448 (Orvieto – Todi), Abzweig bei KM 3,8; gut schattiger Wiesenplatz am Corbara-See; einfache Standardsanitärausstattung. Restaurant. Beim Hotel Lamincia.

WOHNMOBIL-STELLPLÄTZE

Orvieto-Scalo

Wohnmobil-Stellplatz Area di Sosta Camper Renzo Battistelli [WP 022 / N42° 43' 29.97" E12° 7' 35.58"], Strada della Direttissima, Tel. +39 07 63 30 01 61. **Zufahrt/Lage:** In Orvieto Scalo, beim Bahnhof (parcheggio Stazzione FFSS) und der Seilbahn-Talstation (Funicolare). Neben dem öffentlichen Pkw-Großparkplatz. **Ausstattung:** 55 markierte, nummerierte, relativ breite Stellplätze (auch für größere Wohnmobile) auf asphaltierter, schattenloser Fläche. Teils Grünflächen zwischen den Stellplätzen. Beleuchtet. Videoüberwacht. **Gebühr:** Pro Fahrzeug für 24 Stunden inkl. Dusche, WC und V & E-Station. Strom extra. Nur Parken zuletzt 2,- pro Stunde. **Geöffnet:** Ganzjährig.

*ROUTE: Ab Orvieto über die SS71 südwestwärts ins 22 km entfernte **Bolsena** am gleichnamigen See **Lago di Bolsena**. Bolsena liegt im äußersten Nordwestzipfel der Provinz Latium/Lazio.*

Von den oberen Serpentinen der SS71 südlich von Orvieto bieten sich **herrliche Ausblicke** zurück auf die Stadt. Die außergewöhnliche Lage Orvietos über den steil abfallenden Tuffsteinwänden und die von Türmen gekrönte Silhouette lassen sich von hier aus besonders gut betrachten.

Bolsena, eine etruskische Stadtgründung, hat einen **schönen Altstadtkern**, der sich an einem Terrassenhang um eine mittelalterliche Burg (archäologisches Museum) gruppiert. In der Nähe etruskische Ausgrabungen.

Bolsena ging in die Kirchengeschichte als Ort des **Blutwunders von Bolsena** ein, das sich 1263 in der sehenswerten **Kirche Santa Cristina [N42° 38' 36.57" E11° 59' 21.06"]** zutrug. Näheres darüber ist beim Dom von Orvieto beschrieben. Bolsena mit annähernd 4.500 Einwohnern ist heute ein beliebter Ferienort am gleichnamigen See mit Uferpromenade, Restaurants, Hotels und Campingplätzen.

Eine kulinarische Spezialität der Gegend sind Aale aus dem Bolsena See. Der Lago di Bolsena verdankt seine Existenz übrigens einer regen vulkanischen Tätigkeit in der Region in grauer Vorzeit. Der See ist in der Mitte über 145 m tief.

Abstecher nach Montefiascone

Landschaftlich überaus reizvoll ist die Fahrt auf der SS2 von Bolsena entlang des Sees südostwärts nach **Montefiascone.** Dieser kleine Abstecher lohnt durchaus, bieten sich doch von der erhöht gelegenen Straße immer wieder weite Ausblicke über den Lago di Bolsena.

An den Hängen um Montefiascone wird der legendäre Wein **„Est, Est, Est"** angebaut.

Eine nette Geschichte rankt sich um die Entstehung des etwas ungewöhnlichen Namens des Weins:

Ein geistlicher Herr, ein Bischof aus dem Hause Fugger in Augsburg, so heißt es, sei in der Zeit der Renaissance viel auf Reisen gewesen. Und oft war Monsignore, der den weltlichen Genüssen aus Küche und Keller sehr zugetan war, von den Angeboten der Tavernen und Osterias enttäuscht.

Also schickte Hochwürden künftig einen Quartiermacher voraus. Er sollte die Gasthäuser und ihre Speisen und Getränke prüfen. War er auf ein Haus mit ordentlichem Wein gestoßen, sollte er

Bolsena am Lago di Bolsena

PRAKTISCHE HINWEISE – BOLSENA (LAZIO)

Ufficio Turistico [N42° 38' 39.13" E11° 59' 12.61"], Piazzale Matteotti, 8/10, 01023 Bolsena, Tel. +39 07 61 79 99 23; www.visitbolsena.it.

HOTELS

Hotel Royal ****, 37 Zi., Piazzale Dante Alighieri, 8/10, 01023 Bolsena, Tel. +39 07 61 79 70 48; www.hotelroyalbolsena.it; Komforthotel in zentraler Lage am See, Garten, Schwimmbad, Restaurant, WLAN. Parkplatz.

Le Naiadi Park Hotel ***, 59 Zi., Viale Luigi Cadorna, 95, 01023 Bolsena, Tel. +39 07 61 79 90 17; www.hotelbolsena.it/de/. Komfortables Mittelklassehotel, am See im südöstlichen Stadtbereich gelegen, Restaurant, Schwimmbad, Parkplatz.

CAMPING

Camping Lido Village [WP 024 / N42° 37' 38.13" E11° 59' 38.95"], Via Cassia, KM 111, Tel. +39 07 61 79 92 58; www.lidocampingvillage.it; Ende Apr. – 30. Sept.; etwa 3 km südlich des Ortes, beschilderte Zufahrt von der SS2 (Bolsena – Montefiascone), weitläufiges, ebenes, schattiges Wiesengelände, das bis an den Bolsena-See reicht, durch Wege und Platzstraßen vielfach unterteilt, ansprechendes Seegestade; ca. 10 ha – 450 Stpl; Standardsanitärausstattung. Restaurant, Imbiss, Laden, Waschmaschine, Trockner, Schwimmbad, Tennis, Windsurfschule, WLAN; zahlreiche Mietbungalows. **V & E für Wohnmobile.**

Camping Blu International [WP 025 / N42° 37' 52.42" E11° 59' 41.15"], Via Cassia, KM 111,650, Tel. +39 07 61 79 88 55; www.blucamping.it; Ende Apr. – 30. Sept.; liegt vergleichbar wie Village Camping Lido; einfache Standardsanitärausstattung. Restaurant, Imbiss, Laden, Waschmaschine, WLAN, Schwimmbad. **V & E für Wohnmobile**. Mietbungalows.

Camping Massimo [N42° 39' 10.89" E11° 56' 41.16"], Via Cassia, KM 116,7, Tel. +39 03 35 76 89 45; www.massimo.info; 1. Mai – Mitte Sept.; Wiesengelände mit Bäumen, gut schattig, zwischen Straße und See; Standardsanitärausstattung. Restaurant, Imbiss, Waschmaschine, Trockner, WLAN, Bootsverleih, Bootsslippanlage. **V & E für Wohnmobile.** Mietbungalows.

WOHNMOBIL-STELLPLÄTZE

Wohnmobil-Stellplatz Campeggio Agrituristico Le Calle Ernesto Parrino [WP 026 / N42° 37' 44.80" E11° 59' 53.72"], Fornacella 11 D, Tel. +39 32 94 06 47 64; www.lecalle.eu; **Zufahrt/Lage:** Bei KM 111,2 der SR2 Via Cassia (Bolsena – Montefiascone). **Ausstattung:** Wiese mit Laubbäumen bei einem Ferienbauernhof mit Platz für 15 Wohnmobile. **Gebühr:** Pro Fahrzeug inkl. 2 Personen, Strom, Dusche, WC und V & E-Säule. Im Juli und August Reservierung empfohlen. **Geöffnet:** 1. April – 31. Okt.; nebenan Ristorante La Fornacella.

Wohnmobil-Stellplatz Area di Sosta Camper Guadetto [N42° 38' 8.49" E11° 59' 12.30"], Viale Luigi Cadorna. **Zufahrt/Lage:** Beschilderte Zufahrt von der Hauptstraße zum Lago di Bolsena, auf der Strandstraße südostwärts bis Ende der Straße. **Ausstattung:** Eingezäuntes, ebenes Wiesengelände in einem Olivenhain mit Platz für ca. 30 Wohnmobile, nur durch die Uferstraße vom See getrennt. Beleuchtet. In Gehnähe zum Ort. **Gebühr:** Pro Fahrzeug inkl. Strom, Wasser und V & E-Versorgung. **Geöffnet:** Ganzjährig.

Am Lago di Bolsena

als Erkennungszeichen das Wort „est" (hier) an die Tür schreiben.

Eines Tages fand nun der Vorkoster einen Wein, der ihn so verzückte, dass er das Kennwort gleich dreimal an die Tür schrieb – „est est est". Und tatsächlich war Hochwürden dann von dem Wein, der in der Taverne ausgeschenkt wurde, so begeistert, dass er sich den Ort, es soll in Montefiascone gewesen sein, zu seinem Alterssitz wählte, und fortan nur noch dem *„Est Est Est"* frönte.

Das Grabmal des in der Geschichte um den Wein erwähnten Kirchenmannes, Bischof Johannes Fugger aus Augsburg, findet sich in der **Kirche San Flaviano**, rechts vom Hauptportal. Die romanisch-gotische Kirche aus dem 13. Jh. liegt an der Straße nach Orvieto, etwas außerhalb von Montefiascone.

Abstecher nach Civita di Bagnoregio

Bagnoregio liegt östlich des Lago di Bolsena und ca. 6 km östlich der SS71, bzw. rund 17 km südlich von Orvieto. Und das romantische Civita di Bagnoregio, kurz **Civita**, liegt östlich davon und ist nur zu Fuß zu erreichen (Eintritt). Ganz am Ostende der engen Ortsdurchfahrtsstraße von Bagnoregio findet man einen kleinen Pkw-Parkplatz (Zufahrt bis 2,5 t, Parkplatz für größere Fahrzeuge am Busparkplatz im Ortszentrum). Vom Pkw-Parkplatz führt ein Fußweg zum nahen Aussichtspunkt **Belvedere** mit prächtigem Blick auf Civita. Etwas weiter unten liegen Restaurants. Dort beginnt auch die Fußgängerbrücke (Eintritt) hinüber nach Civita **[Beginn der Fußgängerbrücke, WP 027 / N42° 37' 34.56" E12° 6' 35.74"]**.

Wie eine Insel in einem Meer aus Hügeln und schroffen, von Regen, Wind und Wetter geformten Taleinschnitten, den „calanchi", ragt er auf, der Tuffsteinhügel auf dem „La Città che muore", „Die sterbende Stadt" Civita di Bangnoregio liegt. Nur eine schmale Fußgängerbrücke, der einzige Zugang, führt hinauf zum Ort Civita (www.civitadibagnoregio.it).

Auf dem Weg hinauf zum Stadttor „Santa Maria" hat man irgendwie das Gefühl auf dem Weg in eine andere, vergangene Welt zu sein. Und tatsächlich taucht man ein in ein mittelalterliches

Gassengewirr in dem die Zeit stehengeblieben zu sein scheint.

Gegründet wurde Civita von den Etruskern vor etwa 2.500 Jahren, was in den Tuffstein gehauene Grabanlagen beweisen. Später wurde der Ort mit dem hl. Bonaventure in Verbindung gebracht, der hier von Franz von Assisi auf wundersame Weise von einer schweren Krankheit geheilt worden sein soll.

Seit dem Ende des 8. Jh. wechselten die Herren über Civita – von den Langobarden zu den Franken, dann zum Kirchenstaat. Und etwa ab dem 12. Jh. stritten sich diverse Feudalherren um die Stadt. Im 15. Jh. rivalisierte man mit Orvieto und Viterbo.

Der Niedergang von Civita wurde 1695 mit einem Erdbeben eingeleitet, das schwere Schäden an den Gebäuden und an den Verkehrswegen anrichtete. Spätere Erdrutsche taten ein Übriges. Schließlich verließen viele Einwohner Civita für immer. Heute leben nur noch ganz wenige Menschen ständig in Civita.

Zu Zeiten, als Krieger eines langobardischen Königs ihre Wunden in den heilsamen Wassern hießiger Quellen kurierten, bürgerte sich der Name Balneum Regis, später Bagnoregio (Königsbad) ein.

Mittelpunkt des Ortes ist die kleine Piazza San Donato mit der Kirche San Donato und ihrem den ganzen Ort überragenden Turm.

Zweimal im Jahr, am ersten Montag im Juni und am zweiten Montag im September, wird **„La Tonna“**gefeiert. Dann dreht sich alles um den Esel (Eselrennen), einem im alten Civita hochgeschätzten Haustier und untbehrlichen Transporthelfer.

In der zweiten Oktoberhälfte feiert man die **Festa della castagna**, eine Reminiszenz an ein früher bedeutendes Wirtschaftsgut, die Kastanie.

Und sollten Sie zufällig um die Weihnachtszeit in Civita sein, sollten Sie sich die von kostümierten Darstellern gespielten Szenen einer **„lebenden Krippe“** ansehen. Die Show am 26. Dez, 1. und 6. Januar beginnt jeweils um 17 Uhr und dauert zwei Stunden.

Civita di Bagnoregio

TOUR 4: BOLSENA (LATIUM) - CASTEL DEL PIANO (TOSKANA)

Länge der Tour: Rund 125 km, ohne Abstecher.

Die Route: Über die SS2 bis **Borghetto** – SS489 über **Grádoli** zur SS74 – SS74 über **La Rotta** bis **Pitigliano** – SS22 über **Sovana** bis **Catábbio** – Landstrasse über **Poggio Murella** bis **Terme di Saturnia** – SS323 über **Semproniano, Triana** und **Arcidosso** bis **Castel del Piano**.

Reisedauer: Mindestens ein Tag.

Höhepunkte: Die Lage des Städtchens **Pitigliano** – die kleine Piazza del Pretoria in **Sovana** * – die etruskische Totenstadt mit **„Hildebrands Grab"** – ein Bad in den **Thermen von Saturnia** * –die Hügellandschaft am **Monte Amiata.**

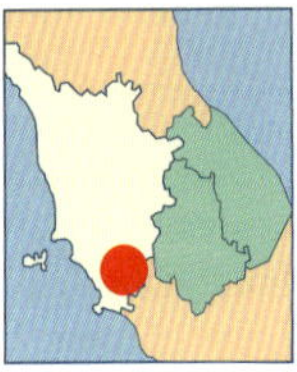

*ROUTE: Weiterreise von Bolsena auf der SS2 am Nordufer des Lago die Bolsena westwärts bis **Borghetto** und weiter auf der SS489 über **Grádoli** zur SS74, der wir weiter westwärts über den Weiler **La Rotta** bis **Pitigliano** folgen.*

Alternativ zum direkten Weg nach Pitigliano kann man ab La Rotta einen Umweg nordwärts über Landstraßen nach Sorano machen.

Sorano ist ein mittelalterliches Städtchen, das vor dem Zweiten Weltkrieg einmal wegen drohender Erdrutsche als unbewohnbar deklariert wurde.

In **Pitigliano** ist die Parkplatzsituation, besonders für Wohnmobile, etwas schwierig. Es gibt aber einen **Parkplatz/Stellplatz für Wohnmobile [WP 028 / N42° 38' 15.01" E11° 40' 47.60"]** am nordöstlichen Rand der Neustadt in der Via Brodolini.

WOHNMOBIL-STELLPLATZ – GRÁDOLI

Wohnmobil-Stellplatz Area di Sosta San Magno [N42° 35' 58.28" E11° 51' 56.08"], Strada Provinciale 114, KM 6.137, Tel. +39 07 61 79 92 27; www.bolsenacamper.com. **Zufahrt/Lage:** Von Bolsena auf der SP2 und SP489 westwärts nach Gradoli, hier weiter südwärts auf der SS312 Richtung Capodimonte, bei KM 6.137 seewärts abzweigen und noch ca. 1,5 km. **Ausstattung:** Wiesenstreifen im Olivenhain mit 30 Plätzen bis an den Bolsena-See reichend. Beleuchtet. Restaurants ca. 200 m entfernt. **Gebühr:** Für Wohnmobil inkl. Wasser, Strom und Entsorgung. **Geöffnet:** Ostern - Sept.

Seit Jahrhunderten kaum verändert, das mittelalterliche Stadtbild von Pitigliano

Das toskanische Städtchen Pitigliano, das sich in Stufen auf einem Tuffsteinhügel gruppiert und seit Generationen dem Weinbau verpflichtet ist, kann auf etruskische Gründer hinweisen.

Im Mittelalter war Pitigliano, nachdem die Aldobrandeschi die Herrschaft über das Gebiet abgegeben hatten, Sitz der Orsini. Ihren prächtigen, stark befestigten **Palazzo** aus dem 14. Jh. kann man besichtigen.

Die Orsini hatten offenbar alle Veranlassung, das alleine schon durch seine Lage nur schwer einnehmbare Pitigliano als Sitz ihrer Residenz zu wählen und diese auch noch zu befestigen. Denn die Borgia, ihre großen Rivalen, warteten nur auf eine Gelegenheit, den Orsini eins auszuwischen.

Der Palazzo Orsini an der Piazza Fortezza Orsini beherbergt heute auch ein **Archäologisches Museum** mit Exponaten aus der Etruskerzeit *(geöffnet im Sommer Di - So 10 - 13 + 15 - 19 Uhr, im Aug. tgl. 10 - 20 Uhr; im Winter Di - So 10 - 13 Uhr, 15 -17 Uhr; www.palazzo-orsini pitigliano.it)*.

Auch der **Aquädukt,** der auf hohen Bögen vor Pitigliano das Tal überspannt, ist 1545 nach Plänen von Antonio da Sangallo auf Veranlassung der Orsini errichtet worden.

WOHNMOBIL-STELLPLATZ – PITIGLIANO

Wohnmobil-Stellplatz Area Sosta Comunale Pitigliano [WP 028 / N42° 38' 15.01" E11° 40' 47.60"]. Lage/Zufahrt: Via Brodolini auf der Piazza Pietro Nenni, am Nordostrand der Neustadt. **Geöffnet:** Ganzjährig. **Gebühr:** Kostenlos. **Ausstattung:** Ebener, asphaltierter, schattenloser Parkplatz mit markierten Stellplätzen. Keine speziellen Einrichtungen für Wohnmobile. Am Mittwoch ist Markt in Pitigliano was die Stellplatzmöglichkeiten beeinträchtigen kann.

Beschaulich und einladend, die Piazza del Pretoria in Sovana

Auf dem Hauptplatz vor dem Stadtpalast, der an einer Seite an einer schönen Terrasse mit weitem Ausblick endet, steht ein hübscher Brunnen und eine schlanke Säule, auf der ein Orsini-Bär thront. Beachtung verdient auch der **Dom** von Pitigliano mit seiner sehenswerten Barockfassade.

Übrigens: Aus den Kellereien Pitiglianos, vielfach in den Tuffstein gegraben, kommt ein feiner, leicht herber Weißwein, der **Bianco di Pitigliano**. Viele der Tuffsteinkeller, die heute zur Weinlagerung genutzt werden, dienten den Bewohnern von Pitigliano früher als Wohnungen.

ROUTE: In Pitigliano verlassen wir die SS74 und folgen der Landstraße (SS22) nordwärts nach ***Sovana****, das man nach rund 8 km erreicht.*

RESTAURANTS – SOVANA

Dei Merli, Via Rodolfo Siviero, 3, Tel. +39 05 61 43 29; www.albergoscilla.com/ristorante-dei-merli-a-sovana-nella-maremma-toscana/; neben dem Postamt in unmittelbarer Nähe der Piazza, regionale Küche mit Spezialitäten aus der Maremma, gut sortierter Weinkeller. Terrasse. Man vermietet Gästezimmer.
Taverna Etrusca, Piazza del Pretorio, 16, Tel. +39 05 64 61 41 13; www.tavernaetrusca.com/; gute regionale Küche. Man kann auch schön im Freien sitzen.

HOTELS – SOVANA

Hotel Scilla ***, 15 Zi., Via Rodolfo Siviero, 3, Tel. +39 05 64 61 43 29; www = wie oben Dei Merli; elegantes Haus mit Restaurant und Garten. Parkplatz.
Sovana Hotel & Resort ****, 18 Zi., Via del Duomo, 66, Tel. +39 05 64 61 70 30; gepflegtes Mittelklassehotel in schöner Lage mit Olivengarten, Schwimmbad, Wellnesscenter, Bar, Parkplatz.

Sovana [Parkplatz am Ortsrand, WP 029 / N42° 39' 27.98" E11° 38' 45.48"], das etruskische *Suano*, ist ein altes, romantisches, heute etwas vergessen wirkendes Städtchen, das aber unter den Etruskern schon im 6. Jh. v. Chr. und noch unter den Römern eine blühende Gemeinde war. In der Kirchengeschichte ist Sovana bekannt als Geburtsort eines gewissen Hildebrand, des späteren Papstes Gregor VII.

Unter der Herrschaft der Orsini, Sovanas Herren im 14. Jh., durch Kriege und nicht zuletzt durch die Malaria, die früher die Flusstäler und die sumpfigen Gebiete der Maremma heimsuchte, fiel der Ort fast in den Zustand einer Geisterstadt zurück. Einige sehenswerte alte Bauten um die zentrale Piazza erinnern an die besseren Tage von Sovana.

An dem winzigen Ort, der aus nicht viel mehr als der hübschen, etwas verschlafenen **Piazza del Pretoria**, der romanischen **Kirche Santa Maria**, dem Palazzo Pretorio, dem schmalen Turmhaus Palazzino dell'Archivo und einer Hand voll Häusern so wie der Festung Rocca Aldobrandesca besteht, sollten Sie nicht einfach vorbei fahren.

Gleich neben der Taverna Etrusca liegt die „Bar della Taverna". Hier kann man unmittelbar an der Piazza schön im Freien sitzen und das Kommen und Gehen auf dem Platz beobachten.

Unweit westlich von Sovana findet man im Calesinatal die **Città del Tufo** mit den **„Necropoli di Sovana" [Parkplatz, WP 030 / N42° 39' 28.76" E11° 38' 8.53"]** *(geöffnet Apr. - Anf. Okt. tgl. 10 - 19 Uhr, im Winter bis 17 Uhr)*, eine Reihe von etruskischen Kammergräbern. Einige stammen aus dem 4. und 3. vorchristlichen Jahrhundert und tragen Namen wie *„Grotta Pola", „Silensgrab" oder „Tifone"*. Besonders sehenswert ist **La Tomba Ildebranda**. Das tempelartige sog. „Hildebrands Grab", stammt zwar aus dem dritten vorchristlichen Jahrhundert, ist aber benannt nach *Hildebrand Aldobrandeschi*, der allerdings erst im 11. nachchristlichen Jahrhundert lebte.

Hildebrand, der später als Papst Gregor VII. 1076 Heinrich IV. mit dem Bann belegte und vom Kaiser den legendären „Gang nach Canossa" erzwang, war 1021 in Sovana geboren worden.

*ROUTE: Weiterreise von Sovana nach Nordwesten auf der SS22 und über **San Martino sul Fiora** bis **Catábbio** an der SS323 (rund 15 km). Dort südwärts auf Landstraßen über **Poggio Murella** bis zu den Thermalkaskaden von **Saturnia** (ca. 10 km).*

Das sog. „Hildebrands Grab" in der etruskischen Nekropole bei Sovana

Bei Einheimischen wie Touristen sehr beliebt, ein Bad in den warmen Gewässern an den Sinterterrassen „Cascate del Molina" von Saturnia

Terme di Saturnia – Der Parkplatz **[N42° 38' 56.46" E11° 30' 42.58"]** an den Sinterterrassen „Cascate del Molina" ist nur für Pkw. Der **Parkplatz/Stellplatz für Wohnmobile [WP 031 / N42° 39' 22.4" E11° 30' 13.67"]** s. u. liegt rund 1 km weiter nördlich!

Bei einer Mühlenruine ergießen sich über Sinterterrassen, die natürliche Badepools bilden, Kaskaden von mineralhaltigem Thermalwasser zu Tal. Das Wasser, das optisch den Eindruck von Seifenlauge macht, hat Heilwirkung und ist hier immer noch fast 30 Grad warm, nach dem es einige Kilometer weiter nördlich bereits das Kurbad von Saturnia gespeist hat. Natürlich zieht der frei zugängliche Wasserfall vor allem an Wochenenden Scharen von Besuchern an. Dann allerdings ist von dem ansonsten idyllischen Ort nur schwer ein positiver Eindruck mitzunehmen.

WOHNMOBIL-STELLPLATZ – SATURNIA

Wohnmobil-Stellplatz L'Alveare del Pinzi Saturnia [WP 031 / N42° 39' 22.4" E11° 30' 13.67"], Strada della Peschiera Saturnia. **Zufahrt/Lage:** Von den „Cascate del Molina" di Saturnia auf der SP10 ca. 1 km nordwärts Richtung Semproniano, dann westwärts abzweigen und noch 300 m. **Ausstattung:** Weitläufiges, fast schattenloses, schräges, staubiges Schottergelände mit Platz für ca. 100 Wohnmobile, teils mit Stromanschluss. „Cascate del Molina" in Gehnähe. **Geöffnet:** Ganzjährig. **Gebühr:** Die Standgebühr beinhaltete zuletzt auch die Nutzung der V & E-Station, Extragebühr für Strom und Dusche. Imbiss, Restaurant. Shuttlebus zur Therme.

WOHNMOBIL-STELLPLATZ – SANTA FIORA BEI AIOLO

Wohnmobil-Stellplatz Area di Sosta Camper Santa Fiora [WP 032 / N42° 50′ 6.11″ E11° 35′ 2.17″], Via Martiri della Niccioleta. **Zufahrt/Lage:** Auf der SS323 (Arcidosso – Triana) in Aiole Richtung Santa Fiora abzweigen, beschilderte Zufahrt im Ort, Abzweig zum Platz an der Tankstelle. **Ausstattung:** Einfacher Platz der Gemeinde am Nordrand des Ortes, 25 Plätze auf Schotter. Wasserzapfstelle und V & E-Säule, Strom. **Gebühr:** Kostenlos. Mehrere Restaurants im nahe gelegenen Ortszentrum.

Der eigentliche Kur- und Badebetrieb spielt sich in der Terme di Saturnia [N42° 39′ 33.25″ E11° 31′ 4.90″], etwa 3 km außerhalb Richtung Montemerano, ab. Der weitläufige Komplex des Firstclasshotels **Terme di Saturnia Spa & Golf Resort** (128 Zi.), mit Parkanlage, Thermalschwimmbädern und den Restaurants „Aqualuce" und „All'Acquacotta" ist das ganze Jahr über geöffnet und bietet Kuren, Therapien und Schönheitspflege sowie einen 18-Loch-Golfplatz; www.termedisaturnia.it.

Natürlich waren die Thermen schon in etruskischer Zeit bekannt. Damals kannte man den Ort als *Aurinia.* Und in einigen Aufzeichnungen ist zu lesen, dass Aurinia die älteste italienische Stadt gewesen sei. Allerdings ist von der etruskischen Stadt – außer Fragmenten einer Zyklopenmauer mit der Porta Romana – nicht mehr viel erhalten.

Die weitere Umgebung von Saturnia allerdings ist reich an antiken etruskischen Stätten. Nördlich von Saturnia wurde die etruskische Nekropole *Pian de Palma* wiederentdeckt.

*ROUTE: Von Saturnia auf der kurvenreichen SS323 nordwärts über **Semproniano, Triana** (malerischer Turm) und **Arcidosso** (Aldobrandeschi-Festung, Kirche Lamulas aus dem 12. Jh.) nach **Castel del Piano** in der Nähe des Monte Amiata.*

Knapp 7 km südöstlich von Arcidosso liegt an den Südhängen des Monte Amiata das Bergdorf **Santa Fiora [Wohnmobil-Stellplatz, WP 032 / N42° 50′ 6.11″ E11° 35′ 2.17″].** In früheren Zeiten war der Ort im Besitz der einflussreichen Clans der Aldobrandeschi und der Sforza. Aus jener Epoche stammt wohl auch die **Pfarrkirche Sante Fiora e Lucilla [N42° 49′ 50.06″ E11° 35′ 11.69″],** in der eine Reihe von Kunstwerken Della Robbias zu sehen sind.

Nicht weit von der Kirche entfernt entspringt in einem Parkweiher das Flüsschen Fiume Fiora.

Recht hübsch liegt an der Westflanke des Vulkanmassivs des Monte Amiata **Castel del Piano**, ein kleiner, ländlicher Ferienort in Halbhöhenlage.

Ein recht zentrale **Parkmöglichkeit [N42° 53′ 32.85″ E11° 32′ 17.18″]** gab es zuletzt an der Via San Giovanni hinter dem Rathaus, in dem auch die Touristeninformation untergebracht ist.

Das Zentrum des hübschen Städtchens, das schon 890 urkundliche Erwähnung fand, bildet die Piazza della Madonna. Hier findet man zwei der bedeutenden Kirchen des Ortes, die **Chiesa dell'Opera [N42° 53′ 35.69″ E11° 32′ 17.82″]** aus dem 17. Jh. und die **Chiesa della Madonna delle Grazie**, die aus dem 19. Jh. stammt.

PRAKTISCHE HINWEISE – CASTEL DEL PIANO/ARCIDOSSO

Associazoni Pro Loco, Via Guglielmo Marconi / Piazza Madonna, 9, 58033 Castel del Piano, Tel. +39 05 64 97 35 11.

Feste, Folklore, Märkte: Mercato dei Prodotti Regionale, der Markt, auf dem Produkte der unterschiedlichsten Art aus dem Gebiet rund um den Monte Amiata angeboten werden, findet jedes Jahr in der dritten Augustwoche statt.

RESTAURANTS

Il Girasole, Via Croce 2/A, Tel. +39 05 64 95 55 21, feine Trattoria, die Küche ist einfach, aber gut und die Preise sind moderat.
Taverna delle Logge, Via Della Penna, 10, Tel. +39 05 64 97 32 49.

HOTEL

Da Venerio **, 42 Zi., Piazza G. Carducci, 18, Tel. +39 05 64 95 52 44; www.davenerio.com; Restaurant.

CAMPING

Castel del Piano
Camping Amiata [WP 033 / N42° 53' 4.07" E11° 32' 11.60"], Via Roma, 15, Tel. +39 05 64 95 51 07; www.amiata.org; Jan. – Dez.; am südl. Ortsrand, Einfahrt durch ein Tor an der Straße nach Arcidosso etwa 1 km vom Ortszentrum entfernt; einfache, etwas in die Jahre gekommene Campingmöglichkeit mit hohen, alten Bäumen, hinter Wohnhaus und Wirtschaftsgebäude. Für Wohnmobile zwei kleine unebene Terrassen, ansonsten im dichten Pinienwald, vielfach in teilweise etwas beengte Stellplätze für Zelte unterteilt; ca. 4 ha – 110 Stpl.; einfache, veraltete Standard-Sanitärausstattung; Restaurant, Mietbungalows. **V & E für Wohnmobile** ungünstig zugänglich.

Monticello Amiata bei Arcidosso
Camping Lucherino [WP 034 / N42° 52' 56.37" E11° 28' 34.73"], Loc. Lucherino, Tel. +39 05 64 17 60 178; www.campinglucherino.net; 1. Mai – Anf. Okt.; von Arcidosso ca. 11 km westwärts auf kurvenreicher Landstraße nach Monticello Amiata; Terrassengelände durch Mauern und Treppen befestigt, schattig durch Kastanienbäume; 2,5 ha – 60 Stpl.; Standard-Sanitärausstattung. Restaurant, Imbiss, Waschmaschine. Mietcaravans.

WOHNMOBIL-STELLPLÄTZE

Arcidosso-Zancona
Wohnmobil-Stellplatz Area di Sosta Camper Parco Faunistico dell'Amiata [N42° 50' 11.10" E11° 31' 42.15"], Via Monte Labro. **Zufahrt/Lage:** Rund 9 km südlich von Arcidosso von der SS323 beschilderter Abzweig zum Monte Labro und zum Parco Faunistico, einem weitläufigen Naturschutzgebiet und Wildpark (Eintritt). Der Weg führt über eine staubige Schotterstraße zum Parkeingang, den man nach 2,7 km erreicht. **Ausstattung:** Der unbefestigte Parkplatz am Wildparkeingang kann auch von Wohnmobilen (etwa 10 Plätze) als Übernachtungsstellplatz genutzt werden. Es gibt einen Frischwasserhahn und eine V & E-Station. **Geöffnet:** Der Platz ist frei und uneingeschränkt zugänglich, liegt aber sehr abgeschieden und einsam. Der ideale Platz für alle, die absolute Ruhe und Einsamkeit inmitten wunderschöner Hügellandschaft suchen. **Gebühr:** Kostenlos.

TOUR 5: CASTEL DEL PIANO – SIENA

Länge der Tour: Rund 190 km, ohne Abstecher.

Die Route: Über Landstraßen und über die Höhen des **Monte Amiata** hinab Richtung **Abbadia San Salvatore** und weiter über den Weiler **Zaccaia** bis **La Conie**, östlich der Fernstraße SS2 – Landstraße bis **Radicófani** – SS478 über **Sarteano** bis **Chianciano Terme** – SS146 über **Montepulciano** und **Pienza** bis **San Quirico d'Orcia** – SS2 und Landstraße bis **Montalcino** – evtl. Abstecher zur **Abbazia di Sant'Antimo** – Landstraße und SS2 bis **Bunconvento** – SS451 über **Abbazia Monte Oliveto Maggiore** bis **Asciano** – SS438 und SS73 bis **Siena.**

Reisedauer: Mindestens ein Tag.

Höhepunkte: Die prächtigen **Ausblicke vom Monte Amiata** ** – ein **Spaziergang durch Montepulciano** ** und der Blick vom Rathausturm dort – ein Bummel durch **Pienza** ** – ein Gläschen **Brunello** in **Montalcino** – der Freskenzyklus in der Abbazia **Monte Oliveto Maggiore** ***.

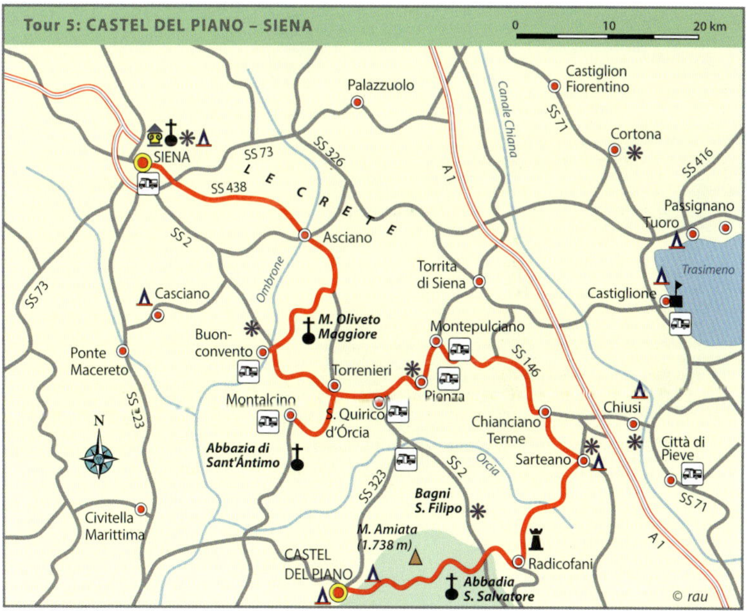

*ROUTE: Weiterreise ab Castel del Piano über den **Monte Amiata** zunächst Richtung **Abbadia San Salvatore**.*

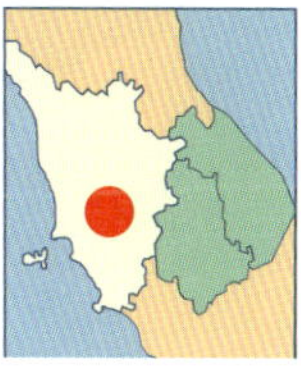

Der 1.738 m hohe **Monte Amiata** ist die höchste Erhebung in der südlichen Toskana. Auf guter Straße, die teils etwas steil ist, gelangt man auf schöner Bergfahrt und durch

ausgedehnte Kastanien- und Buchenwälder hinauf zum Amiatagipfel **Vetta Amiata [Parkplatz, WP 035 / N42° 53' 27.21" E11° 37' 39.41"]** (Wintersportgebiet, Lifte). Oben findet man etliche Hotels und Restaurants.

Zu Fuß (ca. 10 – 15 Min.) gelangt man zum Gipfel, den ein großes, schmiedeeisernes Gipfelkreuz und ein Wald von Antennen zieren. Die **Ausblicke** allerdings sind prächtig! An klaren Tagen sieht man von den Umbrischen Bergen bis zum Bolsena See und zum Tyrrhenischen Meer.

Das die Landschaft beherrschende Massiv des Monte Amiata ist vulkanischen Ursprungs und seit der Etruskerzeit bekannt für sein reiches Vorkommen an Zinnoberrot (Quecksilbersulfid) und die zahlreichen Thermalquellen, die am Fuße des Bergstocks hervortreten und die Brunnen und Bäder von Abbadia San Salvatore, Castel del Piano, Piancastagnaio u. a. speisen. Nehmen Sie sich Zeit für eine Fahrt rund um den Monte Amiata. Zum einen ist die Landschaft sehr reizvoll und zum Genießen, zum anderen sind die Straßen aber sehr kurvenreich, was nur ein langsames Fortkommen möglich macht.

Vor allem im Herbst, wenn sich die Kastanien- und Laubwälder leuchtend färben, bieten sich die Hänge des Monte Amiata als ideales **Wandergebiet** an. Es gibt markierte Wanderwege, die von der Vereinigung *Amiata Trekking* unterhalten werden.

Der Name des Ortes **Abbadia San Salvatore [Parkplatz, N42° 52' 58.79" E11° 40' 24.34"]**, der 812 m hoch auf einem Hügel liegt und eine beliebte Sommerfrische ist, stammt von einer ehemals mächtigen und sehr einflussreichen Zisterzienserabtei. Von Interesse ist die **Klosterkirche** (11. Jh.) romanischen Ursprungs und die von 35 Säulen getragene **Krypta**.

Die Sinterterrassen des „Fosso Bianco"

Rund 6 km südlich von Abbadia San Salvatore liegt in luftiger Höhe (772 m) des Bergdorf **Piancastagnaio**. Der Ort wird überragt vom mächtigen Festungsturm **Rocca Aldobrandescha [N42° 50' 58.01" E11° 41' 33.39"]**, der zum Palazzo Bourbon del Monte gehört.

ROUTE: Ab Abbadia San Salvatore geht es auf kleinen Landstraßen kurvenreich nach Nordosten über ***Zaccaria*** *bis* ***Le Conie*** *(ca. 12 km).*

3 km nordwestlich von Le Conie liegt **Bagni San Filippo**, ein kleiner Thermalkurort, der schon zu Zeiten der Medici als Kurbad diente.

Man kann einen Spaziergang zu den ansehnlichen schneeweißen Sinterterrassen **„Fosso Bianco" [N42° 55' 39.79" E11° 42' 9.21"]** machen (schlechte Parkmöglichkeit). Viele Leute kommen hierher, um im warmen schwefelhaltigen Wasser (28 Grad an der Quelle) am „Weißen Wasserfall" ein Bad zu nehmen.

Mein Tipp! Wer sich die teils etwas engen Landsträßchen über Radicófani nach Sarteano ersparen will, fährt besser auf der SS2 (Via Cassia) nordwärts und macht ab San Quirico d'Orcia auf der SS146 einen Abstecher ostwärts über Pienza nach Montepulciano.

Vor allem für Gespannfahrer dürften die Landstraßen in dieser Region wegen ihres schlechten Zustandes, der vielen Kurven, der oft welligen Fahrbahn und der ausgefransten Fahrbahnränder wegen, mühsam und beschwerlich sein.

*ROUTE: Weiterreise von Le Conie südostwärts nach **Radicófani** (rund 7 km).*

Radicófani ist eine Gründung des Langobardenkönigs *Desiderius.*

Das markant auf einem Hügel 895 m hoch gelegene Dorf ist durch seinen mächtigen **Wehrturm [N42° 53' 56.77" E11° 46' 3.90"]** schon von weitem zu erkennen. Der Turm ist Teil einer ehemaligen Papstburg, die auch in Boccaccios „Decamerone" eine Rolle spielt.

Der Überlieferung nach wurde mit dem Bau der Festung unter Papst Hadrian IV. im Jahre 1159 begonnen, um den drohenden Vormarsch Kaiser Friedrichs I. Barbarossa aufzuhalten.

*ROUTE: Die Fahrt auf den folgenden knapp 20 km auf der SS478 von Radicófani nach Nordosten bis **Sarteano** ist landschaftlich sehr ansprechend. Die Straße verläuft in erhöhter Lage und erlaubt immer wieder schöne Ausblicke.*

Sarteano [Parkplatz, N42° 59' 16.22" E11° 52' 11.80"] liegt in 573 m Höhe und zieht sich an einem sanften Hang hinauf zu einem mittelalterlichen Festungsturm, der den Ort überragt. Die Ursprünge der Festung gehen auf das 11. Jh. zurück. Im 15. Jh. war sie im Besitz der Republik Siena, kam dann an die Medici und wurde im Jahre 1617 von Cosimo II. an die Grafen Fanelli übergeben, in deren Familienbesitz sie noch heute ist.

Die halbkreisförmige Altstadt mit ihren Gassen, Plätzen und Kirchen ist durchaus sehenswert, auch wenn keine Kunstwerke von besonderem Rang zu bewundern sind.

Erwähnung verdient die **Kirche San Francesco** am Südrand der Stadt, an der Straße nach Radicófani. Die Kirche

PRAKTISCHE HINWEISE – SARTEANO

Ufficio Turistico Comunale, Corso Garibaldi, 9, 53047 Sarteano, Tel. +39 05 78 26 53 12; www.prolocosarteano.it.

HOTELS

La Lanterna *,** Via Monte Bianco, 2, Tel. +39 05 78 26 53 00; www.albergolalanterna.com. Restaurant, Schwimmbad, Parkplatz.

La Torre ai Mari *,** Via dei Mari, 31, Tel. +39 05 78 26 53 70; www.latorreaimari.it. Restaurant, Schwimmbad, Parkplatz.

CAMPING

Camping Parco delle Piscine, Via Campo dei Fiori, 30 **[WP 036 / N42° 59' 15.43" E11° 51' 53.11"]**, Tel. +39 05 78 26 971; www.parcodellepiscine.it; 15. Apr. – 30. Sept.; am Südwestrand des Ortes; ausgedehntes, ebenes, parzelliertes, gepflegtes Gelände mit viel Baumbestand, durch einen Kanal zweigeteilt, die meisten Stellflächen sind gekiest, die vordere Platzhälfte ist fast ausschließlich von Dauercampern belegt; ca. 12 ha – 350 Stpl.; Komfort-Sanitärausstattung. Restaurant, Imbiss, Laden, Schwimmbäder, Tennis, Ponyreiten, Internetecke. **V & E für Wohnmobile**. Recht teuer.

stammt aus dem 14. Jh., weist eine Renaissancefassade und Reste eines Kreuzgangs mit Doppelbögen auf und enthält im Inneren ein schönes Triptychon aus dem 14. Jh. von Jacopo di Mino del Pellicciaio. Dargestellt ist die Madonna mit Kind, flankiert von Heiligen, darüber in der Mitte die Verkündigungsszene.

Das eher bescheiden zu nennende **Museo Civico Archeologico di Sarteano [N42° 59' 24.47" E11° 52' 13.56"]** in der Via Roma 29 ist im Erdgeschoss des Palazzo Gabrielli untergebracht *(geöffnet Mai - Okt. tgl. a. Mo 10.30 - 12.30 Uhr + 16 - 19 Uhr)*. Das Gebäude stammt aus dem 15. Jh. und liegt nur wenige Schritte östlich von der zentralen Piazza XXIV Giugno entfernt. Das Archäologische Museum zeigt Funde, die in und um Sarteano gemacht wurden und die auf die Kulturepochen von der Bronzezeit über die Etruskerzeit bis in die lange Aera des Römischen Imperiums hinweisen.

Weiter sind erwähnenswert die Renaissancekirche **San Lorenzo** im Westen und die **Kirche San Martino** im Osten der Altstadt. Sie enthält ein Madonnenbildnis von Jacopo di Mino.

Nennenswerte Profanbauten sind der **Palazzo Piccolomini** (schöner Innenhof) östlich vom zentralen Palazzo Comunale und der Palazzo Cennini neben der San Lorenzo Kirche.

Eines der größten Volksfeste in Sarteano sind jedes Jahr am 15. August die historischen Reiterspiele **„Giostra del Saracino"**.

Im Ort gibt es Thermalschwimmbäder im Park beim Campingplatz.

Abstecher nach Cetona

Cetona, ein typisches auf einer Anhöhe gelegenes toskanisches Dorf, das überragt wird vom **„Torre del Rivellino"** und von einer mittelalterlichen Festung aus dem 12. Jh., ist eine uralte Ansiedlung, wie prähistorische Funde aus den umliegenden Grotten beweisen. Die bedeutendsten Funde, viele davon schmücken heute das Archäologische Nationalmuseum in Perugia, wurden in der **Grotta di Belvedere** gemacht. Wenn man sich die Mühe macht und die steilen Treppengassen im Ort hinaufsteigt, sollte man unterwegs auch einen Blick in die **Domkirche Collegiata [N42° 57' 44.32" E11° 54' 5.22"]** (13. – 15. Jh.) werfen. Sie enthält bemerkenswerte Gemälde, von denen einige Pinturicchio zugeschrieben werden.

Cetona ist aber auch bekannt für seine Weine, sein Olivenöl, seine handgewebten Stoffe und sein Keramikhandwerk.

ROUTE: Ab Sarteano geht es über die Landstraße nach Nordwesten zur Hauptstraße SS146 und weiter nach ***Chianciano Terme****, ca. 10 km.*

Chianciano Terme, einer der größten und bedeutendsten italienischen Kurorte mit namhaften Thermalbädern, liegt 550 m hoch in einer sanften, bewaldeten Berglandschaft. Die bekömmliche Wirkung der hier zutage tretenden Thermalquellen war schon in sehr früher Zeit bekannt.

Der Ortsname Chianciano geht wahrscheinlich auf etruskische, mit Sicherheit auf römische Zeit zurück. Damals kannte man die Thermen unter den Namen *„Clancianum"* oder *„Clantianum"*.

Ein Zusammenhang des Ortsnamens ist auch mit dem Namen des Flusses Chiana (früher Clanis) herzustellen, der östlich von Chianciano nach Norden fließt. In ihm findet sich das etruskische Wort *„Clan"* (Sohn) vom etruskischen Eigennamen *„Clante"* wieder. Aus diesem Namen soll sich übrigens auch der Name *„Chianti"* abgeleitet haben.

In einer Stadtbeschreibung der Kurverwaltung heißt es, dass das Bad von Sellèna, benannt nach einem Tempel der Mondgöttin Selène, von dem tatsächlich Reste gefunden wurden, schon im 4. Jh. v. Chr. ein vielbesuchter Kur- und Wallfahrtsort gewesen sei, zu dem damals vor allem Besucher aus der nahen Etruskerstadt Chiusi kamen.

Heute ist Chianciano ein moderner Kurort mit allen erdenklichen Kureinrichtungen, die von der ärztlichen Betreuung, über großzügige Trinkhallen, Parks und Bäder bis hin zu Freizeiteinrichtungen reichen. Und natürlich bietet die Stadt Unterkünfte (insgesamt fast 15.000 Betten) aller Kategorien.

Anwendung finden die Heilwässer bei Leber-, Galle-, Nieren-, Blasen- und Harnleiden.

Die enge, verwinkelte Altstadt liegt ganz am Nordostende der langgestreckten, sich rechts und links der Hauptstraße über fast drei Kilometer hinziehende Neustadt.

ROUTE: Rund 10 km weiter nordwestlich erreicht man nach kurvenreicher Fahrt über die SS146 ***Montepulciano.***

Montepulciano ist ein reizend auf einem Felskegel über 600 m hoch gelegenes Weinstädtchen. Wir halten uns rechts und fahren zum Nordende der noch von den alten Mauern umgebenen Altstadt. Dort findet man an der Via Elio Bernabei evtl. **Parkplätze [N43° 5' 53.10" E11° 47' 7.71"]**.

Der Überlieferung nach soll Montepulciano vom etruskischen König *Porsenna*, der im nahen Chiusi herrschte, im 6. vorchristlichen Jahrhundert gegründet worden sein. Verbürgt ist diese These allerdings nicht. Eher scheint es so, dass das römische Geschlecht der *Publiccii* die Stadtgründer waren und hier *Monte Publiciano* gründeten. Im Laufe der Jahrhunderte wurde aus dem Namen dann schließlich Montepulciano.

Im frühen 8. Jh., als Montepulciano eine gewisse politische Selbständigkeit erreicht hatte, taucht die Siedlung als *Castrum Politianum* auf.

Später wurde Montepulciano stark von den politischen Entwicklungen in Siena und Florenz beeinflusst, bis es sich schließlich mit Florenz verbündete und ständiges Mitglied in der „Signoria dei Medici" wurde.

Die Regierungsgewalt in Montepulciano lag damals in den Händen der großen, reichen Adelsgeschlechter, die allerdings ihr politisches Handeln häufiger nach den Interessen ihrer Familien, als nach dem öffentlichen Interesse ausrichteten.

Mag sein, dass diese Haltung das Entstehen einer breiten mittelständischen Bürgerschicht verhinderte. Sicher ist aber auch, dass es gerade diesen reichen Adelsfamilien zu verdanken ist, dass Montepulciano vor allem im 14., 15. und 16. Jh. eine Reihe prächtiger öffentlicher und privater Bauten erhielt, die das Städtchen mit seinem seit vierhundert Jahren unveränderten **„centro storico"** heute zu einer Sehenswürdigkeit machen.

Montepulciano

An Souvenir- und Weinläden ist in Montepulciano kein Mangel

Einer der namhaftesten Söhne der Stadt ist *Angelo Ambrogini*, genannt *Il Poliziano,* nach dem alten Namen seiner Geburtsstadt. 1454 erblickte der spätere große Renaissanceschriftsteller das Licht der Welt, kam schon in Kindesjahren nach Florenz, wo er 1494, gerade erst 40-jährig, starb. Angelo Ambrogini hatte in Florenz Zugang zum Hause Medici, gewann die Freundschaft Lorenzo de' Medicis und wurde schließlich mit der Erziehung von dessen Söhnen betraut.

Neben den großen kirchlichen Festen, die mit Prozessionen gefeiert werden, ist vor allem das **„Bravìo delle botti"** am letzten Sonntag im August ein spektakuläres Ereignis in der Stadt. Der Ursprung des Festes geht zurück ins 14. Jh. Damals wurde jedes Jahr am 29. August, dem Ehrentag des Heiligen Giovanni Decollato, dem Schutzpatron der Stadt, ein Pferderennen ausgetragen. Der Sieger erhielt als Trophäe ein scharlachrotes Tuch, das begehrte „Bravium" oder „Palium". Heute besteht der Wettkampf darin, dass die Teilnehmer aus den acht Stadtbezirken, den *contrade*, 80 kg schwere Holzfässer durch die engen Gassen der Stadt rollen. Dem Fest voran geht ein farbenfroher Umzug mit Trommlern, Fahnenschwingern, Reitern etc., bei dem die Teilnehmer historische Kostüme tragen.

Ein weiteres Ereignis ist zu Mariä Himmelfahrt die Aufführung des **„Bruscello"**, eine Art Volkstheater mit Rittergeschichten und örtlichen Legenden. Aufgeführt wird es auf der Piazza Grande vor dem Dom.

Von kultureller Bedeutung über die Stadtgrenzen hinaus ist das jährliche **„Cantiere Internazionale d'Arte"**. Dieses Musik-Festival mit sowohl klassischer als auch moderner Musik, mit Theater, Tanz und bildender Kunst, findet jedes Jahr im Juli und in der ersten Augustwoche statt.

Um Montepulciano wird der bei Kennern überaus geschätzte Rotwein **Vino Nobile di Montepulciano** angebaut.

Der kräftige, dunkelrote Wein mit D.O.C.G.-Prädikat durfte in alten Tagen nur von Weingütern, die im Besitz des Adels waren, angebaut und gekeltert werden. Das sieht man heute nicht mehr so eng. Aber das Anbaugebiet ist nach wie vor genau begrenzt, und die Weinmenge, die jedes Jahr produziert werden darf, präzise festgelegt.

Bester Vino Nobile, von dessen Aroma von versierten Weinzähnen ein Hauch von Veilchenduft erwartet wird, wird ausschließlich in Holzfässern ausgebaut und erreicht nach gut zwei Jahren seine volle Reife.

Nicht ganz so hohe Ansprüche werden an den rubinroten **Rosso di Montepulciano** gestellt, der aber als vorzüglicher Vino da Tavola geschätzt wird.

Wir beginnen unseren **Stadtspaziergang** durch Montepulciano an der Piazza Don Minzoni [Parkplatz, Touristeninformation, WP 037 / N43° 5' 51.36" E11° 47' 5.94"] am Nordende der Altstadt. Von hier aus führt die Hauptstraße Viale dei Sangallo, die später mehrfach den Namen wechselt, fast ständig ansteigend durch die Stadt bis zur Kirche Santa Maria dei Servi am Südende.

Der Weg durch das langgestreckte Städtchen zieht sich. Nehmen Sie sich etwa 1 1/2 bis 2 Stunden Zeit und bequeme Schuhe mit.

Schon nach kurzer Zeit macht die Hauptstraße einen leichten Knick. Achten Sie hier auf die schönen Renaissancefassaden der ehemaligen Stadtpalais auf der rechten Straßenseite, den **Palazzo Avignonesi** an der Biegung und den **Palazzo Bucelli**, zwei Häuser weiter. In letzterem sind unten im Mauerwerk Reste etruskischer Ascheurnen und verzierte Steine aus etruskischer und römischer Zeit eingearbeitet.

Später öffnet sich die Straße, die hier den Namen Via di Gracciano del Corso trägt, zur kleinen Piazza Michelozzo. Rechts die **Kirche Sant'Agostino [N43° 5' 44.37" E11° 47' 1.53"]**, deren Fassade Michelozzo gestaltet hat, und links der **Pulcinella-Turm** aus dem 16. Jh. Die weiße, maskierte Gestalt des Glockenschlägers auf dem Turm ist der Figur des Pulcinella aus der Commedia dell'arte nachempfunden.

Die Straße führt weiter bergauf, vorbei an einer Apotheke und einer Bank. Dort sieht man linkerhand den **Palazzo Cervini [N43° 5' 40.21" E11° 46' 56.22"]** und ein Stück weiter, bei der nächsten Apotheke, linkerhand den **Palazzo Grugni**.

Will man nicht den ganzen langen Weg bis zur **Kirche Santa Maria dei Servi [N43° 5' 24.17" E11° 46' 45.97"]** (14. Jh., gotisch-toskanische Fassade, schönes Portal) am Ende der Hauptstraße und von dort über die Via di San Donato zum großen Stadtplatz weitergehen, kann man den Weg abkürzen und über die Via del Teatro zurück stadteinwärts zur Piazza Grande gehen.

Die **Piazza Grande [N43° 5' 33.66" E11° 46' 50.58"]** ist der hochgelegene städtische Mittelpunkt. Der Platz ist umgeben von stattlichen und eindrucksvollen Renaissancebauten, deren Fassaden ein wunderschönes, harmonisches Ensemble bilden.

An der Westseite des Platzes dominiert der gotische **Palazzo Comunale** (Rathaus) mit seinem hohen, viereckigen Turm. In seinem ganzen Erscheinungsbild mit den Bossenquadern unten, den Bogenfenstern, den Zinnen und dem Turm darüber, erinnert er an den Palazzo Vecchio in Florenz. Unverkennbar, dass Michelozzo, der an dem Bau, der zwischen dem 14. und 15. Jh. entstand, maßgeblich mitgewirkt hat, den Einflüssen des damals dominierenden Florentiner Geschmacks erlegen war. Im Innenhof sieht man im ersten Geschoss schöne Loggien.

Der Turm kann bestiegen werden. Unterzieht man sich der Mühe, wird man mit einem ganz prächtigen Rundblick belohnt *(geöffnet werktags 10 - 13 + 14 - 18 Uhr)*.

Die Südseite des Platzes wird von der Fassade des **Doms** eingenommen, die allerdings unvollendet blieb und nicht mit Marmor verkleidet ist. Der dreischiffige Kirchenbau entstand im 16. und 17. Jh.

Im Inneren ist vor allem das Triptychon des Hauptaltars sehenswert, das aus dem frühen 15. Jh. stammt und von dem Sieneser Künstler Taddeo di Bartolo geschaffen wurde. Dargestellt sind Szenen aus der Marienlegende. In der Mitte „Mariä Verkündigung" und an den Seiten „Mariä Himmelfahrt" und „Mariä Krönung".

An der Ostseite der Piazza Grande sieht man den **Palazzo Contucci** und an der Nordseite schließlich rechts den wunderschönen **Renaissancepalazzo Tarugi** von Sangallo, mit Bögengängen, ionischen Wandsäulen und aufwendig gestalteten Fenstern, und links, etwas zurückversetzt, den **Palazzo del Capitano del Popolo**.

Davor erhebt sich der wunderschöne Brunnenüberbau mit den Florentiner Machtsymbolen, den Löwen, die hier das Wappen der Medici halten, und den Greifen.

Am Palazzo del Capitano gehen wir rechts die Via Ricci hinab. Nach wenigen Metern erreicht man den rechterhand gelegenen **Palazzo Neri-Orselli**, Haus Nr. 10. Hier ist heute das **Museo Ci-**

vico [N43° 5′ 36.07″ E11° 46′ 51.14″] mit der **Pinacoteca Crociani** untergebracht. Der Poliziani, wie Montepulcianos Einwohner auch genannt werden,

PRAKTISCHE HINWEISE – MONTEPULCIANO

Associazione Pro Loco Montepulciano [Parkplatz, WP 037 / N43° 5′ 51.36″ E11° 47′ 5.94″], Piazza Don Minzoni, 1, 53045 Montepulciano, Tel. +39 05 78 75 73 41; www.prolocomontepulciano.it.

Feste, Folklore, Märkte: Die Aufführung **„Bruscello"**, eine Art Volkstheater mit Rittergeschichten, zu Mariä Himmelfahrt an vier Tagen Mitte August; www.bruscello.it.
„Bravìo delle botti", Wettlauf mit Fässern, am letzten Sonntag im August.
„Cantiere Internazionale d'Arte", Musik-Festival mit sowohl klassischer als auch moderner Musik, mit Theater, Tanz, jedes Jahr im Juli und in der ersten Augustwoche auf der Piazza Grande.

Shopping und Souvenirs: Capoverso di Adriana Avignonesi, Via di Gracciano del Corso, 85; www.vinicapoverso.com. In dem historischen Weinkeller werden neben diversen Vino Nobile di Montepulciano auch Pino Nero und feines Olivenöl verkauft.
Ähnlich verhält es sich in der **Azienda Contucci** in der Via del Teatro, 1; www.contucci.it.
Eine der ältesten Kellereien in Montepulciano ist die **Cantina del Redi**, Via di Collazzi, 5; www.cantinadelredi.com. Natürlich gibt es auch dort erstklassigen Vino Nobile, aber auch diverse Vini da Tavola und Grappa.

RESTAURANTS

Relativ einfach, dafür mit freundlichem Service und guter toskanischer Küche und stattlicher Weinkarte präsentiert sich die Trattoria **Diva e Maceo** in der Via di Gracciano nel Corso, 90/92, Tel. +39 05 78 71 69 51.
Osteria del Conte, Via di Santo Donato, 19, Tel. +39 05 78 75 60 62; www.osteriadelconte.it, kleines Lokal mit Terrasse.

HOTELS

Il Marzocco *,** 16 Zi., Piazza Savonarola, 18, Tel. +39 05 78 75 72 62; www.albergoilmarzocco.it; das kleine, relativ einfache Hotel befindet sich in einem Gebäude aus dem 16. Jh. Mittlere Preislage. Restaurant, Mittwoch Ruhetag.
Panoramic ***, 20 Zi., Via di Villa Bianca, 8, Tel. +39 0578 79 83 98; https://www.hotelpanoramic.com/de/hotel.php, in schöner Höhenlage gegenüber der Stadt mit Schwimmbad, Parkplatz.
Duomo ***, 13 Zi., Via di San Donato, 14, Tel. +39 05 78 75 74 73; www.alberguoduomomontepulciano.it, Parkmöglichkeit 150 m entfernt.
Il Borghetto ***, 17 Zi., Via Borgo Buio, 7, Tel. +39 05 78 75 75 35; www.ilborghetto.it, Parkmöglichkeit.

WOHNMOBIL-STELLPLATZ

Wohnmobil-Stellplatz Area di Sosta Camper Piazza Pietro Nenni P5 [WP 028 / N43° 5′ 44.68″ E11° 47′ 13.74″], Via delle Lettere. **Zufahrt/Lage:** Hinter dem Busparkplatz, auf Parkplatz P5 am Ostrand unterhalb der Altstadt. **Ausstattung:** Asphaltierter Platz für etwa 30 Wohnmobile, erhöht gelegen, von Pinien umgeben, mit Blick ins Land. **Geöffnet:** Ganzjährig, donnerstags aber, während des Wochenmarktes, nur eingeschränkt zugänglich. **Gebühr:** Pro Fahrzeug inkl. Wasser und V & E-Station. Parkscheinautomat. Die Altstadt ist vom Parkplatz aus gut zu Fuß zu erreichen.

Francesco Crociani, vermachte seine umfangreiche Kunstsammlung 1859 der Stadt. Zu sehen sind neben etruskischen Urnen und Terrakotta-Arbeiten der Della Robbias, vor allem Gemälde italienischer Künstler vom 15. bis ins 18. Jh. Eines der bedeutendsten Werke dürfte die *„Kreuzigung"* von Filippino Lippi sein.

Vorbei an der Kirche San Francesco gelangt man zum Postamt, geht rechts und erreicht gleich darauf die Via di Gracciano del Corso, die zurück zum Ausgangspunkt führt.

Die Pläne zu diesem aus gelblichem Travertin errichteten und kuppelgekrönten Kirchenbau, der im 16. Jh. nach über zehnjähriger Bauzeit von Papst Klemens VII. eingeweiht worden ist, stammen von *Antonio da Sangallo* dem Älteren. Der Grundriss gleicht einem griechischen Kreuz.

Interessant sind die beiden säulengeschmückten Türme an der westlichen Hauptfassade, von denen aber nur einer vollendet ist. Die Türme stehen unmittelbar an der Fassade, haben aber dennoch keine Verbindung zum Baukörper.

Toskanalandschaft bei Montepulciano

ROUTE: Auf der Weiterfahrt von Montepulciano auf der SS146 über ***Pienza*** *nach* ***San Quirico d'Orcia*** *kommt man durch wunderschöne, typische Toskanalandschaft, mit sanft geschwungenen Anhöhen, gepflegten Villen und Gehöften auf den Hügelkuppen und den das Bild der Landschaft seit je prägenden schlanken Zypressen.*

Westlich außerhalb von Montepulciano sieht man die prächtige, stilreine Renaissancekirche **Tempio di San Biagio [N43° 5' 26.20" E11° 46' 28.86"]** *(geöffnet tgl. 9 - 13 Uhr + 16 - 19 Uhr)*. Auf die Kirche führt eine schöne **Zypressenallee** zu.

Pienza, ein Städtchen mit kaum mehr als 2.500 Einwohnern, von dem ein romantischer Dichter einmal sagte, es sei *„mit Liebe erdacht und voller Schönheit erträumt"* (nata da un pensiore d'amore e da un sogno di belezza), liegt fast 500 m hoch auf einem Hügelrücken.

Pienza, das früher einmal *Corsignano* hieß, ist eng mit dem Namen *Enea Silvio Piccolomini* verbunden. Piccolomini war hier 1405 geboren worden und ging später als **Papst Pius II.** in die Kirchengeschichte und als Humanist und feinsinniger Historiker und Schriftsteller in die Kunstgeschichte ein. Diesem großen Sohn der Stadt verdankt Pienza im

Grunde seine Existenz in seiner heutigen Form.

Pius II. beauftragte den Renaissancebaumeister *Bernardo Gamberelli*, genannt Rossellino, mit dem Neubau des Städtchens, das sich um einen Kern repräsentativer Bauten gruppiert und als

War einstmals als päpstliche Sommerresidenz vorgesehen, das hübsch gelegene Pienza

päpstliche Sommerresidenz dienen sollte. Noch bevor aber die wichtigsten Bauarbeiten abgeschlossen werden konnten, starb Pius II. im Jahre 1464.

Einer der wenigen zentralen **Parkplätze [WP 039 / N43° 4' 44.5" E11° 40' 40.3"]** ist in der Via degli Archi zu finden.

Sehr sehenswert ist die kleine, recht harmonisch wirkende **Piazza Pio II. [N43° 4' 35.65" E11° 40' 44.16"]** und die sie umgebenden Gebäude. Geht man über die Hauptstraße Rossellino hinein in den alten Stadtkern, stößt man direkt auf den Platz und sieht unmittelbar rechts den dominierenden Viereckbau mit Innenhof des **Palazzo Piccolomini** *(geöffnet Mitte März - MItte Okt. tgl. a. Mo 10 - 18.30 Uhr, sonst bis 16.30 Uhr; www.palazzopiccolominipienza.it)*. Der Bau wurde von Rossellino in Anlehnung an den Palazzo Ruccellai in Florenz entworfen, zu Zeiten Pius II. begonnen, aber erst unter Pius III. (Francesco Todeschini Piccolomini, einem Neffen Pius' II.), fertiggestellt. Neben dem **Innenhof** ist vor allem die **Südfassade** mit ihren Loggien über den Palastgärten, von denen aus man einen wunderbaren Blick über das Orcia-Tal bis zum Monte Amiata genießen kann, ein auflockerndes Element an dem Renaissancebau.

Der Palast kann besichtigt werden. Gezeigt werden u. a. das päpstliche Schlafzimmer, eine Waffensammlung und die Medaillensammlung der Piccolomini Päpste.

Vor dem Palast sieht man einen schönen Brunnenüberbau, der von Rossellino stammt.

Neben dem Palazzo Piccolomini erhebt sich die schlichte Renaissancefassade des **Doms**, der im übrigen aber im gotischen Stil gehalten ist, was sich u. a. durch das dreischiffige, hohe Innere und die mit schönem Maßwerk versehenen Fenster dokumentiert. Der Dom enthält einige kostbare Kunstwerke. Dazu zählt ein Gemälde von Matteo di Giovanni. Es zeigt Maria mit dem Kinde, flankiert von Heiligen. Weiter gehören ein silberner Reliquienschrein und in der unterirdischen Krypta ein Taufstein von Rossellino zu den Kirchenschätzen.

Die Chorapsis des Doms hat sich übrigens schon mehrfach leicht gesenkt und muss ständig überwacht und unterfangen werden.

Links vom Dom steht der **Palazzo Borgia**. In ihm ist heute das **Museo Diocesano** untergebracht *(geöffnet Ende März - Okt. Mi - Mo 10 - 13 Uhr + 14.30 - 18 Uhr, sonst Sa + So 10 - 16 Uhr)*. Zu den bedeutendsten Exponaten des Diözesanmuseums werden die flämischen Wandteppiche aus dem 16. und 17. Jh., ein kostbarer, mit 150 Figuren reich bestickter Chormantel Pius' II. aus dem 15. Jh., ein schön geschnitztes Holzkreuz aus der gleichen Zeit, sowie diverses Kir-

PRAKTISCHE HINWEISE – PIENZA

Ufficio Informazioni Turistiche di Pienza, Corso il Rosselino, 30, 53026 Pienza, Tel. +39 05 78 74 99 05; www.comune.pienza.siena.it; *geöffnet tgl. 10 - 13 Uhr, 15 - 18 Uhr.*

RESTAURANTS

La Terrazza del Chiostro, Via del Balzello, Tel. +39 05 78 74 81 83. Mo geschl.
Bucca delle Fate, Corso Rossellino, 38, Tel. +39 05 78 74 82 72. Mo geschl.

HOTELS

Il Chiostro di Pienza ***, 32 Zi., Corso Rossellini, 26, Tel. +39 05 78 74 84 00; www.relaisilchiostrodipienza.com, neben der Kirche und nahe der Piazza Pio II., sehr schön eingerichtet in ehemaligem Kloster mit Restaurant s. o. und Schwimmbad. Parkplatz.
Corsignano ****, Via della Madonnina 11, Tel. +39 05 78 74 85 01; www.hotelcorsignano.it.

WOHNMOBIL-STELLPLÄTZE

Wohnmobil-Stellplatz Agricampeggio Podere Il Casale [N43° 4' 51.33" E11° 42' 41.75"], Loc. Il Casale, Tel. +39 05 78 75 51 09; www.podereilcasale.it. **Geöffnet:** März – Nov., vor allem im Sommer ist eine Reservierung ratsam! **Lage/Zufahrt:** Von Pienza der braunen Beschilderung „Monticchiello 6 km" folgen, etwa auf halber Strecke Abzweig nordwärts zum Platz. **Ausstattung:** 8 Stellplätze auf Wiese und Schotter bei einem Bio-Bauernhof und Weingut im Parco Artistico Naturale della Val d'Orcia. **Gebühr:** Für Wohnmobil plus Gebühr pro Person inkl. Nutzung der Sanitäranlagen. Strom Extragebühr. Hauseigenes Brot und Käse etc. im Hofladen. Restaurant.

San Quirico d'Orcia

Wohnmobil-Stellplatz Area Sosta Comunale San Quirico d'Orcia [WP 040 / N43° 03' 22.2" E11° 36' 25.3"]. Lage/Zufahrt: Via delle Scuole, am Sportplatz. **Geöffnet:** Ganzjährig. **Gebühr:** Gebührenpflichtig, Parkscheinautomat. **Ausstattung:** Ebener, asphaltierter, schattenloser Parkplatz mit etwa 20 Stellplätzen. Ver- und Entsorgung, Chemikalausguss, Frischwasser. Ortszentrum gut zu Fuß zu erreichen.

chengerät, ein bemaltes Chorbuch und diverse Gemälde gezählt.

Auf der Nordseite schließlich wird die Piazza Pio II. durch den von einem viereckigen, zinnenbewehrten Turm überragten und mit Arkadenbögen versehenen **Palazzo Pubblico** (Rathaus und Information) abgeschlossen.

Versäumen Sie nicht, einen kleinen Bummel durch die Gassen zur alten Stadtmauer zu unternehmen, die hinter dem Dom verläuft. Von dort hat man einen wirklich schönen Ausblick auf die umliegende Hügellandschaft.

Pienza ist seit alters her bekannt für seinen aromatischen **Schafskäse „pecorino"**. Nach uralter Tradition wird denn auch jedes Jahr am ersten Sonntag im September die **„Feria del Cacio"**, die Käse-Messe, abgehalten.

Man erreicht **San Quirico d'Orcia** an der Straße SS2, ein altes, kleines Städtchen mit gut erhaltener Stadtmauer.

Sehenswert unter den Kirchen und Palästen des Ortes ist vor allem die romanische **Collegiata** mit einem sehr schönen Portal aus dem 13. Jh. Im Inneren ein Triptychon von Sano di Pietro und ein geschnitzter Chor.

Ist fast paradiesisch zu nennen, die Lage der Abbazia di Sant'Antimo

*ROUTE: Landschaftlich sehr reizvoll ist der kleine Umweg von San Quirico d'Orcia zunächst südwärts durch das Landschaftsschutzgebiet Area Protetta Val d'Orcia über **Castiglione d'Orcia** bis **Santa Maria** (16 km) und weiter nach Nordwesten über **Castelnuovo dell'Abate** mit der **Abbazia di Sant'Antimo** nach **Montalcino** (19 km).*

*Kürzer ist der direkte Weg von San Quirico d'Oricia auf der SS2 „Via Cassia" westwärts bis **Lama** und dort Abzweig ins nahe **Montalcino**.*

Mein Tipp! Gut 10 km südlich von Montalcino liegt bei der kleinen Ortschaft **Castelnuovo dell' Abate** in ländlicher Umgebung die sehenswerte Zisterzienserabtei **Abbazia di Sant'Antimo** *(geöffnet Apr. - Okt. tgl. 10 - 19 Uhr; Nov. - März tgl. 10 - 17 Uhr; www.antimo.it)*. Alleine die Lage der von uralten, knorrigen Olivenbäumen umgebenen Abtei ist einfach bezaubernd und lohnt den Abstecher hierher.

Das Kloster wurde schon im 9. Jh. von Benediktinermönchen gegründet. Es heißt, Karl der Große hätte die Klostergründung veranlasst. Die Beweise, bzw. die Dokumente, die diese Annahme belegen könnten, sind leider bei einem großen Feuer, dem die ganze Klosterbibliothek zum Opfer fiel, verbrannt.

Später im 11. Jh. errichteten Zisterzienser die Kirchengebäude im romanischen Stil. Der Bau gelang so vollkommen, dass die **Abteikirche** mit ihrem durch hohe Säulen in drei Schiffe unterteilten Inneren von Kunsthistorikern als eines der schönsten Architekturbeispiele der Romanik gezählt wird.

Von der alten Klosteranlage ist nicht viel mehr als die schön restaurierte Klosterkirche mit ihrem gewaltigen, viereckigen Turm erhalten.

Bemerkenswerte Kunstwerke im Inneren der Kirche ist ein Madonnenbildnis aus dem 12. Jh. und die Christusfigur am Altarkreuz.

Und wenn Sie an einem ganz normalen Werktag im Frühling oder im späten Herbst hierher kommen, kann Ihnen das Glück widerfahren, die beschauliche Stille hier ganz alleine genießen zu dürfen.

Das 567 m hoch gelegene **Montalcino** wird von einer mittelalterlichen Burg, der **Rocca,** überragt. Das Städtchen beherbergt in seinen strengen Stadtmauern ein bescheidenes **Diözesanmuseum** und ein **Städtisches Museum [N43° 3' 26.59" E11° 29' 21.64"]**, das u. a. eine alte kostbare Pergamentbibel aus

WOHNMOBIL-STELLPLÄTZE

Castiglione d'Orcia

Wohnmobil-Stellplatz Parking Impianto da Tennis [43° 0' 12.8" E11° 36' 57.7"], Viale Guglielmo Marconi. **Zufahrt/Lage:** 7 km südlich von San Quirico d'Orcia an der Straße Richtung Castel del Piano. **Geöffnet:** Ganzjährig. **Ausstattung:** Parkplatz für 8 Wohnmobile, Wasserzapfstelle und V & E-Station. **Gebühr:** Kostenlos.

Montalcino

Wohnmobil-Stellplatz Parcheggio per Camper Montalcino [WP 041 / N43° 02' 56.9" E11° 29' 14.8"], Via Osticcio. **Zufahrt/Lage:** Ca. 1 km südl. des Ortes. Beschildert. Vom Ort sehr steile Zufahrt hinauf zum Stellplatz. **Geöffnet:** Ganzjährig. **Gebühr:** Parkscheinautomat. **Ausstattung:** Asphaltierter Parkplatz mit gepflasterten Stellplätzen für ca. 25 Wohnmobile. Von Wohnhäusern und Bäumen umgeben. Wasserzapfstelle und V & E-Station. Der Ort Montalcino ist vom Parkplatz aus gut zu Fuß zu erreichen, ca. 500 m.

Montalcino-La Croce

Wohnmobil-Stellplatz Agriturismo La Crociona [WP 042 / N43° 02' 18.7" E11° 30' 10.4"], La Croce 15, Tel. +39 05 77 84 71 33; www.lacrociona.com. **Zufahrt/Lage:** Von Montalcino ca. 3 km südwärts Richtung Kloster Sant'Antimo. **Geöffnet:** April bis Oktober. **Gebühr:** Kostenlos, Einkauf im Hofladen erwünscht. **Ausstattung:** Schräge Wiese hinter dem Weingut, Platz für ca. 10 Wohnmobile. Wasserzapfstelle.

dem 12. Jh., Terrakotten von Luca della Robbia und verschiedene Gemälde enthält.

Montalcino wartet aber auch mit einer richtiggehenden Berühmtheit auf, mit seinem weithin geschätzten Wein **Brunello di Montalcino**. Der Wein gehört in die Reihe der qualitativ besten Weine, die in der Toskana produziert werden.

Brunello wird zu hundert Prozent aus Sangiovesetrauben gewonnen, die ausschließlich in den Lagen der Gemeinde Brunello gereift sein müssen. Der Wein ist rubin- bis granatrot, hat ein reichhaltiges Bouquet und einen Mindestalkoholgehalt von 12,5 Grad.

Garantiert werden diese Kriterien, die Herkunft, sowie die hochstehende Qualität der Erzeugerabfüllungen durch das Prädikat D.O.C.G, das Brunello-Weinen übrigens als ersten toskanischen Weinen verliehen wurde.

Einige Adressen, die für ihren vorzüglichen Brunello bekannt sind: **Biondi-Santi - Tenuta Greppo**, Villa Greppo, 183, Tel. +39 05 77 84 80 87; www.biondisanti.com, **Fattoria dei Barbi**, Loc. Podernovi, 170, Tel. +39 05 77 84 11 11; www.fattoriadeibarbi.it oder **Azienda Agricola Case Basse G. Soldera**, Loc. Case Basse, Tel. +39 05 77 84 85 67; www.soldera.it.

Und gut essen und trinken kann man u. a. etwas außerhalb des Städtchens im 3 km entfernten Poggio Antico im gleichnamigen **Restaurant „Poggio Antico"**, Tel. +39 05 77 84 80 44; www.poggioantico.com (Sonntagabends und montags außer im Sommer geschlossen, Tischreservierung empfehlenswert, angenehmes Ambiente, gute, regionale Küche, gut-sortierter Keller natürlich mit Brunello Weinen, mittlere bis gehobene Preislage) oder im 5 km entfernten Podernovi in der **„Taverna dei Barbi"** (Tel. +39 05 77 84 71 17). Das Gut Fattoria dei

Barbi, zu dem die Taverne gehört, erzeugt eigenen Brunello di Montalcino in vorzüglicher Qualität.

*ROUTE: Von Montalcino ostwärts zur SS2 „Via Cassia“, der wir nordwestwärts Richtung Siena folgen. In **Buonconvento**, das man nach 10 km erreicht, verlassen wir die SS2 und folgen der SS451 nach Nordosten zur 10 km entfernten **Abbazia di Monte Oliveto Maggiore**.*

In dem historischen Städtchen **Buonconvento [Parkplatz, WP 043 / N43° 8‘ 20.55“ E11° 28‘ 58.23“]** starb 1313 Kaiser Heinrich VII. Der Ort war schon im 12. Jh. eine wichtige Pferdewechselstation und Haltepunkt der hochherrschaftlichen Reisenden auf ihrem Wege von Florenz nach Rom, der alten „Frankenstraße“.

Ein Spaziergang über die Via Saccini, die verkehrsberuhigte Hauptstraße durch den überschaubaren Altstadtkern, lohnt allemal. Dort ist im **Palazzo Pretorio** aus dem 14. Jh., unverkennbar durch seinen Turm, der aussieht wie eine Zwergkopie des Torre del Mangia in Siena, gleich neben der Kirche das **Museo d'Arte Sacra della Val d'Arbia [N43° 8‘ 21.31“ E11° 28‘ 55.38“]** untergebracht, Via Soccini, 18 *(geöffnet Apr. - Okt. Di - So 10 - 13 Uhr + 15 - 18 Uhr, sonst Sa + So bis 17 Uhr; www.museisenesi.org/museisenesistatici/SitoSiena/MuseoBuonconvento.html)*. Ausgestellt sind vor allem sakrale Kunstwerke und Gemälde, die der Sieneser Schule zugeschrieben werden. Vertreten sind z. B. Arbeiten von Andrea di Bartolo, Sano di Pietro oder Duccio di Buoninsegna. Das Museum fungiert auch als Touristeninformationsbüro von Buonconvento, Tel. +39 0577 80 71 81.

Gut essen und trinken kann man in Buonconvento im Restaurant **Da Mario**, Via Soccini, 60, Tel. +39 0577 80 61 57.

Und Unterkunft bietet die Zwei-Sterne-Herberge **Albergo „Roma“** (15 Zi., Via Socchini. 14, Tel. +39 0577 80 60 21, Parkplatz) in der Altstadt neben dem Museum oder das **Hotel Ghibellino**, Via Dante Alighieri, 2, Tel. +39 0577 80 91 12; www.hotelghibellino.it/, das am Rande der Altstadt liegt und Parkmöglichkeit bietet.

Freskenzyklus mit Szenen aus dem Leben des Hl. Benedikt in der Abtei Monte Oliveto Maggiore

Die Abtei **Abbazia di Monte Oliveto Maggiore [Parkplatz, WP 044 / N43° 10‘ 38.93“ E11° 32‘ 51.13“]** liegt rund 6 km nordöstlich von Buonconvento etwas abgeschieden in einem weiten Waldgebiet *(geöffnet im Sommer tgl. 9.15 - 12 Uhr + 15.15 - 18 Uhr, sonst bis 17 Uhr; www.monteolivetomaggiore.it)*. Das Kloster, zu Beginn des 14. Jh. von dem aus Siena stammenden *Bernardo Tolomei* gegründet, ist das Stammhaus eines Zweiges des Benediktinerordens, der Olivetaner.

Zu den großen Sehenswürdigkeiten des Klosters, zu dem ein schöner Zypressenweg führt, zählt der großartige **Freskenzyklus**, der die Wände im **Großen Kreuzgang** ziert. Geschaffen wurden die Wandgemälde Ende des 15., Anfang des 16. Jh. von *Luca Signorelli* und *Sodoma*. Dar-

WOHNMOBIL-STELLPLATZ

Buonconvento

Wohnmobil-Stellplatz Area de Sosta Camper Campo Sportivo Buonconvento [N43° 08' 3.78" E11° 29' 2.08"], Via Giuseppe di Vittorio. **Geöffnet:** Ganzjährig. Platz ist am Markttag Samstag nicht zugänglich. **Gebühr:** Kostenlos. **Ausstattung:** An der Südseite der städt. Sportanlagen. Parkplatz mit ca. 20 Stellflächen für Wohnmobile und Pkw teils geteert. Keinerlei Einrichtungen außer Mülleimer und Beleuchtung.

CAMPING

Casciano di Murlo bei Montenori

Camping Le Soline [N43° 09' 20" E11° 19' 52"], Via delle Soline, Tel. +39 0577 81 74 10; www.lesoline.it; ganzjährig geöffnet; Abzweig von der SS2 (Siena – Buonconvento) bei Lucignano, und 15 km westwärts nach Casciano; gut schattiger Terrassenplatz mit Blick ins Land; 6 ha - 140 Stpl., Standard-Sanitärausstattung. Restaurant, Imbiss, Laden, Schwimmbad, WLAN auf dem Gelände. Mietbungalows. **V & E für Wohnmobile.**

gestellt sind 35 Szenen aus dem Leben des hl. Benedikt. Die Fresken werden von Kunsthistorikern zu den größten Meisterwerken der Renaissancekunst gezählt!

Außerdem verdient das **Chorgestühl** – eine herausragende Arbeit von *Fra´ Giovanni da Verona* aus dem 15. Jh. – in der barocken Klosterkirche (17. Jh.) Beachtung. Auf Führungen zeigen die Mönche auch das Refektorium, die Bibliothek (40.000 Bände) und die Klosterapotheke.

In einem zum Kloster gehörenden **Souvenirladen,** der in einem Wirtschaftsgebäude nebenan eingerichtet ist, verkaufen Mönche neben Büchern auch Produkte der Region wie Honig, Olivenöl oder einen hauseigenen Klosterlikör.

Im Eingangsbereich des Klosterareals befindet sich das viel besuchte **Ausflugsrestaurant „La Torre"**, Tel. +39 0577 70 70 22.

ROUTE: *Sehr lohnend, weil landschaftlich überaus reizvoll, ist der weitere Weg von* ***Abbazia Monte Oliveto Maggiore*** *nach* ***Asciano*** *und von dort über die SS438 und die Hügel der „Crete" nach* ***Siena.*** *Von Asciano ist Siena gut 26 km entfernt.*

Toskanalandschaft in den Hügeln der „Crete" bei Siena

Eine eingehende Beschreibung von **Siena**, dessen Besuch zweifelsohne zu einem besonderen Höhepunkt einer Toskanareise zählt, finden Sie auf den nächsten Seiten der Tour 6.

TOUR 6: SIENA

Reisedauer: Mindestens zwei Tage.

Höhepunkte: Ein Bummel durch die historische **Innenstadt** *** – die **Piazza del Campo** *** mit dem **Palazzo Pubblico** *** – der **Stadtblick vom Rathausturm** ** – der **Dom von Siena** *** und das **Baptisterium** ** – die **Pinakothek** ***, das **Dombaumuseum** und weitere **Museen** der Stadt.

Siena, heute eine Stadt mit annähernd 54.000 Einwohnern, erstreckt sich über drei Hügel im Herzen der Toskana.

Vor allem in der Zeit der Gotik erlebte Siena eine Blütezeit in seiner Stadtgeschichte. Damals war Siena lange – macht- wie kulturpolitisch – der große Gegenspieler von Florenz.

Aus jener Zeit stammt auch die weitläufige, rund 7 km lange, rote Stadtmauer, die größtenteils noch erhalten ist und eindeutig darauf hinweist, dass die damaligen Stadtplaner mit einer gewaltigen Expansion rechneten, die mit der Eroberung durch Florenz dann aber gestoppt wurde.

Siena weist einmalige Kunstschätze auf, die zusammen mit dem wunderschönen **alten Stadtbild** einen Besuch zum unvergesslichen Erlebnis machen.

Alleine ein Bummel durch die mittelalterlichen Gassen und Straßen – die historische Innenstadt ist glücklicherweise für den allgemeinen Autoverkehr gesperrt – zum zentralen Stadtplatz **Piazza del Campo** und weiter zum prächtigen **Dom**, verschafft bleibende Eindrücke. *„Cor magis tibi Sena pandit"* (Siena öffnet Dir sein Herz), heißt es denn auch auf dem Bogen des alten Stadttores Porta Camollia am Ende der Via di Camollia im Nordwesten der Stadt.

Zur Besichtigung der bedeutendsten Sehenswürdigkeiten, Architektur- und Kunstschätze, sollten *mindestens* zwei Tage vorgesehen werden.

Übrigens: Die Rocksängerin Gianna Nannini stammt aus Siena.

Siena's Stadtgeschichte

Mit Sicherheit kann davon ausgegangen werden, dass hier schon in der frühen Römerzeit eine Siedlung bestand, die als römische Kolonie *„Sena Julia"* auftaucht.

Ein Hinweis darauf, dass der Stadtgründer sehr wahrscheinlich einer der beiden Zwillinge Romulus oder Remus war, ist die römische Wölfin, die in Siena auf Denkmälern, im Wappen einer der Contrade (siehe unter Palio) und im Stadtwappen zu sehen ist.

Später, etwa ab der unruhigen Zeit der Völkerwanderung, gehörte Siena zeitweise zum Reich der Langobarden, dann wieder wurde es eine Grafschaft der Franken. Unter dem starken Einfluss der fränkischen Grafen konnte sich Siena um die Mitte des 12. Jh. zur selbständigen Republik ernennen. Es begann eine wirtschaftliche Blütezeit, die auch weitreichende politische Macht mit sich brachte. Diese politische Macht ließ Siena aber rasch zu einem Erzrivalen von Florenz werden.

Einer der frühen Streitpunkte war die Rivalität der großen politischen Bewegungen jener Zeit, der Guelfen (Welfen) und der Ghibellinen (Waiblinger). Als Florenz – lange die traditionelle Hochburg der papsttreuen Guelfen – alle kaisertreuen Ghibellinen aus der Stadt wies, die in Siena Zuflucht fanden, begannen offene Feindseligkeiten. Sie gipfelten 1260 zunächst in der Schlacht von Montaperti, in der die Sieneser unter Provenzano Salvani und Farinata degli Uberti einen glänzenden Sieg über die Florentiner errangen.

Nach der Schlacht war die Position Sienas noch unangreifbarer geworden.

Dennoch wirkte sich der Bann, den der Papst nach der Schlacht über Siena verhängt hatte, bald auf das politische Gefüge der Stadtrepublik aus.

Viele der Sieneser Kaufleute traten zu den Guelfen über, sicherten sich so zwar ihr wirtschaftliches Fortkommen, schwächten aber andererseits die Sache der kaisertreuen Ghibellinen, deren Hochburg Siena lange war. Nach dem Untergang des staufischen Kaisertums schließlich wurde ganz Siena guelfisch.

Von 1297 bis in die Mitte des 14. Jh. lag die Regierungsgewalt in der Hand des „Rates der Neun". In jener Zeit erlebte die Stadt erneut eine Blütezeit, in der viele der grandiosen gotischen Bauwerke entstanden oder vollendet wurden, darunter der Palazzo Pubblico, der Dom und diverse Adelspaläste.

1348 wurde Siena von der Pest heimgesucht, der große Teile der Bevölkerung zum Opfer fielen. Fast schien es so, als wäre die Epidemie das Totenglöcklein, das den Niedergang des Stadtstaates einläutete.

Siena fiel ausgangs des 15. Jh. unter die Herrschaft der Visconti, danach unter die der Petrucci. Weder die einen noch die anderen konnten den Machtverfall aufhalten oder die Unabhängigkeit festigen.

Unter der *„Signoria"*, den im Stadtparlament vertretenen Adelsgeschlechtern, brachen Streitigkeiten aus. Siena geriet zwischen die Fronten in den politischen Machtkämpfen zwischen Frankreich, Spanien, Italien, dem Kaiser und dem Papst. Schließlich ließ Kaiser Karl V. unter dem Vorwand, die innere Sicherheit im Herzogtum Toskana nicht zu gefährden, Siena von spanischen Truppen besetzen. Nach furchtbaren eineinhalb Jahren musste sich die Stadt 1555 geschlagen geben und fiel an Florenz und damit an die Medici, den Verbündeten der Spanier.

700 Familien flohen damals aus Siena nach Montalcino und gründeten dort eine eigenständige Republik, die aber 1559 ebenfalls Florenz einverleibt wurde.

Siena aber sank zur Bedeutungslosigkeit herab und begann sich erst mit der Etablierung der Republik Italien wieder zu entwickeln.

Einige große Namen sind eng mit dem alten Siena verbunden. *Papst Alexander III.* (1159 – 1181, der große Gegenspieler Kaiser Barbarossas) stammte aus Siena.

Ebenso ist die *Hl. Katharina von Siena* (man kennt in der Kirchengeschichte auch eine Heilige Katharina von Alexandria, die im 4. Jh. lebte und eine Heilige Katharina von Genua) eine Tochter der Stadt. Katharina, Tochter des wohlhabenden Färbers Jacopo Benincasa und die jüngste von 25 Geschwistern, wurde am 25. März 1347 geboren. Nach einem asketischen, von Mystizismus und Visionen genährten, tiefgläubigen Leben starb sie im Alter von 33 Jahren am 29. April 1380.

Ihrem – für eine ganz dem Glauben und der Nächstenliebe ergebenen Frau recht verblüffenden – politischen Geschick, ihrem ganz erstaunlichen weltlichen Einfluss und schließlich ihren zahllosen Briefen war es zu verdanken, dass der damalige Papst Gregor XI. schließlich 1377 von Avignon wieder nach Rom zurückkehrte.

Schon 1461 sprach Papst Pius II. Katharina heilig, Pius XII. erkor die Heilige 1939 zur Schutzpatronin Italiens und Papst Paul VI. schließlich ernannte sie zum Doktor der Kirche (Kirchenlehrer).

Der Kopf der Heiligen Katharina und ein Finger von ihr werden als Reliquien in der Dominikanerkirche aufbewahrt. Beigesetzt ist die Heilige in Rom. Ihr Geburtshaus und die ehemalige Färberei des Vaters sind heute Museum.

Bernhardin von Albizzeschi setzte nach dem Tode Katharinas das Werk der Heiligen fort.

Bernhardin, 1380 bei Massa Marittima geboren, war aber auch ein überaus überzeugender Prediger, der sich vor allem für das von ihm geschaffene Jesusmonogramm IHS einsetzte. 1450 wurde er von Papst Nikolaus V. heiliggesprochen und 1959 von Papst Johannes XXIII. zum Schutzpatron der Publizisten ausgerufen.

Frühe Sieneser Meister

Eine große Zeit im Bereich der Künste erlebte Siena vor allem in der Epoche der Gotik, etwa zwischen dem 12. und 14. Jh.

Maßstäbe auf dem Gebiet der Malerei setzte die sog. *„Sieneser Schule"*, die von *Guido da Siena* mitbegründet worden war. Starke Impulse gingen auch von *Duccio di Boninsegna* (1260 – 1319) aus, dessen *„Maestà"* (heute im Dombaumuseum) lange als Maß aller Dinge galt. Weiterentwickelt wurde der Geist der Sieneser Schule von *Simone Martini* (1238 – 1344) und von den *Gebrüdern Lorenzetti* in der ersten Hälfte des 14. Jh. Im 15. Jh. waren es vor allem *Matteo di Giovanni, Sano di Pietro, Stefano di Giovanni,* genannt *Sassetta*, u. a., die auf dem Gebiet der Malerei Meisterwerke hinterließen. Zu den Großen des 16. Jh. zählt *Sodoma*, ein Schüler Leonardo da Vincis.

Berühmte Sieneser Baumeister sind *Lorenzo Maitani* (1275 – 1330), *Giorgio Martini* (15. Jh.) und *Baldassare Peruzzi* (1481 – 1537). *Bernardo Rossellino* schließlich war es, der als einer der ersten Architekten in Siena Stilelemente der Renaissance in seine Arbeiten aufnahm.

Die namhaften Repräsentanten der Bildhauerei sind im 14. und 15. Jh. *Tino di Camaiano* und vor allem *Jacopo della Querica*. Auch vielen Malern, wie etwa *Lorenzo di Pietro*, fallen Verdienste auf dem Gebiet der Bildhauerei zu.

Stadtbesichtigung

Als Ausgangspunkt für eine Stadtbesichtigung eignet sich gut die Südseite der **Fortezza Medicea (1)**, auch Forte di Santa Barbara, von Cosimo I. de' Medici Mitte des 16. Jh. in Auftrag gegeben. Hier findet man (immer stark frequentierte und oft chaotisch volle) **Parkplätze [N43° 19' 20.00" E11° 19' 17.62"]** westlich der Fortezza Medicea an der langen Viale Vittorio Veneto.

Einen speziellen **Wohnmobil-Parkplatz/Stellplatz [WP 045 / N43° 19' 20.52" E11° 19' 1.03"]** gibt es westlich der Innenstadt an der Umgehungsstraße Strada di Pescaia. Parkt man dort, geht man etwa 200 m nordwärts bis zum großen Busterminal. Dort führt ein Fußgängersteg über die Straße hinauf in die Innenstadt.

Östlich der Festung gehen wir am städtischen Stadion vorbei über die schnurgerade Viale dei Mille stadteinwärts und erreichen kurz darauf die **Kirche San Domenico (2) [N43° 19' 12.66" 11° 19' 35.23"]**. Vom Kirchenvorplatz, wie schon von der Aussichtsterrasse östlich der Stadtfestung, hat man einen sehr schönen Blick über die Dächer der Stadt zum auf dem gegenüberliegenden Hügel aufragenden Dom.

Der Kirchenbau San Domenico mit seinem außergewöhnlich breiten Querschiff stammt aus dem 13. bis 15. Jh. und ist eng mit der Legende der Hl. Katharina verbunden.

Im einschiffigen Inneren nimmt die **Cappella delle Volte** (Gewölbekapelle) gleich rechts vom Eingang die Nordwestseite ein. Dort sieht man über dem Altar ein Gemälde von Andrea Vanni (1322 – 1414), einem Zeitgenossen der Heiligen, das die hl. Katharina mit einer Lilie in der Hand in der Ordenstracht der Dominikanerinnen darstellt. Das Bild gilt als einziges authentisches Konterfei der Heiligen. Katharina von Siena erhielt in dieser Kapelle die Weihen des Dominikanerordens und der Legende zufolge soll sie hier ihre Visionen und heiligen Ekstasen erlebt haben.

Geht man weiter in das Kirchenschiff hinein, liegt auf der rechten, südlichen Seite die **Capella di Santa Catarina**. Fresken von Sodoma am Eingangsbogen stellen die Heiligen Lukas und Hieronymus dar.

Auf dem **Altar** sieht man einen von Giovanni di Stefano gearbeiteten Marmortabernakel, in dem das Haupt der Heiligen Katharina aufbewahrt wird.

Die **Fresken** stellen dar: Rechts vom Altar *„Ekstase der hl. Katharina"*, links vom Altar *„Die Heilige erhält die Stigmatisierung und fällt in Ohnmacht"*. Beide Wandgemälde stammen von Sodoma. An der rechten Seitenwand *„Die hl. Katharina befreit eine Besessene"*, von Francesco Vanni und an der linken Seitenwand *„Die Heilige*

Blick auf Siena vom Vorplatz der Kirche San Domenica aus, links der Turm Torre del Mangia des Palazzo Pubblico, rechts der Dom

betet für den zum Tode durch das Schwert verurteilten Niccolò di Tuldo", von Sodoma.

Auf dem Hauptaltar in der von Kapellen umgebenen Chorapsis sind das **Ziborium** (Tabernakel) von Benedetto da Majano und die beiden *Engel als Kerzenträger* von Bedeutung.

In den Kapellen des linken Seitenschiffs: *„Madonna mit Kind"* von Sano di Pietro, *„Die Heilige Barbara auf dem Thron mit Heiligen"* von Matteo di Giovanni und in der dritten Kapelle ein Madonnenbildnis vom gleichen Meister.

Eine Treppe führt hinab zur Krypta aus dem 14. Jh.

Wir gehen links an der Kirche vorbei, nach der Kirche durch die Gasse rechts und über den weiterführenden Treppenweg der Via Camporegio hinab in den Taleinschnitt der Fontebranda. Unten in der Via di Fontebranda wenden wir uns links und sehen den gotischen Bau des alten Brunnenhauses **Fonte Branda** aus dem 13. Jh. von Giovanni di Stefano.

Unser Rundgang führt am Brunnenhaus vorbei und durch die Via Santa Catarina zum **Santuario e Casa di Santa Catarina (3) [N43° 19' 12.01" E11° 19' 44.14"]** in der Costa di S. Antonio, 6, dem Haus der hl. Katharina *(geöffnet tgl. 9 - 18 Uhr, Eintritt frei)*. Hier wurde die Heilige 1347 geboren und hier lebte sie bis zu ihrem Tode im Jahre 1380 (siehe auch weiter oben).

Das Haus mit einer hübschen Loggia zur Straße hin, die wahrscheinlich von Peruzzi stammt, wird zusammen mit den angrenzenden Gebäudeteilen auch als *Heiligtum der hl. Katharina* bezeichnet und dient heute als Andachtsstätte.

Zu besichtigen sind in der ehemaligen Küche des Hauses das **Oratorio della Cucina** mit einem Altarbild von Bernardino Fungai, das die *„Hl. Katharina mit den Wundmalen"* zeigt, und Wandgemälden von Schülern Sodomas, von Manetti, Vanni, Salimbeni u. a. Dann sieht man im **Oratorio del Crocifisso** (Kirche des Kruzifixes) das Kreuz (13. Jh.), vor dem die Heilige die Wundmale empfangen haben soll. Man kommt ins **Oratoria della Camera**, der Andachtsstätte und Schlaf-

Palio delle Contrade di Siena

Eines der größten, spektakulärsten und buntesten Volksfeste, nicht nur in Siena, sondern in ganz Italien, findet seit 1644 jedes Jahr am 2. Juli und am 16. August statt, der berühmte Palio delle Contrade.

Der Palio ist ein uralter Brauch in vielen italienischen Städten und meist das wichtigste weltliche Stadtfest neben den vielen kirchlichen Festen.

Fast immer, bestimmt aber in Siena, war der Ursprung des Palio ein Wettrennen. Nicht immer traten Reiter mit ihren Pferden an, oft waren es kuriose Eselrennen, oder es jagten Färber, Schmiede, oder Prostituierte wie in Rom, durch die Stadt. In Montepulciano etwa rollt man Fässer durch die Gassen.

In Siena wurden die Pferderennen ausgesetzt, als etwa ab der Mitte des 15. Jh. die Spanier eine Art von Stierkampf einführten, der auf der Piazza del Campo ausgetragen wurde. Die Stierkämpfer wurden auf geschmückten Wagen, den „macchine", feierlich in die Arena gefahren.

Schon damals war es so, dass jede Contrada (Gemeinschaft eines Stadtviertel) ihren eigenen Kämpfer und ihren eigenen Wagen stellte. Und es bürgerte sich der Brauch ein, die Wagen mit einer Figur zu schmücken, die noch heute die Wappenmotive der einzelnen Stadtviertel sind.

Ende des 16. Jh. wurde die „caccia di tori", so nannte man die Stierhatz in Siena, eingestellt. Aber den Umzug mit den geschmückten Wagen vor dem Pferderennen, das nun wieder abgehalten wurde, behielt man bei.

Die Contrade, die siebzehn historischen Stadtviertel Sienas, tragen alle seltsame Namen. Und alle Viertel sind mit stadtbekannten Legenden, aufregenden Geschichten und Anekdoten verbunden, die im Zusammenhang mit dem berühmten, farbenprächtigen, großen Fest des Palio stehen. Jede Contrada hat außer ihrem Namen, ihre eigene Kirche, ihre eigene Fahne, ihre eigenen Farben und ihr eigenes Vereinshaus.

Die Bezirke tragen die Namen *Adler* (aquila, dieser Bezirk umfasst sechs Contrade), *Widder* (valdimonte), *Einhorn* (leocorno), *Giraffe* (giraffe), *Panther* (pantera), *Schnecke* (chiocciola), *Eule* (civatta, dieser Bezirk umfasst fünf Contrade), *Drache* (drago), *Gans* (oca), *Raupe* (bruco, der Bezirk umfasst sechs Contrade), *Wölfin* (lupa), *Muschel* (nicchio), *Stachelschwein* (istrice), *Schildkröte* (tartuca), *Turm* (torre), *Welle* (onda) und *Wald* (selva).

Die meisten der Symboltiere gehen auf antike Mythen, Legenden und Begebenheiten zurück. Die Gans erinnert z. B. an die Gänseschar auf dem römischen Kapitol, welche die Stadt vor einem Überfall der Gallier bewahrte. Die Eule erinnert an die Klugheit, die Giraffe an eine Begebenheit mit den Mauren und die Wölfin an die Gründer Roms (und wahrscheinlich auch Sienas) Romulus und Remus.

Der Name Palio stammt eigentlich von „pallium", was so viel wie kostbarer Mantel aus Samt und Seide bedeutet. Ein solcher Mantel stellte früher tatsächlich die Siegestrophäe dar. Sie war überaus begehrt. Selbst Lorenzo il Magnifico oder Cesare Borgia ließen um den Palio streiten. Heute ist der Palio eine Seidenfahne mit dem Bildnis der heiligen Jungfrau und nicht minder begehrt.

Unter den 17 Contrade werden jedes Jahr 10 ausgelost, die am Paliorennen teilnehmen dürfen.

Der Palio am 2. Juli wird zu Ehren der Wunder der Madonna von Provenzano (Palio di Provenzano) ausgetragen und der am 16. August zu Ehren Mariä Himmelfahrt (Palio dell'Assunta).

Der Ablauf des Paliofestes geht etwa so vonstatten: Schon Tage vorher finden Proberennen der Contrade auf der Piazza del Campo statt, meist morgens um 9 Uhr und abends um 19.45 Uhr. Am Vortag (1. 7. bzw. 15. 8.) finden ebenfalls Proberennen statt. Und an den Vorabenden der Rennen werden in den einzelnen Stadtvierteln die sehr lebendigen „Abendessen der Generalprobe" abgehalten.

Da zwischen den einzelnen Contrade traditionell eine tiefe Rivalität in Bezug auf den Palio besteht, werden spätestens ab diesem Abend die Pferde keinen Augenblick mehr aus den Augen gelassen. Auch die Reiter werden sich nicht unbedingt in den anderen Contrade aufhalten. Es wäre nicht das erste Mal, dass ein Jockey aus unerklärlichen Gründen erkrankt, das Pferd plötzlich lahmt, die Zügel angeschnitten sind, der Sattelgurt nur noch an einem Faden hängt und andere Dinge geschehen, die einen Sieg in Frage stellen können. Dass die Reiter während des Rennens mehr auf ihre Gegner als auf die Pferde einschlagen ist schon fast normal.

Übrigens kommen viele der verwegenen Reiter des Palio nicht selten aus Sardinien, wo sie sich ihre Sporen schon bei der legendären „Ardia", einem wilden Reiterfest im sardischen Sedilo (Provinz Oristano) geholt haben.

Am Festtag endlich findet vormittags um 9 Uhr das letzte Proberennen statt. Dann werden in den frühen Nachmittagsstunden in den jeweiligen Kirchen der Contrade Pferd und Reiter gesegnet. Gegen 16 Uhr wird die Rennbahn auf der Piazza del Campo geräumt und eine Stunde später, begleitet von den Glockenschlägen des Mangiaturms, bewegt sich der historische Umzug feierlich um den Platz.

Die Teilnehmer sind in farbenprächtige historische Kostüme gekleidet, die Banner der einzelnen Contrade werden mitgeführt, sbandierata (Fahnenschwinger) begleiten den Zug. Schließlich wird auf einem Wagen, gezogen von vier weißen Ochsen und geschmückt mit der schwarz-weißen Fahne Sienas, die Seidenfahne des Palio aufgefahren, begleitet von Fanfarenstößen..

Dann endlich, meist gegen 19 Uhr, folgt der Höhepunkt des Festes, auf den ganz Siena zuzufiebern scheint, „La Mossa", der Start zum legendären Pferderennen „Corsa al Palio", das weder für Pferd noch Reiter ungefährlich ist, beginnt. Sieger ist übrigens nicht der Reiter, der „fantini", sondern immer die Contrada für die er reitet. Nach dem Rennen ist das Fest noch lange nicht zu Ende. Mit Jubel tragen die Sieger und alle die Spaß daran haben den Palio durch die Straßen der Stadt. Und in den Gassen der siegreichen Contrada wird noch tagelang nachgefeiert.

Natürlich kann man als Besucher dem Spektakel des Palio beiwohnen. Nur wird es so gut wie unmöglich sein, ohne Beziehungen einen guten Platz zu bekommen. Die Tribünenplätze sind gebührenpflichtig und Monate vorher ausverkauft. Der Innenraum der Rennbahn konnte bislang noch unentgeltlich betreten werden. Dort ist es aber so furchtbar voll, eng und heiß (Ohnmächtige mussten hier schon über die Köpfe der anderen hinausgereicht werden), dass man sich diesen Schritt gut überlegen sollte (www.ilpalio.org).

kammer der Heiligen. Ausgestellt sind hier u. a. persönliche Gegenstände der Heiligen, darunter ihr steinernes Kopfkissen. Schließlich gehört zum Komplex noch die *Kirche der hl. Katharina in Fontebranda* oder **Oratorio della Contrada**. An den Wänden Gemälde und Fresken (u. a. von Sodoma) mit Szenen aus dem Leben der Heiligen. Früher befand sich hier die Färberei des Vaters der Heiligen. Die Kirche ist nicht immer zugänglich.

Wir gehen weiter bis zur nächsten Querstraße, der Via Galluzza, der wir rechts aufwärts folgen. Die enge, häufig von Bögen überspannte Straße zählt zu den charakteristischsten und am wenigsten veränderten mittelalterlichen Gassen der Stadt.

Über die weiterführende Via d. Beccheria gelangt man zur Hauptstraße Via di Città. Hier gehen wir ein paar Schritte nach rechts und erreichen die Treppen, die hinab zum zentralen Stadtplatz **Piazza del Campo (4) [N43° 19′ 6.40″ E11° 19′ 51.15″]** führt. Von den Treppen hat man einen sehr schönen Blick auf den Platz, der mit Fug und Recht zu den schönsten Plätzen in ganz Italien gezählt werden darf.

Man sieht auf den leicht geneigten, muschelförmigen Platz, der sich wie ein geöffneter Fächer – der Eindruck wird durch die fischgrätartige Pflasterstruktur noch verstärkt – ausbreitet und den an der östlichen Breitseite eine prächtige Häuserzeile, die vom **Palazzo Pubblico (5)** und dem imposanten **Torre del Mangia** beherrscht wird, abschließt.

Weiße Pflasterlinien unterteilen den Platz in neun Segmente, die an den „Rat der Neun" erinnern, der die Stadt im 13. und 14. Jh. regierte. Im Sommer ist der Platz der Austragungsort und die Kulisse des traditionsreichen Palio.

Am oberen Rand der Piazza del Campo sieht man den schön gearbeiteten viereckigen Brunnen **Fonte Gaia.** Er stammt aus dem 15. Jh. Seine Wände sind mit Plastiken und Reliefs geschmückt, die ursprünglich Jacopo della Querica zu Beginn des 15. Jh. schuf.

Die heutigen Tafeln sind von Kunstkennern nicht sehr geschätzte Kopien. Die Originale sind im Museum des Palazzo Pubblico zu besichtigen. Die Motive stellen vornehmlich allegorische Figuren dar: An der linken Seitenwand *Erschaffung Adams, die Wissenschaft, die Hoffnung*; an der Stirnwand *die Stärke, die Weisheit, ein Engel, Jungfrau Maria mit Kind, ein Engel, die Gerechtigkeit, die Barmherzigkeit*; und an der rechten Sei-

Die Fonte Gaia auf der Piazza del Campo

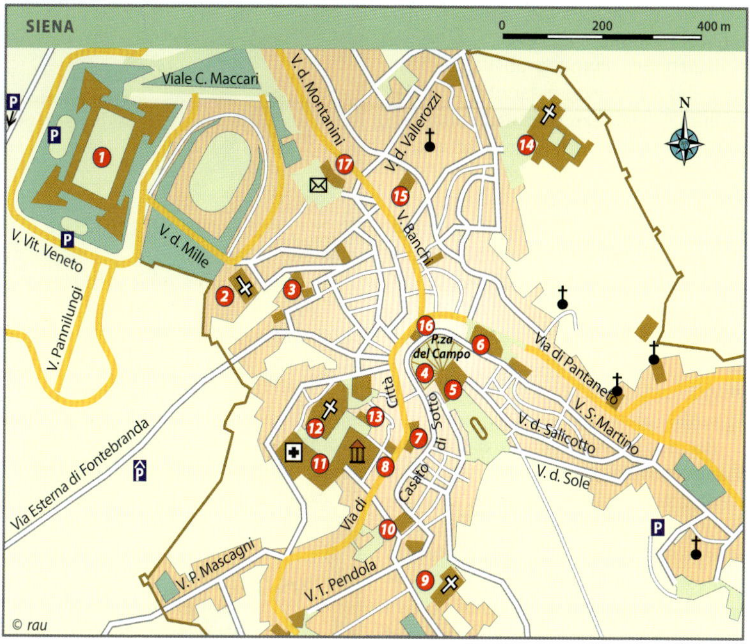

*SIENA – **1** Fortezza Medicea – **2** San Domenico – **3** Haus der hl. Katharina – **4** Piazza del Campo – **5** Palazzo Pubblico – **6** Palazzo Piccolomini – **7** Palazzo Chigi-Saracini – **8** Palazzo Piccolomini delle Papesse – **9** San Agostino – **10** Kunstmuseum – **11** Archäologisches Museum – **12** Dom – **13** Dombaumuseum – **14** San Francesco, Oratorio di San Bernardino – **15** Palazzo Salimbeni – **16** Information – **17** Hauptpostamt*

tenwand schließlich *die Duldsamkeit, der Glaube, Vertreibung aus dem Paradies.*

Genau gegenüber erhebt sich der **Palazzo Pubblico (5) [N43° 19‘ 5.54“ E11° 19‘ 54.55“]**, das Rathaus, mit dem viereckigen, 102 m hohen Turm **Torre del Mangia** und der loggienartigen **Capella di Piazza** davor.

Begonnen wurde mit dem Bau des Rathauses, der im Stil der Gotik ausgeführt wurde, im Jahre 1288. Nach gut 22jähriger Bauzeit war der Sitz des Rates im Wesentlichen fertiggestellt.

Es erfolgten aber in den kommenden Jahrhunderten immer wieder Erweiterungen. So kam zwischen 1338 und 1348 der Torre del Mangia nach Plänen des Baumeisters di Rinaldo aus Perugia hinzu, dann Mitte des 14. Jh. der Saal des Großen Rates und nach der großen Pestepidemie im Jahre 1348 die Cappella di Piazza. Sie entstand in der zweiten Hälfte des 14. Jh. im wesentlichen nach Plänen von Domenico di Agostino, wurde aber erst im darauf folgenden Jahrhundert von Antonio Federighi im Stil der Renaissance vollendet. Innen sieht man ein Madonnenfresko von Sodoma.

Das Äußere des Palazzo Pubblico – der zweifellos zu den schönsten gotischen Profanbauten in Italien zählt – wird geprägt von den gleichmäßigen Arkaden des Erdgeschosses mit sog. *„Sieneser Bögen“* (Spitzbögen mit Rundbögen darunter), die wie die Turmspitze aus weißem Gestein bestehen, dann von den Reihen dreibogiger Fenster mit weißen, schlanken Marmorsäulchen und dem Sieneser Wappen in den aus roten Ziegeln aufgeführten Etagen darüber.

Der **Rathausturm (Torre del Mangia)** kann bestiegen werden. Zugang vom ersten Stock des Palazzo aus. **Unvergleichlicher Rundblick** *(geöffnet März - Mitte Okt. tgl. 10 - 19 Uhr, Mitte Okt.*

- Feb. tgl. 10 - 16 Uhr, letzter Einlass 45 Min. vor Schließung).

Durch den Eingang an der rechten Seite des Komplexes gelangt man in das Innere des **Palazzo Pubblico** (auch Palazzo Comunale) – das Erdgeschoss ist fast vollständig von Kanzleien und Büros der Stadtverwaltung belegt – und über einen modernen eisernen Treppenaufgang in den ersten Stock mit den historischen **Ratssälen (Museo Civico)** *(geöffnet Mitte März - Ende Okt. tgl. 10 - 19 Uhr, Nov. - Mitte März tgl. 10 - 18 Uhr, letzter Einlass 45 Min. vor Schließung; www.comune.siena.it/La-Citta/Cultura/Strutture-Museali/Museo-Civico).*

Rechts gelangt man in die **Sala di Mappamondo**, so benannt nach einer Weltkarte, die früher hier hing, aber verloren gegangen ist. Heute zieren kostbare Fresken die Wände, links die *„Maestà"* (Majestät), 1315 von Simone Martini geschaffen. Dargestellt ist die unter einem Baldachin thronende Maria, rechts und links von einer Schar Heiliger flankiert.

Gegenüber sieht man *„Guidoriccio da Fogliano"*, ein weiteres Meisterwerk Martinis. Dargestellt ist der Sieneser Feldherr da Fogliano hoch zu Ross als stolzer Sieger der Belagerung von Montemassi.

Darunter sind Heilige zu sehen, Arbeiten von Sodoma.

Über den Bögen sieht man Schlachtenszenen, *„Die Sieneser ziehen in Poggio Imperiale gegen Florenz"*, von di Cristoforo und di Andrea aus dem 15. Jh., sowie *„Die Sieneser ziehen gegen englische Truppen"*, von Lippo Vanni aus dem 15. Jh.

An den Pfeilern die *„Heiligen Katharina und Bernardino"*, von Vecchietta bzw. Sano di Pietro Mitte des 15. Jh. gemalt.

Als nächstes kommt man bei der Besichtigung der Rathaussäle in die **Sala della Pace**, den Friedenssaal, dem früheren Sitz des Rates der Neun. Beeindruckend sind hier die Fresken des Sieneser Meisters Ambrogio Lorenzetti, der sie zwischen 1337 und 1339 schuf. Über dem Eingang ist *„Die gute Regierung"* und ihre Auswirkungen auf Stadt und Land zu sehen und gegenüber ist *„Die schlechte Regierung"* mit ihren entsprechenden Auswirkungen dargestellt.

Man geht zurück in den sog. Weltkartensaal, die Sala di Mappomondo. Von dort gelangt man durch eine Vorkapelle mit Fresken römischer Götter, Caesaren und Allegorien von Taddeo di Bartolo in die **Kapelle** des Palazzo Pubblico. Sie ist durch ein schmiedeeisernes Gitter, eine kunstvolle Arbeit von Niccolò di Paolo aus dem Jahre 1437, abgetrennt. Das Chorgestühl ist mit wunderbaren Intarsien versehen. Von Sodoma stammt das Altarbild (1536), das die Heilige Familie darstellt. Das Gewölbe ist mit Fresken von Taddeo di Bartolo versehen.

Ein herrlicher Stadtplatz, die Piazza del Campo von Siena mit dem Palazzo Pubblicco und dem markanten Torre del Mangia

Man geht rechts durch den **Saal der Kardinäle** (links davon der **„Konzistoriumssaal"** mit Deckenfresken) in die **Sala dei Priori**. Der ganze Saal ist mit Fresken von Spinello Aretino ausgeschmückt, die der Meister im Jahre 1407 schuf und fast ausschließlich Motive aus dem Leben des Papstes Alexander III. zeigt.

Schließlich gelangt man in die **Sala di Resorgimento**, der auch als *Saal Viktor Emanuel II.* bekannt ist. Sieneser Künstler des 19. Jh. haben den Saal mit Szenen und Personen, die die Einheit des Italienischen Königreiches herbeiführten, ausgemalt.

Links gelangt man in die fünf Räume des **Städtischen Museums**, das u. a. eine umfangreiche Münz- und Medaillensammlung besitzt.

Eine Treppe im Palazzo Pubblico führt hinauf zur **Loggia di Nove** im zweiten Stock. Hier sind die Originalreliefs angebracht, die einst die Fonte Gaia zierten.

Wir gehen zurück auf die Piazza del Campo. Der Palast am äußersten nördlichen Ende ist der **Palazzo Piccolomini (6)**, Via Banchi di Sotto, 52. In dem Renaissancebau aus dem 15. Jh. ist heute das **Archivo di Stato di Siena** untergebracht *(geöffnet Mo, Do, Fr 8 - 13.45 Uhr, Di + Do 8 - 17 Uhr, Sa 8 - 13.30 Uhr, letzter Einlass 30 Min. vor Schließung; www.archiviodistato.siena.it/museo/)*, dessen Zugang man über den Hof erreicht.

Aufbewahrt werden u. a. historische Urkunden, Pergamente, päpstliche Bullen, Akten, Chroniken, alte Finanzunterlagen etc. Besichtigen kann man dort die sog. „*Tavolette di Biccherna*". Dies sind hölzerne Aktendeckel alter Finanzunterlagen und Chroniken, aus der Zeit des 13. Jh. bis in die Mitte des 17. Jh. reichend, die von Sieneser Künstlern mit Wappen, Portraits und historischen Szenen aus der bewegten Geschichte der Stadt bemalt worden sind.

Achten Sie beim Weitergehen am entgegengesetzten südlichen Ende des Platzes auf die korinthische **Säule mit der Wölfin** und den römischen Zwillingen obenauf. Dieses Motiv findet man häufiger in der Stadt. Es geht sicher auf die Gründungslegende von Siena zurück.

Durchgänge führen hinauf zur Via di Città, der wir nach links und aufwärts folgen.

Schon nach wenigen Metern sieht man linkerhand den von einem Turm flankierten **Palazzo Chigi-Saracini (7) [N43° 19' 1.81" E11° 19' 51.01"]** *(geöffnet Mo - Sa 11.30 - 15 Uhr, Do + Fr 11.30 - 16 Uhr; www.chigiana.it)*. Der stattliche Palast aus dem frühen 14. Jh. ist in seiner Form der Straßenbiegung angepasst und weist eine schöne Front mit gotischen Doppelbogenfenstern auf. Heute beherbergt er die Musikschule „*Accademia Chigiana*" (regelmäßig Konzerte und im Sommer Workshops mit internationaler Beteiligung) und eine umfangreiche Kunstsammlung (Besichtigung nach Vereinbarung).

Wenige Schritte weiter steht schräg gegenüber **der Palazzo Piccolomini delle Papesse (8)**. Ihn ließ sich die Schwester von Papst Pius II., Catarina Piccolomini, nach Plänen von Rosselino erbauen.

Die Via di Città mündet bald danach in die kleine Piazza di Postierla mit einer Säule, die einen Bannerträger und eine Wölfin trägt.

Geht man hier links in die Via San Pietro, gelangt man nach gut 100 m zur **Pinacoteca**, die linkerhand liegt und nach annähernd 300 m zur **Kirche Sant' Agostino (9) [N43° 18' 52.58" E11° 19' 51.88"]** *(geöffnet Mitte März - Okt. 11 - 13.30 + 14 - 17.30 Uhr)*. Sie wurde im 13. Jh. im gotischen Stil errichtet, später mehrfach umgebaut, zuletzt im 18. Jh. im Barockstil nach Plänen Luigi Vanvitellis.

Das Kircheninnere lohnt wegen seiner bedeutenden Kunstwerke einen Besuch. Das **Kruzifix mit Heiligen** am 2. Seitenaltar an der rechten Seite des Kirchenschiffs stammt z. B. von Perugino aus dem frühen 16. Jh.

Durch das rechte Querschiff gelangt man in die **Piccolomini-Kapelle**. Das Bildnis „*Madonna mit Heiligen*" stammt von Ambrogio Lorenzetti, das Motiv „*Kindermord in Bethlehem*" von Matteo di Giovanni und das Gemälde „*Epiphanie*" (Anbetung der Könige) am Altar ist eine Arbeit von Sodoma. Beachtenswert auch der **Hochaltar** mit einem marmornen Tabernakel und die angrenzenden Kapellen.

Die **Pinacoteca Nazionale di Siena (10) [N43° 18' 56.47" E11° 19' 49.43"]**, das Kunstmuseum der Stadt, ist im gotischen Palazzo Buonsignori aus dem 14./15. Jh. in der Via di San Pietro, 29, untergebracht *(geöffnet Di - Sa 8.15 - 19.15 Uhr, Mo + sonn- und feiertags 9 - 13 Uhr; letzter Einlass 30 Min. vor Schließung; www.pinacotecanazionale.siena.it)*. Das staatliche Museum umfasst eine ausgezeichnete Sammlung von Werken fast aller Sieneser Meister. Hier kann ein lückenloser Überblick über die Malkunst vom 13. bis zum 16. Jh. gewonnen werden.

Will man die Kunstwerke in chronologischer Reihenfolge besichtigen, beginnt man im 2. Stock. Dort findet man:

Im **Saal 1** frühe Werke der sog. „*Sieneser Schule*" aus dem 13. Jh., darunter ein Kruzifix mit Szenen aus der Leidensgeschichte Christi.

Im **Saal 2** vornehmlich Werke Guido da Sienas.

In den **Sälen 3 + 4** vor allem Madonnenbildnisse von Duccio di Buoninsegna, darunter ein Polytychon *„Madonna und Heilige"* in Saal 3 und *„Madonna der Franziskaner"* in Saal 4.

Im **Saal 5** besonders Werke von Ambrogio und Pietro Lorenzetti.

Im **Saal 6** Werke von Luca di Tommè und Bartolo di Fredi, darunter *„Anbetung der Hl. Drei Könige"*, eines der großen Werke di Fredis.

Im **Saal 7** Werke von Lippo Memmi.

In den **Sälen 8 bis 10** Maler des 14. Jh., darunter Andrea di Bartolos *„Anbetung der Hirten"*, Taddeo di Bartolo, Bernardo Daddi.

In den **Sälen 11 und 12** fast ausschließlich Werke von Giovanni di Paolo, u. a. *„Flucht aus Ägypten"*, *„Madonna in Demut"*.

Im **Saal 13** Madonnenbildnisse von Matteo di Giovanni.

In den **Sälen 14 bis 18** vor allem Werke von Francesco di Giorgio, Martini und Sano di Pietro.

Im ersten Stock sind in den **Sälen 19 bis 32** Werke und Meister aus der Zeit zwischen dem 15. und 17. Jh. sowie Arbeiten ausländischer Maler zu sehen.

Zu den besonders bedeutenden Werken werden im Saal 21 Pinturicchios *„Heilige Familie"* und im **Saal 26** die Arbeiten Sodomas wie *„Jesus an der Säule"* gezählt.

Im **Saal 29** schließlich sind flämische und deutsche Meister ausgestellt, darunter von Albrecht Dürer ein *„Heiliger Hieronymus"*.

Geht man an der weiter oben erwähnten Piazza di Postierla nicht links zur Pinacoteca, sondern rechts, kommt man über die Via di Capitano zur **Piazza di Duomo** und dem dort aufragenden, prächtigen **Dom von Siena (12)**.

Rechts am Domplatz erhebt sich der **Palazzo della Prefettura** aus dem 16. Jh. und links, der Domfassade gegenüber, das **Spedale Santa Maria della Scala**. Dort ist das **Museo Archeologico Nazionale Etrusco (11)** [**N43° 19' 2.10" E11° 19' 42.30"**] eingerichtet *(geöffnet 15. März - 15. Okt. tgl. 10 - 19 Uhr, Fr bis 22 Uhr; 16. Okt. - 14. März Mo, Mi, Fr 10 - 17*

Die prächtige Fassade des Doms von Siena

Uhr, Do 10 - 22 Uhr, Sa + So 10 - 22 Uhr; www.santamariadellascala.com/museo-archeologico-nazionale). Das interessante Museum besitzt eine große **etruskische Abteilung**. Zu den wichtigsten Ausstellungsstücken zählen prähistorische Exponate, etruskische Urnen, eine **Münzsammlung** und Ausgrabungsgegenstände aus Chiusi, Pienza und Chianciano, u. a.

Der **Dom von Siena (Cattedrale di Santa Maria Assunta) (12) [N43° 19' 2.41" E11° 19' 42.88"]** entstand an der Stelle eines antiken Minervatempels zwischen dem 12. und 14. Jh. Er wurde im romanisch-gotischen Stil errichtet *(geöffnet 1. März - 1. Nov. Mo - Sa 10.30 - 19 Uhr, So 13.30 - 18 Uhr, 2. Nov. - 28. Feb. Mo - Sa 10.30 - 17.30 Uhr, So 13.30 - 17.30 Uhr; www.operaduomo.siena.it)*.

Die lange Bauzeit ließ natürlich die sich im Laufe der Zeit verändernden Architekturstile wirksam werden. Besonders an der prunkvollen **Westfassade** lässt sich das nachvollziehen. Während der untere Teil, der von Giovanni Pisano stammt, mit den drei **Portalbögen** sich nach romanischen Stilelementen ausrichtet, ist der darüberliegende, hochaufstrebende Teil zweifellos gotisch, den Giovanni di Cecco um 1376 vollendete. Interessant ist, das der mittlere der drei Portalbögen, der als erster entstand, noch vollkommen rund gestaltet ist, während die beiden seitlichen Bögen schon ganz leicht die Tendenz zum Spitzbogen andeuten.

Unter dem Mittelgiebel dominiert ein großes **Rundfenster** in einem quadratischen Rahmen. Die Glasmalereien im Fenster zeigen Motive aus der Abendmahlsszene.

Um das Fenster reihen sich 36 Figuren von Patriarchen und Propheten. In den vier Ecken sieht man die vier Evangelisten.

Die **Mosaiken** in den drei Giebeln stammen von dem Venezianer Künstler Castellani und wurden erst im 19. Jh. angebracht. Sie zeigen Szenen aus dem Marienleben – in der Mitte *„Mariä Krönung"*, rechts *„Die Heilige Familie an der Krippe"* und links *„Mariä Vorstellung"*.

Die Gliederung der Domfassade erinnert stark an die Fassade des Doms von Orvieto.

Der Treppenabsatz rechts und links vor der Fassade ist mit Säulen geschmückt, die die römische Wölfin tragen.

Durch die Verwendung verschiedenfarbigen Marmors wurde dem Baukörper, der sich auf einer breiten Treppenbasis erhebt, ein Bandmuster verliehen, das sich im Inneren wiederholt und im viereckigen **Campanile** verstärkt fortsetzt. Die Anzahl der Fensterbögen im Turm nimmt nach oben zu, was zu einem perspektivischen Ausgleich führt.

Das **Innere** des Doms von Siena ist beeindruckend und fesselt zunächst durch den überaus kunstvoll gearbeiteten Marmorfußboden.

Richtet man den Blick im Hauptschiff, das trotz seiner interessanten, durch die Verwendung dunklen und hellen Marmors hervorgerufenen Querstruktur überaus harmonisch wirkt, nach oben, erkennt man ein umlaufendes Fries mit den Büsten der Päpste.

Die Mosaiken und geritzten Steinzeichnungen auf dem Kirchenboden, die zwischen dem 15. und 16. Jh. entstanden, sind teilweise abgedeckt. Nur während den Paliowochen im Juli und August sind alle Bildfelder zu sehen.

Entsprechend obiger Grundrissskizze enthalten die Bodenfelder folgende Motive:

1 – Hermes Trismegisto (von Giovanni die Stefano), *2* – in der Mitte das Wappen von Siena, umgeben von den Wappen Toskanischer und Umbrischer Städte, *3* – Kaiseradler; *4* – Allegorie der Fortuna (nach Zeichnungen von Pinturicchio); *5* – das Glück und vier Philosophen; *6 bis 15* (rechtes und linkes Seitenschiff) – die Sibyllen; *16 bis 28* (Romben unter der Vierungskuppel) – Szenen aus der Legende des hl. Elias; *29* – David schlägt eine Quelle aus dem Felsen; *30* – Anbetung des Goldenen Kalbes; *31* (linkes Querschiff) – Herkules entsagt dem Thron; *32* – Ermordung der Kinder in Bethlehem (Matteo di Giovanni); *33* – Judith und Holophernes; *34 und 35* – Szenen aus dem Leben Josuas; *36* – Szenen aus dem Leben Davids (Domenico di Niccolò); *37* (Chor) – Abrahams Opfer; *38 bis 42* – die Tugenden „Stärke", „Gerechtigkeit", „Barmherzigkeit", „Mäßigkeit" und „Klugheit" (alle von Marchese d'Adamo); *43* (linkes Querschiff) – Moses (Paolo di Martino); *44* – Samson und die Philister (Paolo di Martino); *45* – Kaiser Sigismund; *46* – Absaloms Tod; *47* – Jephtes Sieg über die Ammoniter; *48* – die kirchlichen Tugenden „Glaube", „Liebe", „Hoffnung", *49* – die sieben Menschenalter. Die beiden letzten Motive sind Kopien, Originale im Dombaumuseum.

Im linken Seitenschiff steht der **Piccolomini-Altar** mit Figuren der Heiligen Peter, Paul, Pius und Gregor, frühe Werke Michelangelos.

In Höhe der vierten Säule hat man vom linken Seitenschiff aus Zugang zur **Piccolomini Bibliothek**. Über dem Portal mit schönem Bronzetor ein Fresko von Pinturicchio, das die Krönung Papst Pius' III. darstellt. Kardinal Francesco Piccolomini, der spätere Papst Pius III., ließ die Bibliothek um 1495 errichten, um darin die reiche Buchsammlung seines Onkels Pius II. aufzubewahren.

Die Wände und Gewölbe des Saales sind mit farbenfrohen Fresken von Pinturicchio ausgeschmückt, die Szenen aus dem Leben Pius II. zum Gegenstand haben.

Die Plastik der *„Drei Grazien"* im Raum ist dem griechischen Original nachempfunden. Sehenswert auch die Handschriften und Messbücher mit schöner Buchmalerei.

Man geht zurück in den Kirchenraum und links zum linken Querschiff mit der **„Cappella di San Giovanni Battista"** (Kapelle Johannes' des Täufers), einer Renaissancekapelle, die 1482 nach Plänen von Giovanni di Stefano errichtet wurde. Schönes Chorgitter und Marmorportal mit Reliefs und Steineinlegungen von Lorenzo Marina. Fresken – teils mit Szenen aus dem Leben des hl. Johannes – von Pinturicchio und eine Bronzeplastik des Heiligen Johannes von Donatello.

Etwas weiter findet man zwischen zwei Säulen vor dem linken Querschiff (Beleuchtungsautomat im Chor) die prächtige **Marmorkanzel** des Niccolò Pisano. Pisano schuf dieses wahre Meisterwerk zusammen mit seinem Sohn Giovanni, mit Arnolfo di Cambio und anderen Gehilfen, zwischen 1265 und 1268.

Die achteckige Kanzel ruht auf Säulen, die teilweise von Löwen getragen werden. Die Mittelsäule stützt sich auf eine Figurengruppe der freien Künste (Musik, Philosophie, Rhetorik, Astronomie u. a.). Die sieben Relieftafeln der Brüstung der Kanzel zeigen Szenen aus dem Leben Christi.

Links vom Chor kommt man zur **Cappella di St. Ansano**. Sie ist dem Schutzheiligen von Siena geweiht. Im Fußboden ist die bronzene Grabplatte (von Donatello, 1426) des Bischofs Giovanni Pecci eingelassen. An der Wand der Marmorsarkophag Kardinal Riccardo Petronis. Das Grabmal mit Marienszenen ist ein Werk Tino da Camainos aus dem frühen 14. Jh.

Ein Durchgang führt in den **Kapitelsaal** und zur **Sakristei** (Fresken und eine Büste Papst Alexander VII.).

Im Chor verdient das kunstvoll gearbeitete **Chorgestühl** mit Intarsien von Fra Giovanni da Verona in den Lehnen besondere Beachtung. Die seitlichen Reihen stammen aus der zweiten Hälfte des 14. Jh., die mittlere Reihe des Gestühls aus dem 16. Jh.

Die Bildmotive (Marienszenen, vier Evangelisten, Schutzpatrone der Stadt und der Tod) in dem runden **Chorfenster** wurden nach Zeichnungen von Duccio di Buoninsegna ausgeführt.

Im rechten Querschiff befindet sich die **Chigi-Kapelle** oder auch *Capella di Madonna del Voto*. Sie wurde auf Veranlassung von Papst Alexander II. nach Plänen von Benedetto Giovannelli im Barockstil des 17. Jh. errichtet. Die Skulpturen stammen von Lorenzo Bernibi.

Wir gehen aus dem Dom, wenden uns links und gehen am Campanile vorbei zum **Dombaumuseum (Museo dell'Opera del Duomo) (13)** an der Ostseite der Piazza del Duomo *(geöffnet März - Okt. tgl. 10.30 - 19 Uhr; Nov. - Feb. tgl. 10. 30 - 17.30 Uhr, letzter Einlass 30 Min. vor Schließung; www.operaduomo.siena.it).* Man sieht hier Fragmente eines geplanten Domneubaus.

In der Zeit des 14. Jh., als Siena politisch wie wirtschaftlich eine Blütezeit erlebte, reifte der Plan, einen wesentlich größeren Dom zu erstellen, als den, der heute existiert. Das heutige Hauptschiff sollte lediglich das Querschiff eines gigantischen Kirchenbaus sein. Nach der Pestepidemie und dem beginnenden Verfall der Macht Sienas musste der Bau eingestellt werden.

Die Anfänge zum sog. *Duomo Nuovo*, mit denen Lando di Pietro 1339 begann, sind aber noch zu erkennen. An der Seite des Campanile sieht man fünf Bögen des unfertigen Hauptschiffs (heute Dombaumuseum) und am Ende den gewaltigen Südgiebel, die sog. Riesenfassade.

Im geschlossenen Teil des unfertigen Seitenschiffs ist das **Museo dell'Opera del Duomo (13),** oder Dombaumuseum, untergebracht. Zu den Kunstschätzen des sich über vier Etagen erstreckenden Museums zählen:

Im **Erdgeschoss** Skulpturen von Jacopo della Querica und Figuren von der Domfassade von Giovanni Pisano.

Im **ersten Stock** ist u. a. eine *„Maestà"*, das Bildnis der thronenden Maria, ausgestellt, ein Meisterwerk aus dem frühen 14. Jh. von Duccio di Buoninsegna. Das Werk zierte bis 1505 den Hochaltar des Doms, war ursprünglich viel größer und ist beidseitig bemalt. Die 26 Motive der Rückseite (links vom Eingang zu sehen) stellen Szenen aus der Leidensgeschichte Jesu dar.

Im **zweiten Stock** sind der Domschatz und sakrale Kunstgegenstände ausgestellt, u. a. das Reliquiar des hl. Galgano aus dem 13. Jh.

Im **dritten Stock** schließlich sieht man u. a. die sog. *„Madonna mit den großen Augen".* Das Werk wird einem unbekannten Sieneser Meister des 13. Jh. zugeschrieben. Das Bild gilt als kunstgeschichtlich bedeutsam, da es die Stilentwicklung vieler Sieneser Maler beeinflusst haben soll.

Etwa zwischen Campanile und Dombaumuseum führt ein Weg durch einen Durchgang und über Treppen hinab zur Piazza San Giovanni an der Nordseite des Doms. Dort findet man den Zugang zum **Baptisterium** *(geöffnet wie Dombaumuseum)*, das sich unter der Chorapsis des Doms befindet und eine gotische Fassade aufweist.

Die Taufkapelle selbst entstand Mitte des 14. Jh. unter Leitung der Baumeister Camaino da Crescentino und Tino da Camaino. Wände und Spitzbogengewölbe sind mit **Fresken** aus dem 15. Jh. ausgemalt. Die Motive in der kleinen Apsis hinter dem Taufbecken stellen Szenen aus dem Leben und Leiden Christi dar, über dem Altar u. a. die Taufszene, darüber Christus am Kreuz. Die untere Bildreihe stammt von Vecchietta, die obere in den Gewölbesegmenten von Michele di Matteo.

In der Mitte des Raumes erhebt sich das **Taufbecken**. Es gilt als eines der größten Sieneser Meisterwerke, das Jacopo della Querica Anfang des 15. Jh. entwarf.

Sehr schön sind die vergoldeten Bronzetafeln an dem sechseckigen Taufbrunnen unten. Dargestellt sind *„Geburt Johannes des Täufers"* (1427, Turino di Sano), *„Predigt des Johannes d. T."* (Giovanni di Turino), *„Taufe Jesu"*, *„Johannes d. T. wird gefangengenommen"* (1427, beide Lorenzo Ghiberti), *„Festmahl des Herodes"* (Donatello) und *„Zacharias wird aus dem Tempel vertrieben"* (1417, Jacopo della Querico). Zwischen den Bildtafeln Bronzestatuen, welche *„Gerechtigkeit“, „Nächstenliebe“, „Klugheit“, „Glaube“, „Hoffnung“* und *„Stärke“* darstellen.

Auf dem in der Mitte aufragenden, ebenfalls sechseckigen, marmornen Ziborium sind Maria mit dem Kind und fünf Propheten zu sehen. Obenauf Johannes der Täufer, eine Plastik aus der Schule della Quericas.

Vom Baptisterium an der Piazza San Giovanni gehen wir am rechterhand gelegenen Palazzo del Magnifico vorbei und rechts durch die Via dei Pellegrini zurück zur Via di Città, der wir nun nach links folgen. Die gepflasterte Straße ohne Gehwege (wie alle Altstadtgassen in Siena) beschreibt einen Bogen um die Piazza del Campo. Etwa am Scheitelpunkt liegt rechts die **Loggia di Mercanzia [N43° 19′ 8.51″ E11° 19′ 52.05″]**, die alte Handelsbörse der Zunft der Sieneser Kaufleute. Sie stammt aus der ersten Hälfte des 15. Jh. und gilt als ein Beispiel für den Übergang von der Gotik (Inneres) zur Renaissance (Fassadenbögen).

Wenige Schritte weiter gabelt sich die Straße in die Via Banchi di Sotto und die Via Banchi di Sopra.

Wir folgen der nach links abzweigenden Via Banchi di Sopra und kommen nach rund 100 m zur kleinen Piazza Tolomei mit der Kirche San Christoforo rechts und dem **Palazzo Tolomei** linkerhand, oben mit zwei Reihen schöner Doppelbogenfenster.

Man kann nun einen Umweg zur **Kirche San Francesco (14) [N43° 19′ 19.43″ E11° 20′ 3.51″]** im nordöstlichen Innenstadtbereich machen. Dazu geht man nach der erwähnten Christoforuskirche gleich rechts, behält die Richtung bei und geht über die weiterführende Via del Giglio zur Piazza San Francesco.

Hier erhebt sich die gotische Franziskuskirche aus dem 14. Jh. Der Bau wurde im 19. und 20. Jh. umfassend restauriert. Erhalten sind im Inneren sehenswerte Fresken, darunter in den Kapellen links vom Chor Fresken von Lorenzetti (*„Kreuzigung“* u. a.).

Außen sieht man rechts der Kirche das **Oratorio di San Bernardino** *(geöffnet 1. März - 31. Okt. 13.30 - 19 Uhr, letzter Einlass 30 Min. vor Schließung;* http://operaduomo.siena.it/it/luoghi/oratorio_san_bernardino*)*. Die Andachtsstätte wurde im 15. Jh. zu Ehren des hl. Bernhard von Siena errichtet. Hier werden die Reliquien des Heiligen aufbewahrt. Die untere Kapelle wurde im 17. Jh. von Brescianino mit Fresken ausgemalt.

Im oberen Oratorium mit schöner Kassettendecke und Holztäfelung sieht man Fresken von Sodoma (Szenen aus dem Leben Marias und Bilder der Heiligen Ludwig, Antonius von Padua und Franz von Assisi), von Beccafumi (u. a. *„Mariä Vermählung“*) und von Pacchia (*„Mariä Verkündigung“*).

Über die Via dei Rossi gehen wir zurück und treffen wieder auf die Via Banchi di Sopra, folgen ihr rechts und sind gleich darauf an der Piazza Salimbeni, die sich nach rechts öffnet und leicht ansteigt. Der viereckige Platz ist an drei Seiten von schönen Palais umgeben. Besonders der **Palazzo Salimbeni (15) [N43° 19′ 16.68″ E11° 19′ 50.91″]** an der Stirnseite verdient Beachtung. Der gotische Bau stammt ursprünglich aus

Palazzo Salimbeni und Bandini Denkmal

dem 14. Jh., wurde aber im 19. Jh. umgestaltet. Unverändert erhalten aber sind das **Portal** mit Sieneser Bogen, die Front mit den dreibogigen Fenstern und der abschließende Bogenfries mit Zinnen. Es heißt, dass hier 1472 die erste Bank der Welt gegründet wurde, die bis heute als Bank Monte dei Paschi di Siena arbeitet.

Rechts erhebt sich der **Palazzo Spannocchi** im Renaissancestil und links der **Palazzo Tantucci**. Das Denkmal (19. Jh.) in der Platzmitte erinnert an Sallustio Bandini.

Von der Piazza Salimbeni führt die Via della Sapienza nach Südosten. Ihr folgen wir, gehen vorbei an der **Kirche San Pellegrino alla Sapienza** und erreichen schließlich den Platz vor der **Dominikanerkirche (2) [N43° 19′ 12.66″ 11° 19′ 35.23″]**. Von dort gelangen wir auf dem nun bekannten Weg zurück zum Ausgangspunkt an der Stadtfestung.

Weitere Sehenswürdigkeiten:

Basilica di San Clemente in Santa Maria dei Servi [N43° 18′ 55.15″ E11° 20′ 16.87″], an der Piazza Manzoni am Ostende der Altstadt.

Die Basilika mit schönem romanischen Glockenturm stammt aus dem 13. Jh., wurde aber später mehrfach umgebaut. Im Gegensatz zum schmucklosen Äußeren enthält die Kirche im Inneren einige bemerkenswerte Kunstwerke, so z. B. im zweiten Altar rechts ein frühes Madonnenbildnis aus dem 13. Jh. von Cappo di Marcovbaldo oder am fünften rechten Seitenaltar Arbeiten von Matteo die Giovanni (*„Madonna und Heilige"* und *„Mord an den unschuldigen Kindern zu Bethlehem")* sowie von Taddeo di Bartolo (*„Anbetung der Hirten").*

In der zweiten Kapelle rechts vom Chor ein Madonnenbildnis von Lippo Memmi und Fresken von Pietro Lorenzetti, der auch die zweite Kapelle links vom Chor ausmalte.

Rund 18 km östlich von Siena liegt **Montaperti,** ein historischer Ort für die Stadtgeschichte Sienas. Im Jahre 1260 errangen die Sieneser hier ihren glanzvollsten Sieg über ihren Erzrivalen Florenz. Ein Gedenkstein auf einem Hügel erinnert an die Schlacht.

Annähernd 18 km nordwestlich von Siena trifft man an der Straße nach Poggibonsi auf den Ort **Monteriggioni [Parkplatz, WP 050 / N43° 23′ 24.78″ E11° 13′ 29.18″]**. Von den Sienesern als vorgelagerter Verteidigungspunkt im 13. Jh. gegründet, ist das erhöht gelegene Städtchen noch vollkommen von seiner Ringmauer mit 14 Türmen umgeben. Dante erwähnt den Ort im Gesang *„Hölle"* der „Divina Commedia", der „Göttlichen Komödie", seinem überragenden Hauptwerk. Näheres über Monteriggioni finden Sie in Tour 7, Chianti Rundfahrt.

PRAKTISCHE HINWEISE – SIENA

Uffici Informazioni Turistiche Siena [N43° 19′ 1.53″ E11° 19′ 43.79″], Piazza Duomo,1, Santa Maria della Scala, Palazzo Squarcialupi, Tel. +39 0577 28 05 51; www.terresiena.it/en/siena. *Geöffnet Mo - Fr 10.30 - 16.30 Uhr, Sa + So 10.30 - 18.30 Uhr.*

Feste, Folklore, Märkte: Palio delle Contrade, Piazza del Campo, berühmtes Pferderennen der 17 Stadtbezirke (Contrade), seit 1644 jedes Jahr am 2. Juli und am 16. August; www.ilpalio.org.

Antiquitätenmarkt, Piazza del Mercato, an jedem dritten Sonntag im Monat.

Shopping und Souvenirs: In der **Antica Drogheria Manganelli** in der Haupteinkaufsstraße Via di Città, 71 - 73 finden Sie fast alle Spezialitäten aus Siena und Umgebung wie Olivenöl, feinen Essig, Weine natürlich, aber auch Honig, Trüffel und Wurstwaren.

Wenn Sie auf der Suche nach einem Spezialladen für Toskanische Weine sind, ist die **Enoteca Italiana** eine gute Adresse für Sie, Fortezza Medicea, Piazza Libertà, Tel. +39 0577 22 88 11; www.enoteca-italiana.it. *Geöffnet Di - Sa 15 - 20 Uhr.*

Und wenn Sie sehen wollen, was die Familie der Rocksängerin Gianna Nannini (zwischenzeitlich vielleicht auch deren Geschäftsnachfolger) den ganzen Tag so macht, müssen Sie in der **Pasticceria Nannini** in der Via Banchi di Sopra, 24, vorbeischauen. Dort gibt's vorzügliche „Panforte", eine süße Gebäckspezialität, eine Art Gewürzbrot aus vielen kandierten Früchten, Mandeln und Gewürzen; Tel. +39 0577 23 60 09; www.pasticcerienannini.it/de/. *Geöffnet Mo - Do 7 - 21.30 Uhr, Fr 7 - 22.30 Uhr, Sa + So 7 - 23.30 Uhr.*

RESTAURANTS

Einige Restaurants in der Nähe der Piazza del Campo:
Guido, Vicolo Beato Pier Pettinaio, 7, Tel. +39 0577 28 00 42; www.ristoranteguido.com. Mittwochs geschlossen.
Al Mangia, Piazza il Campo, Tel. +39 0577 28 11 21; www.almangia.it.
Fonte Gaia, Piazza il Campo, 21, Tel. +39 0577 28 16 28; www.ristorantefontegaia.com.
Gut essen kann man auch im **Tullio ai Tre Cristi**, Vicolo Provenziano, 1/7, Tel. +39 0577 28 06 08; www.trecristisiena.com. Nähe Piazza San Francesco, ein traditionsreiches Haus, von dem es heißt, es würde aus allen Poren „Palio Atmosphäre" atmen. Sonntags geschlossen.
Ein anderes Lokal mit typisch Sieneser Ambiente ist die **Osteria Le Logge,** Via del Porrione, 33, Tel. +39 0577 48 013; www.giannibrunelli.it; etwas versteckt in einem Seitengässchen der Piazza del Campo, hier kocht man mit feinstem Olivenöl und die angebotenen Weine sind ausgesuchte Erzeugnisse. Sonntags geschlossen.

HOTELS

Sangallo Park *,** 50 Zi., Strada di Vico Alto, 2, Tel. +39 0577 33 41 49; www.sangallo-park-hotel.sienahotels.org. Außerhalb in einem alten Landsitz, gepflegtes, komfortables Haus, Bar, Schwimmbad, Garten, WLAN. Parkplatz.
Athena ****, 100 Zi., Via Paolo Mascagni, 55, Tel. +39 0577 28 63 13; www.hotelathena.com, südwestlich des Domplatzes, Restaurant, Terrasse mit Blick ins Land, WLAN. Parkplatz.
NH Siena **,** 129 Zi., Piazza La Lizza, 1, Tel. +39 0577 38 21 11; www.nh-hotels.com, nördl. der Festung und des Stadions, Restaurant, Fitnesscenter, WLAN.
Moderno *,** 64 Zi., Via Baldassare Peruzzi, 19, Tel. +39 0577 28 00 34; www.hotelmodernosiena.it. Restaurant mit Terrasse im hübschen Hotelgarten, außerhalb der Stadtmauern, WLAN. Parkplatz.
Palazzo Ravizza *,** 37 Zi., Pian dei Mantellini, 34, Tel. +39 0577 28 04 62; www.palazzoravizza.it. Südlich des Domplatzes, angenehmes Haus der Mittelklasse in einem schönen alten Stadtpalais, ansprechende Zimmer, Bar, Hotelgarten, WLAN. Parkplatz.

CAMPING

Camping Siena Colleverde [WP 046 / N43° 20' 13.11" E11° 19' 53.62"], Strada Scacciapensieri, 47, Tel. +39 0577 33 40 80; www.sienacamping.com/de; 1. März – 31. Dez.; Terrassen und geneigte Wiesen im nördl. Stadtbereich in einem Wohngebiet, gut beschildert; für Wohnmobile lediglich drei relativ enge Terrassen mit Stellflächen; ca. 5 ha – 230 Stpl.; Standard-Sanitärausstattung; Restaurant, Laden, Imbiss, Schwimmbad. Mietbungalows. **V & E für Wohnmobile**. Bus Nr. 3 ab Piazza Gramsci, Bus Nr. 8 ab Piazza del Sale.

Sovicille bei Siena
Camping La Montagnola [WP 047 / N43° 16' 51.66" E11° 13' 9.15"], Strada della Montagnola, 139, Tel. +39 0577 31 44 73; www.campinglamontagnola.it; Ostern – Ende Sept.; auf der SS73 (Siena – Grosseto) ca. 11 km südwest-

wärts und zum Ort **Sovicille** abzweigen**;** leicht geneigtes, geschottertes Gelände mit eingeebneten Einzelstellplätzen im Laubwald; ca. 2,5 ha – 60 Stpl.; Standard-Sanitärausstattung. Laden. **V & E für Wohnmobile**.

WOHNMOBIL-STELLPLÄTZE

Wohnmobil-Stellplatz Area Sosta Parcheggio Il Fagiolone/Busparkplatz Check-Point 4, **[WP 048 / N43°18'51.28" E11°19'2.61"]**, Strada di Pescaia, südwestlich der Innenstadt. **Zufahrt/Lage:** Von der SS674 (Tangenziale Ovest di Siena, Siena – Firenze) im Südwesten der Stadt nordwärts abzweigen (Ausfahrt Siena Ovest) und noch ca. 1,5 km auf der Strada di Pescaia, beschildert mit „Check-Point 4". **Geöffnet:** Ganzjährig. **Gebühr:** Pauschale pro Fahrzeug inkl. aller Personen von 8 - 20 Uhr, nachts gebührenfrei. **Ausstattung:** Asphaltierter Großparkplatz für Busse und Wohnmobile, ca. 20 Wohnmobil-Stellplätze in geräuschvoller Umgebung. Frischwasser, Grauwasser- und Chemikaltoilettenausguss, WC nachts geschlossen, beleuchtet, videoüberwacht, Müllentsorgung. Bushaltestelle zum Zentrum gegenüber der Einfahrt.

Wohnmobil-Stellplatz Area di Sosta Camper Siena P1 Palasport [WP 049 / N43° 19' 59.98" E11° 19' 0.84"], Via Achille Scalvo/Str. del Tiro A Segno. **Zufahrt/Lage:** Von SS2 Richtung Stadtzentrum/F.S. Stazione zur Via Fiorentina und ca. 2 km weiter zu den Sportanlagen Palasport. **Geöffnet:** Ganzjährig. **Gebühr:** Pauschale inkl. 2 Personen pro Tag von 8 bis 20 Uhr, nachts gebührenfrei. **Ausstattung:** 35 Stellplätze für Wohnmobile auf asphaltiertem, geräuschvollem Großparkplatz zwischen Bahnlinie und Straße Via Achille Scalvo (SR2, Siena – Belverde/Montarioso). Frischwasser und Grauwasser- und Chemikaltoilettenausguss, beleuchtet. WC von 10 - 16 Uhr geöffnet. Haltestelle der Buslinien 4, 7 und 9.

Frühling in der Toskana lädt zum Wandern ein

TOUR 7: CHIANTI-RUNDFAHRT

Länge der Tour: Rund 110 km, ohne Abstecher.

Die Route: Über die SS408 und Landstraßen über **Pianella** und **Monti** bis **Castello di Brólio** – SS484 und SS408 über **Lecchi** und **Meleto** bis **Gaiole in Chianti** – SS429 bis **Radda in Chianti** – Landstraße und SS222 „Chiantigiana" über **Panzano in Chianti** bis **Greve in Chianti** – SS22 über **Castellina in Chianti** bis **Siena**.

Reisedauer: Mindestens ein Tag.

Höhepunkte: Die Lage des **Castello di Brólio** * – die **Weinstädte** Gaiole, Radda und Greve – **eine Weinprobe** in einer der Kellereien oder in einer der „Cantine aperte" des Movimento del Turismo del Vino – Übernachten im Hoteldorf **Vescine** ** – das befestigte Städtchen **Monteriggioni** ***.

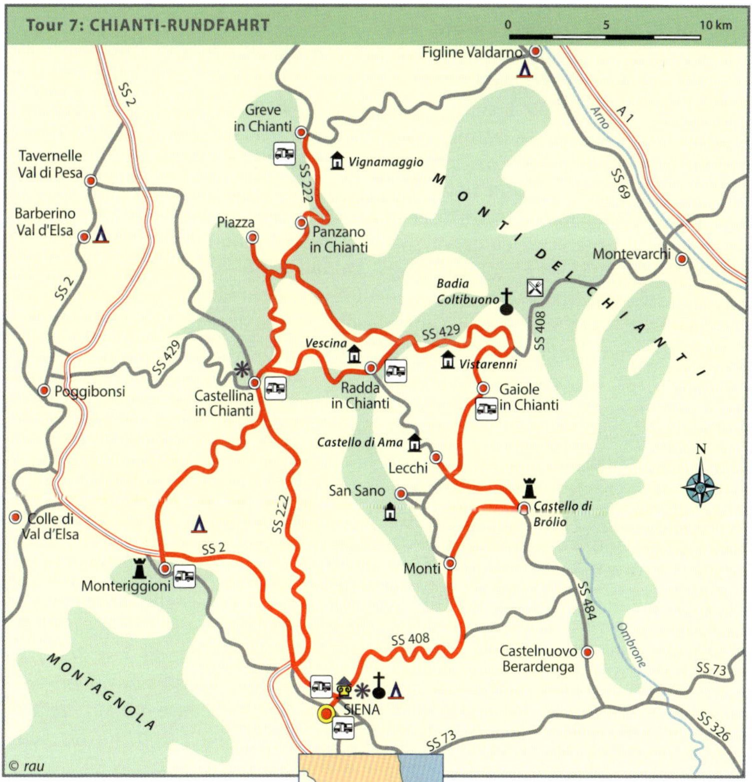

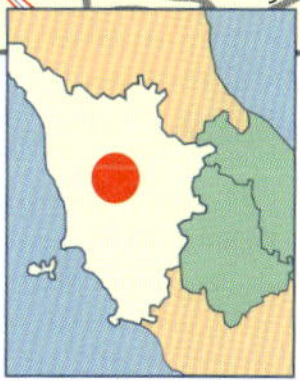

Das Gebiet, durch das diese Fahrt führt ist nur wenige Quadratkilometer groß. Seit der Neuorientierung im Weinbau, die wiederum zu einer veränderten Weinkultur im Chiantigebiet und zu einem wahren Rotweinboom bei den Verbrauchern führte, ist die Gegend das Zentrum des toskanischen Weinanbaus und das Herz des Chiantigebiets schlechthin.

Und eine der Straßen, die mitten durch dieses Gebiet führen, ist die SS222, die auch den Beinamen „Chiantigiana“ trägt.

ROUTE: *Wir beginnen unsere Rundfahrt durch das Herz des Chiantigebiets in Siena und verlassen die Stadt auf der SS408 in nordöstlicher Richtung. Nach rund 12 km passiert man **Pianella** und nach weiteren knappen 5 km den Abzweig über **Monti** zum **Castello di Brólio.***

Auf der Anfahrt hat man von der Landstraße schon von weitem immer wieder schöne Ausblicke auf die hoch auf einem Hügel gelegene **Burg von Brólio**.

Das **Castello di Brólio [N43° 24' 50.78" E11° 27' 48.79"]** ist ein ziemlich historisches Gemäuer. Erstmals 1009 erwähnt, später im Besitz von Bonifaz, Markgraf von Toskana und Vater von Mathilde, die mit ihren „Mathildischen Gütern“ in die Geschichte eingehen sollte. Der Name Brólio bedeutet angeblich soviel wie „Gemüsegarten“.

Später ist Brólio mit seinen Gütern und Latifundien aufs Engste mit dem Familienclan der *Ricasoli Firidolfi* verbunden, die schon seit dem 12. Jh. tonangebend in der Region sind. Wie es heißt, soll kein Geringerer als Kaiser Friedrich Barbarossa im Jahre 1167 Brólio zusammen mit Cacchiano den Ricasoli urkundlich vermacht haben. Eine alteingesessene Familie fürwahr!

Vor allem in der Zeit der rivalisierenden Republiken Florenz und Siena kam Brólio, das nahe an der Grenze der beiden Stadtstaaten lag, politische Bedeutung zu. Als Grenzbastion immer wieder umkämpft, wird das mittelalterliche Castello di Brólio schließlich auf Befehl von Siena bis auf die Grundmauern geschleift. Piergiovanni Ricasoli fiel die Aufgabe des Wiederaufbaus zu.

Das Castello, das der Besucher heute sieht, ist ein imposanter Bau im neugotischen Stil, viel mehr Villa als Burg, die nach 1860 unter Baron Bettino Ricasoli nach Plänen des Sieneser Architekten Pietro Marchetti entstand.

Besichtigen kann man die Gärten der Burg *(geöffnet Ende März - Okt. tgl. 10.30 - 17 Uhr, letzter Einlass 1 Std. vor Schließung; www.baronericasoli.de. Führungen auch in Deutsch)*. Am Fuße des Burghügels liegt an der Straße unübersehbar die **L'Enoteca della Barone Ricasoli**, Loc. Brólio, Tel. +39 0577 73 02 20; www.ricasoli.it/enoteca. Die Weinkellerei erzeugt erstklassige Weine der Marke „Brólio“ vom Chianti Classico DOCG Gran Selezione bis zu den einfacheren Vini da Tavola. Zudem erhält man natürlich Grappa und feinstes Olio Extra Vergine di Oliva Chianti Classico.

ROUTE: *Von Brólio 5 km westwärts zur SS408 bei Lecchi. Zwei Kilometer südlich der Einmündung kann man nach **San Sano** abzweigen.*

*Fährt man dagegen nordwärts, erreicht man über **Meleto** das knapp 6 km entfernte **Gaiole in Chianti.***

In **San Sano** lädt das **Hotel Residece San Sano** *** (Tel. +39 0577 16 98 022; www.sansanohotel.it) zum Bleiben ein. Die elegante Herberge mit 15 Zimmern ist in einem restaurierten ehemaligen Gutshof eingerichtet. Ansprechende Panoramalage, gehobene Preislage, Schwimmbad, Restaurant, Parkplatz.

Etwa 2 km nördlich von **Lecchi** findet man **Castello di Ama [N43° 26' 30.47" E11° 23' 23.00"]**, Tel. +39 0577 74 60 31; www.castellodiama.com, ein nobles Weingut. Man produziert dort den edlen Chianti Classico „Castello di Ama“, ausgezeichnete Chianti Classico Riserva und eine Weinspezialität, die aus den Trauben einer Lage (Cru) gewonnen wird. Weinproben im Hause nur auf rechtzeitige Voranmeldung und nur für Leute vom Fach.

Gaiole in Chianti [N43° 28' 2.30" E11° 26' 3.91"] wird schon im 16. Jh. auf einer frühen Landkarte der sog. „Capitani di parte Guelfa“, der „Kapitäne der Guelfenpartei“ erwähnt. Bald spielt das Städtchen als Marktgemeinde eine wichtige Rolle. Und die Märkte von Gaiole, besonders der Dezembermarkt, waren bis weit ins 19. Jh. hinein so berühmt, dass sie sogar die damaligen Großherzöge der Erwähnung wert fanden.

Gaiole, das bei der Gründung der Lega del Chianti einer der drei Hauptorte des Verbandes wurde, zählt zu den drei größten Marktzentren in der Region, zu denen auch Greve und Marcatale Val di Pesa gehörten.

Mein Tipp: Wenn Sie Ihr Haupt einmal in einer ehemaligen Mönchszelle betten wollen, machen Sie Station im allerdings nicht gerade billigen, exklusiven **Chiantiweingut und Hotel „Castello di Spaltenna" [N43° 27′ 55.81" E11° 25′ 46.25"]**, Via Spaltenna, 13, Pieve di Spaltenna, Tel. +39 0577 74 94 83; www.spaltenna.it. Teile des Hauses mit 37 geschmackvollen Gästezimmern sind in einem ehemaligen Mönchskloster eingerichtet; Parkplatz, Restaurants, Schwimmbad, Wellness. Das Hotel liegt etwa einen Kilometer westlich von Gaiole an der Straße nach **Vertine [Parkplatz N43° 28′ 12.62" E11° 25′ 6.98"]** (Castello di Vertine mit mächtigem Wohnturm aus dem 11. Jh.).

*ROUTE: Von Gaiole auf der SS408 nordwärts bis **Badia Coltibuono** und auf kurvenreicher Landstraße westwärts nach **Radda in Chianti**.*

Namhafte Kellereien bzw. Weingüter in und um Gaiole:

Fattoria San Giusto a Rentennano, in San Giusto a Rentennano, Tel. +39 0577 74 71 21; www.fattoriasangiusto.it.

Badia Coltibuono [N43° 29′ 41.01" E11° 27′ 1.03"] wartet mit dem guten **Restaurant „Badia a Coltibuono"** des gleichnamigen Weingutes auf; Tel. +39 0577 74 481; www.coltibuono.com. Es ist eingerichtet in den historischen Mauern einer ehemaligen Abtei. Serviert wird deftige toskanische Küche, begleitet von feinen Tropfen aus Coltibuono. Angeschlossen ist ein elegantes Hotel.

Etwa 8 km hinter Badi Coltibuono sieht man rechterhand die **Villa Vistarenni [N43° 28′ 51.05" E11° 24′ 11.24"],** die im 16. Jh. von den Strozzi erbaut wurde und im 19. Jh. in den Besitz der Barone von Sonnino überging. Von dem Anwesen ist bekannt, dass es einen in den Fels gehauenen Gewölbekeller hat, der sich vorzüglich zum Ausbau von Weinen eignen soll. Das fürstliche Anwesen bietet einige Fremdenzimmer mit elegantem Ambiente an, Tel. +39 0577 73 84 76; www.villavistarenni.com/en/.

Radda in Chianti [Parkplatz, WP 051 / N43° 29′ 9.65" E11° 22′ 31.03"], ein uraltes Städtchen, das seine Wurzeln bis ins 11. Jh. zurückverfolgen kann, hat in den engen Gassen in seinem alten, kleinen Zentrum noch etwas von der Strenge einer mittelalterlichen Stadt.

PRAKTISCHE HINWEISE – GAIOLE IN CHIANTI

Ufficio Informazioni Turistiche [N43° 28′ 5.38" E11° 26′ 2.51"], Via Ricasoli, 18, Tel. +39 0577 74 94 11; www.comune.gaiole.si.it. *Geöffnet 1. Apr. - 31. Okt. Mo - Sa 9.30 - 13 + 15 - 18 Uhr, So 10 - 13 Uhr.*

RESTAURANT

Osteria al Ponte, Via A. Casablanca, Tel. +39 0577 74 40 07. Beliebt für seine Pasta- und Süßgerichte. Einfaches Ambiente.

WOHNMOBIL-STELLPLATZ

Wohnmobil-Stellplatz Area di Sosta Camper Gaiole in Chianti [N43° 27′ 52.56" E11° 26′ 4.65"], Via Michelangelo Buonarroti, 9. **Zufahrt/Lage:** Von der SS408 (Gaiole - Lecchi) am südlichen Ortsrand ostwärts in die Via Michelangelo Buonarroti abzweigen und noch 100 Meter, vor dem Sportplatz. **Geöffnet:** Ganzjährig. **Gebühr:** Kostenlos. **Ausstattung:** Parkplatz für ca. 5 Wohnmobile, falls nicht von Bussen oder Lkws zugeparkt. Frischwasser, Grauwasserausguss, Mülltonne, beleuchtet.

Radda mit seiner in früheren Zeiten strategisch wichtigen Burg, das alte Lehen der Grafen Guidi, kommt durch kaiserliches Dekret, das von Friedrich II. bestätigt wird, an Florenz. Und bei der Gründung der Lega del Chianti zu Beginn des 14. Jh. wird Radda einer der drei Hauptorte.

Als Radda dann auch noch zum Hauptort der gesamten Lega del Chianti aufsteigt sind Mittel genug da, den **Palazzo Pretoria** zu bauen, der mit Fresken von Duccio di Buoninsegna ausgemalt wird. Und Raddas Burg wird zur Festung ausgebaut. Im Laufe der Jahrhunderte aber verliert die Burg ihre strategische Bedeutung und der Ort beginnt, sich zu entvölkern und zu verfallen. In Chroniken aus dem späten 18. Jh. wird Radda als eine Stadt im Niedergang beschrieben.

Nicht weit vom Ortszentrum entfernt findet man **Santa Maria in Prato [N43° 29' 1.41" E11° 22' 42.23"]**. Das kleine Franziskanerkloster stammt aus den Anfängen des 18. Jh. Das ehemalige Kloster ist Sitz der Stiftung zum Schutze des Territoriums des Chianti Classico und nennt sich inzwischen **Casa Chianti Classico**. Man kann hier Weinverkostungen und Kochkurse besuchen. Ein Weinmuseum ist angeschlossen *(geöffnet Apr. - Okt. Di - Sa 11.30 - 13 Uhr, 14 - 18 Uhr, So 11.30 - 13 Uhr; www.casachianticlassico.it)*. Alle Weinlagen der Gemeinde Radda gehören zum Gebiet des Chianti Classico.

Namhafte Weingüter bei Radda:

Castello di Volpaia, bei Volpaia, Tel. +39 0577 73 80 66; www.volpaia.it.

Montevertine, bei Montevertine, Tel. +39 0577 73 80 09; www.montevertine.it.

Nur etwa 4 km westlich von Radda liegt an der Straße nach Castellina in Chianti der Ort **Vescine [N43° 29' 6.74" E11° 19' 42.40"]**. Das mittelalterliche Dorf mit Weingut fungiert heute als elegante **Hotelanlage „Il Borgo di Vescine"**, 26 Zi., Tel. +39 0577 74 11 44; www.vescine.it/de/, Mitte November bis Mitte März geschlossen, gehobene Preislage.

Man hat die Häuser des Ortes, oder das was nach Jahren des Verfalls von ihnen noch übrig war, mit ihren unregelmäßigen Natursteinmauern, ungleichen Fenstern, Bogengängen und steingefassten Türen im alten Stil restauriert. Das Innere der Gebäude ist rustikal mit Balkendecken aus Kastanienholz, deftigen Bauernmöbeln und grob verputzten Wänden. In den 19 Gästezimmern und 7 Suiten findet man alle modernen Annehmlichkeiten. Zudem Restaurant mit Terrasse, Bar, Bibliothek, Tennisplatz Pool.

Das Restaurant **„La Cantoniera di Vescine"**, Tel. +39 0577 73 56 27, liegt einen knappen Kilometer vom Hotel entfernt an der SS429. Auch hier ist das Ambiente einem rustikalen, toskanischen Bauernhaus nachempfunden. Feine toskanische Küche und nur ausgesuchte Weine aus der Gegend. Mittlere bis gehobene Preislage. Mittwoch Ruhetag.

PRAKTISCHE HINWEISE – RADDA IN CHIANTI

Ufficio Informazioni Pro Loco Radda in Chianti [N43° 29' 13.67" E11° 22' 28.88"], Piazza del Castello, 2, 53017 Radda in Chianti, Tel. + 39 0577 73 84 94; www.comune.radda-in-chianti.si.it.

Feste, Märkte: Festa del Perdono, 4 Tage langes, traditionelles Volksfest mit Musik, Kunst und Essen, am letzten Wochenende im August.
Markttag ist immer der vierte Montag im Monat 15 - 20 Uhr.

Shopping und Souvenirs: Fattoria Vignavecchia, Vignavecchia, Tel. +39 0577 73 80 90, www.vignavecchia.com; Chianti Classico, Chianti Classico Riserva, Grappa u. a.

RESTAURANTS

Osteria Volpaia, Volpaia, Vicolo della Torre, 2, Tel. +39 0577 73 80 66; www.osteriavolpaia.it; kleines rustikales Lokal, zum Weingut Volpaia gehörend.

Ristorante Vignale, Via Pianigiani, 9, Tel. +39 0577 73 80 94, gepflegte toskanische Küche, gehobene Preislage. Dezember bis März dienstags geschlossen.

HOTELS

Relais Vignale ****, 42 Zi., Via Pianigiani, 9, Tel. +39 0577 73 83 00; www.vignale.it; komfortables Haus der gehobenen Preisklasse, in einer Villa aus dem 18. Jh. eingerichtet. Teuer. WLAN. Parkplatz. Geöffnet 1. Apr. – 31. Okt.
Palazzo San Niccolò ****, 15 Zi., Via Roma, 16, Tel. +39 0577 73 56 66; www.hotelsanniccolo.com; elegantes Hotel in einem Gebäude aus dem 15. Jh., Restaurant mit Garten. WLAN. Parkplatz.

WOHNMOBIL-STELLPLATZ

Wohnmobil-Stellplatz Area Sosta Camper Radda in Chianti [WP 052 / N43° 29′ 7.45″ E11° 22′ 30.96″], Via Circonvallazione Santa Maria/Via degli Ulivi. **Zufahrt/Lage:** Von der Hauptstraße im Ort mit „Parcheggio" und dem Wohnmobilsymbol beschilderter Abzweig mit steiler Abfahrt und dann schlechte Auffahrt. In Gehnähe zum Ort, unterhalb des Ristorante La Loggia del Chianti gelegen. **Geöffnet:** Ganzjährig. **Gebühr:** Pauschale inkl. Wohnmobil und 2 Personen, am Parkscheinautomat zu bezahlen. **Ausstattung:** Von Hecken begrenzte Schotterfläche für ca. 12 Wohnmobilen, mit Schattenbäumen. Wasserhahn, kaum erkennbarer Bodenauslass, Mülltonne, unbeleuchtet. Einfachstparkplatz.

*ROUTE: Von Radda in Chianti zurück bis zur Villa Vistarenni und dort nordwestwärts zur gut 10 km entfernten Straße SS222, der „Chiantigiana". Ihr folgen wird nordwärts über **Panzano in Chianti** nach **Greve in Chianti**.*

Panzano in Chianti [Parkplatz, WP 053 / N43° 32′ 42.11″ E11° 19′ 1.79″] wartet mit dem mittelalterlichen Gemäuer des **Castello di Panzano,** mit Restaurants und mit der alteingesessenen „musikalischen" Metzgerei **Antica Macelleria Cecchini [N43° 32′ 40.10″ E11° 18′ 58.93″]** auf, Via XX Luglio, 11. Dort gibt es Wurstspezialitäten nach alten toskanischen Rezepten (www.dariocecchini.com).

Greve in Chianti [Parkplatz, WP 054 / N43° 35′ 5.31″ E11° 19′ 1.03″] ist unter Weinliebhabern längst über die Grenzen der Toskana hinaus bekannt. Der Ort hat sich zur heimlichen „Hauptstadt" des Chiantigebiets gemausert.

Greve kann auf eine lange Geschichte zurückblicken, die zwar nicht bis in die Etruskerzeit, aber doch bis ins späte Mittelalter zurückreicht. Damals lebten in Greve gerade mal 90 Menschen, wie man aus Aufzeichnungen aus jener Zeit weiß.

Zentrum des Ortes ist die **Piazza [N43° 34′ 56.81″ E11° 19′ 0.31″]**, der Marktplatz, der von Bogengängen umgeben ist und einen recht harmonischen Eindruck auf den Besucher macht.

Das Denkmal auf dem Marktplatz ist einem großen Sohn der Stadt gewidmet, nämlich dem Seefahrer *Giovanni da Verrazzano* der 1524, damals in Diensten des französischen Königs Franz I. unterwegs, an der Ostküste der Neuen Welt die Insel Manhattan im Hudson River erkundete, auf der später New Amsterdam, das spätere New York entstehen sollte.

Einige Kilometer südöstlich von Greve liegt an der Landstraße, die von der SS222 „Chiantigina" nach Lámole abzweigt, die **Villa di Vignamaggio**. Der herrschaftliche Sitz wurde um 1400 von den einflussreichen Gherardini erbaut. Auf diesem stattlichen Anwesen wurde *Mona Lisa de' Gherardini* geboren. Sie heiratete später Messer Francisco del Giocondo, der seine Gattin von Leonardo da Vinci malen ließ. Das Gemälde mit dem Titel „La Gioconda", das Mona

„Ja, ja, der Chianti-Wein"

Fast alles, was in der Toskana auf eine lange Tradition zurückblicken kann, fängt mit „Schon die Etrusker ..." an. Nicht anders beim Wein.

Natürlich waren es die Etrusker, die in der Toskana die ersten Weinstöcke pflanzten. Wie diese frühzeitlichen Tropfen allerdings gemundet haben mögen, ist nirgends genau überliefert. Sicher scheint aber zu sein, dass die Altvorderen der Antike dem Rebensaft sehr zugetan waren. Warum sonst hätte sich ein ausgeprägter Kult um den Weingott Bacchus entwickeln können?

Viel später dann waren es Mönche aus Vallombrosa, die auf den Hügeln um Gaiole Weinkulturen anlegten. Die Fratres pflegten den Ausbau ihrer Weine mit Hingabe und Können und brachten beachtliche Erzeugnisse hervor.

Eine Provinz oder Region „Chianti" gab es in der Toskana nie. Und die geografische Bezeichnung Chianti-Gebiet war auch sehr lange schwammig und keineswegs präzise definiert.

Wie man liest, soll die Bezeichnung „Chianti" in der zweiten Hälfte des 13. Jh. in Chroniken und Urkunden aufgetaucht sein. Man bezeichnete damit die oberen Lagen der Höhenzüge, die auf heutigen Karten als „Monti del Chianti" eingetragen sind, das Gebiet zwischen Montevarchi und Radda in Chianti also.

Und im 16. Jh. hatte Wein aus dem Chianti-Gebiet schon eine so große Wertschätzung erreicht, dass er als begehrtes Handelsprodukt von den Kaufleuten bis nach England verkauft wurde.

Chiantiwein war für die Stadtstaaten Florenz und Siena im Mittelalter ein bedeutendes Wirtschaftsgut. Verständlich, dass sich die rivalisierenden Städte immer wieder um die Grenzziehung des Gebietes, das ihre Bauern bewirtschaften konnten, stritten. Jede Stadt wollte natürlich den größten Anteil des Gebietes für sich beanspruchen können.

Aus dem 13. Jh. ist eine hübsche Geschichte um diesen Streit überliefert. Wieder einmal saßen die Stadträte zusammen, um über die Gemarkungsgrenzen zu verhandeln. Da wurde folgender Vorschlag gemacht. Beide Städte sollten beim ersten Hahnenschrei im Morgengrauen einen Reiter auf den Weg in die gegnerische Stadt schicken. Und dort, wo sich die Reiter begegnen würden, sollte fürderhin die Gemarkungsgrenze verlaufen. Nun müssen die Prioren aus Florenz wohl die größeren Schlitzohren gewesen sein. Denn sie kürzten ihrem Hahn schlichtweg die Körnerration für ein paar Tage mit dem Resultat, dass ihr Hahn am Morgen des Wettreitens wesentlich früher krähte und der Florentiner Reiter dadurch einen ganz schönen Vorsprung erhielt, der Florentiner Anteil am Chiantigebiet also größer wurde.

Aber erst im 19. Jh. erreichten die Weine aus dem Chianti und damit das Anbaugebiet und die Herkunftsbezeichnung „Chianti" eine solche Popularität, dass man sich gezwungen sah, das Gebiet genau zu definieren und festzulegen, dass sich nur Rotwein aus dem toskanischen Hügelland zwischen Florenz und Siena als „Chianti" bezeichnen durfte. Und schließlich setzten die Weinbauern aus Greve und Gaiole, aus Radda und Castellina durch, dass die feineren Chiantiweine geschützt wurden und zwar mit der Bezeichnung **„Chianti classico"** (Edelausgabe „Chianti Classico Riserva") und dem Symbol des schwarzen Hahns, des **„gallo nero"**. Andere Weinlagen wählten den „putto" (Engelchen) als Markenzeichen.

Im Chiantigebiet bei Panzano

Erst 1967 wurde das Anbaugebiet des Chianti zwischen Arnotal, Florenz und Arezzo in sieben offizielle Zonen unterteilt: Chianti Classico, Colli Fiorentini, Montalbano, Colli Senesi, Colli Arentini, Colline Pisane und Colline Pistoise.

Chianti Classico wird auf einem Gebiet erzeugt, das nicht mehr als annähernd 70.000 Hektar umfasst. Das wurde 1929 gesetzlich festgeschrieben. Aber auf dieser Fläche produzieren nicht weniger als 800 Betriebe Chianti Classico. Und fast alle von ihnen sind der Tradition der Lega del Chianti verbunden. Hochburgen der Chianti-Classico-Produktion sind die Gemeinden Castellina in Chianti, Gaiole in Chianti, Greve in Chianti und Radda in Chianti.

Um das Kerngebiet des Chiantiweins zwischen Florenz und Siena gruppieren sich noch viele andere Lagen des Chianti-Anbaugebiets, die ebenfalls überwiegend rote Weine hervorbringen. Von besonderer Qualität sind – neben dem Chianti Classico natürlich – u. a. der **Chianti Putto,** der nördlich von Florenz angebaut wird, der **Chianti Grappalo,** der **Vino nobile di Montepulciano** oder der **Brunnello di Montalcino**.

Später kamen noch Herkunftsgarantien und „garantierte" Herkunftsgarantien hinzu, DOC (Denominazione di origine controllata) und DOCG (Denominazione di origine controllata e garantita). Diese Gütesiegel legen Anbaugebiet,

Produktionsbedingungen und Ertragsmenge eines Weines fest. Nun kann man sich zwar darauf verlassen, dass der Wein in der entsprechenden Flasche auch aus dem angegebenen Anbaugebiet kommt, ob er aber auch schmeckt, ist damit noch lange nicht gesagt.

Traditionell wird im Chiantigebiet die Sangiovese-Traube angebaut. Seit einigen Jahrzehnten arbeiten einzelne Kellereien aber auch mit der Traubensorte Cabernet-Sauvignon.

Viele Kellereien, Schlösser und Weingüter in der Toskana stehen vom Frühjahr bis in die Zeit vor der Weinlese Besuchern offen. Besonders bemüht sind hier Winzer und Erzeuger, die sich dem **Movimento del Turismo del Vino,** der Vereinigung des Weintourismus, angeschlossen haben (www.movimentoturismovino.it).

Dem Verband, dem Weinbauern genauso angehören wie Weinhändler, Vinotheken und Gastronomen ist es ein Anliegen, Besuchern und Weinliebhabern die Produkte der Regionen auf angenehme Weise näher zu bringen. Die Gäste sollen die besten Weine verkosten können und bei dieser Gelegenheit auch noch das jeweilige Weinhaus, die Burg, das Schloss, die Kellerei kennenlernen. Einige der Weingüter bieten auch Übernachtungsmöglichkeiten und Restaurants mit feiner regionaler Küche oder ein Abendessen in Gesellschaft des Schlossherrn an. Achten Sie also darauf, wenn „Cantine aperte" einladen.

PRAKTISCHE HINWEISE – GREVE IN CHIANTI

Ufficio Informazioni Turistiche [N43°35'1.84" E11°19'4.08"], Piazza Giacomo Matteotti, 10, 50022 Greve, Tel. +39 055 85 46 299; www.comune.greve-in-chianti.fi.it/. *Geöffnet Apr. - Okt. tgl. 10 - 19 Uhr, Nov. + März Mo - Fr 10 -13 + 15 - 18 Uhr, Sa 10 - 17 Uhr, So 10 - 13 Uhr.*

Feste, Märkte: Von großer Bedeutung für Greve ist die in der zweiten Septemberhälfte auf der Piazza di Greve abgehaltene Weinmesse **Mostra Mercato del Vino Chianti Classico/ Expo del Chianti Classico.** Vier Tage lang dreht sich hier alles um die feinen Sorten des Chiantiweins.
Wochenmarkt auf der Piazza, jeden Samstag, ein sehr traditionsreicher Markt, der in Greve schon im Mittelalter abgehalten wurde.

Souvenirtipps: Gute Adressen für **Chianti Classico Weine** mit dem Gallo Nero Prädikat sind die **Enoteca Falorni** (Tel. +39 055 85 46 404; www.enotecafalorni.it; dienstags und mittwochs geschlossen), an der Piazza delle Cantine, 6, oder die **Bottega del Chianti Classico** (Tel. +39 055 853 631) an der Piazza Giacomo Matteotti, 18.
Feine **Wurstwaren und Schinken**, für die Greve auch bekannt ist, gibt's in der alteingesessenen **Antica Macelleria Falorni** an der Piazza Matteotti, 71, Tel. +39 055 853 029; www.falorni.it.

RESTAURANTS

Gute und preiswerte toskanische Küche bekommt man im recht unprätentiösen Restaurant **La Bottega del Moro** an der Piazza Trieste, 14, serviert, Tel. +39 055 853 753; www.labottegadelmoro.it.

HOTELS

Hotel-Restaurant Giovanni da Verrazzano *,** 10 Zi., Piazza Giocaomo Matteotti, 28, Tel. +39 055 853 189; www.albergoverrazzano.it; einfacheres Haus mit moderaten Zimmerpreisen.

WOHNMOBIL-STELLPLATZ

Wohnmobil-Stellplatz Area di Sosta Camper Greve in Chianti [WP 055 / N43° 35' 25.22" E11° 18' 49.54"], Via Montebeni. **Zufahrt/Lage**: Vom Ortszentrum Greve nordwärts über die Via Maggio und Via di Colognole der Beschilderung ‚Piscina' folgen. Am nördlichen Ortsrand neben dem städtischen Schwimmbad gelegen, ca. 500 m vom Altstadtzentrum entfernt. **Geöffnet:** Ganzjährig. **Gebühr:** Kostenlos. **Ausstattung:** Asphaltierter PKW-Parkplatz beim Hallen-Freibad mit Platz für 20 Wohnmobile, Frischwasser, Grauwasserausguss, Mülltonnen, beleuchtet. Samstagmarkt auf der Piazza Matteotti ca. 500 m entfernt.

Lisa mit ihrem geheimnisvollen Lächeln zeigt, zählt wohl zu den weltweit bekanntesten Meisterwerken aus der Renaissancezeit und ist heute gewöhnlich im Louvre in Paris zu bestaunen.

Nach mehrfachem Besitzerwechsel dient das schöne Anwesen heute landwirtschaftlichen Zwecken und als Ferienunterkunft. Die Weinberge des Gutes bringen ausgezeichnete Weine hervor, die schon zu Zeiten Mona Lisas überregional geschätzt wurden. Außerdem diente das Landgut als Filmkulisse zur Verfilmung des Shakespeare-Stücks „Viel Lärm um Nichts"; www.vignamaggio.com.

Offizielle **Campingplätze** sind in der Region etwas rar. Eine große, gut geführte, aber im großen Stil kommerziell betriebene Campinganlage **Norcenni Girasole Club [N43° 36' 46.30" E11° 26' 53.30"]** findet man rund 20 km östlich von Greve in Figline Valdarno im Arnotal.

*ROUTE: Greve nehmen wir als Umkehrpunkt in unserer Rundfahrt durch das Herz des Chiantigebiets und folgen der SS222 südwärts über **Castellina in Chianti** bis **Siena**.*

Castellina in Chianti [Parkplatz, WP 056 / N43° 28' 15.06" E11° 17' 12.90"] erlangte im 12. Jh. eine gewisse Bedeutung, als der heute eher unscheinbar wirkende Ort von Florenz zum Mitglied in der Lega del Chianti gemacht wurde und bald den Rang einer Bezirkshauptstadt des Verbandes erhielt. Castellina wird zwar befestigt, aber als Stadt an der Grenze zwischen den Herrschaftsgebieten von Florenz und Siena immer wieder attackiert. Zuletzt wird es 1478 von napoleonischen Truppen, die für die Sache Sienas kämpfen, eingenommen. Erst mit dem Fall der Republik Siena verliert Castellina seine strategische Bedeutung und es kehren ruhigere Zeiten in der Stadt ein.

Die **Rocca**, Castellinas stark befestigte Burg mit ihrem mächtigen Turm, überragt die Verteidigungsanlagen der **Via delle Volte** und erinnert an die turbulenten Zeiten des 15. und 16. Jh.

Am nordwestlichen Ortsrand liegt ein großes **Etruskergrab [N43° 28' 21.29" E11° 17' 2.75"]**. Vier nach den Himmelsrichtungen ausgerichtete Gänge führen in den Grabhügel hinein und münden jeweils in verschieden großen und unterschiedlich ausgelegten Grabkammern. Die beeidruckende Anlage entstand in der Zeit zwischen dem 7. und dem 6. Jh. v. Chr.

WOHNMOBIL-STELLPLATZ

Castellina in Chianti

Wohnmobil-Stellplatz Area di Sosta Camper Tomba Etrusca, [WP 057 / N43° 28' 23.68" E11° 17' 14.18"], Via Chiantigiana, 30 (SS222). **Zufahrt/Lage:** Am Nordrand von Castellina in Chianti unmittelbar an der Straße SS222 (Siena – Greve/Radda). **Ausstattung:** Fast ebener, asphaltierter Parkplatz für 20 Wohnmobile und für Besucher der archäologischen Stätte. Versorgungssäule, Müllcontainer, beleuchtet. Zum Etruskergrab Tombe Etruske ca. 400 Meter. **Gebühr:** Gebühr zahlbar am Parkscheinautomat. **Geöffnet:** Ganzjährig.

CAMPING

Barberino Val d'Elsa

Barberino Val d'Elsa liegt rund 23 km nordwestlich von Castellina in Chianti und westlich der Schnellstraße.

Camping Semifonte [N43° 32' 47.61" E11° 10' 43.69"], Via Ugo Foscolo, 4, Tel. +39 055 80 75 454, www.semifonte.it/de/; Anf. Apr. – Ende Okt.; von der Autobahn Firenze - Siena Ausfahrt Tavernelle, und über Tavernelle weiter nach Barberino Val d'Elsa, beschildert; Wiesenterrassen mit Laubbäumen in ansprechender, ruhiger Lage; ca. 1,5 ha – 100 Stpl.; Standard-Sanitärausstattung; Laden, Schwimmbad, WLAN. **V & E für Wohnmoble.**

*ROUTE: Wer etwas Zeit mitbringt kann auf dem Weg zurück nach Siena einen kleinen Umweg über **Monteriggioni** unternehmen.*

Monteriggioni [Parkplatz, WP 050 / N43° 23' 24.78" E11° 13' 29.18"] sieht mit seiner abweisenden Ringmauer und den trutzigen Vierecktürmen auf der Hügelkuppe aus, als wäre die Zeit seit seiner Entstehung stehen geblieben. Kein Strommast, keine Antenne, kein Neubau stört die Silhouette und keine Straßenerweiterung hat die alten Stadttore gesprengt.

Den imposanten Mauerring, der in der ersten Hälfte des 13. Jh. entstanden ist, hat schon Dante in einer seiner Dichtungen besungen. Die Anlage der 570 m langen Mauer mit ihren 14 Türmen ist fast kreisrund. Und nur zwei Tore gewähren Einlass in den Ort.

Warum ein so wehrhaftes Bollwerk hier, abgeschieden in den toskanischen Hügeln? Warum hat sich der Ort nicht wie hundert andere in der Toskana weiterentwickelt?

Die Antwort liegt vielleicht darin, dass Monteriggioni kein traditionell gewachsenes Gemeinwesen mit einer Geschichte ist, die sich von Generation zu Generation weiter entwickelte und so die Bewohner mit ihrer Stadt und ihrem Umland verwurzelte, sondern eine aus rein strategischen Überlegungen heraus von der Republik Siena angelegte Burg war.

Zwar versuchten die Sieneser Monteriggioni zu kolonisieren. Der Erfolg aber blieb bescheiden und die Einwohnerzahl ging über die Anzahl der Besatzung und ihrer Familien kaum hinaus.

Monteriggioni wurde gelegentlich belagert und mit Artilleriefeuer belegt. Großen Schaden richteten die Attacken aber nicht an. Und so blieb das so auffallend stark befestigte Städtchen so gut wie unversehrt erhalten und konnte seinen Dornröschenschlaf bis heute fortführen.

Einem Kleinod von einem Gebäudeensemble kommt der alte, kleine Ortskern um die romantische, gepflasterte **Piazza Roma** gleich.

Hier spielt sich zwischen **Kirche Santa Maria**, dem Hotel Monteriggioni, dem Restaurant Il Pozzo und einer Hand voll Geschäften und Souvenirläden das Geschehen ab. Neben Kunsthandwerk werden auch Spitzen angeboten.

Der Besucher findet oben am Ostrand vor dem Stadttor außerhalb der Mauern einen gebührenpflichtigen (s. o.) und am Fuße des Hügels einen staubigen, schattenlosen, bislang kostenlosen **Parkplatz** [N43° 23' 16.54" E11° 13' 29.97"].

PRAKTISCHE HINWEISE – MONTERIGGIONI

Ufficio Turistico di Monteriggioni [N43° 23' 24.79" E11° 13' 29.16"], Piazza Roma, 23, Tel. +39 0577 30 48 34; www.monteriggioniturismo.it. *Geöffnet Apr. - 15. Sept. tgl. 9.30 - 13.30 + 14 - 19.30 Uhr, 16. Sept. - 31. Okt. bis 18 Uhr; 1. Nov. - 31. März tgl. a. Di 10 - 13.30 + 14 - 16 Uhr.*

Feste, Märkte: Festa della Torri, das Fest unter den Türmen, am ersten und zweiten Wochenende im Juli; www.monteriggionimedievale.com.

RESTAURANTS

Il Pozzo, an der Piazza Roma,20, Tel. +39 0577 30 41 27; www.ilpozzo.net; recht gutes Restaurant, rustikales Ambiente. Sonntagabend und montags geschlossen, Juni - Sept. nur montags geschlossen.

HOTELS

Monteriggioni **,** 12 Zi., Via 1°Maggio, 4, Tel. +39 0577 30 50 09; www.monteriggioni.net; schön renoviertes Hotel in historischem Gebäude an der Piazza Roma neben der Kirche, gehobene Preislage, Bar, Schwimmbad, Garten, WLAN. Parkplatz.

CAMPING

Trasqua bei Monteriggioni

Camping Luxor Chianti Village [N43° 23' 58.38" E11° 14' 54.58"], Loc. Trasqua, Tel. +39 0577 74 31 44; www.luxorchiantivillage.com; Ende Mai – Ende Sept.; Zufahrt von Monteriggioni nordwärts ca. 4 km Richtung Castellina in Chianti, dann ostwärts, beschildert; terrassiertes Laubwaldgelände in ansprechender, ruhiger Lage, für sehr lange Wohnmobile oder Caravans etwas schwierige Stellplatzverhältnisse wg. teils dichtem Baumbestand; ca. 2 ha – 90 Stpl.; Standard-Sanitärausstattung; Restaurant mit Terrasse, Imbiss. Schwimmbad.

WOHNMOBIL-STELLPLATZ – MONTERIGGIONI

Wohnmobil-Stellplatz Parcheggio Cipressino Monteriggioni [WP 058 / N43° 23' 18.88" E11° 13' 32.74"], Strada di Monteriggioni. **Zufahrt/Lage:** Auf der SR2 Via Cassia nach Monteriggioni, südöstlich des Ortes, ca. 200 m zum Stadttor. **Geöffnet:** Ganzjährig. **Gebühr:** Parkscheinautomat, für 1. Std. € 5,- jeder weitere Stunde € 1,-. **Ausstattung:** Großer, geschotterter, gemischter Parkplatz mit 14 markierten Plätzen für Wohnmobile, schattenlos. Keine Einrichtungen.

Wohnmobil-Stellplatz Area Camper Monteriggioni [WP 059 / N43° 23' 8.15" E11° 13' 42.23"], Via Cassia Nord, 140. **Zufahrt/Lage:** Von Monteriggioni südostwärts zur SR2 (Via Cassia Nord) und gleich am nächsten Gehöft links ab zum Platz, ca. 500 m von Monteriggioni entfernt. **Geöffnet:** Ganzjährig. **Gebühr:** Für Stellplatz zzgl. Ver- und Entsorgung mit Ticketautomat. **Ausstattung:** Asphaltierte Platzstraße mit 29 schattenlose Rasengittersteinflächen für Wohnmobile, Strom, Versorgungssäule mit Frischwasser und Chemikaltoilettenentsorgung, Auslass für Grauwasser, Sanitärhaus mit Dusche, WC, beleuchtet. Aufenthalt max. 72 Stunden.

Chiantilandschaft bei Greve

TOUR 8: SIENA - CASTIGLIONE DELLA PESCAIA

Länge der Tour: Rund 250 km.

Die Route: Über die SS73 und über **Frosini** und **Monticiano** bis **Roccostrada** – SS48 ostwärts bis **Civitella Marittima** – SS223/E78 bis **Grosseto** – SS1/E60 „Via Aurelia" bis **Albinia** – SS440 auf der Halbinsel **Promontorio dell'Argentario** – SS1/E60 „Via Aurelia" bis **Grosseto** – SS158 über **Marina di Grosseto** bis **Castiglione della Pescaia**.

Reisedauer: Mindestens ein Tag.

Höhepunkte: Die **Abteiruine San Galgano** * – die antike Ausgrabungsstätte von **Roselle** * – der **Dom von Grosseto** * – die antke **„Città di Cosa"** * – die Landschaft der **Maremma**.

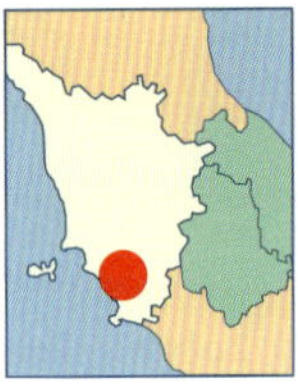

Abkürzende Routenalternative

Man kann die hier beschriebene Rundreise durch die Toskana wesentlich abkürzen, ohne besonders herausragende Höhepunkte zu versäumen, wenn man von Siena über **Monteriggioni** und **Colle di Val d'Elsa** direkt nach **Volterra** (Tour 10) oder **San Gimignano** (Tour 11) fährt und dort zur Fortsetzung der Reise in die Tour 11 (Volterra – Montecatini Terme) „einsteigt".

ROUTE: Unsere Hauptroute führt von Siena über die SS73, nach Südwesten, nach 20 km über die SS153 nach Süden Richtung ***Roccastrada/Grosseto.*** *Auf kurvenreicher Straße durchquert man eine waldreiche Landschaft und erreicht etwa auf halbem Wege zwischen Siena und Roccastrada bei* ***Bivio del Madonnino*** *den Abzweig der SS162 nach* ***Massa Marittima.*** *Wir folgen der SS162 nur knapp 3 km und kommen zur nahe der Straße gelegenen Abteiruine* ***San Galgano.***

In schöner, abgeschiedener Landschaft erheben sich die stattlichen Reste der im 13. Jh. gegründeten und erbauten Zisterzienserabtei **San Galgano [N43° 8' 57.95" E11° 9' 16.87"]**. Obwohl das Kirchenschiff längst seines Daches beraubt ist, lässt sich noch gut die sehr nüchterne, dennoch harmonische Stilauffassung der Gotik, welche die Architektur der Zisterzienser prägt, nach-

Das ehemalige Zisterzienserkloster San Galgano

WOHNMOBIL-STELLPLATZ – SAN GALGANO

Wohnmobil-Stellplatz Parcheggio San Galgano [WP 060 / N43° 9' 8.87" E11° 9' 5.78"], Strada Comunale di Cassette. **Zufahrt/Lage:** Von der SS73bis (Siena – Monticiano) zur Klosterruine San Galgano abzweigen. **Geöffnet:** Ganzjährig. **Gebühr:** Gebührenpflichtig. **Ausstattung:** Nahe der Klosterruine San Galgano gelegener, befestigter Großparkplatz mit 20 markierten Rasengittersteinplätzen für Wohnmobile. Ausguss für Grauwasser, V & E-Säule zum Zeitpunkt unseres Besuches unbrauchbar. Beleuchtet.

vollziehen. Die Abteikirche soll Vorbild für den Dom in Siena gewesen sein! Noch erhalten sind Refektorium und Kapitelsaal. Vorhanden ist auch noch ein Teil des Kreuzganges mit Doppelsäulen.

Oberhalb liegt die **Capella San Galgano** mit freskengeschmückter Seitenkapelle.

ROUTE: *Zurück zur SS162 und zur SS157, der wir südwärts nach* ***Roccastrada*** *folgen. Knapp 2 km südlich von Roccastrada verlassen wir die SS157 und folgen der Landstraße ostwärts nach* ***Civitella Marittima*** *an der Fernstraße E78/SS223, der wir in südlicher Richtung folgen. Rasch ist man bei* ***Paganico*** *in der Ebene des Oberlaufs des Ombrone-Flusses. Die Landschaft ist weniger abwechslungsreich und nicht sonderlich interessant. Rund 8 km vor Grosseto zweigen wir ostwärts ab, um ins nahe* **Roselle** *zu gelangen.*

Unweit nördlich des heutigen Ortes **Bagno Roselle** findet man die ausgedehnten Ausgrabungsfelder der etruskischen Stadt **Roselle** oder **Rusellae [Parkplatz, N42° 49' 39.53" E11° 9' 48.19"]** *(geöffnet März - Okt. 9 - 19.30 Uhr, Nov. - Feb. 9 - 17.30 Uhr; www.maremmaguide.com/parco-archeologico-di-roselle.html)*. Noch gut erkennbar ist von der auf einem Hügel gelegenen antiken Stadt der Verlauf der zyklopenhaften **Stadtmauer**. Weiter sind zu sehen

Die Reste des antiken etruskischen Roselle

die gepflasterten Straßen, dann Grundmauerfragmente von Gebäuden (teils mit Mosaikböden) und des Forums und auf der Anhöhe Reste eines Amphitheaters aus römischer Zeit. Die Funde von Roselle werden im Archäologischen Museum in Grosseto aufbewahrt.

Kleiner Tipp: Besuchen Sie das Ausgrabungsfeld im Sommer möglichst in den Vormittagsstunden, wenn Sie es einrichten können. Das Gelände mit den archäologischen Fragmenten ist so gut wie schattenlos. Ein Rundgang in der Sonne kann zur schweißtreibende Angelegenheit werden.

Der Parkplatz bei der antiken Stätte von Roselle kann von Wohnmobilfahrern auch als **Übernachtungsstellplatz** genutzt werden (beschildert).

Grosseto, Provinzhauptstadt mit rund 80.000 Einwohnern, liegt in der Ebene des Flusses Ombrone. Die Stadt entstand erst um das Jahr 1000 n. Chr., in der Zeit nach der Zerstörung des nahen etruskischen Roselle durch die Sarazenen. Im 12. Jh. war Grosseto erzbischöfliche Residenz, kam 1336 an Siena und Mitte des 16. Jh. an Florenz.

Heute ist Grosseto vor allem ein Umschlagplatz der in der Region erzeugten Agrarprodukte wie Wein, Olivenöl, Milcherzeugnisse etc.

Wie in vielen Städten ist auch in der Innenstadt von Grosseto die Parkplatzsituation, zumal für Wohnmobile, problematisch. Man kann sein Glück auf einem der Parkplätze rund um die Bastion versuchen, z. B. auf dem **Parkplatz [N42° 45' 33.83" E11° 6' 43.58"]** an der Südwestseite der Festungsmauer (Bastion) der Altstadt (Einbahnstraßen gegen den Uhrzeigersinn um die Altstadt).

Sehenswertes findet man im **alten Stadtkern**, der noch von der mittelalterlichen Stadtmauer mit unter den Medici angelegten **Bastionen** umschlossen wird.

Der dem hl. Lorenzo geweihte **Dom von Grosseto [N42° 45' 35.91" E11° 6' 49.05"]** ist ein Bau der Romanik, der ausgangs des 13. Jh. entstand, aber mehrfach umgebaut wurde, so zuletzt im 19. Jh. Schöne Westfassade mit drei Portalen, einer Bogengalerie und Fensterrosette darüber. An der Südseite gotische Fenster und ein schönes Portal.

An der Südseite des Doms erstreckt sich die Piazza d. Dante mit dem **Palazzo Aldobrandeschi** (auch Palazzo della Provincia) und dem Denkmal für Großherzog Leopold II.

Beachtung verdient auch die schlichte **Kirche San Francesco** am Nordrand der Altstadt. Sie enthält Kunstwerke Sieneser Meister.

Im **Museo Archeologico e d'Arte della Maremma [N42° 45' 40.14" E11° 6' 50.39"]**, Piazza Baccarini, 3, dem Archäologischen Museum *(geöffnet 1. Apr. - 31. Mai Di - Fr 9.30 - 16 Uhr, Sa + So 10 - 13 + 16 - 19 Uhr; 1. Juni - 30. Sept. Di - Fr 10 - 18 Uhr, Sa + So 10 - 13 + 17 - 20 Uhr; 1. Okt. - 31. März Di - Fr 9 - 14 Uhr, Sa + So 10 - 13 + 16 - 19 Uhr; www.museidimaremma.it/it/museo.asp?keymuseo=15)* mit der angeschlossenen Kunstgalerie des **Dommuseums** sind Funde aus der Etruskerzeit aus Rusellae und anderen antiken Stätten der Maremma zu sehen. In der Kunstabteilung des Museums sind Werke namhafter Sieneser Meister ausgestellt.

PRAKTISCHE HINWEISE – GROSSETO

Ufficio Turismo di Grosseto [N42° 45' 41.30" E11° 6' 57.54"], Via Saffi, 17/c, 58100 Grosseto, Tel. + 39 0564 488 882; www.grossetoturismo.it.

RESTAURANT

L'Uva e il Malto, Via Giuseppe Mazzini ,1, Tel. +39 05 64 41 12 11; www.luvaeilmalto.it; gemütliches Lokal, innerhalb der Stadtmauer nahe der Piazza del Sale mit hervorragender italienischen Küche. Parkplatz ca. 300 m entfernt.

HOTELS

Airone ****, 68 Zi., Via Senese, 35, Tel. +39 05 64 41 24 41; www.hotelairone.eu; zentrumsnah gelegen, Restaurant, Wellness, Terrasse, Garten, WLAN. Parkplatz.

Grand Hotel Bastiani **,** 48 Zi., Piazza Gioberti, 64, Tel. +39 05 64 20 047; www.hotelbastiani.com; elegantes Haus in zentraler Lage, mittlere bis gehobene Preislage, Bar, Terrasse, WLAN.

Granduca ****, 72 Zi., Via Senese, 170, Tel. +39 05 64 45 38 33; www.hotelgranduca.com; elegantes Restaurant „La Limonaia", Fahrradverleih, Garten, WLAN. Parkplatz.

CAMPING

Marina di Grosseto

Camping Cieloverde [WP 061 / N42° 42' 49.86" E11° 0' 30.42"], Via della Trappola, 181, Tel. +39 05 64 32 16 11; www.cieloverde.it; Mitte Mai – Mitte Sept.; Zufahrt bei KM 35 der SS158 (Castiglione della Pescaia – Principina a Mare); ausgedehntes, riesiges, in 12 Zonen eingeteiltes, sandiges Pinienwaldgelände, gepflegt; 55 ha – 1.200 Stpl. + zahlr. Dau.; Komfort-Sanitärausstattung. Restaurant, Imbiss, Supermarkt, Schwimmbad, Fahrradverleih, einige Internetkabelanschlüsse. Abendveranstaltungen. Shuttlebus zum 1,2 km entfernten Sandstrand. Zahlreiche Mietbungalows.

Camping le Marze [WP 062 / N42° 44' 42.58" E10° 56' 50.27"], SP158 KM30.200, Tel. +39 05 64 35 501; 7. Apr. – 8. Okt.; Zufahrt bei KM 30.200 der SS158 (Castiglione della Pescaia – Marina di Grosseto); unübersichtlicher, kreisförmig angelegter Platz im hochstämmigen Pinienwald mit einigen lichteren Stellen. Teils sehr wellige Platzwege; 19 ha – 450 Stpl. + zahlr. Dau.; Standard-Sanitärausstattung. Restaurant, Imbiss, Laden, Schwimmbad, Internetecke. **V & E für Wohnmobile.** Klettergarten. Zum Strand 700 m. Platz ist geprägt von umfangreichen Dauercamper- und Mietbungalowsiedlungen.

WOHNMOBIL-STELLPLATZ

Marina di Grosseto

Wohnmobil-Stellplatz Area Sosta Camper Oasi di Maremma [WP 063 / N42° 43' 36.54" E10° 59' 30.23"], Via Costiera/SS158 KM 34,4, Tel. +39 33 89

50 87 14; www.oasidimaremma.it. **Zufahrt/Lage:** Abzweig von der SS322/ SS158 bei KM 34,400. **Geöffnet:** Apr. – Sept. Zum Strand 2 km. **Gebühr:** Inkl. Toilettennutzung und V & E-Station. Strom Extragebühr. **Ausstattung:** Parzelliertes Wiesengelände mit jungen Bäumen, V & E-Säule, Waschmaschine, Dusche, Strom, Picknicktische.

Wohnmobil-Stellplatz Area L'Oasi di Fantoni Ottorina [WP 064 / N42° 44' 4.88" E10° 58' 28.91"], SP80. **Zufahrt/Lage:** Von der SS158 (Castiglio della Pescaia – Grosseto) auf die SP80 nordwärts abzweigen und noch 100 m zum durch Pinien schattigen, leicht ansteigenden Platz. **Geöffnet**: Mai - Sept. **Gebühr:** Je Wohnmobil inkl. 2 Personen, Wasser und Entsorgung, Strom Extragebühr. **Ausstattung**: 45 ausschließlich für Wohnmobile reservierte Plätze, Frischwasser, Abwasser- und Chemikaltoilettenentsorgung, WC, Dusche, Strom, WLAN.

*ROUTE: Weiterreise von Grosseto über die SS1 (Via Aurelia Etrusca) südwärts und über **Fonteblanda** bis **Albinia** an der Küste des Tyrrhenischen Meeres.*

Der Küste vorgelagert sieht man die **Halbinsel Monte Argentario**. Sie ist durch die von Dünengürteln, den sog. *tomboli*, mit langen **Sandstränden** begrenzte Laguna di Orbetello vom Festland getrennt. Auf einem sandigen Landrücken liegt mitten in der Lagune **Orbetello**, ein lebhafter Sommerferienort, zu dessen Sehenswürdigkeiten die **Kathedrale** mit einer schönen Fassade aus dem 14. Jh. und ein **Stadtmuseum** (u. a. etruskische Tempelfragmente) zählen.

Die bergige Halbinsel Monte Argentario wurde bereits öfter von verheerenden Waldbränden heimgesucht, die annähernd drei Viertel des Waldbestandes vernichteten und den Anblick des Monte Argentario doch etwas beeinträchtigten. Aber die Felsküsten mit den eingelagerten Sandstränden sind nach wie vor reizvoll. Im Süden erhebt sich der 635 m hohe **Monte Telégrafo**, der höchste Berg auf der Halbinsel. Eine kurvenreiche Straße führt hinauf.

Die wichtigsten Häfen und Ferienorte sind **Porto Ercole [Parkplatz N42° 23' 52.02" E11° 12' 5.23"]** an der Ostküste mit Festungen aus der spanischen Zeit des 16. Jh. sowie der Hauptort **Porto Santo Stefano** an der Nordküste.

Porto Ercole

PRAKTISCHE HINWEISE – PORTO SANTO STEFANO, PORTO ERCOLE

Porto Santo Stefano Tourist Information Centre [Parkplatz nebenan, WP 065 / N42° 26′ 2.55″ E11° 7′ 26.41″], Piazza del Valle, 58019 Porto Santo Stefano, Tel. +39 05 64 81 42 08; www.monteargentario.info/en/argentario-tourist-office.htm. *Geöffnet Ostern - MItte Juni + Okt. Fr 15 - 18 Uhr, Sa 9.30 - 12.30 + 15 - 18 Uhr, So 9.30 -12.30 Uhr. Mitte Juni - Sept. tgl. 9.30 - 19 Uhr.*

Porto Ercole Tourist Information [N42° 23′ 40.74″ E11° 12′ 14.07″], Piazza Roma, 58018 Porto Ercole, Tel. +39 05 64 81 19 79

HOTELS

Porto Santo Stefano

Filippo II ****, Poggio Calvello, 17, Tel. +39 05 64 81 16 11; www.hotelfilipposecondo.it/en/. In schöner, aussichtsreicher Hanglage, Restaurant, Bar, WLAN. Parkplatz.

La Caletta ***, Via C. Civinini, Tel. +39 05 64 81 29 39; www.hotelcaletta.com. In schöner Lage an der Felsküste mit eigenem Strand, Bar. WLAN. Parkmöglichkeit.

Porto Ercole

Hotel Don Pedro ***, 60 Zi., Via Panoramica, 7, Tel. +39 05 64 83 39 14; www.hoteldonpedro.it; erhöht über dem Hafen von Porto Ercole gelegen, Restaurant, Terrasse, WLAN, Parkplatz, Privatstrand 500 m entfernt.

CAMPING

Albinia

Camping International Argentario, [WP 066 / N42° 29′ 47.14″ E11° 11′ 39.43″], Loc. Torre Saline, Tel. +39 05 64 87 03 02; www.argentariocamping-village.com; Mitte Apr. – Mitte Sept.; beschilderter Abzweig von der SS1 bei KM 150/VII; teils im Pinienwald, teils Laubbaumgelände, Touristenplätze auf fast schatteloser Wiese mit einigen hochstämmigen Pinien, unmittelbar an die Pkw-Abstellplätze grenzend, Straße gut hörbar. Auf diesem Platzteil neuere Sanitäranlagen, allerdings mit einsehbaren Waschgelegenheiten, durch den strandnäheren Platzteil zum Strand; 10 ha – 280 Stpl.; Standard-Sanitärausstattung. Restaurant, Imbiss, Laden, Waschmaschine, Trockner, schöne Schwimmbadanlage, Fahrradverleih, Tauchschule, Bootsslipanlage. WLAN auf Teilen des Platzes. **V & E für Wohnmobile**. Umfangreiche Ferienbungalowsiedlung.

Camping Bocche d'Albegna, [N42° 30′ 0.88″ E11° 11′ 38.94″], Loc. Torre Saline, Tel. +39 05 64 87 00 97; www.bocchedalbegna.com; beschilderter Abzweig von der SS1 bei KM 150/VII; gut schattiges Gelände, teils mit Gras bewachsen, teils sandig, mit langem Sand- und Kiesstrand; 2 ha – 80 Stpl.; Standard-Sanitärausstattung. Restaurant, Imbiss, Laden, Waschmaschine, Bootsslipanlage, Bootssteg. WLAN. **V & E für Wohnmobile**. Mietbungalows.

Orbetello

Camping Orbetello Village [WP 067 / N42° 27′ 48.64″ E11° 11′ 9.82″], Strada Giannella 166, Tel. +39 05 64 82 02 01; www.orbetellocampingvillage.com; Mitte Apr. – Ende Sept.; von der SS1 bei KM 150/VII abzweigen; ebenes Pinienwaldgelände auf der Landzunge Tambolo della Giannella; 8 ha – 120 Stpl.; Restaurant, Imbiss, Supermarkt, Waschmaschine, Trockner, Verleih von Rädern und E-Bikes, Schwimmbad, **V & E für Wohnmobile**. Mietbungalows und Mietcaravans.

Porto Ercole

Camping Feniglia [WP 068 / N42° 24′ 33.90″ E11° 12′ 30.12″], Lec. Feniglia, Tel. +39 05 64 83 10 90; www.campingfeniglia.it; Jan. – Dez.; von der Straße nach Porto Ercole Richtung Feniglia abzweigen und noch ca. 1,5 km zur Platzeinfahrt. Fungiert mehr als Wohnmobil-Stellplatz! Beengtes Gelände mit Schatten durch Pinienbäumen; ca. 2 ha – 140 Stpl.; Standard-Sanitärausstattung. Laden, Bar, Waschmaschine, Fahrradverleih. Miethütten.

WOHNMOBIL-STELLPLATZ – PORTO ERCOLE

Wohnmobil-Stellplatz Area Sosta Camper Le Miniere Monte Argentario [WP 069 / N42° 25' 3.20" E11° 12' 14.67"], Loc. Feniglia, Strada Provinciale di Porto Ercole; www.areasostacamperleminiere.com. **Zufahrt/Lage:** Von der SS1 (Albinia – Orbetella Scalo) westwärts zur SP161 nach Orbetello abzeigen und weiter zur Insel Argentario und südwärts Richtung Porto Ercole abzweigen, noch 800 m zum Platz zwischen Küstenstraße und Laguna di Orbetello. **Geöffnet:** 14. Apr. – 30. Sept. **Gebühr:** Pauschale inkl. aller Personen, Ver- und Entsorgung, Strom. **Ausstattung:** Sandiges, welliges Grasgelände mit Büschen und niederen Bäumen mit Platz für ca. 100 Wohnmobile, Frischwasser- und Grauwasser- und Chemikalausguss, Strom, WC, Dusche, Picknickecke, Müllentsorgung, WLAN, beleuchtet. Shuttlebus zum 800 m entfernten Sandstrand.

Wohnmobil-Stellplatz Area Sosta Camper Da Renzo [WP 070 / N42° 24' 55.87" E11° 12' 24.00"], Loc. Feniglia, Strada Prov. di Porto Ercole; www.areasostaciropark.it. **Zufahrt/Lage:** Von Orbetello zur Insel Monte Argentario und südwärts Richtung Porto Ercole abzweigen, noch ca. 1 km weiter bis Abzweig zum Platz. **Geöffnet:** 13. Apr. – Ende Sept. **Gebühr:** Pauschale inkl. Ver- und Entsorgung, Strom, Warmdusche. **Ausstattung:** Ebenes Grasgelände an der Straße nach Feniglia mit noch junger Bepflanzung, Frischwasser und Chemikaltoilettenausguss, Strom, Dusche, Pizzeria. Shuttlebus zum 700 m entfernten Sandstrand.

Abstecher zur Isola del Giglio

Ab Porto Santo Stefano verkehren regelmäßig Schiffe zu den vorgelagerten, sehr reizvollen Inseln – **Isola del Giglio** (bis zu vier Abfahrten täglich, Fahrzeit 1 Stunde) und zur kleinen **Isola di Giannutri** mit den Ruinen einer römischen Villa.

Isola del Giglio, die „Lilieninsel", nach Elba die zweitgrößte Insel vor der toskanischen Küste, liegt nur rund 15 km südwestlich vor Monte Argentario.

Vom schön in einer geschützten Bucht gelegenen Hafenort **Giglio Porto** führt die Straße (Busse) zum gut 400 m hohen **Giglio Castello**, dem Verwaltungsort der Insel, und endet an der Westküste in **Giglio Campese**, einem hübschen, im Sommer oft überlaufenen Ferienort mit langem **Sandstrand.**

Im Januar 2012 lief das Kreuzfahrtschiff „Costa Concordia" vor dem **Hafen Porto Giglio** auf Grund, kenterte und wurde manövrierunfähig. Nach einer missglückten Evakuierung verloren 32 Menschen ihr Leben. Das Schiff wurde bei einer aufwendigen Bergungsaktion wieder aufgerichtet und 2014 nach Genua abgeschleppt. Dort wurde es komplett zerlegt, zerschmolzen, zersägt und verschrottet. Der Bürgermeister Sergio Ortelli weihte im Januar 2017 auf der Hafenmauer von Porto Giglio eine Gedenktafel mit den Namen der 32 Todesopfer ein. Sonst erinnert nichts mehr an die Katastrophe vom 13. Januar 2012.

Abstecher ins antike Cosa

Bevor man wieder Richtung Grosseto fährt, kann man einen Abstecher südwärts nach **Ansedonia** unternehmen (Zufahrt max. bis 3,5 t, Brückendurchfahrt 3 m!). Allerdings lohnt sich der Abstecher nur für diejenigen, die wirklich großes Interesse für Archäologie mitbringen. Der mühsame Weg hinauf nach Cosa, der mit dem nicht immer sehr deutlichen Hinweisschild „Resti della Città di Cosa" beschildert ist, folgt auf schmaler Straße (Brücke max. Durchfahrtshöhe 3 m, Tonnagenlimit 3,5 t) durch ein Villenviertel hinauf zur archäologischen Stätte von **Cosa.** Vom kleinen **Parkplatz [N42° 24' 52.34" E11° 17' 6.70"]** führt ein etwas längerer Weg durch einen Olivenhain, in dem die Ausgrabungsstätte liegt, hinauf zur **Akropolis** mit dem römischen Tempel Arx. Sehenswert ist die **Stadtmauer** und das kleine Museum. Der Blick von dort oben

PRAKTISCHE HINWEISE – ISOLA DEL GIGLIO / GIGLIO PORTO

Ufficio Informazioni Turistiche, Via Umberto I, 58013 Giglio Porto, Tel. +39 05 64 80 94 00; www.giglioinfo.it.

RESTAURANT

Doria, Via Thaon de Revel, 18, Tel. +39 05 64 80 90 00; www.ristorantedoria.it; direkt am Meer, man serviert Fischspezialitäten.

HOTELS

L'Arenella *,** 33 Zi., Via Arenella, 5, Tel. +39 05 64 80 93 40; www.hotelarenella.com; in erhöhter Lage mit Blick auf die Küstenlandschaft, hübsches Restaurant mit Terrasse. WLAN. Parkmöglichkeit. Geöffnet Mitte April bis Ende September.

Castello Monticello ***, Via Provinciale, Tel. +39 05 64 80 92 52; www.hotel-castellomonticello.com; in einer ehemaligen Villa in schöner Lage, Restaurant. WLAN. Parkplatz. Geöffnet März bis Okt.

CAMPING

Camping Baia del Sole [N42° 22′ 23.52″ E10° 52′ 59.90″], Loc. Sparavieri, Tel. +39 05 64 80 40 36; www.giglioinfo.it/insel-giglio/isola-del-giglio.html; Mitte Mai – Ende Sept.; ca. 1 km nördlich von Giglio Campese. Standard-Sanitärausstattung. Laden, Bar, Terrasse am Meer. Mietbungalows.

ist prächtig und geht über die Küste bis zum Monte Argentario und zur Lagune von Orbetello. Cosa war schon im dritten vorchristlichen Jahrhundert römische Kolonie. Die Zufahrt hinauf ist meines Erachtens für Fahrzeuge über Sprintergröße und große Caravangespanne absolut **ungeeignet**!

Wieder unten in Ansedonia kann man in Meeresnähe weiter ostwärts fahren bis man in die Nähe des **Torre di San Biagio [N42° 24′ 21.11″ E11° 17′ 23.99″]** kommt. Der Turm bewachte in der Römerzeit die Einfahrt in den Hafen Portus Cusanus. Heute ist der Hafen längst versandet.

Der Blick vom antiken Cosa zur Halbinsel Argentario

Aus der Zeit der Etrusker stammt ein hier in den Felsen gehauener tiefer Kanal, die sog. **Tagliata Etrusca [Parkplatz, N42° 24' 31.42" E11° 17' 38.69"]**, der als ein Meisterwerk früher Wasserbaukunst gilt (stellenweise beschwerliche und enge Zufahrt). Mittels dieses Kanals konnte der Zu- und Abfluss des Wassers in den Hafen kontrolliert und einer Versandung vorgebeugt werden. Nebenan findet man die **Grotte Spacco della Regina** (gleicher Parkplatz).

Bei ausreichend zur Verfügung stehenden Zeit lohnt ein Besuch im ca. 17 km östlich von Ansedonia gelegenen **Giardino dei Tarocchi [Parkplatz, N42° 25' 27.63" E11° 28' 10.64"]** beim Dorf Garavicchio (Abzweig von der SS1) *(geöffnet 1. Apr. - 15. Okt. 14.30 - 19.30 Uhr; Nov. - März am ersten Samstag im Monat 9 - 13 Uhr; http://ilgiardinodeitarocchi.it/de/)*, in dem die skurrilen Plastiken der 2002 verstorbenen französisch-amerikanischen Künstlerin Niki de Saint Phalle zu bestaunen sind. Viele der großen Figuren und Skulpturen sind Motiven auf Tarot Karten nachempfunden.

HAUPTROUTE

*ROUTE: Der weitere Verlauf unserer Reise führt nun wieder nach Nordwesten und über die Küstenautobahn SS1 (Via Aurelia Etrusca) über **Fonteblanda** Richtung Grosseto. Wer gerne in Naturparks wandert, sollte 8 km nördlich von Fonteblanda die SS1 verlassen und nach **Alberese** abzweigen. Von dort aus kann man einen Abstecher in den **Parco Naturale della Maremma** machen.*

Urbanes Zentrum der **Maremma**, einer uralten Kulturlandschaft der Toskana, ist heute das Städtchen **Alberese**. Hier findet man auch das **Besucherzentrum** des **Parco della Maremma [großer Parkplatz, auch Stellplatz, WP 071 / N42° 40' 10.50" E11° 6' 14.33"]** *(geöffnet tgl. 8.30 - 20 Uhr)*, Via del Bersagliere, 7/9, Tel. +39 0564 40 70 98; www.parco-maremma.it.

Das Natur- und Landschaftsschutzgebiet der Maremma erstreckt sich um die bewaldeten Hügel der Monti dell'Uccellina, südlich von Grosetto, etwa zwischen Principina a Mare, Fonteblanda und Talamone. Zum Naturpark gehören 25 km Küste mit Sandstränden und Klippen, das Mündungsgebiet des Ombrone-Flusses und weite Marschlandgebiete.

Jeglicher Autoverkehr innerhalb des Parks ist untersagt. Man kann die Landschaft, die Flora und Fauna also nur auf Wanderungen oder mit dem Fahrrad erleben.

Am Besucherzentrum in Albarese, das man tunlichst als erstes vor einem Besuch des Naturparks ansteuern sollte, gibt es eine Fahrradverleihstation. Und im Besucherzentrum bekommt man neben Eintrittskarten einem Übersichtsplan mit den Wander- und Radwegen, auch vielfältige Informationen über Flora und Fauna. Im Sommer, wenn die Waldbrandgefahr hoch ist, ist ein Parkbesuch nur mit Führer möglich.

Besuchenswert ist in erster Linie der Teil des Parks zwischen Küste und der Westseite der Monti dell'Uccellina mit drei ganz unterschiedlichen Landschaftsformen, dem Gebiet mit mediterraner **Macchia**, in dem Wildschweine, Rotwild, Füchse, Murmeltiere etc. leben, dem offenen **Marschland,** vor allem an der Ombronemündung (Vogelbeobachtungsstation, ein Eldorado für Wasservögel und der meist felsigen, aber auch sandigen **Küste** mit Dünen und mit einem breiten Piniengürtel dahinter.

Im Nördlichen Teil des Parks bei La Trappola werden Pferde und eine besondere Art von Rindern, ähnlich den Longhornrindern, gezüchtet.

Im ganzjährig geöffneten Park werden auch Nachtwanderungen und Kanutouren auf dem Ombrone-Fluss angeboten.

Startpunkt für **Wanderungen** und **Radtouren** ist das erwähnte **Besucherzentrum Parco della Maremma** in Alberese. Vom Besucherzentrum starten in regelmäßigen Abständen Busse in

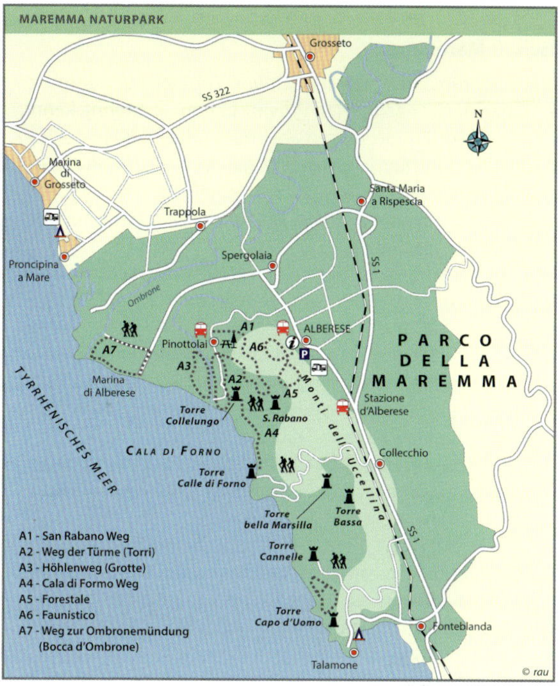

den Westteil des Parks zum Haltepunkt **Pinottolai**. Hier startet z. B. der Weg A1, der mit insgesamt gut 26 km (Gehzeit ca. 10 - 12 Stunden) längste Wanderweg im Park, der über San Rabano nach Alberese führt. Der Weg, der auch einige Steigungen aufweist, führt vornehmlich durch das Gebiet mit mediterraner Macchia über die Abtei San Rabano (11. Jh.).

Der **„Weg der Türme" (A2)**, ist etwas mehr als 14 km lang und nimmt etwa fünf bis sechs Stunden in Anspruch und wird als „nicht schwierig" eingestuft. Dennoch ist an den Steilhängen Vorsicht geboten!

Weiter gibt es den **„Höhlenweg" (A3).** Er wird ebenfalls als nicht schwierig eingestuft und führt auf ebenem Terrain zum Scoglietto-Collelungo-Kanal, zum großherzoglichen Pinienwald und zu den Höhlen. Wegstrecke knapp 12 km, Dauer rund 4 bis 5 Stunden.

Der **„Cala di Forno Weg" (A4)** ist 18 km lang und nimmt mindestens 7 Stunden in Anspruch, ein langer, aber nicht schwieriger Weg zur Küste.

Ganz im Nordwesten das Parks gibt es den **Weg zur Ombronemündung (A7)** (6 km, 2 bis 3 Std., Vogelbeobachtungsstation). Dieser Weg soll auch für Rollstuhlfahrer geeignet sein.

Die Parkverwaltung empfiehlt auf Wanderungen im Park komfortable Trekkingschuhe zu tragen, Trinkwasser, einen Regenschutz, eine Kopfbedeckung und ein Mittel gegen Stechmücken mitzuführen. Außerdem wird gebeten, die markierten Wege nicht zu verlassen, Tiere nicht zu stören, Pflanzen zu respektieren und keinesfalls Feuer zu entzünden und nicht zu rauchen (hohe Waldbrandgefahr).

In **Talamone** wurde in einer Schildkröten „Rettungsstation" ein **Aquarium** und ein weiteres Besucherzentrum (Via Nizza, 12) eingerichtet.

*ROUTE: Weiterreise auf der SS1 bis an den Südrand von **Grosseto**. Dort verlassen wir die Schnellstraße und wenden uns westwärts auf die SS158, die uns an die von ausgedehnten Pinienwäldern gesäumte toskanische Küste und über **Marina di Grosseto** nach **Castiglione della Pescaia** bringt.*

Nordwestlich des Naturparks schließt sich ein ausgedehnter Dünen- und Pinienwaldgürtel an. Die Küste von Principina a Mare über Marina di Grosseto und Castiglione della Pescaia bis La Rocchette ist nicht mehr so felsig, sondern fast ein einziger, **kilometerlanger Sandstrand**.

Alte Kulturlandschaft Maremma

Die Landschaft der Maremma, die sich südlich von Grosseto und entlang der Küste bis an die Grenze der benachbarten Provinz Latium ausdehnt, kennt man mindestens seit der Antike. Funde weisen aber darauf hin, dass in der Region schon in prähistorischer Zeit Menschen gelebt haben müssen. Ein mit einem menschlichen Profil verzierter Steinkeil zum Beispiel, den man in Vado all'Arancio bei Massa Marittime fand, wird von Fachleuten auf ein Alter von neun- oder zehntausend Jahre geschätzt.

Weiter ist bekannt, dass schon weit über tausend Jahre vor unserer Zeitrechnung in der Maremma Kupfer entdeckt und vor allem am Fiora-Fluss bearbeitet wurde. Später wurde hier auch Bronze bearbeitet. Und sicher waren es die Erzvorkommen, die dazu führten, dass etwa um das achte vorchristliche Jahrhundert die ersten etruskischen Städte gegründet wurden. Es entwickelte sich die „Kultur von Rasena". Es sollte eine lange Kulturepoche werden, die erst 82 v. Chr. mit der Eroberung der etruskischen Städte durch Silla endete.

Die alte Kulturlandschaft der Etrusker begann mit dem Niedergang dieses frühen toskanischen Volkes nach und nach zu versumpfen. Die Maremma wandelte sich langsam in ein malariaverseuchtes Marschland.

Das Land taugte zu nicht viel mehr, als in den Sümpfen Rinder und Schafe weiden zu lassen. Jahrhunderte lang waren es traditionell Schäfer aus Sardinien, die ihre Herden durch die Maremma trieben. Und von sardischen Hirten übrigens stammt auch das Rezept für den feinwürzigen Schafskäse Pecorino, der als Spezialität der Toskana gilt.

Heute sind große Teile der Maremma dank weitreichender Entwässerungsmaßnahmen wieder fruchtbares Agrarland. Und die Rinder- und Pferdezucht nimmt hier breiten Raum ein.

Das Gebiet um den Bergrücken der Monti dell'Uccellina zwischen Autobahn und Küste und südlich der Ombronemündung ist zum Naturreservat **Parco Naturale della Maremma** erklärt worden. Der Hügelrücken hinter der felsigen Küste steigt bis auf 415 m an. Die höchsten Punkte sind mit alten Wachtürmen bestückt, wie z. B. beim historischen Hafenstädtchen **Talamone** (Meeresaquarium) auf einem Landvorsprung im Süden des Naturparks oder **Collelungo** weiter nördlich.

PRAKTISCHE HINWEISE – ALBERESE/MAREMMA

Parco Natural della Maremma/Albarese Visitor Centre [WP 071 / N42° 40' 10.50" E11° 6' 14.33"], Via del Bersagliere, 7/9, 58100 Alberese, Tel. +39 0564 40 70 98; www.parco-maremma.it. *Geöffnet tgl. 8.30 - 20 Uhr.* Großer Parkplatz gegenüber. Fahrradverleih.

WOHNMOBIL-STELLPLATZ

Wohnmobil-Stellplatz Area Parco dell'Uccellina/Parco della Maremma, [N42° 40' 10.60" E11° 6' 14.56"], Via del Bersagliere 7/9. **Zufahrt/Lage:** Von der SS1 Richtung Parco della Maremma westwärts abzweigen und zum Pkw-Parkplatz am Visitor Center des Parco della Maremma. **Geöffnet:** Ganzjährig. **Gebühr:** Pauschal für Reisemobil und 2 Personen. **Ausstattung:** 100 Plätze für Wohnmobile auf PKW-Parkplatz, schattenloses, sandiges Areal am Nordrand von Alberese, an einer Seite von einer Reihe hoher Bäume, sonst von Feldern begrenzt, nicht eingezäunt, Platzbeleuchtung, Frischwasser, Grauwasser- und Chemikaltoilettenausguss.Ca. 300 m vom Park-Informationszentrum und Haltestelle für die Besucherbusse in den Parco della Maremma, der für Privatfahrzeuge gesperrt ist.

CAMPING – TALAMONE

Camping Village Talamone, [WP 072 / N42° 33′ 54.72″ E11° 8′ 22.73″], Via Talamonese 2, Tel. +39 0564 88 70 26; www.talamonecampingvillage.com/de/; Mitte Apr. – Mitte Sept.; beschilderter Abzweig von SS1 bei Fonteblanda Richtung Talamone; ausgedehnter, schattiger Ferienplatz mit Bungalowdorf in schöner Lage, teils eben, teils terrassiert; 5 ha – 240 Stpl. + zahlr. Dau.; gehobene Standard-Sanitäraustattung. Restaurant, Imbiss, Laden, Waschmaschine, Trockner, Schwimmbad, Fahrradverleih, Segelschule, Tennis, Animation. WLAN auf Teilen des Platzes. Zum 1,5 km entfernten Strand Shuttlebus in Hochsaison. Zahlreiche Mietbungalows.

Castiglione della Pescaia ist der Hauptort der hiesigen Ferienküste. Das Städtchen mit mittelalterlicher Festung und Mauer hat einen schönen Jachthafen und weite Sandstrände. Bis ins 13. Jh. war die **Burg von Castiglione della Pescaia [Parkplatz, N42° 45′ 53.92″ E10° 52′ 44.99″]** fest in Händen der Pisaner. Das änderte sich 1284. Nach der Schlacht am Meloria kam Castiglione an die Piccolomini von Grosseto. Später schenkte Cosimo de' Medici die Burg samt Ländereien seiner Frau Eleonora di Toledo als Lehen.

Ausflug nach Vetulonia

Bei ausreichend zur Verfügung stehender Zeit bietet sich ein Ausflug nordwärts nach **Vetulonia** an, ca. 20 km einfache Strecke. Der Ort, zu dem eine schmale, kurvenreiche Straße hinauf führt, liegt fast 350 m hoch und war einst ein bedeutender Partner im etruskischen Städtebund. Oben im Ort kann man das **Museo Archeologico Isidoro Falchi [Parkplatz, WP 073 / N42° 51′ 34.18″ E10° 58′ 15.59″]** und die Reste einer antiken estruskischen Stadt besichtigen *(geöffnet im Sommer tgl. 10 - 19 Uhr, im Winter tgl. 8 - 17 Uhr)*.

Nordöstlich des Ortes liegen mehrere **etruskische Gräber**. Gleich am Beginn einer Staubstraße, die von der Auffahrt nach Vetulonia abzweigt und zu weiteren „Tombe etrusche" führt, liegen die wenigen Reste der **„Tombe Belvedere" [N42° 52′ 09.7″ E10° 58′ 58.0″]**. Zu den bedeutenderen Grabanlagen zählen der Grabhügel des **Tumulo della Pietrera [Parkplatz, N42° 52′ 17.70″ E10° 59′ 17.35″]**, ein beeindruckendes Kuppelgrab, und der **Tumulo del Diavolino** *(geöffnet im Sommer tgl. 10 - 19 Uhr, im Winter tgl. 8 - 17 Uhr)*.

PRAKTISCHE HINWEISE – CASTIGLIONE DELLA PESCAIA

Ufficio Turistico di Castigione della Pescaia [Parkplatz nebenan N42° 45′ 47.98″ E10° 52′ 56.07″], Piazza Garibaldi, 6, 58043 Castiglione della Pescaia, Tel. +39 0564 93 36 78; www.turismocastiglionedellapescaia.it. *Geöffnet Jan. - März + Nov. - Dez. Mo + Di 10 - 16 Uhr, Apr. - Mai Di 9.30 - 12.30 + 15 - 19 Uhr, Juni - Sept. tgl. 9 - 13 + 15 - 21 Uhr.*

HOTELS

L'Approdo ****, 48 Zi., Via Ponte Giorgini, 29, Tel. 0564 93 34 66; www.approdo.it; in erhöhter Lage mit Blick über die Stadt, Restaurant, Bar. Fahrradverleih, Tischtennis. WLAN. Parkmöglichkeit.

Piccolo ***, 15 Zi., Via Montecristo, 7, Tel. +39 0564 93 70 81; www.hotelcastiglione.com/de/indexPH.htm; familiär geführtes, kleines Hotel mit hübschem Restaurant, 50 m vom Strand entfernt.

Riva del Sole Resort & Spa****, 175 Zi., Riva del Sole, Tel. +39 0564 92 18 11; www.rivadelsole.it; Ferienhotel im Pinienwald am Meer mit Schwimmbad,

Restaurant, Bar, Wellness- und Fitnesseinrichtungen, Fahrradverleih, Tennis, Wassersportmöglichkeiten, Minigolf, Privatstrand. WLAN. Parkplatz.
Roccamare **,** 51 Zi., Via delle Rocchette, Tel. +39 05 64 94 11 24; www.roccamare.it/de/; angenehmes Haus mit Terrasse, Garten und Privatstrand, Restaurant, Bar, Fahrradverleih, Tennis, Wassersportmöglichkeiten, Abendunterhaltung. WLAN. Parkplatz.

CAMPING

Mein Tipp! Auf nahezu allen Campingplätzen an der toskanischen Küste muss das Auto (zumindest in der Hochsaison) auf separaten Parkplätzen abgestellt werden, kann also nicht beim Zelt oder Wohnwagen geparkt werden (gilt nicht für Wohnmobile).
Viele Plätze verlangen in der Hochsaison einen Mindestaufenthalt zwischen 6 und 14 Tagen!
Eine Mittagsruhe, während der gewöhnlich Rezeption, Laden, Schranke etc. geschlossen bleiben, gilt auf vielen Plätzen zwischen 13 und 15/16 Uhr.

Camping Maremma Sans Souci, [WP 074 / N42° 46' 25.31" E10° 50' 39.27"], Casa Mora, Tel. +39 0564 93 37 65; www.maremmasanssouci.it; Anf. April – Ende Okt.; ca. 2 km westl. bei KM 21 der SS158 meerwärts; hügeliger Pinienwald; ca. 10 ha – 350 Stpl.; gute Standard-Sanitärausstattung; Restaurant, Imbiss, Laden, Waschmaschine, Trockner, Fahrradverleih, Segel- und Windsurfschule, Ponyreiten, Internetecke, WLAN auf Teilen des Platzes, **V & E für Wohnmobile**. 50 m breiter Strand. Mietbungalows.
Camping Village Baia Azzurra, **[WP 075 / N42° 46' 40.94" E10° 47' 38.69"]**, Via delle Rocchette, Tel. +39 0564 94 10 92; www.baiaazzurra.it; Anf. Apr. – Mitte Okt.; Abzweig von der SS158 ca. 6 km westlich Castiglione Richtung le Rocchette meerwärts; Wiesenareal mit Nadel- und Laubbäumen, teils mit Mattendächern; ca. 9 ha – 170 Stpl.; gute Standard-Sanitärausstattung; Restaurant, Imbiss, Laden, Schwimmbad, Internetecke, WLAN auf Teilen des Platzes. **V & E für Wohnmobile**. Naher Sandstrand. Zahlreiche Mietbungalows. Hundeverbot in der Hochsaison.
Camping Stella del Mare, [WP 076 / N42° 46' 38.31" E10° 47' 34.39"], Loc. Le Rocchette, Tel. +39 0564 94 71 00; www.stelladelmarecamping.it/de/; Mitte Apr. – Mitte Okt.; ca. 6 km westlich Castiglione Richtung Le Rocchette meerwärts; teils eben, teils terrassiert, teils mit Baumschatten; ca. 4 ha – 120 Stpl.; Standard-Sanitärausstattung; Restaurant, Imbiss, Laden, Schwimmbad, Internetecke. **V & E für Wohnmobile**. Sandstrand. Mietbungalows und Mietcaravans. Keine Hunde in der Hochsaison.

WOHNMOBIL-STELLPLATZ

Wohnmobil-Stellplatz Area di Sosta Camper Casa Mora, **[WP 077 / N42° 46' 28.81" E10° 50' 37.34"]**, SS322 Casa Mora. **Zufahrt/Lage:** Von der SS158 (Follonica – Castiglione della Pescaia) am westlichen Ortsrand von Castiglione della Pescaia zum Sportzentrum abzweigen, gegenüber Camping Maremma Sans Souci. **Gebühr**: Pro Wohnmobil inkl. 2 Personen. Frischwasser und Abwasserentsorgung kostenlos. **Geöffnet**: Ganzjährig. **Ausstattung**: Ebener, geteerter, schattenloser Parkplatz mit ca. 50 Stellflächen, vor dem Stadion, beleuchtet, Wasserhahn, Chemikaltoiletten- und Abwasserausguss, Mülltonnen.

TOUR 9: INSEL ELBA

Länge der Tour: Inselrundfahrt rund 135 km.

Die Route: Ab **Portoferraio** bis **Procchio** – weiter bis **Marina di Campo** – über **Fetováia** und **Chiessi** bis **Marcaa** – über **Marciana Marina** und **Procchio** bis **Portoferraio**. Von **Portoferraio** über **Rio nell'Elba** bis **Rio Marina** – weiter über **Porto Azzurro** bis **Capoliveri** – über **Lido** nach **Lacona** und zurück nach **Portoferraio**.

Reisedauer: Mindestens drei Tage.

Höhepunkte: Napoleons Exilresidenz **Villa dei Mulini** * in Portoferraio – **Villa Napoleone** * bei **San Martino** – die **Sandstrände** von **Marina di Campo** **, **Lacona** *** und **Capoliveri** ** – **Wanderung auf den Monte Capanne**.

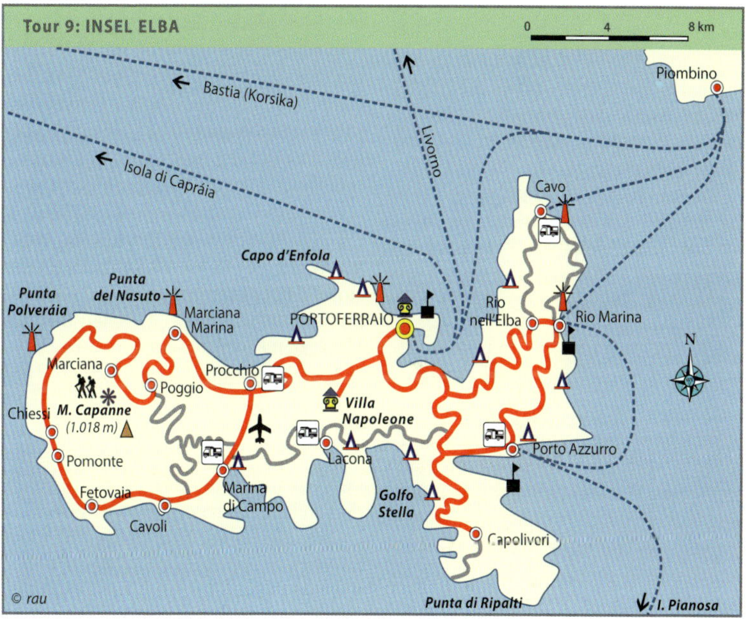

Fähren zur Insel Elba

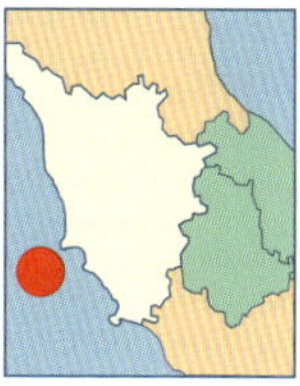

Vom alten Hafen (Porto Vecchio) in **Piombino [Parkplatz, N42° 55′ 37.46″ E10° 32′ 48.46″]** verkehren mehrmals täglich **Autofähren** der Reedereien Moby Lines, Toremar und BluNavy nach **Portoferraio** (im Sommer bis zu 21 mal täglich), nach **Rio Marina** (bis zu viermal täglich) und **Cavo** auf Elba sowie zur Isola Pianosa (zweimal wöchentlich). Es bestehen auch regelmäßige Fährverbindungen zwischen Livorno und Portoferraio. Die Überfahrt von Piombino nach Portoferraio dauert eine Stunde, mit den teureren Tragflügelbooten (keine Autobeförderung) nur 30 Minuten, mit Tragflügelbooten nach Cavo nur 20 Min.

In der Zeit der Oster- oder Sommerferien sind Reservierungen für einen Autoplatz für die Hin- **und** für die Rückfahrt sehr empfehlenswert! Überfahrten in der Hochsaison sind sehr teuer!

Elba, mit nahezu 225 Quadratkilometern die größte der toskanischen Inseln, ist nur durch den etwa 10 km breiten *Canale di Piombino* vom Festland getrennt. Die Insel – die Griechen kannten sie unter dem Namen *Aethalia*, die Römer unter dem Namen *Ilva* – war schon in der Antike bekannt für sein reiches Vorkommen an Eisenerzen.

Die Erzvorkommen, aber auch die günstige Lage vor der toskanischen Küste, machten Elba zum begehrten Objekt der rivalisierenden italienischen Stadtstaaten. Jahrhunderte lang stritten Pisa, Genua und Lucca um die Vorherrschaft auf Elba, bis die Insel schließlich dem Herzogtum Piombino einverleibt wurde.

Elba sah auch viele ausländische Herren. Es wurde von Türken geplündert und von Spaniern, Franzosen und Engländern besetzt.

Zu Beginn des 19. Jahrhunderts ging die rund 27 km lange und maximal 18 km breite Insel mit ihren Bergmassiven, felsigen, fast 150 km langen Küsten und tief einschneidenden Buchten in die Geschichtsbücher ein, als Frankreichs selbstgekrönter Kaiser Napoleon I. nach Elba ins Exil ging.

Um dem abgedankten Franzosen ein standesgemäßes Refugium bieten zu können, war die Insel seinerzeit rasch noch zum Fürstentum erhoben worden. Während seines unfreiwilligen Aufenthalts auf der Insel von Mai 1814 bis Februar 1815 setzte sich der gebürtige Korse u. a. sehr für die Verbesserung der Verkehrswege auf der Insel ein.

In unserer Zeit wurde Elba dank seiner Strände, seiner vielfältigen Wassersportmöglichkeiten und seines angenehmen, sonnigen Klimas vor allem als Ferieninsel bekannt.

Die höchste Erhebung auf Elba, der 1.018 m hohe **Monte Capanne** (Granitsteinbrüche), liegt im westlichen Teil der Insel. Verwaltungstechnisch gehört die Insel Elba übrigens zur Provinz Livorno.

Tipp zur Ferienplanung: Elba ist zumindest in den vier Wochen der Top-Hochsaison, etwa von Mitte Juli bis Mitte August, überaus stark besucht, wenn nicht überlaufen. Auf fast allen Campingplätzen und in anderen touristischen Einrichtungen muss dann mit drangvoller Enge gerechnet werden. Autoplätze auf den Fähren (für Hin- und Rückfahrt!), Hotelzimmer und Campingstellplätze sollten dann unbedingt vorausreserviert werden!

Gelegentlich verlangen einige Campingplätze in der Hochsaison einen Mindestaufenthalt. Wenn immer möglich **empfiehlt es sich sehr**, einen Elbabesuch auf die Vor- oder Nachsaison zu verlegen, nicht nur wegen der dann etwas moderateren Preise.

Welche herausragende wirtschaftliche Bedeutung der Tourismus für Elba und seine Bewohner hat, verdeutlichen ein paar Zahlen. Auf Elba leben ständig rund 33.000 Menschen, die Einwohnerzahl eines Kleinstädtchens. Es gibt aber fast 250 Hotels, weit über 130 Restaurants und mehr als 70 Campingplätze.

Hauptort und wichtigster Hafen von Elba ist **Portoferraio [Parkplatz, N42° 48' 46.23" E10° 19' 15.54"],** der an der Nordküste geschützt in einer schönen Bucht liegt und von Zitadellen aus der Medicizeit bewacht wird.

Der Stadtname bedeutet nichts anderes als „Eisenhafen" und weist darauf hin, dass Portoferraio schon den Etruskern als Hafen diente, über den sie die bei Cavo (noch heute Erzbergbau) geförderten Erze nach Populonia ausführten.

Erst die Römer aber bauten den Hafen richtig aus, den sich später der Herzog della Marca Toscana, der seinen Sitz in Lucca hatte, einverleibte. 1290 ging Portoferraio, wie ganz Elba, an die Pisaner.

Und hundert Jahre später hatte der Herzog von Mailand, Gian Galeazzo Visconti, wohl gerade etwas Geld übrig und kaufte sich die Insel. Aber schon neun Jahre später, 1399, kam Portoferraio in den kaiserlichen Besitz Karls V., der die Stadt samt Insel dem Herzog von Florenz, Cosimo I. de' Medici, überließ.

Allerdings war damit die Auflage verbunden, Portoferraio in eine unein-

Portoferraio

nehmbare Festung zu verwandeln. Damals im 16. Jh. wurden die Grundsteine für die Festungen **Falcone, Stella** und **Linguella** gelegt. Die Pläne dazu lieferte der Militärarchitekt Giovanni Battista Camerini. Dass Camerini ausgezeichnete Arbeit abgeliefert hatte, bewies sich bei den Attacken der französisch-türkischen Truppen. Sie verwüsteten fast alle Hafenstädte auf Elba. Portoferraio allerdings konnten sie nie bezwingen.

Die Medici blieben bis zur Ankunft Napoleons die Herren auf Elba, auch wenn sie zum Schluss nur noch über Portoferraio und den Nordteil der Insel das Sagen hatten, während der Südteil unter der Herrschaft des spanischen Königs Philipp III. lag, der auch Prinz von Piombino war.

Gleich hinter dem Haupttor in der Stadtmauer der Festungsstadt östlich des Fährhafens, der im übrigen etwas provinziell wirkenden Hafenstadt, öffnet sich die breite **Piazza Cavour [N42° 48' 52.26" E10° 19' 52.86"]**, das Zentrum der Altstadt, um das sich Restaurants, Cafés und Geschäfte gruppieren. An Markttagen ist es hier natürlich besonders lebhaft.

Dahinter stuft sich die Stadt hinauf bis zur Villa dei Mulini, Napoleons zeitweiliges Refugium im etwas höher gelegenen Stadtteil mit den Festungen oberhalb des Porto Vecchio. Hier findet man an der Piazzale Napoleone die **Villa dei Mulini [N42° 49' 0.14" E10° 19' 55.86"]**, die Napoleon während seines zehnmonatigen Aufenthalts auf Elba als Residenz diente. Heute ist hier das **Museo Nazionale delle Residenze Napoleoniche dell'Isola d'Elba** eingerichtet *(geöffnet im Sommer tgl. a. Mo 8.30 - 19.30 Uhr, So 8.30 - 13.30 Uhr; www.napoleone-elba.it/napoleone-all-elba/la-villa-dei-mulini.php)*. Aufbewahrt werden hier Bücher, einige persönliche Gegenstände und Erinnerungsstücke an Napoleon.

Ein Aufsehen erregender Tag in der Geschichte Elbas war wohl der 3. Mai im Jahre 1814. Damals lief im Hafen von Portoferraio der Segler „Undaunted" ein. Ein Bord war kein geringerer als der abgedankte französische Kaiser Napoleon I. Der Selbstgekrönte hatte nach Jahren glänzender Erfolge, die sich schließlich mit dem Russischen Feldzug in eine bittere Niederlage wandelten, Elba als Exil gewählt. Die Wahl war wohl bedacht, nicht nur, weil das Festland in relativ kurzer Zeit erreicht werden konnte, sondern auch deshalb, weil der Franzose eines freundlichen Empfangs auf Elba sicher sein konnte. Und tatsächlich wurde Napoleon damals auf Elba von einer jubelnden Menge empfangen. Und der Aufenthalt des Korsen auf Elba war gut vorbereitet worden. Im Vertrag von Fontainebleau verzichtete Napoleon auf die Herrschaft in Frankreich und in Italien, das er sich ja größtenteils auch einverleibt hatte, erhielt dafür aber Elba als

Napoleon I.

Fürstentum. Die Leute von Elba bejubelten am 3. Mai 1814 also auch ihren neuen Fürsten.

Aber Napoleon wäre nicht der Herrscher über halb Europa geworden, hätte er auf Elba plötzlich den retirierten Nobelpensionär gemimt. Vom ersten Tag an spann der Franzose, dem manches abgehen mochte, bestimmt aber nicht eine gehörige Portion Selbstbewusstsein, seine Fäden der Macht neu.

Seine Getreuen und eine Schar der besten Agenten hielten ihn über die politischen Ereignisse in Paris und über die Ränke und neuen Seilschaften auf dem Laufenden. Und es dauerte kein ganzes Jahr bis Napoleon Bonaparte wieder in Frankreich landete, um seine „Herrschaft der Hundert Tage" zu etablieren.

Das **Archäologisches Museum [N42° 48' 44.68" E10° 19' 50.56"]** von Portoferraio findet man in der Medici Festung Linguella *(geöffnet Mitte Juni - Mitte Sept. tgl. 9 - 14.25 Uhr + 18 - 24 Uhr; Mitte März - Mitte Juni + Mitte Sept. - Ende Okt. tgl. 10 - 13 Uhr + 15.30 - 19 Uhr, Do geschlossen)* am südlichen Rand des Hafenbeckens. Es befasst sich mit der Historie des Toskanischen Archipels. Eine der Abteilungen zeigt Exponate aus der Etruskerzeit.

Portoferraios Hausstrand ist **Le Ghiaie [N42° 49' 2.55" E10° 19' 26.65"]**, ein Kiesstrand unterhalb der Festung.

PRAKTISCHE HINWEISE – PORTOFERRAIO/INSEL ELBA

Ufficio Informazioni Turistiche Portoferraio [N42° 48' 46.98" E10° 19' 20.43"], Viale Elba, 4, am Fährhafen, 57037 Portoferraio, Tel. +39 0565 91 46 71; www.isoleditoscana.it; www.visitelba.de. *Geöffnet Mo - Sa 9 - 19 Uhr, So 10 - 13 Uhr, 15 - 18 Uhr.*

RESTAURANTS

Mein Tipp! Wenn Sie bei Ihrem Restaurantbesuch eine „Acquacotta", eine leckere Gemüsesuppe, „Torta con Acciughe", eine Anchovistorte oder die Lammsuppe „Zuppa d'Agnello" auf der Karte finden, sollten Sie die Gerichte unbedingt einmal versuchen. Sie zählen zu den kulinarischen Spezialitäten Elbas. Und zu den edleren Weinsorten, die auf Elba produziert werden, gehören u. a. der „Aleatico" und der Muskateller.

Il Castagnacciaio, Via del Mercato Vecchio, 13, Tel. +39 0565 91 58 45; https://www.ilcastagnacciaio.com/; Pizzeria, traditionelle Küche mit Holzofen.

Stella Marina, Via Vittorio Emanuele, 2, Tel. +39 0565 88 05 66; www.stellamarinaportoferraio.it; mit Blick aufs Meer, eines der besseren Fischrestaurants der Gegend, mittlere bis gehobene Preislage.

HOTELS

Paradiso *,** 46 Zi., Via Viticcio, 41, Tel. +39 0565 93 90 34; www.hotelparadiso.elbahome.de; Mittelklassehotel in schöner Lage ca. 6 km westlich von Portoferraio, Restaurant mit Terrasse mit Blick zur Bucht, Bar, Schwimmbad, Whirlpool, Jacuzzi, Garten, Tennis, Fahrradverleih, WLAN. Parkplatz. Sand- und Felsstrand. Keine Haustiere.

Villa Ombrosa ***, 25 Zi., Via Alcide De Gaspari, 9, Tel. +39 0565 91 43 63; www.villaombrosa.it; einfacheres Haus mit moderaten Zimmerpreisen, am Kieselstrand della Ghiaie ca. 10 Gehminuten vom Stadtzentrum von Portoferraio, Restaurant, WLAN. Parkplatz. Keine Haustiere.

CAMPING

Generelles: Camping auf Elba ist kein billiges Vergnügen! Viele Campingplätze auf Elba verlangen, zumindest in der Hochsaison, Preise, die Anlass zum Nachdenken geben und die Stirn manchen Gastes wohl in Falten legen. Hochsaisonpreise für einen Stellplatz, zwei Personen und ein Kind können umgerechnet schon mal EUR 70,- und mehr erreichen, für eine Nacht wohlgemerkt! Und selbst auf diese Beträge kommen in manchen Fällen noch die Gebühren für Warmduschen und/oder den Stromanschluss für den Caravan oder das Wohnmobil dazu!

Die meisten Campingplätze auf Elba haben **zwischen 13 und 15/16 Uhr Mittagsruhe.** Eine An- oder Abmeldung, Ein- und/oder Ausfahrt ist während dieser Stunden nicht möglich!

Campingplätze findet man westlich von Portoferraio auf dem Wege zum **Capo d'Enfola** und an der Bucht von **Scaglieri.**

Acquaviva bei Portoferráio

Camping Village Acquaviva, [WP 078 / N42° 49' 18.27" E10° 17' 12.34"], Loc. Acquaviva, Tel. +39 0565 91 91 03; www.campingacquaviva.it; Ende April – Anf. Oktober; rund 4,5 km westlich von Portoferraio beschilderter Abzweig (unbefestigt) von der Straße zum Capo d'Enfola; an einer von Felsen begrenzten Sandbucht in ansprechender Lage, teils eben, teils Terrassen, teils Baumschatten; ca. 2 ha – 60 Stpl.; Standard-Sanitärausstattung, Restaurant, Laden, Waschmaschine, Trockner, Schwimmbad, Internetecke. **V & E für Wohnmobile**. Kiesstrand. Mietcaravans.

Camping La Sorgente, [WP 079 / N42° 49' 19.09" E10° 16' 49.35"], Loc. Acquaviva, Tel. +39 0565 91 71 39; www.campinglasorgente.it; 1. Apr. – 31. Okt.; rund 5 km westlich von Portoferraio beschilderte Zufahrt; überwiegend schattige Terrassen, teils nur für Zelte geeignet; in ansprechender, ruhiger Lage oberhalb einer Steilküste mit Kiesstrand; ca. 1 ha – 50 Stpl.; Standard-Sanitärausstattung. Imbiss, Laden, Waschmaschine, Boots- und Fahrradverleih, WLAN auf Teilen des Platzes, Internetecke. **V & E für Wohnmobile**. Spezielle Wohnmobilplätze außerhalb des Geländes mit Sondertarif. Bucht mit Kiesstrand. Mietbungalows. Hunde eingeschränkt erlaubt.

Enfola bei Portoferraio

Camping Enfola, [WP 080 / N42° 49' 28.46" E10° 16' 13.76"], Tel. +39 0565 93 90 01; www.campingenfola.it; Mitte April – Anf. Okt.; gut 6 km westlich von Portoferraio; kleiner Terrassenplatz in schöner Lage an der Steilküste des Capo d'Enfola, für große Wohnmobile ungeeignet, viele Stellplätze nur für Zelte geeignet; Kiesstrand unterhalb; ca. 1 ha – 40 Stpl.; Standard-Sanitärausstattung, Restaurant, Laden, Bootsverleih, Segel- und Tauchschule, Bootsslipanlage, Fahrradverleih. Mietcaravans.

Biodola/Scaglieri

Camping Village Scaglieri [WP 081 / N42° 48' 13.01" E10° 16' 16.45"], Loc. Scaglieri, Tel. +39 0565 96 99 40; www.campingscaglieri.it; Anf. Apr. – Anf. Okt.; beschilderter Abzweig südwestlich von Portoferraio bei Procchio meerwärts; schattiges Terrassengelände, teils nur für Zelte; ca. 2 ha – 40 Stpl.; Standard-Sanitärausstattung; Restaurant, Laden, Waschmaschine, Trockner, Schwimmbad, WLAN auf Teilen des Platzes, Internetecke. **V & E für Wohnmobile**. Über Treppen zum Strand. Mietcaravans.

DAS WESTLICHE ELBA

*ROUTE: Ab Portoferraio westwärts Richtung **Marciana Marina** und über **Carpani** nach **Prócchio**. Dort zweigen wir nach Süden ab und erreichen, vorbei an der Zufahrt zum Flughafen bei Pila, **Marina di Campo**.*

Die Rundfahrt um den westlichen Teil der Insel ist sehr reizvoll. Schon nach etwa 5 km südwestlich von Portoferraio sollte man links (südwärts) nach **San Martino** abzweigen. Dort liegt an den Hängen eines bewaldeten Tales die **Villa Napoleone [Parkplatz, WP 082 / N42° 47' 13.27" E10° 17' 2.71"]**, einer der großen touristischen Anziehungspunkte auf Elba *(geöffnet 1. Apr. - 24. Okt. Di - Sa 8.30 - 19 Uhr, So 8.30 - 13 Uhr, 25. Okt. - 31. März Mo - Sa 8.30 - 15 Uhr, So 8.30 - 13 Uhr; letzter Einlass 30 Min. vor Schließung; Kombiticket mit Villa Mulini in Portoferraio möglich; www.napoleone-elba.it/napoleone-all-elba/villa-di-san-martino.php)*. Das ursprünglich eher schlichte Landhaus diente Napoleon als Sommerresidenz. Der pompöse neoklassizistische Vorbau stammt aus späterer Zeit und wurde von Prinz Demidoff angefügt. Die Villa dient heute als **Museum**.

Auf dem Weg entlang der Steilküste Richtung Marciana Marina hat man einen herrlichen Blick hinab auf die Bucht **Golfo di Procchio** mit dem schönen **Sandstrand** von **Biodola.**

*ROUTE: In Procchio Abzweig südwärts nach **Marina di Campo** an der Südküste der Insel.*

Marina di Campo ist der bedeutendste Fischereihafen der Insel. Im Sommer wird der Ort wegen seines etwa einen Kilometer langen, hellen **Sandstrandes,** der zu den schönsten auf Elba gezählt wird, stark von Feriengästen frequentiert.

Zu den neueren Attraktionen zählt das **Acquario dell'Elba.** In dem Seewasseraquarium kann man Flora und Fauna des Tyrrhenischen Meeres beobachten *(geöffnet Apr. - Mai + 6. Sept. - 20. Okt. 9*

Villa Napoleone di San Martino, Insel Elba

PRAKTISCHE HINWEISE – MARINA DI CAMPO

Ufficio Informazioni Marina di Campo [Parkplatz, WP 083 / N42° 44' 45.47" E10° 13' 57.42"], Piazza dei Granatieri, 3, 57034 Marina di Campo, Tel. +39 0565 97 79 69; www.infoelba.it/. *Geöffnet Juni - Sept. tgl. 9.30 - 12.30 + 15 - 18 Uhr.* – **Mercato Settimanale,** Wochenmarkt jeden Mittwoch.

RESTAURANT

L'Aragosta, Piazza Cavour, 6, Tel. +39 0565 97 71 31; typisch regionale Küche bei der Fischgerichte dominieren, erschwingliche Preise.

HOTELS

Montecristo ****, 43 Zi., Lungomare Nomellini, 11, Tel. +39 0565 97 68 61; www.hotelmontecristo.it/de/; nahe Strand gelegen, Bistro, Schwimmbad, Wellnesscenter, Fahrradverleih. WLAN. Parkplatz.

Barracuda ****, 20 Zi., Viale Elba, 46, Tel. +39 0565 97 68 93; www.hotelbarracudaelba.it. Restaurant, Schwimmbad, Garten, Terrasse, WLAN. Parkplatz. Zum Strand 200 m.

Dei Coralli ***, Viale dei Etruschi, 56, Tel. +39 0565 97 63 36; www.hoteldeicoralli.it; Restaurant, Schwimmbad, Garten, Fitnesscenter, Tennis, Fahrradverleih. WLAN. Parkplatz.

CAMPING

Camping Ville degli Ulivi [WP 084 / N42° 45' 6.91" E10° 14' 41.76"], Via della Foce, 89, Tel. +39 0565 97 60 98; www.villedegliulivi.it; Mitte April – Ende Okt.; südlich des Inselflughafens und nordöstlich des Ortes meerwärts abzweigen; großflächiges, teils ebenes, teils gestuftes Gelände, teils unter Pinien, Pappeln und Olivenbäumen, teils schattenlos, in ansprechender Lage; ca. 6 ha – 170 Stpl.; Komfort-Sanitärausstattung; Restaurant, Imbiss, Supermarkt, Waschmaschine, Trockner, Schwimmbad, Rad- und E-Bikeverleih, Windsurf- und Tauchschule, Wellnesscenter, Sauna. WLAN, Internetecke. **V & E für Wohnmobile**. Mietbungalows und Mietcaravans.

Camping La Foce, Loc. La Foce, **[WP 085 / N42° 44' 58.63" E10° 14' 43.20"],** Tel. +39 0565 97 64 56; www.campinglafoce.com; Anf. Apr. – Ende Okt.; südlich des Inselflughafens; beschilderte Zufahrt von der Straße nach Lacona; Gelände in leichter Hanglage mit teils dichtem Baumschatten, in ansprechender Lage am Meer; langer Sandstrand in einer weiten Bucht; ca. 1,5 ha – 80 Stpl.; gute Standard-Sanitärausstattung; Laden, Waschmaschine, Trockner. WLAN auf Teilen des Platzes. **V & E für Wohnmobile**. Mietcaravans.

WOHNMOBIL-STELLPLATZ

Wohnmobil-Stellplatz Area di Sosta Camper Elba Marina di Campo [WP 086 / N42° 45' 6.78" E10° 14' 27.87"], Viale degli Etruschi, 625; www.camperelba.it/. **Zufahrt/Lage:** Vom Marina di Campo Stadtzentrum auf der Viale degli Etruschi nordostwärts ca. 1 km zur Platzeinfahrt. **Geöffnet:** Apr. - Okt. **Gebühr:** Pauschale für Wohnmobil inkl. 2 Personen. **Ausstattung:** Ebener, sandiger Platz für 30 Wohnmobile, schattenlos. Frischwasser, Grauwasser- und Chemikaltoilettenausguss. Beleuchtet. Zum Strand ca. 300 m.

- 19 Uhr; 1. Juni - 15. Sept. 9 - 23.30 Uhr; www.acquarioelba.com).

*ROUTE: Von Marina del Campo westwärts an der Südküste entlang, über **Fetovaia** und **Pomonte,** bis man auf die Straße hinauf nach **Marciana** trifft.*

Sehr schöne Ausblicke und **Sandstrände** in mehreren kleinen Badebuchten findet man bei **Cavoli** und bei **Fetovaia**.

Man passiert **Pomonte** an der noch nicht so vollkommen vom Tourismus dominierten Westseite der Insel und gelangt hinauf nach **Chiessi**. Es folgt eine schöne Fahrt hoch über dem blauen Meer.

Dann geht es landeinwärts und kurvenreich weiter hinauf nach **Marciana [Parkplatz, WP 087 / N42° 47′ 27.47″ E10° 10′ 3.12″].** Dass man das Bergdorf mit seiner trutzigen **Fortezza Pisana** aus dem 12. Jh. bis in die 60er Jahre des 19. Jahrhunderts hinein mangels befahrbarer Straße nur mit dem Esel erreichen konnte, klingt glaubhaft, wenn man die ziemlich enge Ortsdurchfahrt sieht. Und viele der Wege zwischen den archaisch wirkenden Häusern sind für den Autoverkehr untaugliche Treppenwege.

Marciana ist die Hochburg des Weinanbaus auf Elba.

Zu besichtigen gibt es ein **Archäologisches Museum [Parkmöglichkeit, N42° 47′ 21.29″ E10° 10′ 3.05″]** in der Via del Pretorio, 66, neben der Festungsruine der Fortezza Pisana. Ausgestellt sind Fundstücke aus der Frühgeschichte der Gegend *(geöffnet 20. Juni - 10. Sept. tgl. 10.30 - 13.30 + 16 - 19.30 Uhr).*

Marciana liegt 375 m über dem Meer. Der Ort ist umgeben von Kastanienwäldern und wird überragt von einer Reihe von Berggipfeln, wie dem 630 m hohen Monte Perone, dem 855 m hohen Monte Giuove und dem 1.018 m hohen **Monte Capanne.**, Auf den Monte Capanne kann man mit der **Seilbahn Cabinovia Marciana–Monte Capanne [Talstation Parkplatz, N42° 47′ 10.63″ E10° 10′ 3.34″]** fahren. Die Talstation findet man an der Straße SP25 im Ortsteil Pozzatello am südlichen Ortsrand von Marciana. In 18 Minuten befördert die Seilbahn die Besucher hinauf auf den Gipfel, von wo ein herrlicher Panoramablick möglich ist. Die Fahrt ist allerdings eher etwas für Schwindelfreie, den man fährt in einem engen, Vogelkäfigen nicht unähnlichen, offenen Transportkorb für etwa 2 Personen hinauf zum Gipfel. Die Bahn verkehrt ab Mitte April bis Okt. 10 - 13 Uhr + 14.20 bis 17 Uhr; www.cabinovia-isoladelba.it.

Hotels der einfacheren Kategorie findet man im drei Kilometer entfernten Ort **Sant' Andrea**, so z. B. das *Hotel Da Giacomino* ***, 33 Zi., Tel. +39 0565 90 80 10, von November bis Ostern geschlossen, Restaurant, Parkplatz; oder das *Piccolo Hotel Barsalini ***, 33* Zi., Tel. +39 0565 90 80 13, von Oktober bis März geschlossen, Restaurant, Schwimmbad, Parkplatz.

Wanderung auf den Monte Capanne

Eine Wegstunde zu Fuß westlich Marciana liegt die **Kapelle Madonna di Monte [N42° 47′ 27.68″ E10° 9′ 9.25″]**. In die Einsiedelei nahebei soll sich Napoleon I. in der heißen Sommerzeit gelegentlich zurückgezogen haben.

Der nach Elba emigrierte französische Kaiser hatte hier viel Muse, über eine Rückkehr aus seinem Exil nach Frankreich nachzudenken. Allerdings weiß man ja, dass der Versuch einer Restaurierung seines Imperiums nach der „Herrschaft der Hundert Tage" und der verlorenen Schlacht bei Waterloo am 18. Juni 1815 endgültig endete und zwar auf einer wesentlich unwirtlicheren Insel, nämlich auf St. Helena im südlichen Atlantik.

Zu Mariä Himmelfahrt ist das Kirchlein Madonna di Monte heute noch Ziel vieler Wallfahrer.

Man kann von der Kapelle aus weiter wandern auf den 1.018 m hohen **Monte Capanne**. Der Gipfel ist von Marciana rund 5 km entfernt und man hat auf dem Weg nach oben einen Höhenunterschied von stattlichen 700 m zu überwinden.

Der Weg führt durch Kastanienwälder, in denen sich Wildschweine sehr heimisch fühlen, über üppig mit Macchia, diesem dichten, niederen Buschwald mediterraner Regionen, bewachsene Hänge aufwärts. Unterwegs gelingen immer wieder prächtige Ausblicke bis zu den Inseln des Toskanischen Archipels und bei klarem Wetter bis nach Korsika, das dann am Horizont als schmaler Streifen zu erahnen ist.

ROUTE: *Weiterfahrt von Marciana über **Poggio** (schönes Aussichtsrestaurant **„Ristorante Publius“** mit guter*

PRAKTISCHE HINWEISE – MARCIANA MARINA

Feste, Märkte: Mercato Settimanale, Wochenmarkt, jeden Dienstag.
Festa di Santa Chiara, Fest zu Ehren heiligen Klara, der Schutzpatronin von Marciana Marina, jedes Jahr am 11. + 12. August.

HOTELS

Gabbiano Azzurro *,** 20 Zi., Viale Principe Amedeo, 48, Tel. +39 0565 99 226; www.hotelgabbianoazzurroelba.it; Garten, Terrasse, Schwimmbad, WLAN im öffentlichen Bereich. Parkplatz.
Marinella *,** 57 Zi., Viale Regina Margherita, 38, Tel. +39 0565 99 018; www.elbahotelmarinella.it; Restaurant, Garten, Schwimmbad, WLAN, Tennis. Parkplatz.

WOHNMOBIL-STELLPLATZ – PROCCHIO BEI MARCIANA MARINA

Wohnmobil-Stellplatz Area Camper „La Perla", Procchio [WP 088 / N42° 47' 24.28" E10° 14' 54.68"], Via Campo all'Aia. **Zufahrt/Lage:** Von Marciana Marina auf der SP25 und weiter SP 24 Richtung Portoferraio. In Procchio auf die Via Campo all'Aia meerwärts abzweigen und noch ca. 1 km zum Parkplatz im Sporting Club „La Perla", am Strand von Procchio. **Geöffnet:** Ganzjährig. **Gebühr:** Pauschal für Wohnmobil inkl. 2 Personen. Extragebühr für Strom. **Ausstattung:** Fast ebener Sandplatz für 20 Wohnmobile bis max. 8 m Länge, Frischwasser, Grauwasser- und Chemikaltoilettenausguss, WC, Dusche, Strom, Müllentsorgung, beleuchtet. WLAN. Beim Sporting Club „La Perla" mit Schwimmbad und Tennisplatz. Über die Zufahrtsstraße zum Strand.

Küche, Tel. +39 0565 99 208) hinab nach ***Marciana Marina****.*

Das Hafenstädtchen **Marciana Marina** ist ein viel besuchter, bei italienischen Feriengästen überaus beliebter Badeort. Hier reichen die Pinienwälder bis an die Küste. Der Kiesstrand der 2.000-Seelen-Gemeinde mit ihrem von einem stattlichen Turm bewachten Bootshafen ist allerdings nicht sonderlich ausladend.

ROUTE: Über ***Procchio*** *zurück nach* ***Portoferraio****.*

Auf dem Weg entlang der Nordküste zurück Richtung Portoferraio kann man, falls nicht schon auf dem Herwege geschehen, nach **San Martino** zur **Villa Napoleone** abzweigen (Beschreibung siehe weiter vorne).

DAS ÖSTLICHE ELBA

Ca. 5 km östlich von Portoferraio liegen an der Straße nach Porto Azzurro die Grundmauerfragmente der römischen **Villa Romana delle Grotte [Parkplatz, N42° 47' 59.24" E10° 19' 54.27"]**. Vom Parkplatz dort hat man einen sehr schönen Blick auf Portoferraio und seine Hafenbucht.

ROUTE: Rund 10 km weiter südöstlich liegt ***Porto Azzurro.***

LANDSCHAFTLICH sehr reizvoll, wenn auch ziemlich kurvenreich, ist die Fahrt weiter über **Rio nell' Elba** *nach* **Porto Azzurro**.

Porto Azzurro [Parkplatz N42° 45' 56.19" E10° 23' 42.59"], ein hübsches Hafenstädtchen und betriebsamer Ferienort, liegt von den Nordwinden geschützt in einer Bucht an der Ostküste von Elba. Die alte Stadtfestung **Fortezza di Portolongone** über dem Ort dient heute als Strafvollzugsanstalt. Die Festung wurde während der spanischen Herrschaft über Elba 1603 auf Veranlassung von König Philipp III. errichtet.

Porto Azzurro hat nur einen recht grobsandigen Strand in der Narengo-Bucht.

Schon fast typisch für Porto Azzurro sind die Restaurants die auf Betonsäulen wie Pfahlbauten im Hafen stehen. Eines davon ist z. B. das „La Caravella".

Weiter südlich von Porto Azzurro und an der Ostseite der Halbinsel von Capoliveri ist die Küste teils felsig, mit flacheren sandigen oder kiesigen Abschnitten dazwischen. Allerdings sind viele der Buchten, die zum Baden einladen wie die Spiaggia Bianca, nur vom Wasser aus zugänglich, sprich man kommt nur mit einem Boot dahin.

Ein touristisches Zentrum im Südostteil der Insel Elba ist **Capoliveri.** Hier findet man neben schönen Sandstränden zahlreiche Hotels und Campingplätze. Vom Aussichtspunkt „Drei Meere" hat man einen sehr schönen Panoramablick.

In der Bucht Golfo di Stella westlich von Capoliveri dehnen sich herrliche **Sandstrände** aus, so die Spiaggia del Lido nördlich oder bei Morcone.

In der benachbarten, etwas kleineren Bucht Golfo di Lacona erstreckt sich beim Badeort **Lacona** die **Spiaggia Grande**, Elbas längster Sandstrand, der allerdings an Sommerwochenenden fast immer völlig überlaufen ist.

*ROUTE: Landschaftlich reizvoll, wenn auch ziemlich kurvenreich, ist die Fahrt von Porto Azzurro nordwärts über **Rio nell' Elba** nach **Rio Marina**. Die Straße endet in **Cavo** am Nordostzipfel der Insel.*

Rio Marina, einst ein Bergbauort und Eisenerzhafen, besticht durch seine rosaroten Häuserensembles am Hafen, der von einem mächtigen Turm dominiert wird.

Im Palazzo del Burò im Zentrum von Rio Marina wurde ein interessantes **Museum der Mineralogie [Parkplatz N42° 48' 57.39" E10° 25' 41.93"]** eingerichtet. Es beherbergt die wichtigste Mineraliensammlung der Insel mit seltenen Mineralfunden. Unter Verwendung originaler Materialien des Bergbaus wurde die Nachbildung eines Schachts geschaffen, der Einblick in die einstigen, langjährigen Arbeitsmethoden gibt *(geöffnet Apr., Mai, Juni, Sept., Okt. tgl. 9.30 - 12.30 + 15.30 - 18.30 Uhr, Juli + Aug. tgl. 9.30 - 12.30 + 16.30 - 19.30 Uhr; www.parcominelba.it).*

Im nahegelegenen **Parco Minerario - Isola d'Elba** kann der Besucher mit einer Kleinbahn 1 Stunde 20 Minuten lang durch das ausgedehnte Gelände des Erzbergwerks fahren. Man passiert Reste alter Gebäude und Gerätschaften, die zum Abbau des Erzes genutzt wurden. Mehrsprachige Audioguides stehen zur Verfügung.

Der Toskanische Archipel

Neben Elba gehören zum **Toskanischen Archipel** außerdem die Inseln **Pianosa, Giglio, Giannutri, Gorgona, Capraia** und **Montecristo**. Letztere wurde durch den Roman „Der Graf von Montecristo" von Alexandre Dumas bekannt. Das unbewohnte Montecristo mit seiner reichen Tierwelt und dichten, mediterranen Macchia ist Naturschutzgebiet. Das Betreten war bislang untersagt! Montecristo soll Teil des Nationalparks der Toskanischen Inselgruppe werden.

CAMPING

Ottone bei Portoferraio
Camping Rosselba Le Palme [WP 089 / N42° 48' 3.92" E10° 21' 53.69"], Tel. +39 0565 93 31 01; www.rosselbalepalme.com; 22. Apr. – 30. Sept.; rund 5 km östlich von Portoferraio, Abzweig von der Straße SP26 Richtung Porto Azzurro und noch knapp 4 km Straße SP28 Richtung Bagnáia; großes Terrassengelände über dem Meer, ansprechend in bewaldeter Umgebung gelegen, von einigen Stellplätzen Sicht auf die Bucht von Portoferraio; ca. 25 ha – 170 Stpl.; Komfort-Sanitärausstattung; Restaurant, Laden, Imbiss, Waschmaschine, Trockner, Badelandschaft mit Rutschen, Rad- und E-Bike-Verleih, Bogenschießen, Tauchschule, WLAN, Internetecke. Mietbungalowanlage, Mietcaravans. **V & E für Wohnmobile.** Sport- und Unterhaltungsprogramme.

Nisporto

Camping Sole E Mare [N42° 49' 32.90" E10° 22' 50.04"], Tel. +39 0565 19 30 550; www.soleemare.it; 1. April – 10. Okt.; Abzweig von der Straße SP26 Richtung Porto Azzurro, weiter SP28 nordwärts über Magazzini und Bagnaia; flache Terrassen mit Baumschatten, in ansprechender, ruhiger Lage am Meer; ca. 3 ha – 80 Stpl.; Standard-Sanitärausstattung. Restaurant, Laden, Waschmaschine, WLAN. Sand- und Kiesstrand. Mietbungalowanlage.

Porto Azzurro

Camping Arrighi, **[N42° 46' 13.87" E10° 24' 27.05"]**, Loc. Barbarossa, Tel. +39 0565 95 568; www.campingarrighi.it; Anf. Apr. – Ende Okt.; von der Straße SP26 Richtung Rio Marina nach knapp 2 km Abzweig Richtung Barbarossa, beschildert; teils eben, teils in Terrassen, guter Baumschatten, am Meer, ca. 1 ha – 70 Stpl.; Standard-Sanitärausstattung; Restaurant, Imbiss, Laden, Waschmaschine, Trockner, Boots- und Fahrradverleih, Windsurf- und Tauchschule, WLAN, Internetecke. **V & E für Wohnmobile**. Mietbungalows.

Capoliveri

Camping Europa, [WP 090 / N42° 45' 45.58" E10° 21' 32.31"], Lido di Capoliveri, Tel. +39 0565 94 01 21; www.elbacampingeuropa.it; Mitte Apr. – Mitte Okt.; Zufahrt von der SP26 (Porto Azzurro – Portoferraio) zur Bucht Golfo Stella abzweigen, beschildert; teils eben, teils auf Terrassen, viel Baumschatten; von einigen Plätzen Blick aufs Meer; ca. 4 ha – 240 Stpl.; Standard-Sanitärausstattung. Restaurant, Laden, Waschmaschine, Trockner, Schwimmbad, Boots- und Windsurfschule, WLAN auf Teilen des Platzes, Internetecke. Sandstrand. **V & E für Wohnmobile**. Mietcaravans. **Separate Stellplätze für Wohnmobile** vor dem Campingplatz.

Camping Le Calanchiole, [WP 091 / N42° 45' 27.86" E10° 21' 39.44"], Loc. Le Calanchiole, Tel. +39 0565 93 34 88; www.lecalanchiole.it; Ende April – 15. Okt.; Terrassenplatz in ansprechender Lage am Meer, guter Baumschatten; ca. 4 ha – 250 Stpl.; Standard-Sanitärausstattung; Restaurant, Laden, Imbiss, Waschmaschine, Trockner, Bootsverleih, Tauchschule, WLAN auf Teilen des Platzes, **V & E für Wohnmobile**. Mietbungalows und Mietcaravans. Sand- und Felsstrand.

Camping Lido, [N42° 45' 37.44" E10° 21' 22.21"], Tel. +39 0565 93 34 14, www.elbacampinglido.it; 20. Apr. – 20. Okt.; Abzweig von der SP26 (Porto Azzurro – Portoferraio) zur Bucht Golfo Stella, beschildert, ca. 1 km einspurige Zufahrt; Terrassenplatz, schattig durch Bäume; 1,3 ha – 60 Stpl.; einfache Standard-Sanitärausstattung. Imbiss, Waschmaschine, Internetecke. Strandbar. Mietbungalows.

Lacona

Camping Village Stella Mare, [WP 092 / N42° 45' 27.39" E10° 18' 48.95"], Via del Moletto, 426/c, Tel. +39 0565 96 40 07; www.stellamare.it; 29. April – 22. Okt.; Abzweig von der Küstenstraße SP30 im Ort; Terrassenplatz in ansprechender Lage am Meer, mit gutem Baumschatten; ca. 5 ha – 200 Stpl.; Standard-Sanitärausstattung; Restaurant, Imbiss, Laden, Waschmaschine, Trockner, Schwimmbad, Windsurf- und Tauchschule, Internetecke, **V & E für Wohnmobile**. Mietbungalows. Organisierte Wanderungen, Mountainbike- und Kajaktouren.

Camping Lacona, **[WP 093 / N42° 45' 36.55" E10° 18' 55.75"]**, Viale dei Golfi, 71, Tel. +39 0565 96 41 61; www.camping-lacona.it; 13. Apr.– 9. Okt.; im Ort von der Küstenstraße SP30 abzweigen; ansteigender Terrassenplatz unter hochstämmigen Pinien und Eukalyptusbäumen. Für große Einheiten ist die untere Terrasse vorgesehen, für

Fahrzeuge über 7 m Länge ansonsten beengte Platzverhältnisse zum Manövrieren; ca. 2,5 ha – 150 Stpl.; Standard-Sanitärausstattung, gepflegt. Restaurant, Imbiss, Laden, Waschmaschine, Schwimmbad, Internetecke. **V & E für Wohnmobile**. Sandstrand. Mietcaravans; zum Meer 100 Meter.

Camping Lacona Pineta, [WP 094 / N42° 45' 37.57" E10° 18' 48.18"], Viale dei Golfi, 249, Tel. +39 0565 96 43 22; www.campinglaconapineta.com; 10. Apr. – 22. Okt.; von der Küstenstraße SP30 im Ort beschilderter Abzweig Richtung Capo della Stella; Terrassenplatz im Pinienwald auf der Halbinsel; 3 ha – 170 Stpl.; Standard-Sanitärausstattung. Restaurant, Imbiss, Laden, Waschmaschine, Trockner, Schwimmbad, WLAN, **V & E für Wohnmobile**. Mietbungalows.

Camping Tallinucci [N42° 45' 40.05" E10° 18' 1.45"], Via del Mare, 213, Tel. +39 0565 96 40 69; www.campingtallinucci.it/de/; Ende März – Ende Okt.; ca. 150 m westlich von Lacona beschilderter Abzweig zum Meer; ebenes Gelände, teils schattig an einer weiten Bucht mit Sandstrand; 1,5 ha – 90 Stpl.; Standard-Sanitärausstattung. Restaurant, Imbiss in der Nähe, Laden, Waschmaschine, Trockner, Fahrradverleih, WLAN, Internetecke. **V & E für Wohnmobile**. Bootsausflüge, geführte Wanderungen. Selbstbedienungsgarten. Mietbungalows.

WOHNMOBIL-STELLPLÄTZE

Bochhetto bei Porto Azzurro

Wohnmobil-Stellplatz Area Comunale Parcheggio P4, [WP 095 / N42° 46' 15.77" E10° 23' 59.03"], Loc. Brocchetto. **Zufahrt/Lage:** Vom Ortszentrum Porto Azzurro auf der SP26 1 km nordwärts Richtung Rio Marina, Nähe Friedhof. **Geöffnet**: Ostern bis Ende Sept. **Gebühr:** Pauschale für Wohnmobil inkl. 2 Personen. **Ausstattung**: Asphaltierter, teils schattiger Pkw-Parkplatz an der SP26 mit 10 Plätze für Wohnmobile mit Hinweisschild „P4". Frischwasser, Entsorgung für Grauwasser und Chemikaltoiletten, Mülltonne, beleuchtet.

Cavo bei Rio Marina

Wohnmobil-Stellplatz Parcheggio Attrezzato per Camper Acinelli, Cavo, [WP 096 / N42° 51' 16.47" E10° 25' 22.07"], Via Valle dei Baccetti. **Zufahrt/Lage:** Auf der SP26 von Rio Marina ca. 6 km bis kurz vor Cavo, hier landwärts Richtung Friedhof abzweigen, beschildert. **Geöffnet:** Mitte Apr. – Mitte Okt. **Gebühr:** 12 Stunden-Pauschale inkl. Wohnmobil, 4 Personen und V & E, 24 Stunden-Pauschale teurer, Extragebühr für Strom und Dusche. **Ausstattung:** 3 ebene Terrassen in einem Taleinschnitt mit Platz für ca. 30 Wohnmobile in schöner Lage, teils Schatten durch niedere Bäume, beleuchtet, Frischwasser, Entsorgung für Grauwasser und Chemikaltoiletten, Mülltonne. Zum Strand ca. 300 m.

Lacona

Wohnmobil-Stellplatz Agricampeggio Orti di Mare [WP 097 / N42° 45' 40.05" E10° 18' 1.45"], Vittorio Rigoli, Via dei Vignetti, 522, Tel. +39 0565 96 44 36; www.ortidimare.it. **Zufahrt/Lage:** In Lacona von der SP30 nordwärts abzweigen zum Landgut Orti di Mare mit einem kleinen Campingplatz und Low-Cost-Wohnmobilstellplatz. **Geöffnet:** Ganzjährig. **Gebühr:** Pauschal pro Wohnmobil zzgl. Personengebühr inkl. Strom und Nutzung der V & E-Station. **Ausstattung:** 15 Plätze auf terrassiertem Wiesengelände inmitten eines Weinanbaugebiets, Frischwasser, Grauwasserausguss. Toilette, Dusche. Hofladen mit hauseigenen Produkten. Keine Hunde in Hochsaison.

TOUR 10: CASTIGLIONE DELLA PESCAIA - VOLTERRA

Länge der Tour: Rund 105 km über die „Inlandroute" und ca. 120 km über die „Küstenroute", ohne Abstecher.

Alternative „Inlandroute": Über SS322 bis **Follonica** – SS439 über **Massa Marittima** bis **Saline di Volterra** – SS68 bis **Volterra**.

Alternative „Küstenroute": Über SS322 bis **Follonica** – SS1/E1 über **San Vincenzo** bis **Cecina** – SS68 über **Saline di Volterra** bis **Volterra**.

Reisedauer: Mindestens ein Tag.

Höhepunkte: Der **Parco Archeologico di Baratti e Populonia** – der **Archäologische Bergwerkspark von San Silvestro** *– der **Dom** in **Massa Marittima** ** – die **Sandstrände** bei San Vincenzo, Marina di Bibbione und Marina di Cecina – **Volterras Innenstadt** **, der **Dom** und die **Museen** – die **„Balze"** von Volterra.

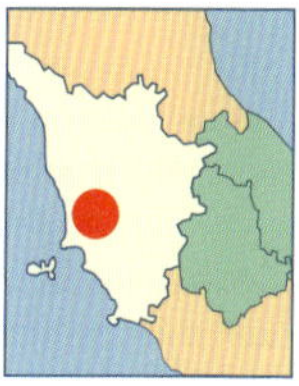

Zwei **Routenalternativen** bieten sich hier an, quasi eine **„Inlandroute"** und eine **„Küstenroute"**.

Die „Inlandroute"

Unsere „Inlandroute" führt über Follonica nach Massa Marittima und weiter auf der SS439 nordwärts über die Berge der Colline Metallifere nach Saline di Volterra und schließlich nach Volterra.

Dieser Weg ist vor allem im Bereich des abgeschiedenen, bis über 1.000 m hohen **„Toskanischen Erzgebirges"** (Colline Metallifere) sehr kurvenreich, dafür aber landschaftlich abwechslungsreich und reizvoll.

Massa Marittima [Parkplatz, WP 098 / N43° 2′ 58.63" E10° 53′ 20.00"], eine Kleinstadt mit annähernd 13.000 Einwohnern, schön auf einer Anhöhe gelegen, wartet in seiner hübschen **Altstadt** mit interessanten Sehenswürdigkeiten auf. Ein Abstecher hierher lohnt also auch, wenn man sich für die später beschriebene „Küstenroute" entscheidet.

Interessant ist, dass der Stadtname Massa Marittima keineswegs einen Hinweis darauf gibt, dass der Ort früher viel-

leicht am Meer gelegen habe, das Meer sich dann im Laufe der Jahrhunderte immer weiter zurückzog, bis aus Massa Marittima schließlich ein Binnenort geworden sei. Vielmehr nimmt die Bezeichnung „Marittima", Bezug auf die

Dom und Piazza Garibaldi in Massa Marittima

Landschaft der Maremma, wie es in alten Stadtbeschreibungen heißt. Und „Massa" bezeichnete in der Spätantike einen großen Landbesitz.

Massa Marittima, im 13. Jh. eigenständige Stadtrepublik, hatte früher große Bedeutung für den Erzabbau in den nördlich aufragenden Colline Metallifere. 1335 wurde Massa Marittima von sienesischen Truppen erobert und bleibt bis in die Mitte des 16. Jh. Teil der Republik Siena. Ab 1555 dann gehörte die Stadt zum Einflussbereich des Großherzogtums Florenz.

Die Bauten im Zentrum der sog. **Unterstadt** stammen überwiegend aus dem 13. Jh., der Zeit, in der Massa Marittima Bischofssitz und Freistaat war.

Sehr malerisch wirkt die gepflasterte, zentrale **Piazza Garibaldi [N43° 3' 0.93" E10° 53' 17.32"]**. Sie wird umgeben von den repräsentativen Bauten des Rathauses **Palazzo Comunale**, des **Palazzo Pretoria** (mit kleinem Heimatmuseum) und dem **Dom.**

Mit dem Bau des romanischen Doms wurde im Jahre 1287 begonnen. Die Bauzeit dauerte fast dreißig Jahre. Sehenswert ist die säulengeschmückte Fassade. Über dem Portal sind Szenen aus dem Leben des hl. Cerbone, dem Schutzpatron der Stadt und des Doms, zu sehen.

Im Inneren schöne Bildhauerarbeiten, darunter ein Taufbecken mit Szenen aus der Legende des hl. Johannes d. Täufers, das Giovanni Pisano zugeschrieben wird. Pisano war Baumeister der Chorapsis.

In der Gruft unter dem Chor befindet sich der Sarkophag des Kirchenpatrons Cerbone.

In der **Oberstadt** sind ein Wehrturm aus dem 13. Jh., Festungsanlagen aus dem 14. Jh., der Sieneser Zeit in Massa, und ein kleines Bergbaumuseum [N43° 2' 52.90" E10° 53' 20.58"] über die Geschichte des Erzabbaus in der Region zu besichtigen.

Die „Küstenroute"

Für den schnelleren, landschaftlich aber nicht sonderlich einprägsamen Weg über die **„Küstenroute"** wird man sich vor allem dann entscheiden, wenn man einen Abstecher auf die Insel Elba vorhat oder auf der Suche nach weiteren Badestränden ist.

Auf der Weiterfahrt von Castiglione della Pescaia über die SS158 nach Nordwesten passiert man in **Pian d'Alma** den Abzweig zum bekannten und im Som-

PRAKTISCHE HINWEISE - MASSA MARITTIMA

Ufficio Turistico Massa Marittima, Via Todini, 5, 58024 Massa Marittima, Tel. +39 0566 90 65 54; https://www.turismomassamarittima.it/.

Feste, Folklore, Märkte: Der traditionsreiche „**Balestro del Girifalco**", wird jedes Jahr am 4. Sonntag im Mai und noch einmal am zweiten Sonntag im August auf der reich geschmückten Piazza Garibaldi in der Altstadt abgehalten. Wettstreit der Bogenschützen, die während des Festes in historische Kostüme gekleidet sind.

HOTELS

Duca del Mare *,** 28 Zi., Piazza Dante Alighieri 1/2, Tel. +39 0566 90 22 84; www.ducadelmare.it; Mittelklassehotel mit freundlichem Ambiente, Bar, Schwimmbad, WLAN. Parkmöglichkeit. Keine Haustiere.
Il Girifalco ***, 30 Zi., Via Massetana Nord, 25, Tel. +39 0566 90 21 77; www.ilgiriflaco.com, Restaurant, Schwimmbad. WLAN. Parkplatz.

WOHNMOBIL-STELLPLATZ

Wohnmobil-Stellplatz Parcheggio Comunale Massa Marittima [WP 099 / N43° 2′ 50.64″ E10° 53′ 10.21″], Piazza Dante Alighieri. **Zufahrt/Lage:** Vom Ortszentrum bergauf zur Piazza Dante Alighieri am westlichen Ortsrand, mit Blick über die Stadt. **Geöffnet:** Ganzjährig. **Gebühr:** Kostenlos. **Ausstattung:** Pkw-Parkplatz mit 10 Plätzen für Wohnmobile, mit Frischwasserhahn und Mülltonne. Noch in Gehnähe zum Ortszentrum.

mer stark frequentierten Ferienziel **Punta Ala.** Auf einem Landvorsprung findet man dort den Jachthafen Porto Hidalgo, Hotels, riesige Campinganlagen und Sandstrände nördlich davon.

*ROUTE: Bei **Follonica**, einer nicht gerade attraktiven Industriestadt, die die nahen Sandstrände am gleichnamigen Golf nicht eben anziehender macht, stößt man auf die SS1/E80 (Via Aurelia), der wir zunächst bis **Venturina** folgen.*

CAMPING - CARBONIFERA BEI RIOTORTO

Camping Pappasole [WP 100 / N42° 57′ 4.52″ E10° 41′ 14.88″], Loc. Torre Mozza Via Carbonifera, 14, Tel. +39 0565 20 414; www.pappasole.it/de/; 14. Apr. - 21. Okt.; von der SS1 über Ausfahrt Follonica-Nord Richtung Vignale und noch 1 km Richtung Carbonifera; ebenes, parzelliertes Gelände mit Pinien und niedrigen Laubbäumen, modern gestaltet; 20 ha - 390 Stpl.; Komfort-Sanitärausstattung. Restaurant, Imbiss, Supermarkt, Waschmaschine, Trockner, großes Schwimmbad, Boots- und Fahrradverleih, Minigolf, WLAN, Internetecke. Sandstrand hinter Piniengürtel. **V & E für Wohnmobile**. Zahlreiche Mietbungalows.

WOHNMOBIL-STELLPLATZ - CARBONIFERA BEI RIOTORTO

Wohnmobil-Stellplatz Area Sosta Camper Camperoasi [WP 101 / N42° 57′ 15.36″ E10° 40′ 0.10″], Loc. Mortelliccio 4, Riotorto Vignale, Tel. +39 0565 20 187; www.camperoasi.com. **Zufahrt/Lage:** Abzweig von der SS1 Ausfahrt Vignale-Riotorto, weiter ca. 500 m Richtung Piombino, dann meerwärts abzweigen und über Vignale zum Platz, der Beschilderung „Mortelliccio" folgen. **Geöffnet:** Ganzjährig. **Gebühr:** Pauschale inkl. Wohnmobil, bis zu 5 Personen, Wasser, Strom, Entsorgungseinrichtungen und WC. Extragebühr für Duschen. **Ausstattung:** Durch Hecken parzellierter, ebener Platz mit 55 gleichförmigen Plätzen auf Gitterrasen mit leichtem Schatten, viedeoüberwacht, beleuchtet. Frischwasser, Wasser, Duschen, WC, Strom, WLAN, V & E-Station. Zum Meer ca. 200 m

Bei **Venturina** kann man nach Südwesten auf die SS398 abzweigen und erreicht dann die Hafenstadt **Piombino**. Die Stadt wird heute beherrscht von großen, hässlichen Eisenhütten- und Industrieanlagen, die sie aller touristischer Anziehungskraft berauben.

Ab Piombino verkehren **Autofähren** und **Tragflügel-Schnellfähren** (keine Autobeförderung) zur **Insel Elba**, siehe Tour 9, Insel Elba.

Abstecher nach Populonia

Die diversen archäologischen und antiken Stätten, die sich weit verstreut im Tal der Cornia finden, das sich westlich von Massa Marittima bis nach Populonia am Meer erstreckt, sind im Verbund **„I Parchi della Val di Cornia"** zusammengeschlossen. Motto des Unternehmens: „Von den Bergen zum Meer, von der Natur zum Menschen". Verwaltungsadresse: *Parchi Val di Cornia spa, Via. G. Lerario, 90, I-57025 Piombino (LI), Tel. +39 0565 22 64 45; www.parchivaldicornia.it.*

Angeschlossen sind folgende sechs weit auseinander liegende archäologische Stätten und Naturparks: **Parco archeologico di Baratti e Populonia**, **Parco cheominerario di San Silvestro**, der **Waldpark Poggio Neri** mit ausgedehnten Walnuss- und Eichenwäldern bei Sassetta, der **Naturpark Montioni** ein wildreiches Gebiet, das früher ausschließlich das abgeschiedene Refugium von Schäfern, Holzfällern und Köhlern war, sowie die Küstenparks **Rimigliano** und **Sterpaia**.

Rund 10 km nördlich von Piombino zweigt von der küstennahen Straße SP23 meerwärts die Zufahrt nach **Populonia** ab. Allerdings ist die ca. 4 km lange Zufahrtsstraße nach Populonia mit 2 m max. Breite sehr eng.

Vor Populonia zweigt die Zufahrt zum **Parco archeologico di Baratti e Populonia** ab **[Parkplatz, N42° 59' 27.46" E10° 30' 38.62"]**. Vom Parkplatz führt ein Fußweg zum **San Cerbone Besucherzentrum/Museum** *(geöffnet April - Sept. tgl. a. Mo 10 - 18 Uhr, Sommer bis 19 Uhr, letzter Einlass 2 Stunden vor Schließung; www.parchivaldicornia.it/en/the-archaeological-park-of-baratti-and-populonia.html).*

Vom Besucherzentrum aus hat man Zutritt zur archäologischen Stätte, die das Areal mit den Resten und Ausgrabungen des antiken Populonia (Puplona) umfasst.

Populonia gilt als die einzige bislang wiederentdeckte etruskische Stadt, die am Meer lag. Die alte Hafenstadt *Publona* kam vor allem durch den Umschlag des auf Elba geförderten Erzes zu Wohlstand und Einfluss.

Auf Führungen werden dem Besucher u. a. die Nekropolis, die etruskische Totenstädte **San Cerbone** mit ihren Tumuli, runden Grabhügel aus dem 7. bis 6. Jh. v. Chr. und einer **Grotte** (längerer Spazierweg) mit Gräbern an der Vorderfront eines antiken Steinbruchs gezeigt.

Außerdem sieht man Handwerksstätten und ein Zentrum der experimentellen Archäologie, in dem die Besucher die Bearbeitung von Keramik und Stein in antiker Manier verfolgen können.

Durch das ausgedehnte Gebiet des archäologischen Parks, in dem einen ganze Tag verbringen könnte, führen lange Lehr-, Natur- und Wanderpfade.

Abstecher nach Campiglia Marittima

Ein Abstecher von Venturina nordwärts führt ins etwa 5 km entfernte **Campiglia Marittima**. Unweit nördlich des kleinen, schön erhöht gelegenen Landstädtchens, das mit seinen Steinhäusern und verwinkelten, engen Gassen einen fast mittelalterlichen Eindruck vermittelt, liegt der **Parco Archeomierario di San Silvestro [Parkplatz, N43° 4' 23.19" E10° 36' 53.80"]**. Auch hier schwierige Zufahrt. Der von Archäologen betreute historische Park befasst sich mit der Geschichte der Berg- und Hüttenwerke seit der Etruskerzeit. Es gibt ein **Besucherzentrum** mit kleinem **Museum** *(geöffnet März, Apr., Mai + Okt. Sa - So 10 - 18 Uhr; Juni + Sept. Di - 10 - 19 Uhr; Juli + Aug. tgl. 9.30 - 19.30 Uhr; www.parchivaldicornia.it/it/il-parco-archeominerario-di-san-silvestro.html).*

CAMPING - CAMPIGLIA MARITTIMA

Camping Blucamp [WP 102 / N43° 3′ 24.97″ E10° 36′ 28.79″], Via Tuttiventi, 18, Tel. +39 0565 83 85 53; www.blucamp.it; 20. Mai – 9. Sept.; von der SS1 Ausfahrt San Vicenzo Sud und weiter SP20 zum Ort, hier ca. 600 m westwärts zum Platz, Zufahrt von der Hauptstraße beschildert; mehrere schmale Terrassen in einem Olivengarten in schöner, ruhiger Lage, teils niedere Olivenbäume machen einige der Stellplätze für größere Caravans und Wohnmobile ungeeignet; ca. 3 ha – 90 Stpl.; gute Standard-Sanitärausstattung; Restaurant, Waschmaschine, Schwimmbad, WLAN auf Teilen des Platzes, Internetecke. Mietbungalows.

WOHNMOBIL-STELLPLÄTZE

Wohnmobil-Stellplatz Area di Sosta Camper Campiglia Marittima [N43° 3′ 27.29″ E10° 36′ 53.26″] Via di Ventura. **Zufahrt/Lage:** Am südlichen Ortsrand gegenüber vom Friedhof. **Geöffnet:** Ganzjährig. **Gebühr:** Kostenlos. **Ausstattung:** Asphaltierter, schräger Parkplatz am Ortsrand an der Zufahrtsstraße, oberhalb der ERG-Tankstelle, mit Wohnmobilzeichen beschildert. Platz für etwa 5 Wohnmobile, beleuchtet, Frischwasser, Grauwasser- und Chemikaltoilettenausguss.

Suvereto bei Campiglia Marittima
Wohnmobil-Stellplatz Area di Sosta Camper Suvereto [N43° 4′ 31.36″ E10° 40′ 41.14″], Via dei Forni. **Zufahrt/Lage:** SS1 (Pisa – Livorno) bis Ausfahrt Venturina und weiter SR398 nach Suvereto, hier am südwestlichen Ortsrand beschilderter Abzweig in die Via dei Forni, und gleich links zum Platz. **Geöffnet:** Ganzjährig. **Gebühr:** Kostenlos. **Ausstattung:** Leicht schräger, geschotterter Platz mit Grasresten für 10 Wohnmobile, zwischen Gärten am südwestlichen Ortsrand, beschildert, beleuchtet. Frischwasser, Grauwasser-und Chemikaltoilettenausguss. Pizzeria in Gehnähe.

Höhepunkt des Besuches ist ein Rundgang (360 m) durch ein uraltes **Bergwerk**, aus dessen Stollen einst Kupfer, Blei und Silber gefördert wurde und in dem man heute die Abbaumethoden der Etruskerzeit kennenlernen kann.

Von dort bringt ein Züglein die Besucher hinauf zum mittelalterlichen Dorf **Rocca San Silvestro**. Museumsführer erzählen dort über den Alltag und das Leben der Bergleute in früheren Zeiten. Dauer der Führung rund 40 Minuten.

HAUPTROUTE

*ROUTE: Weiterreise von Campiglia Marittima zurück zur SS1 (Via Aurelia) und über **San Vincenzo** nach **Cecina**.*

Weite **Sandstrände** und zahlreiche Campingplätze findet man an der Küste zwischen San Vincenzo und Marina di Bibbona.

*ROUTE: Nördlich von **Cecina** verlassen wir die Schnellstraße SS1/E80 und*

CAMPING

Montescudaio
Camping Village Montescudaio [WP 103 / N43° 18′ 56.33″ E10° 33′ 14.13″], Via del Poggetto, Tel. +39 0586 68 34 77; www.camping-montescudaio.it; Mitte Mai – Mitte Sept. Von der SS1 (Follonica – Rosignano) Ausfahrt Cecina Centro und weiter am großen Kreisverkehr östlich von Cecina Richtung Guardistallo und noch rund 2 km; etwas steile, aber bestens asphaltierte Straße von der Rezeption an der Straße hinauf zum Campingplatz; fast ebenes, weitläufiges Gelände in dichtem Mischwald mit verschieden großen durch Bäume unterteilte Stellplatzkojen; ruhige Lage; ca. 25 ha – 400 Stpl.; Komfort-Sanitärausstattung; Laden, Restaurant, Imbiss, Waschmaschi-

ne, Trockner, Wasserpark, Tennis, Fahrradverleih, Fitnessparcours. WLAN. **V & E für Wohnmobile**. Zahlreiche Mietbungalows und Mietcaravans. Keine Hunde in der Hochsaison.

Marina di Cecina
Camping Le Tamerici New [WP 104 / N43° 17' 31.66" E10° 30' 36.85"], Via della Cecinella, 5, Tel. +39 05 86 62 06 29; www.letamerici.it; Ende Apr. – Anf. Okt. Von Cecina Richtung Marina di Cecina und weiter der Campingbeschilderung folgen; ebenes, parzelliertes Gelände mit etwas Baumschatten; gute Standard-Sanitärausstattung. Ca. 6 ha – 110 Stpl. + Dau., Restaurant, Imbiss, Supermarkt, Waschmaschine, Trockner, Schwimmbad, Volleyballfeld, Fahrradverleih, WLAN auf Teilen des Platzes. **V & E für Wohnmobile**. Camper Rastplatz für Wohnmobile mit verbilligtem Tarif. Mietbungalows und Mietzelte. Zum Strand ca. 600 m.

WOHNMOBIL-STELLPLÄTZE

Marina di Cecina
Wohnmobil-Stellplatz Parcheggio Camper Cecinella [WP 105 / N43° 17' 33.36" E10° 30' 27.79"], Via della Cecinella. **Zufahrt/Lage:** In Cecina der Campingbeschilderung und der Beschilderung „Camperservice" nach Marina di Cecina folgen. Nach der langen geraden Pinieallee an der Ampel links und der Beschilderung „Area di Sosta" folgen. Das Stellplatz Areal liegt südlich der Stadt. Gleiche Zufahrt wie Camping „Le Tamerici". **Geöffnet:** Mai - Nov. **Gebühr:** Für ein Wohnmobil inkl. 2 Personen inkl. Ver- und Entsorgung, Parkscheinautomat. **Ausstattung:** Asphaltierter, ebener, schattenloser Parkplatz mit markierten Stellplätzen für 30 Wohnmobile. Frischwasser, Grauwasser- und Chemikaltoilettenausguss. Mülltonne. Zum Strand ca. 600m.
Wohnmobil-Stellplatz Area Camper Acqua Park [WP 106 / N43° 18' 5.73" E10° 30' 3.36"], Via Tevere, 25. **Zufahrt/Lage:** Von Cecina nach Marina di Cecina zum Freizeitbad „Acqua Village". **Geöffnet:** Ganzjährig. **Gebühr:** Für Wohnmobil inkl. 2 Personen, Frischwasser, Abwasserentsorgung. **Ausstattung:** Ausgewiesener, schattenloser Schotterplatz für ca. 80 Wohnmobile neben dem Pkw-Parkplatz des Freizeitbads „Acqua Village", Frischwasser, Grauwasser- und Chemikaltoilettenausguss, beleuchtet, Mülltonne.

folgen der SS68 ostwärts bis ***Volterra*** *(39 km).*

Volterra [Parkplatz/Stellplatz, WP 107 / N43° 24' 11.63" E10° 51' 50.86"] liegt in 545 m Höhe auf einem Hügelrücken. Schon von weitem erkennt man die mittelalterlichen Mauern, die den alten Stadtkern noch umgeben, sowie die Türme des Doms, des Rathauses und der Medici-Festung.

Die Ursprünge Volterras reichen weit in die Frühgeschichte zurück, wie fast dreitausend Jahre alte Funde aus der Bronzezeit vermuten lassen.

Eine erste Blütezeit erreichte die Ansiedlung während des 8. und 7. vorchristlichen Jahrhunderts unter den Etruskern. Sie machten aus Volterra, dem damaligen *Velathri,* eine wohlhabende und mächtige Stadt, eine der einflussreichsten der zwölf Etruskischen Bündnisstädte. Das Stadtgebiet muss in jener Zeit wesentlich größer gewesen sein, wie die Reste der etruskischen Stadtmauer und die alte Porta Diana im Nordwesten der Stadt beweisen. Bis zu 25.000 Menschen sollen damals hier gelebt haben. Heute zählt die Stadt rund 11.000 Einwohner weniger.

Volterras Einfluss reichte damals bis nach Elba, beherrschte also den etruskischen Erzhandel, der wiederum die wohl wichtigste Stütze des Reichtums und der Macht nicht nur in Volterra, sondern im ganzen Etruskerreich war.

Im 3. Jh. v. Chr. wird Volterra dem römischen Reich einverleibt, entwickelt sich schon in frühen Jahren der neuen Zeitrechnung zu einer Bastion der Chris-

VOLTERRA – **1** *Palazzo dei Priori, Piazza dei Priori* – **2** *Palazzo Pretorio, Torre del Porcellino* – **3** *Dom und Baptisterium* – **4** *Museo Arte Sacra (Diözesanmuseum)* – **5** *Pinakothek, Alabastermuseum*– **6** *Palazzo Viti* – **7** *Case Torri Toscano* – **8** *Piazza del Bastione/Porta Fiorentina* – **9** *Amphitheater* –**10** *Porta Docciola* – **11** *Etruskisches Museum Guarnacci* – **12** *Medicifestung* – **13** *Porta all'Arco* – **14** *Busbahnhof* – **15** *Piazza Martiri della Libertà* – **16** *Kirche San Francesco* – **17** *Kirche San Michele* – **18** *Case Torri Buomparenti* – **19** *Parco Archeologico* – **20** *Kirche Sant'Agostino* – **21** *Alabastermuseum*

tenbewegung und ist beim Zusammenbruch des römischen Reiches 476 n. Chr. bereits Bischofssitz.

Volterra, oder besser die herrschenden Bischöfe und Adelsgeschlechter, erkämpft sich im 12. Jh. den Status einer freien Stadt mit eigener Gerichtsbarkeit und Gesetzgebung.

Aus jener mittelalterlichen Epoche stammen viele der sehenswerten Baudenkmäler der Stadt.

Aber wie die meisten anderen toskanischen Städte kann sich auch das mächtige Volterra auf Dauer nicht dem Machteinfluss und den Hegemoniebestrebungen von Florenz widersetzen. Aufstände wie der von 1429 können aber die Entwicklung nicht aufhalten.

1472, nach den Kämpfen um die Alaunminen von Volterra, wird die Stadt der Republik Florenz einverleibt und teilt im weiteren Verlauf das Schicksal des bald von den Medici beherrschten Großherzogtums Toskana. Während der Mediciherrschaft werden das Bischofspalais und die alte Stadtfestung zerstört und letztere durch die neue Festung (heute Gefängnis) mit dem gewaltigen Rundturm *Maschio* ersetzt.

Von wirtschaftlicher Bedeutung für Volterra sind heute – neben landwirtschaftlichen Produkten wie Wein, Oliven, Getreideanbau, Schafzucht – die Salz- und Sodagewinnung in Saline di Volterra und in steigendem Maße die Herstellung von Gegenständen aus Alabaster.

Eine vorübergehende Erscheinung in der Geschichte Volterras dürfte sein, dass die Stadt in jüngster Zeit von jugendlichen, meist weiblichen Vampirfans heimgesucht wird. Sie alle haben offenbar den Roman „Bis(s) zur Mittagsstunde" der amerikanischen Autorin Stephenie Meyer verschlungen, der angeblich in Volterra spielt. Dabei wird erzählt, die erfolgreiche Autorin hätte Volterra vorher gar nicht gekannt und das toskanische Städtchen willkürlich ausgewählt, angeblich weil der Stadtname so schön zu den Vampirwesen des Romans, den Volturi, passt.

Der Stadtkern innerhalb der Stadtmauern ist größtenteils **für den allgemeinen Autoverkehr gesperrt**.

Parkplätze findet man außerhalb am westlichen Stadtrand an der **Porta San Francesco [N43° 24′ 16.22″ E10° 51′ 17.75″]**, dann mehrere Plätze am nördlichen Stadtrand entlang der um die Stadt führenden Viale Franco Porretti, z. B. **Parcheggio Gioconovo [N43° 24′ 18.18″ E10° 51′ 21.12″], Parcheggio Vallebona [N43° 24′ 14.96″ E10° 51′ 28.96″]**, dann an der **Piazza del Bastione Parcheggio Porta Fiorentina (-8-) [N43° 24′ 13.50″ E10° 51′ 40.06″]** (mit Ladestation für E-Autos), weiter an der **Porta e Fonti di Docciola (-10-) [WP 107 / N43° 24′ 11.63″ E10° 51′ 50.86″]** (relativ groß, selten voll, wird auch als Wohnmobilstellplatz genutzt) oder an der **Porta Marcoli [N43° 24′ 5.56″ E10° 51′ 54.47″]** (Nähe Museo Etrusco, gebührenfrei).

Ein Besuch der Altstadt von Volterra mit ihren verwinkelten Gassen und Plätzen lohnt sehr.

Man kann einen Stadtspaziergang an der zentralen **Piazza dei Priori [N43° 24′ 7.03″ E10° 51′ 34.81″]** beginnen. Der rechteckige Platz wird von noblen Stadtpalästen eingesäumt.

Beherrscht wird das mittelalterliche Gebäudeensemble vom markanten, turmbewehrten **Palazzo dei Priori (1)** aus dem 13. Jh. Er war Sitz des Rates der Stadt, der sich aus den Obermeistern der verschiedenen Zünfte zusammensetzte. Die eher schmucklose Fassade des kantigen Baus wird durch drei Reihen schöner Doppelbogenfenster in den oberen Stockwerken und durch die Wappen der Florentiner Statthalter darunter etwas aufgelockert. An den Gebäudeecken rechts und links sieht man Säulen, die Löwen, die sog. *Marzocco,* tragen – Erinnerung an die Einnahme der Stadt durch Florenz.

Interessant ist rechts vom Portal der zwischen den beiden vergitterten Fenstern des Erdgeschosses in die Wand gemeißelte „öffentliche Zollstock", der als verbindliches Längenmaß im mittelalterlichen Volterra galt.

Im Inneren kann man den **Ratssaal** mit Fresken aus dem 14. Jh., darunter von Jacopo di Cione Orcagna *„Mariä Verkündigung"* und in zwei weiteren Räumen Werke Sieneser und Florentiner Künstler besichtigen.

Der **Rathausturm** kann bestiegen werden. Großartiger Rundblick.

Gegenüber wird der Platz vom nicht minder ehrwürdig erscheinenden **Palazzo Pretorio (2)** begrenzt. Auch er stammt aus dem 13. Jh. und wird ebenfalls von schönen Doppelfenstern geziert. Heute sind hier Stadtverwaltung, Polizei und Hauptpost untergebracht.

Der Turm rechts, der im Mittelalter dem Stadthauptmann als Wohnsitz diente und damals auch Kerker und Hinrichtungsstätte beherbergte, wird im Volksmund „Torre del Porcellino" (Schweinchenturm) genannt, wohl wegen der einem Schwein ähnlichen Plastik am Oberteil der Fassade.

Rechts vom Priorenpalast das frühere Korn- und Zollhaus und spätere Bischofspalais.

Wir gehen links am Priorenpalast in die Via Turazza und weiter am Dom entlang bis zur Piazza San Giovanni. Auf dem Platz erhebt sich der achteckige Kuppelbau des **Baptisteriums (3) [N43° 24′ 5.84″ E10° 51′ 30.60″]** aus dem 11. Jh. Die mehrfarbige Fassade an der Seite des mit Skulpturen geschmückten Portals stammt aus späterer Zeit. Im Inneren schönes Marmortaufbecken und ein Altar mit reich verzierten Marmorbögen aus dem 18. Jh.

Gegenüber der Taufkapelle sieht man die schlichte Westfassade des **Doms (3)** *(geöffnet Sa - Do 8.30 - 12.30 + 15 - 18 Uhr, Fr bis 16 Uhr; www.volterratur.it/en/come/etruscans-land/volterra/the-cathedral/).* Der romanische Bau entstand im 11. und frühen 12. Jh. auf den Mauern einer älteren Marienkirche. Das Portal stammt allerdings aus der Mitte des 13. und der Turm aus dem späten 15. Jh.

Das dreischiffige Innere des Doms mit beachtenswerter **Kassettendecke** und den **Grabmälern** der Schutzheiligen von Volterra, Hugo und Oktavian, birgt sehenswerte Kunstschätze, so auf der linken Seite im Mittelschiff eine wunderschöne **Marmorkanzel** aus dem 13. Jh. mit Abendmahlszenen, die auf vier von löwenähnlichen Tieren getragenen Granitsäulen ruht.

Auf dem Hauptaltar vor dem Chorraum steht ein schön gearbeiteter Tabernakel von Mino da Fiesole.

Rechts, in der **Sakramentskapelle**, eine *„Kreuzabnahme"* aus farbigem Holz. Diese Bildhauerarbeit, deren Meister nicht bekannt ist, ist aus dem 13. Jh. vollständig erhalten geblieben und gilt als schönstes romanisches Beispiel sakraler Kunst in Volterra.

In der Kapelle links vom Altar verdient die Holzplastik *„Heilige Mutter Gottes der Kleriker"*, ein Meisterwerk von Iacopo della Querica oder dessen Schüler Valdambrino, aus dem 15. Jh. die Beachtung des Besuchers.

Vor dem Verlassen der Kirche sollte man noch die Andachtsstätte zur *„Schmerzensreichen Madonna"* in einem Trakt rechts vom Ausgang besichtigen. Sehenswert sind hier vor allem die Terrakottaplastiken der sog. Krippe in der Mitte der Längswände. Sie stammen aus dem 16. Jh. und sind Arbeiten des Volterraner Bildhauers Zaccaria Zacchi.

Vom Dom gehen wir hinaus auf die Piazza San Giovanni, wenden uns rechts und gehen am Kirchturm abermals rechts in die Via Roma. Dort findet man nach wenigen Schritten rechterhand das **Diözesanmuseum für sakrale Kunst (4)**.

Nur ein kurzes Stück weiter stoßen wir auf die Via Ricciarelli, die wir überqueren und durch den Häuserbogen der weiterführenden Straße folgen. Ein kurzes Stück weiter rechts sieht man in die malerische Via Buonparenti mit den mittelalterlichen, durch Bögen verbundenen Turmhäusern **Case Torri Buomparenti (18)**.

Wir gehen weiter und erreichen die Via dei Sarti, an der einige eindrucksvolle alte Stadtpaläste liegen. Im Haus Nr. 1 der Via dei Sarti (am Abzweig der Via Mandorlo) sind im **Palazzo Minucci Solaini** die **Pinakothek (5) [N43° 24' 10.08" E10° 51' 33.96"]** und das **Stadtmuseum** untergebracht *(Nov. - Mitte März tgl. 8.30 - 13.30 Uhr; Mitte März - Okt. tgl. 9 - 19 Uhr)*. Der Renaissancepalast entstand Ende des 15. Jh. Als Baumeister wird Antonio da Sangallo genannt.

Nur einige der wertvollsten Kunstwerke, die in der besuchenswerten Galerie zu sehen sind, seien erwähnt. So kann man Luca Signorellis *„Mariä Verkündigung"* (1491), Ghirlandaios *„Christus und Heilige"* (15. Jh.), Rosso Fiorentinos *„Kreuzabnahme"* (16. Jh.), Taddeo di Bartolos Triptychon *„Maria mit Heiligen"* (1411), Benvenuto di Giovannis *„Christi Geburt"* (1470) und Madonnenplastiken von Valdambrino bewundern, sowie zahlreiche weitere Kunstwerke vornehmlich alter Toskanischer Meister sehen.

Wir setzen unseren Stadtspaziergang fort durch die Via dei Sarti, vorbei am Theater und am **Palazzo Viti (6),** zur Piazza San Michele. Auf der gegenüberliegenden Platzseite sieht man die romanische **Kirche San Michele (17) [N43° 24' 9.04" E10° 51' 41.10"]** und rechterhand den **Geschlechterturm der Toscano (7)**, ein wehrhafter Bau aus dem 12. Jh.

Wir gehen links durch die Via Guarnacci bis zum Stadttor **Porta Fiorentina** (– 8 – Parkplatz) und wenden uns außerhalb der Stadtmauer links zum römischen **Amphitheater (9) [N43° 24' 12.92" E10° 51' 36.76"]**. Die Anlage entstand zu Zeiten Kaiser Augustus' und bot auf 19 Rängen annähernd 2.000 Zuschauern Platz. Die Anlage, zu der auch ein Bereich mit Thermen gehörte, wurde erst um 1950 wieder freigelegt. Ein Teil des Bühnenhauses ist rekonstruiert.

Man kann der Via di Porta Diana noch ein Stück stadtauswärts folgen und kommt dann nach etwa 20 Minuten Fußweg zur **Porta Diana [N43° 24' 31.72" E10° 51' 48.23"]**, einem Stadttor aus der Etruskerzeit, das auch die Ausdehnung des damaligen Stadtgebiets deutlich macht.

Zurück zur Piazza San Michele [N43° 24' 9.04" E10° 51' 41.10"]. Etwas östlich zweigt von der weiterführenden Via di Sotto die Treppengasse Via di Docciola ab. Sie endet an der **Porta Docciola (-10 -) [Parkplatz/Stellplatz, WP 107 / N43° 24' 11.63" E10° 51' 50.86"]**. Innerhalb der Stadtmauer erkennt man den Brunnen **Fonti di Docciola**, der ehemals als öffentliches Waschhaus diente.

In der Via Don Minzoni Nr. 11, im südöstlichen Stadtbereich, findet man das überaus interessante **Museo Etrusco Guarnacci (11) [N43° 24' 3.13" E10° 51' 50.95"]**, in dem vor allem etruskische Keramiken und eine außergewöhnlich umfangreiche Sammlung von **Graburnen** – eine der größten in Italien – zu sehen sind *(geöffnet Mitte März - Okt. tgl. 9 - 19 Uhr; Nov. - Mitte März tgl. 10 - 16.30 Uhr; www.comune.volterra.pi.it/musei/museio-etrusco-guarnacci)*.

Besondere Erwähnung unter den Exponaten verdienen der herrliche **Goldschmuck** im Saal II des Erdgeschosses, der aus einem Fürstengrab aus dem 7. Jh. v. Chr. stammt, dann im ersten Obergeschoss im Saal XX die berühmte **„Terrakotta-Urne des Ehepaares"** (1. Jh. v. Chr.), bei der auf dem Deckel die Büsten eines liegenden Paares abgebildet sind, oder im Saal XXII, unter der Sammlung von Votivfiguren, die langgestreckte Bronzeplastik mit dem poetischen Namen **„Ombra della Sera"** („Abendschatten", 3. Jh. v. Chr.), mit verblüffend realistischer Gestaltung der Gesichtszüge.

Man kann nach dem Museumsbesuch um die **Medicifestung (12) [N43° 24' 1.15" E10° 51' 57.69"]** herum zur baumbestandenen Viale dei Ponti gehen und ihr außerhalb der Stadtmauern – schöne Ausblicke unterhalb der Festung **Fortezza Medicea** mit dem gewaltigen Rundturm „Maschio" – zurück zur **Piazza Martiri della Libertà (15) [N43° 24' 3.55" E10° 51' 33.17"]** folgen. Von dort gelangt man zurück zur nahen Piazza dei Priori, dem Ausgangspunkt unseres Stadtrundgangs.

Kürzer ist der Weg zurück über die Treppengasse gegenüber dem Etruskischen Museum zur Via di Castello, die ebenfalls zurück zur Piazza Martiri della Libertà führt.

Östlich der Piazza Martiri della Libertà erstreckt sich der sog. **„Parco Archeologico" (19)**, auf dem sich einst die Akropolis erhob. Unter diesem Platz vor der Festung befindet sich eine antike Zisterne, die aber nur mit einer Sondergenehmigung zugänglich ist.

Weitere Sehenswürdigkeiten in Volterra sind die etruskische **Porta all'Arco (13) [N43° 24' 3.17" E10° 51' 30.15"]** südlich vom Dom und die **Kirche San Girolamo [N43° 24' 11.79" E10° 52' 26.41"]** im Nordosten außerhalb der Stadt (Zufahrt über die SS68 Richtung Siena und nach dem Krankenhaus nordwärts über die Via Luigi Scabia). Das Franziskanerkloster mit der Hieronimuskirche (San Girolamo) stammt aus dem 15. Jh. Sehenswert sind in den Außenkapellen die Altaraufsätze aus glasierter Terrakotta von Giovanni della Robbia und im Kircheninneren beiderseits des Hochaltars Gemälde von Benvenuto di Giovanni aus der Mitte des 15. Jh., links *„Mariä Verkündigung mit Heiligen"* und rechts *„Madonna mit Kind auf dem Thron mit Heiligen"*.

Volterra ist die toskanische Hochburg der **Alabasterverarbeitung**. Alabaster ist eine harte Art von Gipsgestein. Schön poliert kommen seine mineralischen Strukturen gut zur Geltung. Gefördert wird der Alabaster bei Castellina Marittima und in Santa Luca.

In allen Souvenirläden werden Sie Alabasternippes finden. Aber kaufen Sie nicht unbesehen, damit Sie nicht einer Kunststoffimitation Made in Taiwan aufsitzen. Alabaster hat sein Gewicht und lässt bei guter Qualität Licht durchscheinen.

Beim ehemaligen Augustinerkonvent ist im Palazzo Minucci Sonaini an der Via dei Sarti das **Alabastermuseum Ecomuseo dell'Alabastro (20) [N43°**

24' 10.50" E10° 51' 33.48"] eingerichtet, in dem die Sammlung der Familie Bruchi mit über 300 Alabasterstücken zu sehen ist *(geöffnet Mitte März - 31. Okt. tgl. 9.30 - 19 Uhr; Nov. - Mitte März tgl. 10.30 - 16.30 Uhr; www.volterratur.it/en/come/arts-culture/the-museum/ecomuseum-of-alabaster/)*.

Zu den namhaften **Alabasterwerkstätten** in Volterra zählen u. a. das **Atelier di Paolo Sabatini** in der Via Cesare Battisti, 29, Tel. + 39 0588 81 515; www.paolosabatini.com oder die **Società Cooperativa Artieri Alabastro**, Via Provinciale Pisana, mit Verkaufsraum an der Piazza dei Priori, Tel. + 39 0588 87 590; www.artierialabastro.it.

Nordwestlich von Volterra (Ausfahrt über die Straße Richtung Campingplatz und Pisa) liegen die geologisch interessanten sog. **Balze [Parkplatz, N43° 24' 44.03" E10° 51' 1.80"]**, das sind durch Erosion entstandene Steilhänge mit spektakulären Abbrüchen. Schöne Aussicht.

In der Nähe liegen der Campingplatz und die Abteikirche Badia, die aber seit Mitte des 18. Jh. aus Angst vor weiteren Erdrutschen an den Balze nicht mehr benützt wird.

PRAKTISCHE HINWEISE - VOLTERRA

Ufficio Turistici di Volterra [N43° 24' 7.54" E10° 51' 34.15"], Piazza dei Priori, 20 (Priorenpalast), 56048 Volterra, Tel. +39 0588 87 257; www.volterratur.it. *Geöffnet tgl. 9.30 - 13 + 14 - 18 Uhr.*

Feste, Folklore: **Volterra A.D. 1398**, einwöchiges mittelalterliches Stadtfest in der 3. Augustwoche, eines der bekanntesten Feste dieser Art ganz Italiens mit Tanz und Musik, Essen und Trinken, Gauklern und Reiterspielen etc. wie im 14. Jh. Während des Festes wird nur mit dem „Grosso Volterra" bezahlt, die Währung des 14. Jh.; www.volterra1398.it.

RESTAURANTS

Etruria, Tel. +39 0588 86 064; liegt an der Piazza dei Priori, 6, dem schönsten Platz der Stadt; typ. toskanisches Ambiente mit Kreuzgewölbedecke, toskanische Küche.
Trattoria del Sacco Fiorentino, Via Giusto Turazza, 13, Tel. +39 0588 88 537; im Zentrum, gute regionale Küche, gepflegte Weine, beliebt bei den Einheimischen.

HOTELS

San Lino **,** 45 Zi., Via San Lino, 26, Tel. +39 0588 85 250; www.hotelsanlino.com, ordentliches Mittelklassehotel, in einem schön restaurierten, ehemaligen Nonnenkloster aus dem 16. Jh. im westl. Stadtbereich untergebracht. Restaurant, Schwimmbad, Terrasse. WLAN. Garage.
Nazionale ***, 40 Zi., Via dei Marchesi, 11, Tel. +39 05 88 86 284; www.hotel-nazionale-volterra.it; eher einfaches Mittelklassehotel, dafür sehr zentral neben dem Palazzo dei Priori gelegen. Restaurant. WLAN.
Villa Nencini ***, 15 Zi., Borgo Santo Stefano, 55, Tel. +39 0588 86 386; www.villanencini.it; ein einladendes Haus, eingerichtet in einer schön restaurierten Villa aus dem 18. Jh., klein aber fein könnte das Motto sein, Vinothek, eigener Park, Schwimmbad.

CAMPING

Camping Le Balze [WP 108 / N43° 24' 43.56" E10° 51' 3.70"], Via di Mandringa, Tel. +39 0588 87 880; www.campinglebalze.com; 19. März – Ende Okt.; Abzweig von der Straße SP15 Richtung Pisa, ca. 1 km nördlich der Stadt; mehrere Terrassen in schöner, erhöhter Lage, teils mit Ausblicken, stark frequentierter Platz; ca. 1,5 ha – 70 Stpl.; einfache Standard-Sanitärausstattung; Kiosk, Schwimmbad. **V & E für Wohnmobile.** Supermarkt und Restaurants ca. 400 m entfernt.

WOHNMOBIL-STELLPLÄTZE

Wohnmobil-Stellplatz Area di Sosta Camper Volterra P3 Fonte di Docciola [WP 107 / N43° 24' 11.63" E10° 51' 50.86"], Viale dei Filosofi. **Zufahrt/Lage:** Von der Umgehungsstraße SR68 Richtung Colle di Val d'Elsa am östlichen Ortsrand von Volterra vor der Esso-Tankstelle nordwärts abzweigen, weiter teils schmale Zufahrt. **Geöffnet:** Ganzjährig. **Gebühr:** Pauschale inkl. aller Personen und Ver- und Entsorgung, Extragebühr für Strom. Max. Aufenthalt ist auf 24 Stunden beschränkt. **Ausstattung:** Öffentlicher, staubiger, teils asphaltierter Parkplatz mit ca. 30 Plätze für Wohnmobile neben dem Pkw-Parkplatz, unterhalb der Stadt in einer weiten Mulde mit Bäumen am Rand. Frischwasser, Grauwasser- und Chemikaltoilettenausguss. Durch das schöne Stadttor Docciola an der Ostseite der Stadtmauer und über eine Treppengasse hinauf zur Altstadt von Volterra.

Wohnmobil-Stellplatz Parcheggio Comunale Stadio Volterra [N43° 23' 50.77" E10° 51' 42.41"], Via di Fontecorrenti. **Zufahrt/Lage:** Am Südrand der Stadt, neben dem Stadion. **Geöffnet:** Ganzjährig. **Gebühr:** Tagsüber zwischen 8 Uhr und 22 Uhr gebührenpflichtig. **Ausstattung:** Städtischer Parkplatz für Pkw und Wohnmobile. Sehr einfache Stellplatzmöglichkeit für etwa 10 Wohnmobile auf geschottertem Untergrund, an zwei Seiten von hohen Bäumen umgeben. Keinerlei Einrichtungen für Wohnmobile. „Campingverhalten" (Markise ausfahren, Tische u. Stühle aufstellen) nicht erlaubt.

Volterra

TOUR 11: VOLTERRA – MONTECATINI TERME

Länge der Tour: Rund 140 km, ohne Abstecher.

Die Route: Über die SS68 und die Straße 47 bis **San Gimignano** – Landstraße bis **Certaldo** – SS429 bis **Ponte a Elsa** – SS67 bis **Empoli** – ggf. Abstecher nach **Vinci** (rund 11 km) – Landstraßen über **Poggio a Caiano** bis **Prato** – SS435 über **Pistoia** bis **Montecatini Terme**.

Alternative: Ab **Pistoia** über **San Marcello** und **Bagni di Lucca** in die **Garfagnana** (Details siehe nächste Tour 12).

Reisedauer: Mindestens ein Tag, besser zwei Tage.

Höhepunkte: Die **Silhouette** und die **Geschlechtertürme von San Gimignano ***** – **Leonardo da Vincis Geburtshaus** und das **Museo Leonardiano** in **Vinci** – der **Dom zu Prato *** – ein **Spaziergang durch Pistoia** zur **Piazza del Duomo** – ein **Abstecher in die Garfagnana** ** lohnt vor allem im Herbst – ein Besuch im eleganten **Kurmittelhaus ** von Montcatini Terme.**

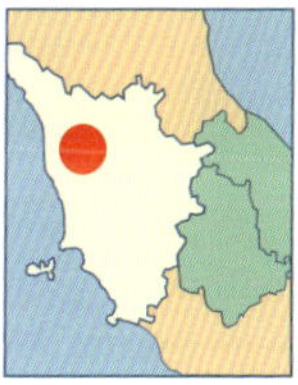

*ROUTE: Weiterreise von Volterra über die SS68 zunächst ostwärts Richtung Siena. In **Castel San Gimignano** nordwärts ab auf die Straße 47. Nach kurvenreicher Fahrt durch schöne, typische Toskanalandschaft erreicht man nach rund 14 km **San Gimignano**.*

San Gimignano – Wie die mahnenden, knochigen Finger einer alten, längst vergangenen Zeit ragen auf einem Hügel über dem Val d'Elsa schlanke Türme in den toskanischen Himmel. San Gimignano heißt dieser alte Ort im Chiantigebiet.

Mittelalterliche Wolkenkratzer wurden diese gotischen Geschlechtertürme schon genannt, oder gar „Manhattan Italiens". Aber das trifft die Sache nicht. Die Türme in San Gimignano sind nicht Ausdruck eines kommerziellen, urbanen Ballungsraumes, sondern vielmehr Zeichen einer übersteigerten Selbstdarstellung der nicht selten seit Generationen bis aufs Messer verfeindeten Adels-

San Gimignanos imposante Stadtsilhouette

geschlechter. Je höher der Turm, desto höher das Ansehen war die Devise. Ein hoher Wohnturm war der optische Triumph über den Nachbarn und ein probates Mittel, sich vor Übergriffen zu schützen.

Hohe Geschlechtertürme sind aber keine nur auf San Gimignano beschränkte Eigenart. Im 12., 13. Jh. etwa haben Städte wie Florenz, Bologna oder Mailand ähnlich ausgesehen. Von über zweihundert Geschlechtertürmen wird in Bologna berichtet. Nur, dort und in anderen oberitalienischen Metropolen sind fast alle Wohntürme der Stadtentwicklung zum Opfer gefallen.

Nur in San Gimignano scheint die Zeit seit dem 13. Jh., die Zeit, in der die meisten der einstmals 72 Geschlechtertürme entstanden waren, stehen geblieben zu sein. Renaissance oder Neoklassizismus, Stilepochen, die viele oberitalienische Städte veränderten, hinterließen keine Spuren in San Gimignano. Der Ortskern innerhalb der Mauer ist noch heute eines der **am besten erhaltenen gotischen Stadtensembles** in Italien. 14 Geschlechtertürme haben alle Wirren der Zeit, auch ein Bombardement deutscher Truppen im Zweiten Weltkrieg, so gut wie unversehrt überstanden.

Stadtbesichtigung

Auch in San Gimignano ist die von der mittelalterlichen Stadtmauer umgebene **Innenstadt für den allgemeinen Autoverkehr gesperrt**.

Größere öffentliche **Parkplätze: Parcheggio Piazzale Ludovico Quaroni [N43° 27′ 45.10″ E11° 2′ 30.68″]** südlich des Städtchens an der Zufahrtsstraße aus Richtung Volterra / Siena.

Parcheggio Montemaggio [N43° 27′ 52.71″ E11° 2′ 29.53″] unmittelbar am südlichen Stadtende neben der kleinen Parkanlage am Stadttor Porta San Giovanni.

Parcheggio dei Fossi [N43° 28′ 1.57″ E11° 2′ 25.12″] neben dem Friedhof am westlichen Stadtrand an der Viale dei Fossi, der Straße nach Pisa.

Parkplatz [N43° 28′ 15.66″ E11° 2′ 37.29″] am nördlichen Stadtrand an der Via Bagnaia.

Sehen Sie für einen Stadtbesichtigung mindestens 1,5 bis 2 Stunden vor.

Am einfachsten beginnt man den Stadtrundgang am südlichen Stadttor **Porta San Giovanni [N43° 27′ 53.22″ E11° 2′ 33.33″]** und geht durch die von Geschäften, Weinhandlungen und Restaurants gesäumte Häuserschlucht der fast schnurgeraden und leicht ansteigenden Via San Giovanni, bis sie sich nach dem Torbogen **Arco dei Becci** (Teil der inneren Stadtmauer) auf die malerische **Piazza della Cisterna [N43° 28′ 1.98″ E11° 2′ 36.34″]** öffnet. Der Platz, von schönen alten Häusern umstanden, bildet das Zentrum der Stadt. In seiner Mitte steht die mit einem Brunnenüberbau versehene Zisterne. Sie wurde im 13. Jh. angelegt.

Unmittelbar links (nördlich) davon öffnet sich die imposante **Piazza del Duomo**. Durch seine hohen **Geschlechtertürme**, die noblen Palais und den Dom, die den Platz umgeben, vermittelt die Piazza noch ein authentisches, recht romantisches Bild eines gotischen Stadtplatzes.

Eine breite Freitreppe führt hinauf zur – im 19. Jh. restaurierten – Ostfassade des romanischen **Doms Collegiata**. Im Inneren an der Fassadenwand Fresken von di Bartolo und Holzplastiken von Jacopo della Quercia. Beachtenswerte Fresken Sieneser Künstler aus der Zeit des 14. Jh. auch in den Seitenschiffen, links Motive aus dem Alten Testament, rechts Szenen aus dem Neuen Testament. Beleuchtungs-Münzautomat im Hauptschiff links.

Vom rechten Seitenschiff führt ein Zugang in die **Kapelle Santa Fina**. Die Mitte des 15. Jh. anlässlich von Erweiterungs- und Umbaumaßnahmen nach Plänen Giuliano da Maiano errichtete Kapelle ist der Schutzpatronin der Stadt geweiht. Sehenswert sind der Marmoraltar und die Fresken von Ghirlandaio mit Motiven aus dem Leben der Heiligen (Eintritt).

Gegenüber vom Dom erhebt sich der **Palazzo del Podestà**. Der Bau des Stadtvogts aus dem 13. Jh. mit großer Bogenhalle wird überragt vom über 50 m hohen **Rognosa-Turm**.

Fast bescheiden nimmt sich links daneben der Turm des **Palazzo Chigi** aus.

Die markanten Doppeltürme weiter nördlich, die einer mittelalterlichen Variante des früheren New Yorker World Trade Center ähneln, sind die **Torri dei**

Piazza della Cisterna mit Renaissancebrunnen, lebhaftes Zentrum von San Gimignano

Salvucci an der sehenswerten Via San Matteo, der Hauptstraße in der nördlichen Stadthälfte.

Links vom Dom führt ein Torbogen mit der Statue des hl. Gimignano auf den kleinen Platz, oder besser Innenhof, **Piazza Luigi Pecori**. Dort sieht man rechts die **Loggia** des Baptisteriums mit einem Fresko von Ghirlandaio, *„Mariä Verkündigung"* und links den Gebäudeflügel des **Museums für sakrale Kunst** (Il Museo d'Arte Sacra) mit etruskischer Abteilung. Zu sehen sind Gemälde und Skulpturen aus der Zeit vom 13. bis ins 15. Jh., Buchminiaturen, Messgewänder und etruskische Exponate *(geöffnet Apr. - Okt. Mo - Fr 10 - 19.30 Uhr, Sa 10 - 17.30 Uhr, So 12.30 - 19.30 Uhr; Feb. - März + Nov. - Dez. Mo - Sa 10 - 17 Uhr, So 12.30 - 17 Uhr; www.sangimignano.com/en/art-and-culture/museum-sacred-art.asp)*.

Die Geschlechter-Doppeltürme Torri dei Salvucci

Weiter westlich vom Dom liegt die alte Stadtfestung **La Rocca Montestaffoli**, Mitte des 14. Jh. errichtet. Schöner Blick auf die Stadt.

Links vom Dom, an der Südseite der Piazza del Duomo also, erhebt sich der **Palazzo del Popolo**, das Rathaus. Dort ist das **Informationsbüro** untergebracht. Vom Zugang von der Piazza Pecori an der Westseite gelangt man in einen sehr schönen, mit Fresken und Wappen von Sodoma (16. Jh.) ausgeschmückten und mit Bögen und Treppen versehenen Innenhof. Die Zisterne stammt aus dem 14. Jh.

Der Treppenaufgang führt hinauf zum Eingang ins Stadtmuseum **Museo Civico** *(geöffnet Apr. - Sept. tgl. 10 - 19.30 Uhr, Okt. - März tgl. 11 - 17.30 Uhr; www.sangimignano.com/en/art-and-culture/town-museums/town-hall-picture-gallery.asp)*. Zu sehen ist der **Rathaussaal,** oder Dantesaal, mit Fresken, darunter das Madonnenbildnis *„Maestà"* von Lippo Memmi aus dem Jahre 1317.

Dante soll hier während seiner Zeit als Florentiner Botschafter in San Gimignano eine Rede für die Sache der Partei der Guelfen gehalten haben.

Im Museo Civico im darüberliegenden Stockwerk sind vor allem Gemälde aus der sog. Sieneser Schule aus der Zeit vom 13. bis ins 16. Jh. zu sehen.

Wenn Sie große Höhen vertragen, sollten Sie sich der Mühe unterziehen und den 54 m hohen **Rathausturm** besteigen. Der Blick über die Dächer des Städtchens, hin zu den anderen Türmen und über die Hügel des Chianti-Gebietes ist eindrucksvoll. Und wenn Sie das große Glück haben, einen der klaren Tage zu erwischen (die auch in der Toskana seltener zu werden scheinen) mit dem weichen, unwirklichen Licht, von dem viele Maler früher schwärmten, können Sie bis nach Siena sehen oder weiter im Osten Arezzo erahnen.

Zu den weiteren Sehenswürdigkeiten zählt die **Kirche Sant'Agostino [N43° 28' 14.23" E11° 2' 29.87"]** im nördlichen Teil der Stadt. Der Bau entstand zwischen 1280 und 1298 im romanisch-gotischen Stil und ist in erster Linie wegen seiner Fresken im Chor sehenswert, die Benozzo Gozzoli in den Jahren 1464 und 1465 schuf. Dargestellt sind Szenen aus dem Leben des hl. Augustinus. Beachtenswert sind außerdem die **Kapelle des hl. Bartolo** mit einem Altar aus dem Jahre 1494 von Benedetto da Maiano und **der Kreuzgang**.

Einer der wenigen Weißweine des Chianti-Gebiets, der **„Vernaccia"**, wird vornehmlich rund um San Gimignano angebaut. Der Vernaccia di San Gimignano ist der erste toskanische Weißwein, dem das Prädikat D.O.C.G. zuerkannt wurde. Der goldgelbe Vernaccia lässt sich länger lagern, während der helle, trockene Vernaccia jung getrunken werden sollte.

Das **Vernaccia Weinmuseum [N43° 28' 3.28" E11° 2' 29.44"]** in der Via della Rocca, 1, unterhalb der Burg, wurde in der Villa della Rocca di Montestaffoli eingerichtet. Das Museum gibt Auskunft über den Vernaccia-Weinanbau um San Gimignano. Man kann sich hier Informationen über Weinverkostungen in den verschiedenen Weingütern geben lassen *(geöffnet tgl. 11.30 - 19.30 Uhr, Eintritt frei; www.sangimignanomuseovernaccia.com)*.

Eine der namhaftesten Kellereien, die **Fattoria Montenidoli,** Loc Montenidloi, Tel. +39 05 77 94 15 65, www.montenidoli.com, gilt als eine der besten in Sachen „Vernaccia di San Gimignano". Aber auch die Weißen aus den Weingütern Azienda Agricola **Casale di Falchini, Fattoria Cusona Guicciardini Roberto E. Strozzi Girolamo** oder **Fattoria Ponte a Rondolino Teruzzi & Puthod** sind keineswegs zu verachten.

PRAKTISCHE HINWEISE – SAN GIMIGNANO

Ufficio Informazioni ed Accoglienza Turistica [N43° 28' 3.80" E11° 2' 35.58"], Piazza del Duomo, 1, 53037 San Gimignano, Tel. +39 0577 94 00 08; www.sangimignano.com. *Geöffnet März - Okt. tgl. 10 - 13 + 15 - 19 Uhr, Nov. - Feb tgl. 10 - 13 + 14 - 18 Uhr.*

RESTAURANTS

Gute toskanische Küche und ausgesuchte Weine serviert man im **Dorandò**, Vicolo dell'Oro 2, Tel. +39 0577 94 18 62; www.ristorantedorando.it; Restaurant mit Gemäldegalerie von Künstlern aus San Gimignano, toskanische Küche, gehobene Preislage.

Da Graziano, Via G. Matteotti, 39/a, Tel. +39 0577 94 01 01; www.hoteldagraziano.it/de/; Restaurant mit hübscher Gartenterrasse.

Le Vecchie Mura, Via Piondornella, 15, Tel. +39 0577 94 02 70; www.vecchiemura.it; gediegenes Lokal mit Gewölbeambiente und Panoramaterrasse, nahe der Piazza della Cisterna.

HOTELS

La Collegiata **,** 20 Zi., Tel. +39 0577 94 32 01; https://www.lacollegiatahotel.com/; außerhalb der Altstadt im Ortsteil Strada (Richtung Certaldo) gelegen; die Zimmer und Gesellschaftsräume dieses Hauses liegen in wahrlich historischem Gemäuer mit Turm und Kreuzgang, das einst dem Franziskanerorden als Kloster, später den Guicciardinis als Familienresidenz diente. Heute genießt der Gast in dem komplett renovierten, teuren Haus jeden modernen Komfort. Es gibt einen weitläufigen Hotelgarten mit beheiz-

tem Schwimmbad und einen Park. Das Restaurant befindet sich in der ehemaligen Klosterkapelle. Fitnesscenter. WLAN. Parkplatz.
Pescille ***, 40 Zi., Strada Statale 47, Loc. Pescille, Tel. +39 0577 94 01 86; www.pescille.it; etwa 4 km südlich von San Gimignano an der Straße 47 nach Castel San Gimignano, sehr schön gelegenes, gepflegtes Hotelanwesen in einem Landgut aus dem 14. Jh. und späteren Kloster. Hotelgarten, Schwimmbad, Bar, Tennis, WLAN. Parkplatz. Keine Haustiere.
La Cisterna ***, 49 Zi., Piazza della Cisterna, 23, Tel. +39 0577 94 03 28; www.hotelcisterna.it/de/; sehr einladendes, Haus mitten in San Gimignano an der Piazza della Cisterna mit dem hübschen Brunnen gelegen, eingerichtet in einem mittelalterlichen Gebäude, viele der Zimmer sind mit antiken Möbeln ausgestattet. Mittlere Preislage. Restaurant „Le Terrazza", schöner Panoramablick, toskanische Küche. WLAN. Öffentliche Parkmöglichkeit. Januar bis März geschlossen
Leon Bianco ***, 17 Zi., Piazza della Cisterna, Tel. +39 0577 94 12 94; www.leonbianco.com; mitten im Ort an der Piazza della Cisterna gelegen, Hotel garni, mittlere Preislage, eingerichtet in einem Teil des historischen Palazzo Gregorio, Bar, Terrasse, Fitnesscenter. WLAN. Öffentliche Parkmöglichkeit.

CAMPING

Camping Boschetto di Piemma [WP 109 / N43° 27' 12.51" E11° 3' 13.38"], Loc. Santa Lucia, 38c, Tel. +39 0577 90 71 34; www.boschettodipiemma.it; 1. Apr. – 31. Okt.; knapp 2 km östlich des Ortes an der Straße SP1 nach Poggibonsi/Siena; ebene, kleine, für Wohnmobile geeignete Fläche neben dem Schwimmbad sowie mehrere kleine Terrassen in niederstämmigem Laubwald, die sich eigentlich nur für Zelte eignen; ca. 5 ha – 100 Stpl.; Standard-Sanitärausstattung; Restaurant, Imbiss, Waschmaschine, Trockner, Schwimmbad, Internetecke. **V & E für Wohnmobile**. Mietcaravans.

Marciala bei Certaldo

Camping Panorama del Chianti [WP 112 / N43° 34' 55.28" E11° 8' 18.70"], Via Marcialla, 349, Tel. +39 0571 66 93 34; www.panoramadelchianti.it; 1. Apr. – 31. Okt.; von Tavernelle nordwestwärts über Marciala zum Platz an der SP 49; Wiesenhang in schöner Hügellandschaft mit relativ schmalen Terrassen und Reihen von Pappeln und Akazien, teils Blick ins Land, für lange Wohnmobile (etwa über 7 m) etwas beengte Platzverhältnisse, im unteren Platzteil Hochspannungsmast; ca. 2 ha – 60 Stpl.; Standard-Sanitärausstattung; Imbiss, Schwimmbad, WLAN.

WOHNMOBIL STELLPLÄTZE

Wohnmobil-Stellplatz Punto Sosta Santa Lucia San Gimignano [WP 110 / N43° 27' 7.09" E11° 3' 17.25"], Loc. Santa Lucia. **Zufahrt/Lage:** Von San Gimignano ca. 2,5 km südostwärts auf der Landstraße nach Santa Lucia. Neben Camping Boschetto di Piemma. **Geöffnet:** Ganzjährig. **Gebühr:** Pauschale am Gebührenautomat, inkl. 2 Personen, Wasser und Ver- und Entsorgung. **Ausstattung:** Ebener, schattenloser Schotterplatz für ca. 40 Wohnmobile, Frischwasser, Grauwasser- und Chemikaltoilettenausguss, Strom, videoüberwacht. Mülltonne. Bushaltestelle 300 m entfernt.
Wohnmobil-Stellplatz Area Sosta Camper Santa Chiara [WP 111 / N43° 27' 20.60" E11° 2' 5.16"]. Zufahrt/Lage: Ca. 2 km südlich von San Gimigna-

no in einer Schleife der Landstraße SP47 nach Castel San Gimignano. **Geöffnet:** Ganzjährig. **Gebühr:** Gebührenpflichtig. **Ausstattung:** Ca. 30 Stpl. auf ebener, schattenloser Schotterfläche rund um einen Sportplatz. Rezeption, Cafeteria, beleuchtet, Strom, Frischwasser, Grauwasserbodenauslass, Duschen, Toiletten. Bus-Shuttle nach San Gimignano.

Certaldo
Wohnmobil-Stellplatz Area Sosta Camper Certaldo [WP 113 / N43° 32' 47.06" E11° 2' 45.21"]. Zufahrt/Lage: Piazza dei Macelli, am Ostrand des Ortes. **Geöffnet:** Ganzjährig. **Gebühr:** Kostenlos. **Ausstattung:** Großer, ebener, geschotterter, von hohen Bäumen begrenzter Parkplatz für Pkw und Wohnmobile, mit ca. 10 Plätzen für Wohnmobile, Strom, Frischwasser, Entsorgungsstelle.

ROUTE: *Weiterfahrt auf der Straße P1 und westlich an San Gimignano vorbei bis **Certaldo**, 13 km. In Certaldo weiter auf der Fernstraße SS429 nordwestwärts durch das Tal des Flüsschens Elsa über **Castelfiorentino** und **Ponte a Elsa** bis **Empoli**, rund 30 km.*

Die Fahrt führt durch sehr schöne Hügellandschaft. Und außerhalb von San Gimignano hat man einen eindrucksvollen Blick zurück auf die Türme der Stadt.

Certaldo ist die Stadt des Decamerone-Verfassers *Boccaccio*, der hier 1375 starb und in der **Kirche Santi Michele e Iacopo [N43° 32' 56.86" E11° 2' 40.99"]** begraben ist. Die Kirche liegt in der höher gelegenen, mauerumgebenen, sehenswerten Altstadt **Borgo Medievale Certaldo Alto**, die mit einer Zahnradbahn von der Neustadt aus zu erreichen ist. Ein Parkplatz [N43° 33' 1.65" E11° 2' 17.83"], der nördlich der Altstadt liegt, ist nur über einen weiten Umweg zu erreichen. Jedes Jahr im Juli veranstaltet die Stadt ein großes Mittelalterfest.

Nur wenige Kilometer westlich von **Ponte a Elsa** liegt **San Miniato [Parkplatz, WP 114 / N43° 40' 53.43" E10° 51' 6.79"]** sehr schön erhöht an den südlichen Hängen des Arnotals. Ein weiterer Parkplatz [N43° 40' 52.71" E10° 51' 3.14"] liegt unterhalb der Altstadt, von dort führt ein Aufzug hinauf in die Stadt.

San Miniato hatte vor allem in der Zeit der Kaiser Otto I., Friedrich Barbarossa, Heinrich IV. und Friedrich II. eine besondere Bedeutung als Sitz des kaiserlichen Vikars. Unter Friedrich II. entstand auch die Burg über der Stadt. Einer der ersten kaiserlichen Vikare war der Großherzog Bonifaz von Toskana, Vater von *Mathilde von Tuszien* (1046 – 1115). Die spätere Markgräfin erbte umfangreiche toskanische Besitzungen, die historischen *„Mathildischen Güter"*, die sie schließlich der Kirche in Rom schenkte, um den Investiturstreit zwischen den Kaisern und den Päpsten zugunsten des Heiligen Stuhls zu beeinflussen.

Sehenswert in San Miniato sind der **Palazzo dei Vicari dell'Imperatore** (Palast der Kaiserlichen Vikare) aus dem 12. Jh., der **Palazzo Vescoville [N43° 40' 46.40" E10° 51' 4.39"]**, der **Dom** (13. Jh., umfassende Umbauten im 16. Jh.) mit romanischer Fassade und das **Museo Diocesano** *(geöffnet Apr. - Sept. tgl. 10 - 13 + 14 - 17 Uhr, Okt. - März Fr 10 - 13 + 14 - 17 Uhr, Sa + So 10 - 13 Uhr)* neben dem Dom, mit einer umfangreichen Sammlung sakraler Kunst.

Empoli am Arno war die mittelalterliche Hochburg der Ghibellinen-Partei. Heute ist die Stadt ein wichtiger Standort der italienischen Glasindustrie. Im Zentrum an der Piazza Farinata degli Uberti liegt neben der **Kirche Sant'Andrea** das sehenswerte Kunstmuseum **Museo della Collegiata [N43° 43' 9.56" E10° 56' 47.20"]**.

Abstecher zu Leonardo da Vincis Geburtshaus

Empfehlenswert ist ab Empoli ein Abstecher ins rund 10 km nördlich gelegene **Vinci** an den Südhängen der Albaner Berge.

Vinci, ein hübsches, abgelegenes Städtchen, trägt den Namen eines der größten Universalgenies, *Leonardo da Vinci* (siehe auch unter „Die großen Kunstepochen und ihre Meister").

Das Haus **Casa Natale di Leonardo da Vinci [Parkplatz, WP 115 / N43° 47' 59.72" E10° 56' 20.91"]**, Via di Anchiano *(geöffnet März - Okt. tgl. 10 - 19 Uhr; Nov. - Feb. tgl. 10 - 17 Uhr; letzter Einlass 40 min. vor Schließung; www.museoleonardiano.it)*, in dem Leonardo am 15. April im Jahre 1452 das Licht der Welt erblickte, liegt gut 2 km nördlich von Vinci in **Anchiano** landschaftlich sehr schön inmitten von Olivenhainen. Das alte Gehöft ist restauriert und als Gedächtnisstätte und Museum eingerichtet.

Im Ort Vinci selbst ist im alten Stadtschloss Castello dei Conti Guidi aus dem 11. Jh. das überaus interessante **Museo Leonardiano di Vinci [N43° 47' 15.06" E10° 55' 36.94"]** untergebracht, Via della Torre, 2 *(geöffnet März - Okt. tgl. 9.30 - 19 Uhr, Nov. - Feb. tgl. 9.30 - 18 Uhr, letzter Einlass 45 Minuten vor Schließung; www.museoleonardiano.it)*. Dort sind vor allem viele der technischen Erfindungen, Maschinen oder mathematischen Experimente Leonardo da Vincis nachgebaut oder durch Modelle in die Tat umgesetzt worden. Man sieht z. B. eine Art Fallschirm, eine Flugmaschine, einen Taucheranzug, Belagerungsmaschinen u. v. a.

In der benachbarten **Kirche Santa Croce** ist das Taufbecken zu sehen, über dem Leonardo da Vinci getauft worden sein soll.

Etwas bescheidener, was Exponate zu den wissenschaftlichen und kunstgeschichtlichen Leistungen Leonardo da Vincis betrifft, präsentiert sich das **Museo Ideale Leonardo da Vinci**. In den düsteren Gewölben eines ehemaligen Wein- und Ölkellers muss man nach den Nachbildungen von Leonardo Da Vinci's Erfindungen im Kleinformat etwas suchen. Eine etwas hellere Abteilung zeigt moderne Kunst in Verbindung mit Leonardo's Werken.

*ROUTENALTERNATIVEN: Man hat die Wahl ab Vinci entweder zurück nach Empoli oder über Landstraßen ostwärts über **Poggio a Caiano** nach **Prato** zu fahren.*

*Ab **Empoli** wiederum besteht die Möglichkeit den Reiseweg abzukürzen und westwärts direkt nach **Pisa** zu fahren oder sich ostwärts Richtung Firenze zu wenden und westlich der Stadt den Autobahnen nordwärts bis **Prato** zu folgen.*

WOHNMOBIL-STELLPLATZ – VINCI

Wohnmobil-Stellplatz Area di Sosta Camper Vinci [WP 116 / N43° 46' 51.04" E10° 55' 42.89"], Via Girolamo Calvi. **Zufahrt/Lage:** Von Vinci ca. 400 m südwärts Richtung Sant'Ansano/Empoli zum Parkplatz neben einem Tennis- und Fußballplatz. **Geöffnet:** Ganzjährig, max. Aufenth. 24 Std. **Gebühr:** Kostenlos. **Ausstattung:** Ebener asphaltierter Platz für etwa 15 Wohnmobile auf Rasengittersteinen. Frischwasser, Grauwasser- und Chemikaltoilettenausguss.

CAMPING – SAN BARONTO BEI LAMPORECCHIO

Camping Barco Reale [WP 117 / N43° 50' 29.62" E10° 54' 38.53"], bei Lamporécchio, Via Nardini, 11, Tel. +39 05 73 88 332; www.barcoreale.it; 1. Apr. – 30. Sept.; etwa auf halbem Wege zwischen Vinci und Pistoia von der SP9 in San Baronto westwärts abzweigen und noch ca. 1 km, in den Monte Albano gelegen; zeitgemäß eingerichteter, ruhig und schön gelegener Platz auf einem bewaldeten Hügelrücken, teils auf eingeebneten Terrassen, teils in ausgeholzten Waldkojen mit etwas beengten Platzverhältnissen; ca. 9 ha – 150 Stpl; gute Standard-Sanitärausstattung; Restaurant, Laden, Waschmaschine, Trockner, Schwimmbad, von dort sehr schöne Aussicht, Rad- und E-Bikeverleih, WLAN auf Teilen des Platzes, Internetecke. **V & E für Wohnmobile**. Sport- und Unterhaltungsaktivitäten, geführte Wanderungen, Kochkurse. Busausflüge u. a. nach Florenz.

Der erwähnte Weg über Poggio a Caiano ist eine langwierige Fahrerei über kleine Landstraßen und eigentlich nur sinnvoll, wenn man die Medici Villa in Poggio a Caiano besichtigen will, die allerdings jeden zweiten und dritten Montag im Monat geschlossen ist! Poggio a Caiano lässt sich von Prato aus etwas einfacher erreichen.

Poggio a Caiano, eine 672 m hoch gelegene Kleinstadt am Fuße des Monte Albano, ist vor allem wegen der **Villa Medicea di Poggio a Caiano** einen Umweg wert *(geöffnet März + Okt. tgl. 8.15 - 17.30 Uhr; Apr., Mai + Sept. tgl. 8.15 - 18.30 Uhr; Juni - Aug. tgl. 8.15 - 19.30 Uhr; jeden 2. und 3. Montag geschlossen; www.florentinermuseen.com/musei/Villa_von_Poggio_a_Caiano.html)*. Der prächtige Renaissancepalast aus dem 15. Jh. zählt zu den schönsten Medici Villen in der Toskana.

Der kunstsinnige Lorenzo il Magnifico gab den Bau 1478 an den Baumeister Giuliano da Sangallo in Auftrag. Sangallo schuf einen für damalige Zeiten sehr modernen Bau, der wegkommen sollte von der Schwere früherer Baustile und mehr die Lockerheit eines freundlichen toskanischen Landhauses haben sollte.

Markant ist die geschwungene doppelte Freitreppe, die hinaufführt zur Eingangshalle, die man durch einen säulengeschmückten Portikus betritt. Sehenswert ist vor allem auch der Saal mit den Fresken von Andrea del Sarto, Alessandro Allori, Pontomo und anderen und das kleine Palasttheater.

Prato, Verkehrsknotenpunkt für Straße und Schiene, liegt östlich von Pistoia, etwa auf halbem Wege nach Florenz in einer Ebene zwischen den Monte Albano im Süden und den Apenninen im Norden.

Die Ursprünge der Stadt, in der heute annähernd 188.000 Menschen leben, reicht zurück bis in die Estruskerzeit, wie Siedlungsspuren aus jener Kulturepoche vermuten lassen. Ein stadtähnliches Gemeinwesen entwickelte sich aber erst mit der Errichtung eines Kirchenbaus im 9. Jh., aus dem einmal der Dom entstehen sollte. Später trugen vor allem die Aktivitäten des aus Prato stammenden wohlhabenden Geschlechts der Alberti zur Entwicklung der Stadt bei.

Seit dem 14. Jh. ist Prato bekannt für seine Textil- und wolleverarbeitende Industrie, der die Stadt Aufstieg und Reichtum verdankt und ihr im 19. Jh. gelegentlich den Beinamen „Manchester Italiens“ einbrachte.

Berühmt, die Außenkanzel am Dom zu Prato

Der Heilige Gürtel von Prato

Die Legende berichtet, dass der Apostel Thomas, „der Ungläubige", nicht nur an der Auferstehung Christi, sondern auch an der Himmelfahrt der Mutter Maria gezweifelt habe. Von keiner geringeren als der Muttergottes soll der heilige Thomas den Gürtel direkt aus dem Himmel gereicht bekommen haben, zur Festigung seines Glaubens, so heißt es.

Eine andere Geschichte erzählt in gleicher Sache davon, dass im 12. Jh. ein aus Prato stammender junger Mann namens Michele nach Jerusalem zog und dort ein Mädchen mit Namen Maria heiratete. Zum Hochzeitsfest erhielt der Prateser einen wunderschönen Gürtel aus grüner Wolle, der mit goldenen Brokatfäden durchwirkt war, zum Geschenk. Wieder zu Hause vermachte Michele den Gürtel Fra Umberto, der der Kirche Pieve di San Stefano vorstand.

So also soll der wundersame Gürtel, „Cintola" oder auch „Cingolo" genannt, nach Prato gekommen sein. Seine Symbolkraft beschränkte sich aber schon bald nicht nur auf den religiösen Bereich der Prateser Gesellschaft. Schon im 13. Jh. weitete der Ständerat die Bedeutung des Gürtel sehr geschickt auch auf ganz weltliche, politische Aspekte der Stadt aus. Aus der kirchlichen Reliquie wurde ein Symbol für das Streben nach Autonomie der Stadt Prato. Unter dem Zeichen des „Cingolo" wurden fortan die Bestrebungen verstärkt, sich gegen die begehrlichen Zugriffe der mächtigen Nachbarn Florenz und Pistoia zu wehren. Die Bedeutung des Heiligen Gürtels für Prato wird auch deutlich, wenn man erfährt, dass im Mittelalter die Zeremonie des feierlichen Vorzeigens des Gürtels durch städtische Statuten ganz präzise definiert war.

Jedes Jahr zur **Feria di Prato**, die man seit Menschengedenken in Prato am 8. September feiert, wird der Gürtel in einer feierlichen Zeremonie von der Außenkanzel des Doms herab der Bevölkerung gezeigt. Gelegentlich geschieht dies auch zu Ostern, an hohen Marienfeiertagen und zu Weihnachten.

Wollverarbeitung hat in Prato eine lange Tradition. Schon in Aufzeichnungen aus dem 12. Jh. wird davon berichtet, dass in Prato ein Verfahren heimisch war, die sog. „Arte di Calimala", mit der sich ein weicher, farbiger Filzstoff herstellen ließ.

Einen internationalen Durchbruch wenn man so will, erlebte die Wollweberei in Prato allerdings erst im 14. Jh. durch einen rührigen Händler namens Francesco di Marco Datini. Von ihm weiß man, dass er Wollkontore und Tuchhallen in allen damals bedeutenden Städten Süd- und Mitteleuropas unterhielt.

Einer der großen toskanischen Freskenmaler, Filippo Lippi (1406 –1469), arbeitete viel in Prato. Filippo muss ein bewegtes Leben geführt haben. Im Jünglingsalter wurde er Mönch des Karmeliterordens in seiner Heimatstadt Florenz, setzte sich aber bald wieder aus dem Kloster ab, fiel bei einer Schiffspartie in der Adria Sklavenhändlern in die Hände, die ihn nach Nordafrika „in die Berberei" verschleppten, wie Vasari schreibt. Durch glückliche Umstände und durch seine Malkunst, die von seinen moslemischen Herren offenbar überaus hoch honoriert wurde, kam er frei und zurück nach Italien. Dort hatte er mit einer Klosterfrau namens Lucrezia einen Sohn, Filippino, der später aus der Schule Boticellis als nicht minder berühmter Maler hervorgehen sollte.

Auch in Prato ist die von Mauern umgebene **Innenstadt für den allgemeinen Autoverkehr gesperrt**.

Einen großen **Parkplatz, Parcheggio Mercatale [WP 118 / N43° 52′ 51.51″ E11° 6′ 4.97″]**, findet man am östlichen Rand der Altstadt an der Piazza Mercatale.

Sehr sehenswert ist an der schönen **Piazza del Duomo [N43° 52′ 55.96″**

E11° 5' 49.51"] mit hübschem Brunnen und Standbildern und dem **Dom** aus dem 14. Jh. mit der berühmten, außen an der Ecke rechts des Portals angebrachten **„Kanzel des heiligen Gürtels"** von Donatello und Michelozzo. Die Kanzel, die Sie heute sehen, ist eine Kopie. Das Original ist im Dombaumuseum zu bewundern.

Im Inneren des Doms sieht man eine Kanzel von Mino da Fiesole und Antonio Rossellino. Der Chor (Beleuchtung möglich) ist mit herrlichen **Fresken** von Filippo Lippi ausgestattet. Viel zitiert ist das Motiv *„Festtafel König Herodes' und tanzende Salome"*.

In der **Capella del Sacro Cingolo**, der Kapelle des Heiligen Gürtels, wird der legendenumwobene Gürtel der Mutter Maria aufbewahrt.

Unmittelbar neben dem Dom liegt das **Museo dell'Opera del Duomo** *(geöffnet Mi - Mo 10 - 13 + 14 - 17 Uhr, So 14 - 17 Uhr; www.diocesiprato.it/museo-dell-opera-del-duomo/)*.

Sehenswert ist weiter die **Piazza del Comune [N43° 52' 50.32" E11° 5' 49.50"]** mit schönen Bauten, wie dem gotischen **Palazzo Pretorio** mit seiner Freitreppe und dem Kunstmuseum **Galleria Comunale**, dem **Palazzo Comunale** und dem **Bacchus-Brunnen**.

Schließlich lohnt das schön restaurierte **Castello dell'Imperatore [N43° 52' 44.42" E11° 5' 53.22"]** *(geöffnet Fr 15 - 17 Uhr, Sa + So 10 - 13 + 15 - 17 Uhr)* einen Besuch, aber eigentlich nur wegen des Blicks auf die Stadt, den man von den Mauern herab hat. Der Bau stammt aus der Zeit Kaiser Friedrichs II. und ähnelt in vielen Details, wie z. B. den geschwungenen Zinnen, staufischen Bauten in Süditalien.

Gleich neben dem Kastell erhebt sich die Kirche **Santa Maria delle Carceri**, ein sehenswerter Bau aus der Frührenaissance mit kreuzförmigem Grundriss und Zentralkuppel.

Pistoia – Versuchen Sie, die Stadt von Süden her anzufahren und an der Festung **Fortezza Santa Barbara** am Südosteck der Altstadt, am **Parkplatz Cellini [WP 119 / N43° 55' 47.87" E10° 55' 33.43"],** zu parken. Oder folgen Sie der Beschilderung „Parcheggio da Centro" und versuchen dort Ihr Glück. **Die Altstadt innerhalb der Mauern ist für den allgemeinen Autoverkehr gesperrt.**

Pistoia, eine römische Gründung aus dem zweiten vorchristlichen Jahrhundert, ist heute eine Stadt mit fast 93.000 Einwohnern, die recht schön an den Südausläufern des Apennin und nur et-

PRAKTISCHE HINWEISE – PRATO

Uffici Informazioni turistiche [N43° 52' 49.02" E11° 5' 50.23"], Piazza Buonamici, 7, 59100 Prato, Tel. +39 0574 24 112; www.pratoturismo.it. *Geöffnet Mo - Fr 9 - 13 + 15 - 18 Uhr, Sa 10 - 13 + 15 - 18 Uhr, So 10 - 13 Uhr.*

Feste, Märkte: „Corteggio Storico di Prato ", wird alljährlich am 8. September gefeiert mit historischer Parade in mittelalterlichem Gepräge, siehe weiter oben unter „Der Heilige Gürtel von Prato".

RESTAURANTS

Osvaldo Baroncelli, Via Fra Bartolomeo, 13, Tel. +39 0574 23 810, samstagmittags und sonntags im August geschlossen. Gute ländlich-feine Küche.
Il Piraña, Via Valentini, 110, Tel. +39 0574 25 746; gutes Fischlokal mit gepflegter Weinkarte. Samstagmittags und sonntagabends geschlossen.

HOTELS

Flora ***, 29 Zi., Via B. Cairoli, 3, Tel. +39 0574 33 521; www.hotelflora.info; Stadthotel mittlerer Preislage. Garage.
San Marco ***, 20 Zi., Piazza San Marco, 48, Tel. +39 0574 21 321; www.hotelsanmarcoprato.com. Bar, Fitnesscenter, Fahrradverleih, Terrasse, WLAN. Parkplatz.

was mehr als 30 km nordwestlich von Florenz liegt.

Nicht verlässlich verbürgt ist, ob die Handfeuerwaffe *Pistole* tatsächlich ihren Namen von Schießwerkzeugen ableitet, die einst von Kunstschmieden in Pistoia gefertigt wurden.

Ähnlich wie in Lucca ist auch in Pistoia die ganze Altstadt noch vollkommen von der mittelalterlichen Stadtmauer umgeben. In ihrem Schutz sind viele sehenswerten Baudenkmäler erhalten geblieben, die einen Besuch der Stadt lohnen. Besonders Bewunderer alter Kirchenarchitektur werden auf ihre Kosten kommen.

Wenn man von Süden her, etwa von der Piazza Leonardo da Vinci links (westlich) von der Fortezza Santa Barbara oder von der Piazza Treviso oberhalb des Bahnhofs in die Altstadt kommt, geht man zunächst stadteinwärts (nordwärts) bis zum breiten **Corso San Fedi**. Dort kann man an der Piazza Garibaldi Konvent und Kirche **San Domenico [N43° 55′ 50.65″ E10° 54′ 59.75″]** besichtigen. In der Kirche aus dem 13. Jh. sind Bildhauerarbeiten von Rossellino (z. B. das Grabmal des Filippo Lazzari) zu sehen.

Gegenüber, an der Westseite der Piazza Garibaldi, liegt die ehemalige Kirche **San Antonio del Tau**. Sie weist im Inneren Fresken aus dem 14. Jh. auf. Zugänglich war sie bislang nur vormittags bis 13.30 Uhr.

Von der Kirche führt die Via Francesco Crispi weiter ins Zentrum. Man stößt auf die Via Cavour.

Gleich links liegt die Kirche **San Giovanni Fuorcivitas [N43° 55′ 55.53″ E10° 54′ 59.19″]**. Der wunderschöne romanische Bau stammt aus dem 12. bis 14. Jh. Vor allem die **Nordfassade** fällt durch ihre Streifenmusterung, die Arkaden und Bögen, typisch für die Pisaner Romanik, ins Auge.

Im Inneren sind u. a. sehenswert ein **Weihwasserbecken** von Giovanni Pisano, dann die **Kanzel** von 1270 von Fra Guglielmo, einem Schüler Niccolò Pisanos, ein mehrflügeliges **Altarbild** von Taddeo Gaddi links vom Altar und schließlich eine **Keramik-Figurengruppe** *„Mariä Heimsuchung"*, die wahrscheinlich von Andrea della Robbia stammt.

Man geht die Via Cavour ein kurzes Stück nach Osten bis zum Hauptpostamt. Davor zweigt links die Via Roma ab, die direkt auf die nahe **Piazza del Duomo** führt. Gleich rechts am Domplatz liegt das Informationsbüro.

Rechts sieht man die Westfassade des **Doms San Zeno [N43° 55′ 59.49″ E10° 55′ 3.18″]** *(geöffnet tgl. 8 - 12.30 Uhr + 16 - 19 Uhr)* mit dem mächtigen viereckigen **Campanile**. Der Glockenturm stand schon in langobardischer Zeit, diente damals aber zu Verteidigungszwecken. Erst Niccolò Pisano, dem Planung und Bau des Doms anvertraut waren, fügte im oberen Teil des 67 m hohen Turms drei Säulengalerien an, um ihn mit romanischen Stilelemente dem übrigen Bauwerk anzugleichen.

Der Dom selbst entstand im 13. Jh. im Stil der Pisaner Romanik auf den Mauern einer frühchristlichen Basilika aus dem 5. Jh. Vor allem das Innere des Doms wurde später mehrfach umgebaut.

Die Domfassade bilden ein siebenbogiger Arkadengang mit Mustern aus verschiedenfarbigem Marmor und drei Säulengalerien darüber. Die Lünette des Mittelportals ist mit einer Madonnenplastik in Terrakotta von Andrea della Robbia versehen.

Neben den vielen Seitenaltären, Kapellen und Grabmälern verschiedener Bischöfe und Persönlichkeiten aus Pistoia, wie dem des Dichters Cino da Pistoia im rechten Seitenschiff, mit Bildhauerarbeiten und Malereien von Florentiner und Sieneser Künstlern, ist vor allem der prächtige **Silberaltar des Hl. Jakobus** in der Jakobuskapelle (Eintritt) sehenswert. An dem Kunstwerk arbeiteten die berühmtesten Goldschmiede des 13., 14., und 15. Jh. Die Statue des hl. Jakobus schuf Mitte des 14. Jh. Gilio da Pisa, die Motive an den Seiten, die Szenen aus dem Leben des hl. Jakobus darstellen, stammen vornehmlich von Leonardo di Giovanni. Besondere Beachtung verdient auch die **Sakramentskapelle** links vom Hochaltar mit einem Madonnenbildnis mit Johannes dem Täufer und dem hl. Zeno von Lorenzo di Credi aus dem 15. Jh.

Unmittelbar rechts der Domfassade schließt der **Palazzo dei Vescovi** an. In der alten bischöflichen Residenz aus dem 12., 13. Jh. sind nach umfassenden Restaurierungsarbeiten heute das **Archäologische Museum** und das **Dommuseum** untergebracht *(geöffnet Di, Do, Fr 10 - 13 Uhr + 15.30 - 17 Uhr, Führungen um 10, 11.30 und 15.30 Uhr, www.comune.pistoia.it/Musei)*.

Der Glockenturm des Doms San Zeno in Pistoia mit seinen markanten Säulengalerien

Gegenüber der Domfassade erhebt sich das **Baptisterium**. Die achteckige Taufkapelle aus der Mitte des 14. Jh. ist nach Plänen von Andrea Pisano im romanischen Stil in weißem und grünem Marmor errichtet. Im Inneren schönes Marmortaufbecken von da Como aus der Mitte des 13. Jh. Die lange andauernden Restaurierungsarbeiten am Baptisterium sind leider noch immer nicht abgeschlossen.

Neben dem Baptisterium erstreckt sich der **Palazzo Pretorio**. Der ehemalige Sitz des Stadthauptmanns ist im gotischen Stil errichtet und stammt aus dem 14. Jh. Im Innenhof sind die Wappen der Statthalter zu sehen. Heute Justizpalast.

Gegenüber, an der Ostseite des Domplatzes, sieht man den überaus nüchtern wirkenden **Palazzo Comunale** aus dem frühen 14. Jh. Markant an dem gotischen Bauwerk, das aus der Zeit der Guelfen in Pistoia stammt, sind seine fünf Arkadenbögen unten und die Doppelbogenfenster darüber. Die Wappen sind das der Medici am Eck und das des Medicipapstes Klemens VII. über dem Mittelfenster.

Untergebracht sind in dem alten Rathaus u. a. das **Museo Civico** *(geöffnet Do - So 10 - 18 Uhr)*, mit Werken des aus Pistoia stammenden Künstlers Marino Marini, einem Dokumentationszentrum über die Werke Giovanni Micheluccis, sowie einer ebenso sehenswerten Sammlung von Gemälden und Skulpturen alter Meister aus der Toskana.

Wir gehen zwischen Palazzo Comunale und Dom in die schmale Gasse Ripa del Sale bis zur nahen Via Filippo Pacini, überqueren diese und gehen durch die Via di San Bartolomeo weiter und vorbei an der Kirche Santa Liberta linkerhand bis zur Piazza San Bartolomeo. Sehenswert ist hier die Kirche der **Abtei San Bartolomeo in Pantano [N43° 56′ 3.17″ E10° 55′ 12.26″]** mit sehr schöner romanischer Fassade, skulpturiertem Mittelportal und im Inneren einer

Wappen des Medicipapstes Klemens VII. am Palazzo Comunale in Pistoia

Kanzel aus dem 13. Jh., die von Guido da Como stammt.

Durch die Porta Guidi an der Westseite des Platzes gehen wir bis zur Piazza Ospedale, auch Piazza Giovanni XXIII. Die Nordseite des Platzes wird vom **Ospedale del Ceppo [N43° 56′ 6.13″ E10° 55′ 5.85″]** aus dem 13. und 14. Jh. eingenommen. Der schöne Bogengang wurde 1514 angefügt. Die große Sehenswürdigkeit hier ist das **Terrakottafries** aus kolorierter und glasierter Keramik, das die Fassade unterhalb der Fenster umgibt. Das Reliefband ist eine Arbeit aus der Werkstatt Giovanni della Robbias und stammt aus dem 16. Jh. Dargestellt sind im Wesentlichen die *„Sieben Taten der Barmherzigkeit"*, von links nach rechts: Das Bekleiden der Nackten, das Beherbergen der Pilger, das Pflegen der Kranken, das Begraben der Toten, das Laben Hungernder und Dürstender etc. In den Medaillons darunter, die ebenfalls von della Robbia stammen, sind Szenen aus dem Marienleben dargestellt.

Zu den weiteren Sehenswürdigkeiten von Pistoia zählt z. B. die Kirche **Sant'Andrea [N43° 56′ 8.33″ E10° 54′ 51.77″]** im Nordwesten der Innenstadt, mit einer Fassade aus dem 12. Jh., eindrucksvollem Portal von Gruamonte und einer wunderschönen **Kanzel**, sowie anderen Arbeiten von Giovanni Pisano aus dem späten 13. Jh. im Inneren.

Unweit westlich davon liegt die Piazza San Francesco d'Assisi, an deren Südseite sich die Klosterkirche **San Francesco** erhebt. Beachtung verdienen hier vor allem die Fresken im Altarbereich aus dem 14. Jh.

Pistoia ist aber nicht nur eine Stadt der Kirchen und historischen Gebäude. Aus ihren Mauern kommt auch eine köstliche Süßigkeit, das **Buccellato**, das „Soldatenbrot". Hinter dem martialischen Namen verbirgt sich ein Kuchen, der zwar wie ein Brot geformt, aber mit

PRAKTISCHE HINWEISE – PISTOIA

Ufficio Informazioni Turistiche [N43° 55′ 59.90″ E10° 55′ 2.57″], Piazza Duomo, 4, Palazzo dei Vescovi, 51100 Pistoia, Tel. +39 05 73 21 622; www.pistoia.turismo.toscana.it. *Geöffnet Apr. - Sept. Mo, Mi, Fr 9 - 18 Uhr, Di, Do, Sa, So 9 -13 + 15 - 18 Uhr, Okt. - März Mo, Mi, Fr 9 - 17.30 Uhr, Di, Do, Sa, So 9 - 13 + 15 - 18 Uhr.*

Feste, Märkte: „Giostra dell' Orso", Reiterturnier mit farbenprächtigem Umzug, jedes Jahr am 25. Juli bzw. am dritten Sonntag; www.giostradellorso-pistoia.it.

RESTAURANT

Trattoria Dell'Abondanza, Via dell'Abondanza, 10-14, Tel. +39 0573 36 80 37; www.trattoriadellabbondanza.it; gute toskanische Küche. Mittwochabend geschlossen.

HOTELS

Antico Convento Park Hotel et Bellevue ****, 30 Zi., Via San Quirico, 33, Tel. +39 0573 45 26 51; www.hotelconvento.it; in einem ehemaligen Franziskanerkloster in schöner Lage außerhalb von Pistoia, elegantes Ambiente, Restaurant, Schwimmbad. WLAN. Parkmöglichkeit.
Milano ***, 20 Zi., Via Pacinotti, 10/12, Tel. +39 0573 97 57 00; www.hotelmilanopistoia.it; Garnihotel, Bar, WLAN. Parkplatz.

CAMPING

Camping Barco Reale, in **San Baronto [WP 117 / N43° 50' 29.62" E10° 54' 38.53"]**, ca. 10 km südlich Pistoia an der Straße nach Empoli. Siehe unter Vinci, weiter oben.

WOHNMOBIL-STELLPLATZ

Wohnmobil-Stellplatz Parcheggio Stadio Pistoia [WP 120 / N43° 56' 38.36" E10° 54' 55.53"], Via Marino Marini, Via della Olimpiadi. **Zufahrt/Lage:** Vom Stadtzentrum nordwärts zu den Sportanlagen mit Stadion nördlich der mauerumgebenen historischen Altstadt, Anfahrt mit „Area attrezzata per Camper e Autobus" beschildert. **Geöffnet:** Ganzjährig. **Gebühr:** Kostenlos. **Ausstattung:** Asphaltierte Plätze auf verkehrsumtostem Busparkplatz beiderseits der Straße mit Platz für 40 Wohnmobile. Frischwasser, beleuchtet. Bushaltestelle zur Altstadt am Rande des Platzes. Wird auch als Festplatz mit Fahrgeschäften genutzt.
Wohnmobil-Stellplatz Agricamper Podere Campofossato [N43° 59' 47.20" E10° 53' 44.93"], Andrea Boschi, Via Calabbiana, 2/a, Tel. +39 0573 41 67 80; www.campofossato.it. **Zufahrt/Lage:** Zunächst zur Umgehungsstraße Raccordo Pistoia, diese weiter nordwärts auf Landstraße Richtung San Felice und Pitecchio bis Abzweig zum Platz bei der Azienda Agricola Boschi. **Geöffnet:** Ganzjährig. **Gebühr:** Pauschale inkl. aller Personen, Strom, Wasser und Entsorgung. **Ausstattung:** 8 markierte Grasplätze in einem Taleinschnitt neben dem Landgut mit Olivengarten. Strom, Frischwasser, Grauwasser- und Chemikaltoilettenausguss. Restaurant. Bushaltestelle nach Pistoia ca. 100 m entfernt. Reservierung empfohlen!

lauter süßen, kandierten Früchten gefüllt ist, eine wahre Kalorienbombe, was dann wieder zu dem soldatischen Namen passen würde.

*ROUTE: Weiterreise von Pistoia auf der SS435 nach **Montecatini Terme.***

Montecatini Terme ist eines der berühmtesten und elegantesten Kurbäder Italiens. Mit den Heilwässern werden in erster Linie Stoffwechselerkrankungen behandelt.

Schon die Medici pflegten hier Ihre geplagten Lebern. Könige, Fürsten und das wohlhabende Bürgertum gaben sich zur Saison in Montecatini Terme ein Stelldichein. Die reichsten von ihnen ließen sich in Montecatini stattliche Villen errichten. Später trugen sich Giuseppe Verdi, der Schah von Persien, Gracia, Fürstin von Monaco oder Christian Dior ins

Prächtig dekoriert, die Wandelhalle der Terme Leopoldine Tettuccio in Montecatini Terme

Goldene Buch der Stadt ein. Und natürlich findet auch der Gast heute alle Annehmlichkeiten für einen anspruchsvollen Kurbetrieb.

Es stehen das elegante Kurmittelhaus **Terme Tettuccio [N43° 53‘ 18.73“ E10° 46‘ 38.66“]** *(geöffnet für Touristen ab 11 Uhr; www.termemontecatini.it/)* und die Kuranstalten **Leopoldine, Regina, Excelsior, Tamerici** und **Torretta,** sowie der ausgedehnte, gepflegte Kurpark mit Spazierwegen unter uralten Bäumen ebenso zur Verfügung, wie Unterhaltungs- und Freizeiteinrichtungen, elegante Geschäfte, Restaurants *(Lido's, Da Giovanni u.v.a.)* etc.

Kurbetrieb ist im Kurhaus Tettuccio mit seiner prächtigen Wandelhalle, an dessen Wänden die Trinkbrunnen warmes, salziges, mineralhaltiges Heilwasser spenden, täglich und zwischen 8.30 Uhr und 12 Uhr und 16 bis 19 Uhr, und zwischen 8.30 und 11.30 Uhr werden die Gäste mit Konzerten unterhalten.

Sehr schön ist ein Ausflug mit der Standseilbahn – es führt auch eine Straße hinauf – auf den knapp 300 m hohen **Montecatini Alto** im Nordosten der Stadt. Von oben hat man bei klarem Wetter einen herrlichen Rundblick.

PRAKTISCHE HINWEISE – MONTECATINI TERME

Ufficio Informazioni Turistiche [N43° 53‘ 5.09“ E10° 46‘ 24.71“], Viale G. Verdi 66/68, 51016 Montecatini Terme, Tel. +39 0572 77 22 44; www.montecatiniturismo.it.

RESTAURANTS

Toskanische Küche serviert u. a. die **Enoteca Da Giovanni** (Montag Ruhetag), Via Garibaldi, 25, Tel. +39 0572 71 695 , das **La Polveriera** in der Via Marlianese, 4, Tel. +39 0572 67 353 und in **Montecatini Alto** das **La Torre** (Dienstag Ruhetag) an der Piazza G. Giusti, 8, Tel. +39 0572 70 650.

HOTELS

Da Vinci **,** 20 Zi., Viale Alessandro Bicchierai, 31, Tel. +39 05 72 70 378; www.davincihotel.it/de/; obere Preislage, Restaurant, Schwimmbad, Bar,WLAN. Parkplatz. Keine Haustiere.

Torretta ****, 27 Zi., Viale Bustichini, 63, Tel. +39 05 72 70 305; www.hoteltorretta.it; mittlere Preisklasse, gutes Restaurant, Bar, Schwimmbad, Whirlpool, Fahrradverleih, WLAN. Parkplatz.

CAMPING

Camping Belsito [WP 121 / N43° 54′ 18.35″ E10° 47′ 17.44″], Loc. Vico, Via delle Vigne, Tel. +39 0572 67 373; www.campingbelsito.it; 1. Apr.– 30. Sept.; von Montecatini Terme ca. 3 km nordwärts nach Montecatini Alto und Vico, unbedingt der Campingbeschilderung folgen, da die GPS-geführte Zufahrt für größere Wohnmobile und Caravans ungeeignet ist; leicht geneigte, lange Wiesenterrassen mit Walnuss- und diversen Laubbäumen, sowie mehrere schmale Terrassen; ca. 3,5 ha – 220 Stpl.; gute Standard-Sanitärausstattung. Restaurant, Imbiss, Laden, Waschmaschine, Trockner, 2 Schwimmbäder. WLAN. **V & E für Wohnmobil**.

Heilwasser der Regina Quelle in der Terme Leopoldine Tettuccio

TOUR 12: MONTECATINI TERME – PISA

Länge der Tour:	Rund 70 km, ohne Abstecher.
Die Route:	Über die SS435 bis **Pescia** – SS435 und Landstraßen über **Collodi** und **Segromigno** bis **Marlia** – SS12 bis **Lucca** – SS12r bis **Pisa**.
Alternative:	Abstecher ab Lucca in die **Garfagnana**, ca. 85 km, einf.
Reisedauer:	Mindestens ein Tag. Ein weiterer Tag für den Abstecher in die Garfagnana.
Höhepunkte:	Entlang der Hauptroute beeindrucken die **Gärten der Villa Garzoni** in Collodi – die **Villen in der Lucchesia** wie z. B. die **Villa Torrigiani** ** – der **Dom in Lucca** *** – ein **Spaziergang auf der Stadtmauer** von Lucca – ein **Ausflug in die Garfagnana** **. Pisa siehe nächste Tour.

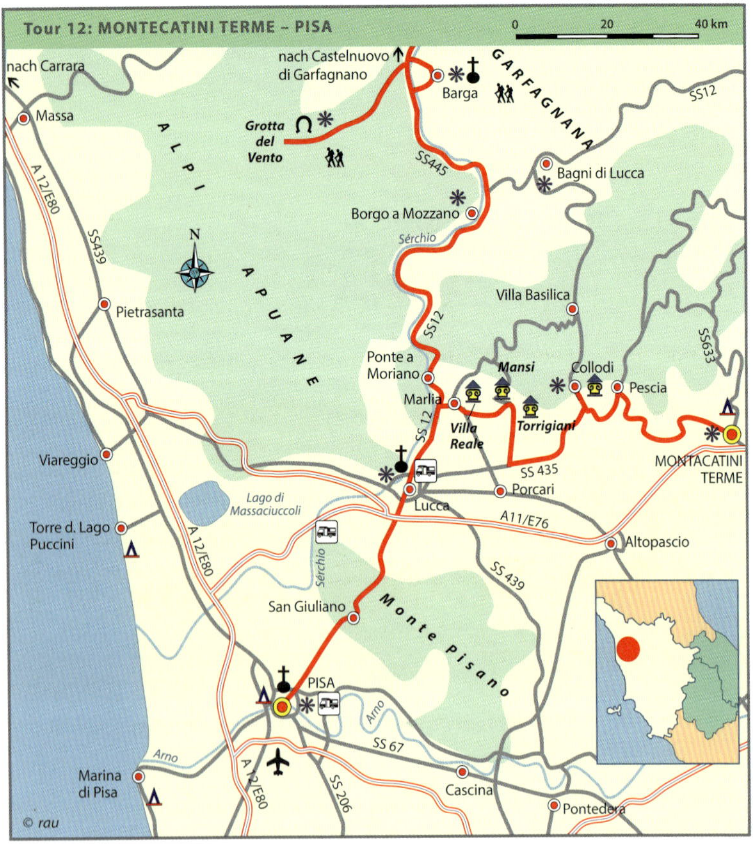

ROUTE: *Über* ***Borgo a Buggiano*** *mit der sehenswerten Kirche Santa Maria erreicht man auf der SS435 etwa 8 km westlich von Montecatini Terme das Städtchen* ***Pescia.***

Pescia, mit knapp 20.000 Einwohnern, ist bekannt für seinen Blumenmarkt. Bei ausreichend zur Verfügung stehender Zeit lohnt ein Besuch des alten Stadtzentrums um die hübsche **Piazza Mazzini**.

Zu den sehenswerten Bauwerken in Pescia zählen der **Dom** aus dem 14. Jh., der **Palazzo dei Vicari** aus dem 13./14. Jh., die Kirchen **San Antonio** und **San Francesco** und das **Stadtmuseum**.

*ROUTE: Wenige Kilometer westlich von Pescia zweigt man von der SS435 nordwärts ins nahe **Collodi** ab.*

Collodi ist durch die Märchenfigur „*Pinocchio*", dessen Abenteuer Carlo Lorenzini (1826 – 1890) unter dem Pseudonym „Collodi" hier niederschrieb, mehr bekannt, als durch seine mittelalterliche Oberstadt oder die schönen Parkanlagen der sehr sehenswerten Villa Garzoni. Natürlich findet man ein Denkmal und ein kleines Museum über die langnasige Puppenfigur in der Stadt.

Die **Gärten der Villa Garzoni [N43° 53' 59.64" E10° 39' 12.79"]** *(geöffnet März - Okt. 9 Uhr bis Sonnenuntergang, sonst 9 - 12 Uhr + 14 - 17 Uhr)* (die Villa selbst ist Besuchern nicht zugänglich) sind trotz der hohen Eintrittsgebühren für alle eine Sehenswürdigkeit, die sich für schön angelegte Gärten erwärmen können. Allerdings hat an den **barocken Gartenanlagen**, den Terrassen, Blumenbeeten, Steinplastiken, Brunnen, Wasserspielen und romantischen Lauben und Spazierwegen schon etwas der Zahn der Zeit genagt. Bei näherem Hinsehen wirkt das Anwesen ein bisschen wie eine abgehalfterte Diva. Dennoch versprüht die Gartenanlage immer noch etwas von ihrer alten Schönheit und lässt durchaus noch ihren ehemaligen Charme erahnen.

Und wenn Sie mit Kindern reisen, werden Sie am **Parco di Pinocchio [Parkplatz, WP 122 / N43° 53' 57.23" E10° 39' 7.03"]**, Via S. Gennaro, 3, *(geöffnet 8.30 bis Sonnenuntergang; www.pinocchio.it)* nicht vorbei kommen. In dem Themenpark sind verschiedene Abenteuer des kleinen Lügners mit der langen Nase dargestellt. Irgendwo heißt es in der Geschichte von Carlo Lorenzini: „Lügen, mein Junge, erkennt man sofort, denn es gibt zwei Arten von Lügen – die einen haben kurze Beine und die anderen eine lange Nase".

Dem Park angeschlossen sind eine Museumsbibliothek „Werkstatt der Wörter und der Figuren", ein „Schlaraffenland", sowie Spazierwege durch einen

Der kleine Lügner Pinocchio kommt aus Collodi

In den Gärten der Villa Garzoni in Collodi

Park mit Stahl- und Bronzeskulpturen von Pietro Consagra.

Neben dem Parco di Pinocchio finden Sie einen großen **Parkplatz [WP 122 / N43° 53' 57.23" E10° 39' 7.03"].**

Gleich am Eingang zum Pinocchio-Park liegt die **„Osteria del Gambero Rosso"**. Das von verschiedenen Seiten gelobte Restaurant lädt nach ermüdenden Besichtigungen zur Rast bei einem Imbiss ein.

Einige Kilometer weiter westlich liegt in **Segromigno** die **Villa Mansi**. Das Anwesen mit seinem weitläufigen Park gehört zu den zahlreichen herrschaftlichen Villen, die sich in der Lucchesia, der Gegend um Lucca, noch finden. Der stattliche ehemalige Herrschaftssitz stammt aus dem 17. Jh., und erinnert trotz seiner fast leeren Räume an die wohlhabende Gesellschaft der alten, aber reichen Republik Lucca. Die Villa soll Besuchern wieder zugänglich gemacht werden (Änderung möglich!).

Das Geschlecht der Mansi hatte es im 16. Jh. durch erfolgreiches Engagement im Seidenhandel zu Wohlstand und Ansehen gebracht. Im 18. Jh. schließlich konnten die Mansi die Villa von einer anderen reichen Patrizierfamilie Luccas, den Cenami, erwerben. In der Glanzzeit des Anwesens waren hier Herrscher und Botschafter aus ganz Italien zu Gast.

Der morbide Charme der Repräsentationsräume im Erdgeschoss, die einzigen die bislang besichtigt werden konnten, fesseln auf eine seltsame Weise. Die Wände sind größtenteils mit sog. Grotesken bemalt, wie sie in den antiken Villen zu Pompeji üblich waren.

Im großen Salon sieht man noch zwei große seitliche Gemälde. Sie entstanden in der ersten Hälfte des 18. Jh., stellen die Taten des Apollo mit Geschichten von Marsya dar, und stammen vom Theatermaler Stefano Tofanelli.

Auf dem Weg zurück zur Hauptstraße SS435 bietet sich ein kurzer Abstecher ostwärts in den Weiler Capannori und zur **Villa Torrigiani [N43° 53' 10.38" E10° 36' 28.77"]** an. Der Palazzo in der Via del Gomberaio, 52 entstand im 16. Jh. und diente damals der Familie Buonvisi lange als Sommerresidenz *(geöffnet März bis Mitte Nov. tgl. 10 - 13 Uhr + 15 - 19 Uhr)*. 1636 wurde die prächtige Villa vom Marchese Nicolao Santini erworben. Der Marquis konnte sich das stattliche Anwesen locker leisten, war er doch als Botschafter der Republik Lucca am Hofe des „Sonnenkönigs" Ludwig XIV. in Versailles nicht gerade mittellos.

Die Santinis begannen mit der Umgestaltung des Parks, der nun nach Plänen des namhaften französischen Gartenbauarchitekten Le Nôtre mit Wasserbecken, Wasserspielen und dem „Teatro di Flora" neu angelegt wurde.

Neben den kostbar ausgestatteten Räumen, zählt vor allem auch der herrliche Park zu den Sehenswürdigkeiten der Villa Torrigiani.

Der letzte Marchese Torrigiani vermachte den Besitz seiner Tochter Simonetta, deren Gemahl, Principe di Stiglianó, 1967 das Anwesen der Allgemeinheit öffnete.

Ein gutes Stück weiter nordwestlich liegt bei **Marlia** nahe der SS12 die **Villa Reale [N43° 53′ 56.39″ E10° 33′ 16.08″]**, eine weitere der wunderschönen Villen aus dem 16. und 17. Jh., die man an den Hängen zwischen Lucca und Montecatini Terme findet.

Das Anwesen war einst Residenz der Fürstin Elisa Bonabarte-Baciocchi, Herrin über Lucca zu Zeiten Napoleons. Einer der häufigen Gäste des Hauses soll Niccolò Paganini gewesen sein.

Die Villa liegt inmitten wunderschön gestalteter **Garten- und Parkanlagen** *(geöffnet 1. März - 31. Okt. tgl. 10 - 18 Uhr, letzter Einlass 30 Min. vor Schließung; www.parcovillareale.it)*, zu denen ein Freilichttheater gehört, Schauplatz sommerlicher Konzertfestivals. Durch die Gärten der Villa werden Führungen angeboten.

Lucca, heute eine Stadt mit rund 89.000 Einwohnern, ist eine römische Gründung. Pompeius, Crassus und Caesar trafen sich hier 60 v. Chr., um das Erste Triumvirat zu gründen. Die Piazza del Anfiteatro im alten Stadtteil Città Vecchia hat heute noch die ovale Form des Amphitheaters der Römerzeit, das ehemals hier stand.

Nach einer Zeit der Gotenherrschaft im 6. Jh. kam Lucca an die Lombardei, wurde im 11. Jh. freier Stadtstaat, rivalisierte später mit Pisa und Florenz und konnte sich 1369 von Kaiser Karl IV. durch Zahlung erheblicher Geldsummen die Unabhängigkeit erkaufen.

Über vierhundert Jahre konnte Lucca seine Unabhängigkeit verteidigen, bis 1799 Napoleon die Herrschaft in Oberitalien übernahm. Napoleon machte die Stadt 1805 seiner ältesten Schwester Elisa Bonaparte-Baciocchi (1777 – 1820) zum Geschenk, die so Fürstin von Lucca und Piombino und 1809 Großherzogin von Toskana wurde. Zehn Jahre später stieg Lucca zum Herzogtum auf und kam an Marie Louise de Bourbon.

Heute ist Lucca Verwaltungszentrum der gleichnamigen toskanischen Provinz Lucca und Sitz eines Erzbischofs.

Die wirtschaftlichen Schwerpunkte liegen auf den Industriesektoren Tabakverarbeitung, Papier- und Textilherstellung.

Die **Altstadt von Lucca** ist noch vollkommen von der gewaltigen, über 4 km langen **Stadtmauer** mit wehrhaften Bastionen umgeben. Die Mauer in ihrer heutigen Form entstand vor allem im 16. und 17. Jahrhundert, einer Zeit, in der Lucca eine wirtschaftliche Blüte erlebte.

Marie Louise de Bourbon ist es zu verdanken, dass die Bastionen mit Bäumen begrünt und die Krone der breiten Mauer in eine Promenade verwandelt wurde, von der man noch heute einen schönen Blick auf die Stadt hat.

Insgesamt ist innerhalb der Mauern ein von zahlreichen Türmen überragtes Stadtbild mit herrlichen Palästen und Kirchen erhalten, das seit dem 16., 17. Jh. nahezu unverfälscht geblieben ist.

Die **Parkmöglichkeiten** in den engen Altstadtstraßen sind sehr beschränkt. Parkplätze findet man vor allem westlich und nordwestlich vor der Altstadt, wie z. B. den **Großparkplatz Parking Palatucci [N43° 50′ 46.47″ E10° 29′ 39.94″]** in der Via delle Tagliate Secondo am westlichen, oder den **Großparkplatz Piazzale Don Franco [WP 123 / N43° 51′ 2.04″ E10° 30′ 4.33″]** an der Via Galileo Galilei am nordwestlich Stadtrand außerhalb der Stadtmauer.

Wohnmobilfahrern steht außerdem der **Wohnmobil-Stellplatz [N43° 50′ 24.42″ E10° 29′ 16.77″]** westlich der historischen Innenstadt an der Via Gaetano Luporini (Straße Richtung A11/A12) zur Verfügung.

*LUCCA – **1** Information – **2** Piazza Napoleone – **3** Dom San Martino – **4** Hauptpost – **5** Palazzo Bernardini – **6** Santa Maria d. Servi – **7** Piazza und Kirche Santa Maria Forisportam – **8** Palazzo Guinigi – **9** Kirche San Francesco – **10** Nationalmuseum Villa Guinigi – **11** Kirche San Pietro Somaldi – **12** Piazza d. Anfiteatro, Piazza Mercato – **13** San Frediano – **14** San Cristoforo – **15** Palazzo Pretorio – **16** San Michele in Foro – **17** Geburtshaus Puccinis – **18** Geburtshaus Boccherinis – **19** Kunstmuseum – **20** Palazzo Pfanner – **21** Palazzo d. Provincia*

Stadtspaziergang

Man kann den **Stadtrundgang**, für den Sie mindestens zwei bis zweieinhalb Stunden vorsehen sollten, an der **Piazza Napoleone (2) [N43° 50' 30.12" E10° 30' 8.81"]** beginnen, in deren Mitte sich ein Denkmal Marie Louises erhebt.

Über die östlich anschließende Piazza del Giglio, mit dem Theater rechts, über die Piazza San Giovanni mit der gleichnamigen Kirche linkerhand zur Piazza San Martino. Dort erhebt sich der **Duomo San Martino (3) [N43° 50' 26.67" E10° 30' 19.64"]** *(geöffnet Mo - Fr 9.30 - 17 Uhr, Sa bis 18.45 Uhr, So 12 - 18 Uhr)*, ein herrlicher Bau aus dem 13. Jh.

Der Turm und die Westfassade sind romanisch. Die Fassade weist alle Merkmale Pisaner Romanik auf, mehrfarbiger Marmor erzeugt eine Querstruktur im Mauerwerk, unten Bogenarkaden und oben Säulengalerien. Vor allem die Säulen der unteren Reihe sind alle verschiedenartig geformt und dekoriert.

Zwischen mittlerem und rechtem Bogen der Vorhalle sieht man zwei Podeste, die einst die Figur des heiligen Martin zu Pferd, der seinen Mantel mit einem Armen teilt, trug. Das Original, eine romanische Arbeit aus dem 13. Jh., wurde abgenommen und durch eine Kopie ersetzt, die heute an der Innenseite der Fassade angebracht ist.

Über dem Mittelportal ist die Szene *„Christi Himmelfahrt"* zu sehen.

Das dreischiffige Kircheninnere aus dem 15. Jh. ist im gotischen Stil gehalten und weist bemerkenswerte Kunstwerke auf. Dazu zählt vor allem das legendäre **Holzkreuz** *„Volto Santo"* im linken Seitenschiff. Da Herkunft des Kreuzes nicht genau geklärt ist, ranken sich um das

Kruzifix zahlreiche Legenden. Eine besagt, dass der heilige Nikodemus den Christus am Kreuz geschnitzt haben soll. Eine andere besagt, dass das Kreuz aus dem Orient stamme und die bärtige Christusgestalt die Gesichtszüge des Heilands tragen.

Zur Aufnahme des Kreuzes schuf Civitali eigens den sog. *„Tempiotto"*, ein Marmoroktogon im Renaissancestil. Jedes Jahr am 13. September wird das Kruzifix in einer feierlichen Prozession durch die Straßen des Stadtviertes getragen.

Ein anderes herausragendes Kunstwerk sieht man im linken Querschiff, das **Marmorgrabmal der Ilaria del Carretto**. Es wird als Meisterwerk (1408) des Sieneser Bildhauers Jacopo della Querica bezeichnet. Von della Querica stammt auch die Figur des Evangelisten Johannes, die ebenfalls im nördlichen Querschiff zu finden ist.

Im rechten, südlichen Seitenschiff verdienen u. a. über dem dritten Seitenaltar (vom Eingang aus gesehen) das *„Letzte Abendmahl"* von Tintoretto und rechts daneben die *„Anbetung der Heiligen Drei Könige"* von Zuccari Beachtung.

Vom Dom über die Piazza Antelminelli, vorbei am **Hauptpostamt (4)** und die Via del Battistero querend, nordwärts bis zur Piazza dei Bernardini mit dem gleichnamigen **Palazzo Bernardini (5) [N43° 50' 33.21" E10° 30' 20.59"]** an der Nordseite. Rechts die Kirche **Santa Maria dei Servi (6)** aus dem 12. Jh.

Wir gehen rechts durch die Via Santa Croce, bis nach gut 100 m links die Via Guinigi abzweigt.

Folgt man der Via Santa Croce noch ein kurzes Stück weiter, öffnet sich nach rechts die **Piazza Santa Maria Bianca** mit der Kirche **Santa Maria Forisportam (7)**, einem schönen romanischen Bau aus dem 13. Jh., der im 16. Jh. allerdings umgebaut und erweitert wurde. Der Name der Kirche rührt von ihrer Lage her, die zu Zeiten ihrer Entstehung außerhalb der damaligen Stadtmauern war.

Durch die Via Guinigi gehen wir nordwärts. Diese enge, romantische Altstadtgasse wird gesäumt von vielen alten Palästen, darunter den **Case dei Guinigi** (Nr. 20, 22, 29), teils mit Loggienfassaden und Turmhäusern. Auf dem Turm des reichgeschmückten **Palazzo Guinigi (8) [N43° 50' 37.34" E10° 30' 25.15"]** aus dem 14. Jh. wachsen heute Bäume. Es ist der einzige bis heute erhalten gebliebene Turm von vielen, die einst das antike Stadtbild prägten. Der Torre Guinigi ist für Besucher geöffnet. Man genießt von oben einen herrlichen Rundblick auf die Stadt.

Lucca, Blick zur Piazza dell'Anfiteatro. Foto: E.N.I.T, mit frdl. Genehmigung

Mosaik an der Fassade der Kirche San Frediano, Lucca

Vom Torre Guinigi durch die Via delle Chiavi d'Oro nordwärts. An der Via Antonio Mordini gehen wir rechts, zunächst bis zum Abzweig der Via della Fratta. Folgt man ihr gut 300 m weit nach Osten, überquert man den von Häusern flankierten Stadtkanal an der Via del Fosso, kommt zur Kirche **San Francesco (9) [N43° 50' 43.41" E10° 30' 39.34"]** mit schöner Fassade und schließlich zum Zugang der etwas südlich gelegenen **Villa Guinigi**. Das schön restaurierte ehemalige Palais der Familie Guinigi aus dem frühen 15. Jh. beherbergt heute das sehr sehenswerte **Museo Nazionale Villa Guinigi (10) [N43° 50' 42.39" E10° 30' 46.29"]** *(geöffnet Di - Sa 8.30 - 19.30 Uhr, So 8.30 - 13.30 Uhr)*. Das Regionalmuseum der Provinz Lucca zeigt vor allem Kunstsammlungen mit Skulpturen und Gemälden Toskaner Meister vornehmlich aus dem 14. bis 16. Jh., aber auch Exponate aus etruskischer und römischer Zeit.

Hält man sich aber an besagtem Abzweig der Via della Fratta links, kommt man zur Kirche **San Pietro Somaldi (11) [N43° 50' 43.87" E10° 30' 29.09"]** aus dem 13. Jh. und schließlich, sich immer links haltend, zum Durchgang auf die **Piazza dell'Anfiteatro (12) [N43° 50' 44.26" E10° 30' 23.72"]** mitten im alten Stadtteil der **Città Vecchia**. Die dichtgedrängten Häuserfronten, die den Platz vollkommen umschließen, bilden das Oval des antiken Theaters nach, das sich einst hier erhob.

Wir verlassen den Platz an der Süd- oder Westseite und gehen rechts bis zur Via Fillungo.

Nur ein kurzes Stück weiter westlich sieht man die Kirche **San Frediano (13) [N43° 50' 45.89" E10° 30' 17.60"]** mit ihrem markanten, zinnengekrönten Backsteinturm aufragen. Die Ursprünge der romanischen Basilika gehen zurück ins 6. Jh. Der Baukörper, den wir heute sehen, stammt allerdings aus dem 12. und 13. Jh. Am oberen Teil der Fassade fällt das **Mosaik** mit dem Motiv *„Christi Himmelfahrt"* auf. Im Inneren ein **Taufbrunnen** im romanischen Stil des 12. Jh. Die Motive der Reliefs stellen die Apostel und Szenen aus dem Leben Moses' dar.

Im rechten Seitenschiff sieht man ein Fresko von Amico Aspertini, das *„Die Wunder des San Frediano"* darstellt. San Frediano war im 6. Jh. einer der ersten Bischöfe der Stadt. Er liegt unter dem Hauptaltar begraben.

Zwei Kapellen weiter ein Altaraufsatz von Jacopo della Querica.

Wir setzen den Stadtrundgang über die Via Fillungo nach Süden (stadteinwärts) fort, bis wir an der Kirche **San Cristoforo (14)** auf die Via Roma stoßen. Sie führt rechts (westwärts) zur Piazza San Michele mit dem **Palazzo Pretorio (15)** im Renaissancestil und der Stadtloggia links und der Michaelskirche (16) rechts.

Die Kirche **San Michele in Foro (16) [N43° 50' 35.37" E10° 30' 9.16"]** *(geöffnet Sommer 9 - 12 Uhr + 15 - 18 Uhr, Winter bis 17 Uhr)* ist ein wunderschöner Bau aus dem 12. Jh. mit den typischen Merkmalen Pisaner Romanik und einer fast verschwenderischen Zahl von Säulengalerien, die nicht nur die Fassade, sondern auch den oberen Teil der Seitenschiffe zieren. Die Fassade wird oben mit einer großen Statue des Erzengels Michael abgeschlossen. Die Madonna am rechten Fassadeneck ist eine Arbeit des Bildhauers Civitali. Im Inneren, im linken Querschiff, sieht man Fresken von Filippino Lippi.

In der Via di Poggio, die von der Piazza San Michele nach Westen führt, liegt das **Geburtshaus [N43° 50' 35.60" E10° 30' 5.39"]** des Komponisten **Giacomo Puccini** (1858 – 1924). Es beherbergt heute ein kleines **Museum (17)**. Das **Geburtshaus Boccherinis (18)** liegt weiter nördlich des Platzes an der Via San Giorgio.

Über die südwärts führende Via Vittorio Veneto kommt man zurück zum Ausgangspunkt des Rundgangs an der Piazza Napoleone.

Weiter westlich der Piazza San Michele liegt an der Via Galli Tassi die **Pinacoteca (19) [N43° 50' 36.96" E10° 29' 56.85"]** *(geöffnet Di - Sa 9 - 19 Uhr, So 9 - 14 Uhr)*. Das Kunstmuseum ist im **Palazzo Mansi** aus dem 17. Jh. untergebracht. Neben kostbarem Mobiliar und Wandteppichen aus dem 17. Jh. sind in den vier oberen Sälen Gemälde (darunter zahlreiche Medici-Portraits) italienischer und niederländischer Meister zu sehen.

Am Nordrand der Altstadt in der Via degli Asili liegt der **Palazzo Pfanner (20)**, aus dem 17. Jh. mit einem wunderschönen italienischen Garten, der besichtigt werden kann.

PRAKTISCHE HINWEISE – LUCCA

Ufficio Informazioni Turistiche, Via Cesare Battisti, Palazzo Santini, 55100 Lucca; Tel. +39 0583 91 99 31; www.luccaturismo.it.

Feste, Folklore, Märkte: „Luminara di Santa Croce", feierliche Lichterprozession, jedes Jahr am 13. + 14. September.
Der **Mercatino dell'Antiquariato** findet an jedem dritten Wochenende rund um die Piazza San Martino, in der Piazza Antelminelli und San Giusto e San Giovanni statt.

RESTAURANTS

Buca di Sant'Antonio, Villa della Cervia, 3, Tel. +39 0583 55 881; www.bucadisantantonio.it; feine toskanische Küche in deftig-rustikalem Ambiente einer ehemaligen Poststation und stadtbekannten Weinausschank. Gehobene Preislage. Sonntagabends und montags geschlossen.
Da Giulio in Pelleria, Via delle Conce, 45, Tel. +39 0583 55 948; eine Trattoria wie man sie sich wünscht - relativ einfach, moderate Preise und gute Küche - und immer lebhaft. Sonntag Ruhetag.
Osteria Baralla, Via Anfiteatro, 5, Tel. +39 0583 44 02 40; www.osteriabaralla.it/en/. Uriges Lokal mit Natursteingewölbe, seit 1860 in den ehemaligen Stallungen des Palazzo Buonvisi. Toskanische Küche. Nahe der Piazza dell'Anfiteatro. Sonntag Ruhetag.

HOTELS

Napoléon **,** 60 Zi., Viale Europa, 536, Tel. +39 0583 31 65 16; www.hotelnapoleonlucca.com; Mittelklassehotel an der Ausfallstraße zur A11 Auffahrt Lucca Est, am südlichen Stadtrand, Bar, Fahrradverleih. WLAN. Parkplatz.

Villa La Principessa **,** 33 Zi., Via Nuova per Pisa, 1616, Tel. +39 0583 37 09 63; www.hotelprincipessalucca.it; außerhalb in **Massa Pisana,** ca. 4 km südlich von Lucca entfernt, in einer historischen, herrschaftlichen Villa aus dem 13. Jh., nobles Ambiente, Restaurant mit toskanischer Küche, Gartenterrasse, Schwimmbad, WLAN. Parkplatz. (Restaurant Sonntag Ruhetag).
San Marco *,** 42 Zi., Via San Marco, 368, Tel. +39 0583 49 50 10; www.hotelsanmarcolucca.com; das Mittelklassehotel ist in einer ehemaligen Kirche eingerichtet, die auch schon als Tabaktrockenhalle und Autowerkstatt später als Kino herhalten musste, bevor das Gebäude zum Hotel umfunktioniert wurde. Bar, Schwimmbad, WLAN, Parkplatz.

WOHNMOBIL-STELLPLÄTZE

Wohnmobil-Stellplatz Area di Sosta Camper Lucca [WP 124 / N43° 50' 24.42" E10° 29' 16.77"], Via Gaetano Luporini. **Zufahrt/Lage:** Großparkplatz im westlichen Stadtteil von Lucca in geräuschvoller Lage an der Ausfallstraße zur A12, Beschilderung „P autocaravan". **Geöffnet:** Ganzjährig. **Gebühr:** Pauschale inkl. 2 Personen und Ver- und Entsorgung. **Ausstattung:** Befestigter Parkplatz mit Platz für ca. 35 Plätze (keine Caravans!), beleuchtet. Frischwasser, Grauwasser- und Chemikaltoilettenausguss, Mülltonne. Videoüberwachung. In Gehnähe zur historischen Stadtmauer, von dort durch die Porta V. Emanuele II. zur Altstadt.
Wohnmobil-Stellplatz Area di Sosta Camper Il Serchio [WP 125 / N43° 51' 0.53" E10° 29' 9.72"], Loc. Lucca-Sant'Anna, Via del Tiro a Segno, Tel. +39 0583 31 73 85; www.camperilserchio.it. **Zufahrt/Lage:** Von Lucca westwärts zur SR439 Richtung Viareggio und nach ca. 1 km nordwärts in die Via del Tiro a Segno abzweigen und noch ca. 800 m zum Platz. **Geöffnet:** März bis Okt. **Gebühr:** Pauschale inkl. 2 Personen, die sich nach Wohnmobillänge staffelt, und Ver- und Entsorgung und Nutzung der Sanitäranlagen. **Ausstattung:** Fast schon ein Campingplatz. Geschottertes Platzviereck mit Rasenstellflächen und Platz für 50 Wohnmobile, am nördlichen Stadtrand von Lucca in der Nähe des Flusses Serchio, in Gehnähe zur historischen Altstadt. Frischwasser, Grauwasser- und Chemikalausguss, Sanitäranlagen mit Dusche und WC, Waschmaschine, Schwimmbad, beleuchtet, bewacht. Fahrradverleih. Shuttleservice ins Stadtzentrum. 10 Zeltplätze.
Wohnmobil-Stellplatz Agricampeggio La Valle [N43° 49' 37.87" E10° 25' 32.63"], Via Stratale Abetone, Tel. +39 34 91 37 07 50; www.agricampeggiolavalle.it. **Zufahrt/Lage:** Von Lucca auf der SR12 „Via Pisana" (Lucca – Ripafratta) ca. 3 km westwärts bis Abzweig zum Platz in einem Taleinschnitt. **Geöffnet:** 15. Jan. – 15. Dez. **Gebühr:** Pauschale inkl. aller Personen, Strom, Ver- und Entsorgung und Nutzung der Sanitäranlagen. **Ausstattung:** Terrassiertes Gelände für 21 Wohnmobile, mit durch Grasparzellen getrennten Schotterstellflächen. Strom, Frischwasser, Grauwasser- und Chemikaltoilettenausguss, Sanitäranlagen mit Duschen und WC, Café, WLAN, Müllentsorgung. Schwimmbad, Fahrradverleih.

*ROUTE: Falls Sie dem nachfolgend beschriebenen Abstecher in die Garfagnana nicht folgen und nach Pisa weiterreisen wollen, können Sie Lucca in südlicher Richtung verlassen und der SS12r folgen, die über **San Giuliano Terme** und über die Berge der Monte Pisano nach **Pisa** führt (siehe nächste Tour), rund 22 km.*

Abstecher in die Garfagnana

Landschaftlich sehr reizvoll ist ein Abstecher von Lucca nach Norden in die **Garfagnana.** Das bewaldete Tal am Oberlauf des Flusses Sérchio liegt zwischen dem Apeninn und den Apuanischen Alpen.

ROUTE: Um dorthin zu gelangen verlässt man Lucca über die SS12 in nördlicher Richtung. Die Straße folgt dem Unterlauf des Fiume Serchio flussaufwärts.

Nach 9 km (vorbei an Marlia, Villa Reale, siehe weiter vorne) erreicht man den Ort **Ponte a Moriano**. Knapp drei Kilometer weiter zweigt rechts in Vinchiana die kurvenreiche Landstraße zur Kirche **Pieve de Bràncoli [N43° 56′ 9.16″ E10° 31′ 38.36″]** ab, einem romanischen Bau aus dem 12. Jh. mit bemerkenswerten Kunstwerken, darunter einem **Taufbecken** aus der Entstehungszeit der Kirche.

Nach weiteren 14 km kommt man auf der SS12 nach **Borgo a Mozzano**, ein kleiner Ort mit Bahnstation und sehenswerter Kirche.

Der Fluss Serchio wird hier von der **Ponte della Maddalena,** auch **Ponte del Diavolo [Parkplatz, N43° 59′ 6.77″ E10° 33′ 9.57″],** einer alten Bogenbrücke aus dem frühen 14. Jh. überspannt. Über die „Teufelsbrücke" erzählt man sich eine ähnliche Geschichte, wie man sie auch aus der Bretagne, Spanien oder Irland kennt: Der Teufel soll die Brücke in nur einer Nacht errichtet haben. Als Lohn dafür wollte er die erste Seele haben, die über die Brücke laufen würde. Die Leute von Borgo a Mozzano waren natürlich nicht dumm und scheuchten als erstes einen Hund über die Brücke. In anderen Darstellungen musste eine Katze dazu herhalten. Einen Parkplatz und einfachen **Wohnmobil-Stellplatz [N43° 58′ 34.66″ E10° 32′ 27.44″]** findet man am Südwestrand von Borgo a Mozzano in der Via Ludovica (SP2) neben der ENI-Tankstelle am Westufer des Fiume Serchio.

3 km nördlich von Borgo a Mozzano wendet sich die SS12 nach Osten und folgt dem Fluss Torrente Lima flussaufwärts Richtung San Marcello Pistoiese. Nur 4 km östlich der Gabelung liegt das Thermalbad **Bagni di Lucca**. Das kleine Städtchen liegt sehr schön an den bewaldeten Hängen des Limatals.

Die heilende Wirkung der leicht radioaktiven und mineralhaltigen Quellen des Kurortes war schon im 11. Jh. bekannt. Seine beste Zeit erlebte Bagni di Lucca im 19. Jh. zur Zeit Napoleons. Damals wurde in Bagni di Lucca die erste Spielbank Italiens betrieben.

*ROUTE: Unser weiterer Weg hinein in die Garfagnana allerdings folgt der parallel zur SS445 am Nordostufer des Sérchio flussaufwärts verlaufenden Landstraße über **Ghivizzano** (Kastell der Castracini) nach **Castelnuovo di Garfagnana.***

Nach rund 13 km sollte man auf den kleinen Umweg über das nahe Bergstädtchen **Barga** nicht verzichten.

Der alte Stadtteil liegt schön erhöht, umgeben von weit bis in den Sommer hinein mit Schnee bedeckten Gipfeln des Apennin. Überragt wird der über 400 m hoch gelegene Ort von einem recht wehrhaft wirkenden romanischen **Dom**. Das Innere des Doms ist sehenswert, romanische Kanzel aus dem 12. Jh. und andere Kunstwerke.

Von dem freien Platz neben dem Dom genießt man eine prächtige Aussicht auf die Apuanischen Alpen.

Im alten Rathaus **Palazzo del Podestà** ist ein kleines Heimatmuseum untergebracht.

Das kleine Städtchen **Castelnuovo di Garfagnana** wurde einst von den Herzögen d'Este aus Ferrara zum Hauptort der Garfagnana erhoben. Das hübsche Ortszentrum wartet mit einigen historischen Bauten auf, darunter der **Dom** aus dem 16. Jh., der eine Terrakottaplastik von della Robbia beherbergt und die uralte Festung **Rocca** aus dem 12. Jh.

Das wunderschöne **Tal des Serchio** mit seinen von endlosen Kastanienwäldern überwucherten Hängen ist Mittelpunkt der Landschaft der **Garfagnana,** die wiederum ein **Eldorado für Wanderer**, vor allem Bergwanderer ist. Besonders im Herbst, der schönsten Zeit in der

Garfagnana, lohnt sich der Weg hierher. Dann ist die Luft noch würziger und man riecht förmlich die Steinpilze, die nun in den üppigen Wäldern wachsen.

In den Restaurants wird dann herbstlich-deftiges serviert. Herrliche Wildschweinbraten auf Kastanienmus zum Beispiel findet man jetzt auf den Menükarten. Kaum widerstehen kann man Wildschweinbraten mit frischen Steinpilzen. Eine Spezialität der Gegend.

Sollten Sie Appetit auf ein feines Steinpilzgericht bekommen haben, dann schauen Sie doch in Castelnuovo di Garfagnana im *Restaurant „Da Triti"* (s. u.) in der Via Roma 29 vorbei, das für seine Pilzspezialitäten so bekannt ist, dass Sie an einem schönen Herbstsonntag wahrscheinlich keinen freien Stuhl mehr finden. Rufen Sie lieber vorher an, Tel. +39 0583 62 156, auch deswegen ob man sich nun für Dienstag oder Mittwoch als Ruhetag entschieden hat.

Auf dem Weg über die SS445 und die SS12 zurück nach Lucca bietet sich in Höhe von Barga Gelegenheit zu einem Abstecher rund 10 km nach Westen nach **Fornovolasco** zur **„Grotta del Vento" [Parkplatz, WP 126 / N44° 2' 1.57" E10° 21' 29.28"]**, eine weitläufige, gut 1.000 m weit in den Berg reichende Höhle in den Alpi Apuane.

Die **„Windhöhle"** zählt zu den interessantesten Höhlen Europas. Wasserfälle und unterirdische Flüsse, kleine Seen und Siphone tragen dazu bei, dass sich über Jahrmillionen viele Sinterkaskaden, Stalagmiten- und Stalagtiten-Formationen bilden konnten.

Die Höhle kann auf drei Rundgängen besichtigt werden, deren Dauer zwischen einer und drei Stunden liegen.

Besichtigungszeiten immer zur vollen Stunde und zwar in der Zeit von 1. April bis 1. November Rundgang 1 (Dauer 1 Std.) zwischen 10 Uhr und 18 Uhr; Rundgang 2 (Dauer 2 Std.) um 11, 15, 16 und 17 Uhr; Rundgang 3 (Dauer 3 Std.) um 10 Uhr und 14 Uhr, www.grottadelvento.com. Zwischen 1. Oktober und 31. März ist nur der Rundgang 1 zwischen 10 Uhr und 18 Uhr möglich.

Mein Tipp: Man sollte auf den Höhlenrundgängen ein wärmendes Kleidungsstück dabei haben, denn in der Höhle herrscht eine konstante Temperatur von 10,7 °C.

PRAKTISCHE HINWEISE – CASTELNUOVO DI GARFAGNA

Informazioni e Accoglienza Turistica [N44° 6' 36.02" E10° 24' 42.53"], Piazza delle Erbe, 1, 55032 Castelnuovo di Garfagnana, Tel. + 39 0583 64 10 07.

RESTAURANTS

Da Triti, Via Roma 29, Tel. +39 0583 62 156, ein weit über die Grenzen des Ortes hinaus bekanntes Lokal, das für seine Steinpilzgerichte gerühmt wird, mittlere Preislage.

Osteria del Vecchio Mulino, Via Vittorio Emanuele, 12, Tel.+39 0583 62 192; www.vecchiomulino.info; eine kleine, aber typisch toskanische Trattoria mit großer Weinkarte, hier serviert man Ihnen auch ein Frühstück. Montag Ruhetag.

HOTELS

Barga

La Pergola ***, 23 Zi., Via del Giardino, 98, Tel. +39 0583 71 12 39; www.hotel-lapergola.com; Mittelklassehotel, Bar, WLAN. Parkplatz.

Castelnuovo di Garfagnana

Da Carlino *,** 23 Zi., Via G. Caribaldi, 15, Tel. +39 0583 64 42 70; www.dacarlino.it; einfacheres Mittelklassehotel, Hotelgarten, Restaurant mit lokaler Küche und Terrasse, WLAN. Parkmöglichkeit.

La Lanterna ***, 30 Zi., Le Monache, Piano Pieve, Tel. +39 0583 63 93 64; www.lalanterna.eu; gediegenes Ambiente, Restaurant mit Terrasse, Schwimmbad, WLAN. Parkplatz.

TOUR 13: PISA

Reisedauer: Mindestens ein Tag.

Höhepunkte: Die Piazza dei Miracoli mit dem **„Schiefen Turm"** ***, dem **Dom** *** und dem **Baptisterium** *** – der Friedhof **Camposanto** – das **Dommuseum** ** und das **Sinopien-Museum** * – die **Piazza dei Cavalieri** – das **Museo Nazionale di San Matteo** *.

Abstecher: Nach **Livorno** und nach **Carrara.**

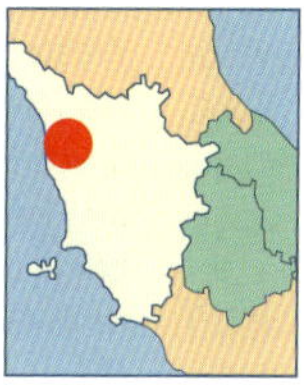

Pisa mit annähernd 89.000 Einwohnern liegt an einem Flussknie des Arno, nur etwa 10 km von der Küste entfernt.

Weltberühmt ist Pisa für seine bewundernswerten romanischen Bauten – dem **Dom** mit dem spektakulären **„Schiefen Turm"** (la Torre pendente), dem **Baptisterium** und dem **Camposanto** (Friedhof).

Pisaner Romanik prägte den Architekturstil bis ins 13. Jh. nicht nur in Oberitalien. Charakteristisch für den Stil, und an den Bauten in Pisa wunderschön zu erkennen, sind die von schlanken Säulen gestützten Bogengalerien im oberen Teil der Bauten und die Blendarkaden darunter.

Eine Reihe der berühmtesten toskanischen Bildhauer und Baumeister gingen zwischen dem 13. und 14. Jh. aus der damals in Pisa ansässigen Familie **Pisano** hervor.

Stammvater des Künstlergeschlechts, *Niccolò Pisano* (ca. 1200 – 1280), ein Zeitgenosse des Florentiners Giotto, begründete mit seinen Kanzeln und Taufbecken in Pisa und Siena den Ruf der Pisanos. Sein Sohn *Giovanni Pisano* (1250 – 1331) verfeinerte Stil und Technik und schuf u. a. – noch zusammen mit seinem Vater – den Brunnen in Perugia und später die Kanzel im Dom zu Siena, eines seiner Hauptwerke. Auch die Nachkommen *Andrea Pisano* (1270 – 1348) und *Nino Pisano* (ca. 1300 – 1365) hinterließen bedeutende Bildhauerarbeiten.

Ein anderer großer Sohn der Stadt ist der Mathematiker und Astronom **Galileo Galilei**, der 1564 in Pisa geboren wurde. Bei seinen Studien über die Trägheit der Masse, über das Fallen der Gegenstände im freien Raum und über die Rotation der Erde bezog er die Bauten seiner Heimatstadt mit ein. So diente ihm der Schiefe Turm als willkommener Ort für seine Fallexperimente und der Leuchter im Dom sollte zum Beweis für seine Theorie der Pendelgesetze werden.

Galileis astronomischen Beobachtungen in Verbindung mit seinen physikalischen Studien ließen ihn die Richtigkeit des Weltsystems des Nikolaus Kopernikus – die Sonne, nicht die Erde, bilden den Mittelpunkt des Systems – verfechten. Dadurch geriet er in scharfe Konfrontation mit der Kirche, die seine Anschauungen durch Prozesse verfolgte und Galilei schließlich zum Widerruf seiner astronomischen Thesen zwang.

Galilei starb 1642 im Alter von 78 Jahren. Und es dauerte über 450 Jahre, bis sich die Kirche dazu durchrang, Galilei zu rehabilitieren.

Pisas Vergangenheit – Die Geschichte der Stadt reicht weit zurück in vorchristliche Zeit. Ob Pisa allerdings älter als Rom ist, wie mitunter behauptet wird, ist längst nicht bewiesen. Sicher ist, dass 180 v. Chr. die Römer eine etruskische Siedlung hier am Arno übernahmen, der sie den Namen *Colonia Julia Pisana* gaben.

Nach einer Zeit unter den Ostgoten, Langobarden und Franken entwickelte sich Pisa etwa ab dem 11. Jh. zu einer selbstbewussten Seerepublik, die von den Sarazenen Sardinien, Korsika und die Balearen für sich eroberte, 1099 am ersten Kreuzzug teilnahm und mit Genua und Venedig um die Beherrschung der Seewege im Mittelmeer kämpfte. Auf dem Höhepunkt seiner Macht entwickelte sich eine lebhafte Kunstszene und ein reges Geistesleben. Die Universität von Pisa, noch heute eine der führenden in Italien, wurde gegründet.

In der Schlacht von Meloria im Jahre 1284 unterlag Pisa dem Erzrivalen Genua. Es konnte zwar Republik bleiben, verlor aber seine Herrschaft über die Seewege im Mittelmeer, was schließlich zum politischen und wirtschaftlichen Niedergang führte. Der Rat der Republik wurde abgelöst von Adelsgeschlechtern wie den Della Faggiola, Gambacorti und schließlich den Visconti, bis Pisa 1405 im Machtbereich der Republik Florenz aufging.

Stadtbesichtigung

Die Sehenswürdigkeiten von Pisa sind relativ weit in der Stadt verstreut, sodass sie sich nicht in einen einfach zu bewältigenden Rundgang integrieren lassen. Glücklicherweise liegen aber die Hauptsehenswürdigkeiten alle an der Piazza del Duomo im Nordwesten der Stadt. Der gebührenpflichtige **Parkplatz Parcheggio Pietrasantina [N43° 43‘ 42.93“ E10° 23‘ 19.90“]** an der Via Pietrasantina im Nordwesten liegt ca. 1,2 km vom Dom und dem schiefen Turm entfernt. Wohnmobilfahrern steht der **Stellplatz Area Sosta Camper di Pratale [WP 127 / N43° 43‘ 17.02“ E10° 25‘ 15.46“]** in der Via di Pratale weiter im Nordosten der Stadt zur Verfügung.

Kleiner Tipp: Der **Campingplatz Village Torre Pendente [WP 128 / N43° 43‘ 27.76“ E10° 22‘ 59.57“]** liegt noch in bequemer Gehnähe zum Domplatz.

Es empfiehlt sich, den **Domplatz** von Westen her durch die **Porta Santa Maria [N43° 43‘ 22.22“ E10° 23‘ 34.19“]** (auch Porta Nuova) zu betreten. Vom Tor aus hat man einen umfassenden Überblick über den weiten Rasenplatz mit dem **Baptisterium (3)** links, dem **Dom (1)** und dem schiefen **Campanile (2)** dahinter.

Mit dem Bau des **Doms (1)** wurde im Jahre 1063 unter der Leitung des Baumeisters Buscheto begonnen. Nach 50jähriger Bauzeit konnte der damals im wesentlichen fertiggestellte Marmordom 1118 eingeweiht werden. Er galt schon damals als bedeutendstes Beispiel Pisaner Romanik *(geöffnet Apr. - Sept. tgl. 10 - 20 Uhr, März bis 18 Uhr, Okt. bis 19 Uhr, sonst tgl. 10 - 12.30 Uhr + 14 - 17 Uhr, letzter Einlass 30 Min. vor Schließung; www.*

Der Dom zu Pisa

*PISA – **1** Dom – **2** Campanile „Schiefer Turm" – **3** Baptisterium – **4** Camposanto – **5** Naturhistorisches Museum, Orto Botanico – **6** Sinopien Museum – **7** Information – **8** Piazza und Palazzo dei Cavalieri – **9** Nationalmuseum di San Matteo – **10** Santa Maria d. Spina – **11** San Paolo a Ripa d'Arno – **12** Bahnhof Stazione Centrale – **13** Hauptpost – **14** Busbahnhof – **15** Piazza Vittorio Emanuele II. – **16** Santa Catarina – **17** San Francesco – **18** Arsenale de Gallee – **19** Citta della vecchia – **20** Museo dell'Opera del Duomo – **21** Piazza Dante – **22** Bastione de Sangallo – **23** San Martino – **24** Piazza Garibaldi – **25** San Michele in Borgo – **26** Palazzo Agostini – **27** Palazzo Toscanelli*

opapisa.it). Vollendet wurde der Dom im 13. Jh. durch den Baumeister Rainaldo, der die Hauptapsis anfügte und die schöne Westfassade fertig stellte.

Die **Westfassade** wird im unteren Teil durch die drei Portale zwischen den sieben Blendbögen geprägt. Darüber reihen sich in vier übereinanderliegenden, der Giebelform angepassten Galerien insgesamt 54 schlanke Marmorsäulen. Der Giebel wird abgeschlossen durch eine Madonnenplastik und zwei Engelsfiguren von Andrea, bzw. Giovanni Pisano.

Vor allem die Säulen, die das Mittelportal flankieren sind schön gearbeitet. Am Mittelportal sind Szenen aus dem Leben Marias und an den Seitentüren Szenen aus dem Leben Jesu dargestellt.

Der gesamte Dom wurde 1595 von einer Feuersbrunst heimgesucht, die nicht nur die Innendecke, sondern auch die Portale an der Westfassade zerstörte. Die Bronzetafeln an den Türen die wir sehen, sind also nicht die einst von Bonanno gefertigten Originale, sondern spätere Arbeiten aus der Schule des Giambologna.

Beachtung verdienen auch die Intarsien aus verschiedenfarbigem Gestein unter den Bögen.

Im äußersten linken Bogen befindet sich das Grabmal des Dombaumeisters Buscheto.

„Christus als Weltenherrscher auf dem Thron", Mosaik in der Chorapsis des Doms zu Pisa

Das Innere des Doms betritt man durch das Portale di San Ranieri im südlichen Querschiff, gegenüber vom Schiefen Turm. Das Portal hat Bronzeplastiken von Bonanno aus dem 12. Jh. Im südlichen Querschiff sieht man neben der Kapelle des hl. Ranieri, dem Schutzpatron von Pisa, das Grabmal Kaiser Heinrichs VII. (1275 – 1313), das von Tino di Camaino stammt.

Vom südlichen Querschiff gelangt man in das hochaufstrebende, fünfschiffige Kircheninnere. Es wird durch zwei lange Reihen von 68 Granitsäulen mit korinthischen Kapitellen, die wiederum Bogenreihen aus verschiedenfarbigem Marmor tragen, unterteilt.

Die prächtige Kassettendecke im Mittelschiff wurde nach dem Brand von 1595 neu geschaffen.

In Höhe der mit Fresken aus dem 17. Jh. geschmückten Vierungskuppel erblickt man rechts die Chorapsis mit dem Mosaik *„Christus als Weltenherrscher auf dem Thron"* in der Halbkuppel darüber. Cimabue soll das schon im 13. Jh. begonnene Werk im frühen 14. Jh. vollendet haben. Das Altarkreuz stammt von Giambologna.

Die Gemälde in der Altarapsis sind Werke von Sodoma, darunter *„Kreuzabnahme" „Abrahams Opfer"* u. a. An den Kuppelpfeilern zum Chor hin rechts die *„Hl. Agnes"* von Andrea del Sarto und links ein *Madonnenbildnis mit Kind* von S. Sogliani aus dem 14. Jh.

Das Chorgestühl ist mit Intarsien geschmückt und stammt aus dem 17. Jh.

Die große Sehenswürdigkeit und ein wahres Kleinod Pisaner Bildhauerkunst findet man am nördlichen Kuppelpfeiler zum Hauptschiff hin – die **Kanzel** von Giovanni Pisano aus den Jahren 1302 bis 1311. Auf einer runden Basis erheben sich sechs Porphyrsäulen, teils auf Löwen ruhend, und fünf Figuren, die die achteckige Kanzel tragen. Die Statuen stellen dar: Evangelisten, St. Michael, Herkules und in der Mitte die Barmherzigkeit, auf einem Sockel mit den sieben freien Künsten. Die herrlichen Reliefs auf den Brüstungen stellen Szenen aus dem Leben Christi, Johannes' des Täufers und der Mutter Maria dar.

Bei dem großen Kirchenbrand 1595 war die Kanzel beschädigt worden. Noch im 16. Jh. entfernte man sie. Erst 1926 restaurierte man dieses einmalige Kunstwerk und baute es an seinem angestammten Platz wieder auf.

Im Kirchenraum vor der Kanzel sieht man oben den legendären **Bronze-Kan-**

delaber, der durch sein Nachschwingen nach dem Auffüllen der Öllampen, Galileo Galilei zur Erforschung der Pendelgesetze inspiriert haben soll.

Die hübsche Geschichte ist wohl eher Legende denn Wahrheit, oder es handelt sich zumindest nicht um diese Lampe. Denn der Leuchter, den wir heute sehen, wurde 1587 gegossen, als Galilei seine Pendelexperimente bereits abgeschlossen hatte.

Wir gehen zurück auf den Domplatz, der auch als **„Piazza dei Miracoli"** bekannt ist, und sehen unmittelbar hinter der Chorapsis des Doms den freistehenden **Campanile** oder **Torre pendente (2)**, den **„Schiefen Turm" von Pisa**, das weltberühmte Wahrzeichen der Stadt *(geöffnet Apr. - Sept. tgl. 8.30 - 20 Uhr, Juni - Aug. bis 22.30 Uhr, Okt. bis 19 Uhr, Nov. - März tgl. 9.30 - 17.30 Uhr, letzter Einlass 30 Min. vor Schließung; www.opapisa.it)*.

Der insgesamt 55,86 m hohe Marmorturm mit rundem Grundriss weicht im obersten Mittelpunkt 4,55 m von der Senkrechten ab, was ihm eine spektakuläre Neigung verleiht und jeden Besucher verblüfft.

Lange Zeit war die Tendenz der Turmneigung zunehmend und es bestand die Gefahr, dass der Turm, einer der Touristenmagneten Italiens schlechthin, eines Tages einstürzen könnte.

In den vergangenen Jahrzehnten nun wurde immer wieder und mit allen möglichen technischen Mitteln versucht, die Schräglage des Turm, der übrigens schon bald nach seiner Fertigstellung etwas Schlagseite bekommen hatte, zu reduzieren oder zumindest den Prozess des Neigens zu verlangsamen. Aber alle Versuche blieben letztendlich erfolglos. Schließlich musste der Schiefe Turm von Pisa 1990 für Besucher geschlossen werden. Das Gewicht der Turmbesteiger hätte dem prächtigen Bauwerk vermutlich den Rest gegeben.

1989 konnte mit einer aufwendigen, langwierigen und ziemlich kostspieligen Sanierungsaktion begonnen werden, die zwar umgerechnet weit über damals 55 Mio. Mark verschlang, aber erfolgreich war. Experten erreichten schließlich durch eine langsame Ab-

Der „Schiefe Turm" von Pisa

senkung (durch vorsichtiges Ausheben von 60 Kubikmeter Erde) der Nordseite der Turmbasis und Stabilisierung der Gegenseite, dass sich die Neigung des prächtigen Marmorturms tatsächlich um ein halbes Grad (etwa 14,5 cm) verringerte. Während der Aktion war der Turm mit dicken Stahltrossen, die über das Dach des in der Nähe gelegenen Informationsbüros hinwegreichten, gesichert.

Heute ist der Turm wieder „nur" so schief wie vor 130 Jahren. Und in Pisa ist man mit den Experten und Statikern einhellig der Meinung, dass der Turm nun wieder für die nächsten 300 Jahre stabil ist. Natürlich wird die Bewegung des Turms mit Präzisionsinstrumenten und wissenschaftlicher Akribie weiter verfolgt.

Am 16. Juni 2001 wurde die erfolgreiche „Begradigung" des Schiefen Turms während des jährlichen Stadtfestes „Festa di San Ranieri" zu Ehren des Schutzpatrons der Stadt groß gefeiert. Und seit geraumer Zeit dürfen Besuchergruppen die 294 Stufen auf den schönsten Turm Italiens wieder hinaufschnaufen, max. Aufenthalt je Gruppe 15 Min. Endlich ist Pisas Tourismuswelt wieder in Ordnung.

Auf einer Basis mit Blendbögen türmen sich sechs Etagen mit romanischen, säulengestützen Bogengalerien. Abgeschlossen wird der Turm durch einen weniger umfangreichen offenen Glockenstuhl.

Rechts vom Eingangsportal sieht man ein Relief mit Fabeltieren, unter denen die Jahreszahl der Grundsteinlegung „MCLXXIII" (1173) eingemeißelt ist. Das Relief in der Lünette über der Tür zeigt Maria mit dem Kind und die Heiligen Johannes und Petrus.

Im Inneren führt eine Wendeltreppe mit 294 Stufen hinauf zur obersten Ebene. Von dort oben soll Galilei einige seiner Experimente mit fallenden Gegenständen ausgeführt haben. Wer große Höhen verträgt, hat von den schrägen Plattformen einen fantastischen Rundblick über die Stadt.

1174 war mit dem Bau des Turms unter Leitung des Baumeisters Bonanno Pisano begonnen worden. Man hatte drei Etagen fertiggestellt, als sich das Fundament an der Südseite des damals etwa 10 m hohen Turms aufgrund der Bodenbeschaffenheit zu senken begann. Die Arbeiten wurden eingestellt und erst Mitte des 13. Jh., als man glaubte, die Bodenbewegungen hätten sich beruhigt, wieder aufgenommen. 1350 schließlich konnte der Turm – schon damals schief – vollendet werden. Die mitunter geäußerte Theorie, der Campanile sei absichtlich schief gebaut worden, ist wohl in die Kategorie Notlüge einzuordnen.

Leider hat sich der Boden unter dem Turm bis auf den heutigen Tag nicht stabilisiert. Bis vor ein paar Jahren und bis zur oben erwähnten, erfolgreich abgeschlossenen Fundamentsanierung, neigte sich der „Torre pendente" weiter, jährlich im Durchschnitt um etwas mehr als einen Millimeter.

Ein probates Mittel zur endgültigen Stabilisierung war lange nicht in Sicht. Erst als in den vergangenen Jahren versucht wurde, die Schieflage des Turms wie oben geschildert durch Stabilisierung einerseits und Absenkung des Untergrunds andererseits zu korrigieren, zeigten sich erste Erfolge.

Unmittelbar hinter dem Schiefen Turm findet man das **Museo dell'Opera del Duomo (20)** *(geöffnet Apr. - Sept. tgl. 8 - 20 Uhr, März 9 - 18 Uhr, Okt. 9 - 19 Uhr, Nov. - Feb. 10 - 17 Uhr, letzter Einlass 30 Min. vor Schließung; www.opapisa.it)*.

Im Dommuseum sind z. B. Kunstwerke, Skulpturen und Monumente zu sehen, die vom Domplatz stammen und hierher gebracht wurden. Außerdem ist hier der Domschatz, liturgisches Gerät, Silberarbeiten u. ä. untergebracht. Darüber hinaus beherbergt das Museum eine Gemäldesammlung, Messgewänder, kostbare Drucke und Handschriften u. ä.

An der Westseite des Doms erhebt sich das **Battisterio (3)**, ein weiteres Kleinod Pisaner Romanik *(geöffnet wie Museo dell'Opera del Duomo; www.opapisa.it)*. Der Baumeister Diotisalvi wurde 1153 mit dem Bau der Taufkapelle (Baptisterium) beauftragt. Der Fortgang der Arbeiten schleppte sich aber bald dahin, wurde unterbrochen, um 1260 von Niccolò Pisano fortgeführt und erst im 14. Jh. schließlich vollendet.

Der 55 m hohe, weiße Marmorbau hat eine runde Grundform, erhebt sich

Die Piazza del Duomo mit dem Baptisterium (links) vor der Westfassade des Doms, im Hintergrund der „Schiefe Turm"

über drei Etagen, die durch romanische Blendarkaden und Säulengalerien und weiter oben durch gotische Stilelemente markiert sind, und wird von einer Kuppel von gut 35 m im Durchmesser abgeschlossen.

Die Taufkapelle hat vier Portale. Das **Haupttor** mit schön gearbeiteten Säulen und einer Madonnenfigur (Kopie, Original im Nationalmuseum) von Giovanni Pisano liegt der Westfassade des Doms gegenüber.

Das durch seine Schlichtheit beeindruckende Innere des Baptisteriums hat eine außergewöhnliche Akustik. In der Mitte sieht man das achteckige **Taufbecken** aus der Mitte des 13. Jh., mit der Statue des hl. Johannes des Täufers aus neuerer Zeit, und links davon die **Kanzel** aus der Zeit um 1260, einem Meisterwerk des großen Pisaner Bildhauers Niccolò Pisano. Sieben Säulen mit schön gearbeiteten Kapitellen und den allegorischen Figuren der kirchlichen Tugenden Glaube, Unschuld, Treue, Demut, Kraft und Barmherzigkeit tragen die sechseckige Kanzel. Die Reliefs an der Brüstung zeigen die biblischen Szenen Christi Geburt, Anbetung der Heiligen Drei Könige, Präsentation im Tempel, Kreuzigung und Jüngstes Gericht.

Nördlich von Dom und Baptisterium sieht man die langgestreckte Marmorfassade des **Camposanto (4)**, des Friedhofs, mit einem fein gearbeiteten gotischen Tabernakel von Giovanni Pisano über dem östlichen Zugang *(geöffnet wie Museo dell'Opera del Duomo ausgenommen die Monate Juni - Aug. 8.30 - 22.30 Uhr; www.opapisa.it)*. Der rechteckige Bau, im Inneren einem Kreuzgang nicht unähnlich, entstand 1278 durch Giovanni di Simone, wurde aber erst im 15. Jh. vollendet. Beabsichtigt war, hohen Würdenträgern eine Begräbnisstätte mit Erde aus dem Heiligen Land, die mit Schiffen antransportiert worden war, zu schaffen.

In den Galerien, die sich durch gotische Bögen zum Innenhof öffnen, sind kunstvoll gearbeitete *Sarkophage* und Grabmäler zu sehen.

Besonders sehenswert sind die **Fresken** aus dem 14. und 15. Jh., die nach Beschädigungen im 2. Weltkrieg allerdings abgenommen und restauriert werden mussten und nun fast alle in Ausstellungsräumen gezeigt werden.

Im Westflügel findet man – von links beginnend – Fresken mit Szenen aus dem Leben der Heiligen Esther und Judith. Aus dem Süd- und Nordflügel stammen 23 Szenen aus dem Alten Testament, die als Meisterwerke von Benozzo Gozzoli gelten.

Und in einem weiteren Raum schließlich sieht man das berühmte Fresko *„Der Triumph des Todes"* von Buonamico di Christofano, genannt Buffalmacco, einem Florentiner Meister des 14. Jh. Dargestellt ist, wie der Heilige Makarios einer noblen Jagdgesellschaft zu Pferde vor den offenen Särgen von Königen das Vergängliche alles Irdischen und den Triumph des Todes über das menschliche Schicksal nahebringen will. Weitere Motive im Raum zeigen *„Das Jüngste Gericht"* und *„Die Hölle"*.

Bei den Restaurierungsarbeiten an den Fresken fand man unter den Wandgemälden die Sinopien der Gemälde. Sie wurden abgenommen und sind heute im **Museo delle Sinopie (6)** *(geöffnet wie Museo dell'Opera del Duomo; www.opapisa.it)* an der Südseite des Domplatzes zu bewundern. Sinopien sind die Vorskizzierungen der Konturen der späteren Fresken. Sie wurden gewöhnlich in rötlichbrauner Farbe angefertigt, die ihren Farbton durch Eisenoxyd aus Sinop am Schwarzen Meer erhielt.

Gotischer Tabernakel, Fassadendetail am Camposanto

Weitere Sehenswürdigkeiten

Unter den weiteren Sehenswürdigkeiten der Stadt lohnen vor allem die im Folgenden aufgeführten einen Besuch.

Piazza dei Cavalieri [N43° 43' 10.30" E10° 24' 0.53"], der Platz der Ritter des Sankt Stephan Ordens, liegt südöstlich vom Domplatz im Zentrum. Das alte Zentrum der Stadt ist umgeben von historischen Bauwerken, die vornehmlich aus dem 16. Jh. stammen.

Die Ordenskirche **Santo Stefano dei Cavalieri** an der Ostseite des Platzes entstand um 1565 nach Plänen von Giorgio Vasari. Links daneben liegt der **Palazzo dei Cavalieri (8)** mit schöner Freitreppe und Fassadendekorationen von Vasari. Oben sieht man die Büsten der damaligen Herzöge von Toskana und

Der Palazzo dei Cavalieri in Pisa

über dem Mittelbalkon das Wappen der Medici. Der Palast war das Stammhaus des Stephanordens, den Cosimo I. Medici 1562 gegründet hatte. Ein Denkmal des Ordensgründers mit einem kleinen Brunnen von Francavilla steht vor dem Palazzo.

An der Nordseite des Platzes sieht man den abgewinkelten **Palazzo dell'Orologio**, den Uhrenpalast. Der Bau setzt sich aus zwei Türmen zusammen, die nach Entwürfen von Vasari durch einen Bogen verbunden wurden.

Der linke Flügel ist der ehemalige Palazzo Gualandi, der als **Torre della Fame** (Hungerturm) berüchtigt wurde. Nach der folgenschweren Niederlage der Republik Pisa in der Schlacht von Meloria war der damalige Stadthauptmann, Graf von Gherardesca, in den Verdacht des Hochverrats geraten. Zur Strafe ließ man den Grafen samt seiner männlichen Nachkommen in besagtem Torre della Fame verhungern. Das Drama diente Dante als Hintergrund für einen der Gesänge in seiner *„Göttlichen Komödie"*.

Das **Museo Nazionale di San Matteo (9) [N43° 42' 52.69" E10° 24' 26.66"]** *(geöffnet tgl. a. Mo 8.30 - 19 Uhr, sonn- und feiertags 9 - 13.30 Uhr)*, Lungarno Mediceo, liegt ein gutes Stück weiter südöstlich der Piazza dei Cavalieri am Arnoufer im östlichen Stadtgebiet. Das Museum ist im ehemaligen Kloster San Matteo, einer Anlage aus dem 15. Jh. mit Kreuzgang, untergebracht und beherbergt vor allem Gemälde und Skulpturen der sog. Pisaner Schule, mit Werken von Giovanni Pisano u. a.

Die Kirche **Santa Maria della Spina (10) [N43° 42' 54.79" E10° 23' 48.02"]** liegt am Südufer des Arno. Dieser überaus reich mit Spitzgiebeln, Türmchen und Dekorationen geschmückte Marmorbau stammt aus der Mitte des 14. Jh. und gilt als ein Meisterwerk Pisaner Gotik.

Der heutige Standort der Kirche ist nicht ihr ursprünglicher. 1871 nämlich trug man die Kirche Stein für Stein ab und errichtete sie hier erneut, um sie zukünftig den mitunter zerstörerischen Fluten des Arno zu entziehen.

Die Kirche **San Paolo a Ripa d'Arno (11) [N43° 42' 46.39" E10° 23' 35.37"]**, in der Nähe des südlichen Arnoufers im südwestlichen Stadtbereich gelegen, weist eine schöne romanische Fassade auf.

Ganz in der Nähe führt eine moderne Brücke über den Arno hinüber zur **„alten Zitadelle"**, dem Rest der alten Stadtfestung von Pisa.

Außerhalb von Pisa kann man die romanische Basilika **San Piero a Grado** aus dem 11. Jh. besichtigen. Die Kirche liegt rund 6 km westlich Richtung Marina di Pisa an der Stelle, an der – glaubt man der Legende – der hl. Petrus auf seiner Reise nach Rom in Italien gelandet sein soll. Im Inneren Bildnisse der Päpste von Petrus bis Johannes XVII. und ein Freskenzyklus mit Motiven aus dem Leben des hl. Petrus.

PRAKTISCHE HINWEISE – PISA

Ufficio Informazioni Turistiche di Pisa, Piazza del Duomo, 7, 56125 Pisa, Tel. +39 05 05 50 100; www.pisaunicaterra.it/en/. *Geöffnet tgl. 9.30 - 17.30 Uhr.*
Ufficio Informazione Turistiche di Pisa, Zona Stazione Centrale, Piazza Vittorio Emanuele II., 16, 50100 Pisa, Tel. +39 05 04 22 91. *Geöffnet tgl. 10 - 13 + 14 - 16 Uhr.*

Feste: „La Luminara di San Ranieri", jedes Jahr am 16. Juni. Fest zu Ehren des Schutzpatrons der Stadt, des hl. Ranieri, mit stimmungsvoller Kerzenillumination des Arno und der historischen Bauten der Stadt, wie z. B. des Schiefen Turms, abschließend Feuerwerk. Am 17. Juni, dem Namensfest des Stadtpatrons, Umzug und Bootsregatta auf dem Arno. Die Teilnehmer aus allen Stadtvierteln tragen historische Kostüme.

RESTAURANTS

Al Ristoro dei Vecchi Macelli, Via Volturno, 49, Tel. +39 05 02 04 24, Nähe Lungarno Simonelli und Fortezza Vecchia im südwestlichen Innenstadtbereich. Das Restaurant erstreckt sich über mehrere kleine Räume in einem historischen Gebäude, traditionelle Küche, gehobene Preislage. Mittwoch und Sonntagmittag geschlossen.
Il Toscano, Piazza Arcivescovado, 12, Tel. +39 05 05 55 858; www.ristoranteiltoscano.it; einladende Taverne mit Enoteca nahe des Schiefen Turms, gepflegtes Ambiente, gute Küche, gehobene Preislage.
La Grotta, Via San Francesco, 103, Tel. +39 05 05 78 105; www.osterialagrotta.com; uriges Lokal, gute toskanische Küche, gepflegte Weine, relativ moderate Preise.

HOTELS

Mein Tipp! Wenn Sie sich einmal etwas gönnen wollen, weniger des Komforts, als vielmehr des Ambientes und des Essens wegen, sollten Sie eine Übernachtung in der **Villa Corliano** in **San Giuliano Terme**, Tel. +39 38 98 46 79 46; www.corliano.it, in Betracht ziehen. Das Hotel, ein Doppelzimmer sollte schon unter 150 Euro zu haben sein, liegt rund 8 km nördlich von Pisa (Straße SS12 Richtung Lucca), hat 20 Zimmer und ein Ambiente, das der Kulisse eines historischen Mantel- und Degenfilms alle Ehre machen würde. Das Anwesen mit seinem Park stammt aus dem 16. Jh. und beeindruckt durch seine Salons und Fresken aus dem 17. Jh. Und das Tüpfelchen auf dem i ist das Restaurant „Osteria All'Ussero" beim Haus, wo man feinste toskanische Küche auf die Teller bringt. Geöffnet Donnerstag bis Sonntag. Fahrradverleih, WLAN. Parkplatz.
NH Cavalieri **,** 100 Zi., Piazza della Stazione 2, Tel. +39 05 04 32 90; www.nh-hotels.com; modernes Stadthotel am Bahnhof, größtes Haus am Platz, obere Preisklasse. Restaurant, WLAN. Parkplatz.
Grand Hotel Duomo **,** 90 Zi., Via Santa Maria, 94, Tel. +39 05 05 61 894; www.grandhotelduomo.it; komfortables Haus nahe des Dom-platzes, gehobene Preislage. Restaurant, Solarium, Terrasse. WLAN. Garage.
Royal Victoria ***, 67 Zi., Lungarno A. Pacinotti, 2, Tel. +39 05 09 40 111; www.royalvictoria.it/de/; Mittelklassehotel am nördl. Arnoufer am Rande des alten Stadtzentrums, mittlere Preislage. Restaurant, Garage, Parkplatz.

CAMPING

Camping Village Torre Pendente [WP 128 / N43° 43' 27.76" E10° 22' 59.57"], Viale delle Cascine, 86, Tel. +39 05 05 56 17 04; www.campingtorrependente.it; 1. Apr. – 31. Okt.; Zufahrt über die SS1 (Viareggio – Livorno) und Richtung Pisa Centro, im nordwestlichen Stadtbereich beschildert; ca. 2,5 ha – 150 Stpl.; Wiesenplatz mit Hecken und Bäumen, parzelliert; stark frequentierter Platz; Standard-Sanitärausstattung. Restaurant, Imbiss, Laden, Waschmaschine, Trockner, Schwimmbad, WLAN, Internetecke. **V & E für Wohnmobile**. Mietbungalows. In nicht sonderlich einladender Umgebung. Allerdings noch in Gehnähe zum Dom und zum Schiefen Turm, rund 1,5 km!

Tirrénia bei Pisa

Camping Village St. Michael [WP 129 / N43° 38' 49.44" E10° 17' 46.19"], Via della Bigattiera, 24, Tel. +39 05 03 31 03; www.campingstmichael.eu; Mitte Mai – Mitte Sept.; von der A12/E80 Ausfahrt Pisa Centro weiter Richtung Tirrénia, ca. 1 km nördlich des Ortes landeinwärts abzweigen und noch ca. 400 m; ebenes, schattiges Gelände, zum Strand ca. 800 m; 2 ha – 140 Stpl.; Standard-Sanitärausstattung; Imbiss, Laden, Waschmaschine, Internetecke. **V & E für Wohnmobile**. Mietbungalows. Zum Fährhafen Livorno ca. 10 km

Torre del Lago Puccini

Camping Europa [WP 130 / N43° 49' 52.09" E10° 16' 14.27"], Viale dei Tigli, Tel. +39 05 84 35 07 07; www.europacamp.it; Anf. Apr. – Anf. Okt.; Zufahrt von der A12/E80 Ausfahrt Pisa Nord und Richtung Viareggio. In Torre del Lago Puccini beschilderter Abzweig; Wiesengelände mit lichtem Baumbestand, im Anschlusss an eine Dauercampersiedlung; Standard-Sanitärausstattung. Restaurant, Imbiss, Laden, Schwimmbad, Fahrradverleih, Internetecke. **V & E für Wohnmobile**. Keine Hunde Juli bis August. Bus zum Strand.

WOHNMOBIL-STELLPLATZ – PISA

Wohnmobil-Stellplatz Area Sosta Camper di Pratale Pisa [WP 127 / N43° 43' 17.02" E10° 25' 15.46"], Via di Pratale, 80. **Zufahrt/Lage:** Von der Piazza del Duomo auf der SS12 Via del Brennero ostwärts bis Abzweig in die Via Alberto Papareli und am Kreisverkehr in Via di Pratale und noch ca. 200 m zur Platzeinfahrt bei der Agip-Tankstelle. **Geöffnet:** Ganzjährig. **Gebühr:** Pauschale inkl. Wohnmobil, Personen und Ver- und Entsorgung. Extragebühr für Strom. **Ausstattung:** Asphaltierter, ebener und fast schattenloser Parkplatz mit ca. 70 Plätzen für Wohnmobile, Frischwasser, Chemikaltoilettenausguss, Strom, beleuchtet, videoüberwacht.

Ausflüge ab Pisa

Ausflüge in die weitere Umgebung bieten sich an nach:

Cortesa di Pisa auch **Cortesa di Calci [Parkplatz, N43° 43' 18.76" E10° 31' 21.77"].** Die Kartause liegt rund 13 km östlich von Pisa abgeschieden an den südlichen Ausläufern des Monte Pisano. Das Kartäuserkloster wurde schon 1366 gegründet. Die weitläufigen Gebäudeflügel, die sich rechts und links der Klosterkirche erstrecken, sind im Stil des Spätbarock gehalten. Schöne Kreuzgänge. Heute Museum. Besichtigung auf Führungen dienstags bis samstags 9.30 – 18.30 Uhr.

Viareggio, einer der bekanntesten Badeorte an der italienischen Mittelmeerküste mit langen Sandstränden, schöner Seepromenade, lebhaftem Jacht- und Fischerhafen, liegt rund 21 km nordwestlich von Pisa und ist über die Autobahn A12 oder die SS1 rasch zu erreichen. In ganz Italien ist Viareggio bekannt für seine farbenfrohen Umzüge und Figurenparaden während der Karnevalszeit.

Im südlichen Stadtbereich liegt in **Torre del Lago Puccini** am Ende einer langen Lindenallee am Westufer des Lago di Massaciuccoli die Villa des Komponisten *Giacomo Puccini* (1858 – 1924),

Die alte Hafenfestung von Livorno

in der er viele seiner Opern verfasste. Sein Grab befindet sich in der Kapelle des Hauses, das heute als Museum dient **[Parkplatz, N43° 49′ 56.43″ E10° 18′ 16.59″]**.

Marina di Pisa, hübsches Seebad an der Arnomündung, mit ausgedehnten Pinienhainen im Hinterland.

Abstecher nach Livorno

Livorno, ca. 20 km südlich von Pisa gelegen, ist mit über 175.000 Einwohnern eine lebhafte Industriestadt und darüber hinaus einer der wichtigsten Häfen Italiens bzw. bedeutendster Handelshafen an der tyrrhenischen Küste.

Die Stadt hat eine lange geschichtliche Vergangenheit, erlebte aber erst unter den Medici im 15. und 16. Jh. seine große Blütezeit, nicht zuletzt durch den Ausbau seines Hafens, der damals vorangetrieben wurde. 1881 erhielt die Stadt eine Militärakademie, in der das Land seine Marineoffiziere ausbildet. Die Akademie betreut auch das italienische Segelschulschiff *Amerigo Vespucci*.

Teile der Stadt wurden im Zweiten Weltkrieg zerstört und zeigen ein neuzeitliches Gepräge.

Einen guten Eindruck vom alten Stadtbild vermittelt die **Piazza Grande** mit dem **Dom**, der originalgetreu wieder aufgebaut werden konnte.

Weiter südlich an der Piazza Giuseppe Micheli, gegenüber der Festung **Fortezza Vecchia** aus dem 16. Jh., steht das zu Ehren von Großherzog Ferdinand I. Medici nach dessen Sieg über die Mauren errichtete Denkmal. Die Skulpturen der vier angeketteten Mooren wurden 1626 hinzugefügt. Sie verliehen dem Denkmal seinen volkstümlichen Namen *„Monumento dei Quattro Mori"*.

Abstecher nach Carrara

Schon von weiten sieht man die weißen „Wunden" an den Berghängen der Apuanischen Alpen. Feiner, meist weißer Marmor ist es, der hier seit Menschengedenken gebrochen wird.

Michelangelo bemühte sich weiland schon zu den Marmorbrüchen, um geeignete Steinblöcke für seine Arbeiten, heute alles bewunderte Kunstwerke, zu finden. Auch der Marmor, aus dem Michelangelos berühmter „David" gemacht ist, stammt aus Carrara. Aber auch die Großen ihrer Zunft der Neuzeit, wie Henry Moore (1898 – 1986), um nur einen zu nennen, pilgerten und pilgern in die Marmorbrüche von Carrara, um den perfekten Stein für ihre Vorhaben zu finden.Und seit jeher lebt der größte Teil der Bevölkerung Carraras – in Carrara leben heute annähernd 66.000 Menschen – vom Marmor, vom Handel, vom Transport, von der Bearbeitung oder an vorderster Front direkt in den Steinbrüchen.

Fast 3.000 Menschen verdienen dort durch harte Knochenarbeit, trotz Maschinen, die obendrein auch noch ziemlich gefährlich ist, ihr tägliches Brot. Und die Leute sind gut beschäftigt. Jährlich werden fast eine Million Tonnen Marmor in den Steinbrüchen von Carrara abgebaut.

Von Carrara aus fährt man auf schnurgerader Straße bergan hinauf in die zernagten Berge. Der Weg ist mit „Cave da Mamor" beschildert. Später führt der Weg als sehr enge Serpentinenstraße hinauf zu den Brüchen von Frantisserritti. Am Rande eines der großen Marmorbrüche findet man einen Parkplatz und eine kleines, aber interessantes **Museum [Parkplatz, N44° 5' 22.21" E10° 8' 0.81"]** (mit Souvenirladen und Freilichtausstellung).

Beeindruckt haben uns dort vor allem die Dokumentationen und alten Fotos mit denen gezeigt wird, wie früher hier gearbeitet wurde. Vorschlaghammer, Keil und Brecheisen waren die Werkzeuge, und viel, viel Muskelkraft.

Wer sich sehr für die Geschichte des Marmors interessiert, wird in Carrara das **Museo Civico di Marmo [N44° 3' 56.46" E10° 4' 22.69"],** Via XX Settembre, besichtigen wollen *(geöffnet Mai - Sept. tgl. a. So 9.30 - 13 Uhr + 15.30 - 18 Uhr; übrige Zeit 9 - 12.30 Uhr + 14.30 - 17 Uhr)*. Hier erfährt man alles über die diversen Marmorarten und die lange Geschichte des Abbaus, des Transports und der Bearbeitung von Marmor.

Die meisten der **Steinmetzwerkstätten** findet man übrigens in **Pietrasanta**. Aber nicht alles was dort heute fabriziert wird, ist hehre Kunst. Vieles gehört schlicht und einfach in die Kategorie „Kitsch". Der Ort liegt etwa auf halbem Wege zischen Pisa und Carrara an der SS1. Und wer sich für die Bildhauerei interessiert, sollte in Pietrasanta unbedingt im **Museo dei Bozzetti [N43° 57' 26.50" E10° 13' 57.83"]** vorbeischauen. Es ist im Kreuzgang des alten Klosters Sant'Agostino untergebracht und zeigt Hunderte von Modellen und Studien zahlreicher Künstler und Bildhauer. Allerdings wurden nicht aus allen Vorlagen große Kunstwerke *(geöffnet Sommer Mo 9 - 13 Uhr, Di - Sa 9 - 13 Uhr, 19 - 24 Uhr, So 19 - 12 Uhr; Winter Mo 14 - 19 Uhr, Di - Sa 9 - 13 Uhr, 14 - 19 Uhr, So 16 - 19 Uhr; www.museodeibozzetti.it)*.

Ein Denkmal erinnert an die harte Arbeit der Steinbrecher

PRAKTISCHE UND NÜTZLICHE INFORMATIONEN VON A BIS Z

ANSCHRIFTEN

Fremdenverkehrsämter

Italienische Zentrale für Tourismus (E.N.I.T.), Direktion für Deutschland, Österreich und Schweiz:

60325 Frankfurt/Main, Barckhausstr. 10, Tel. 069-23 74 34, Fax 069-23 28 94, e-mail: frankfurt@enit.it, www.enit-italia.de, *geöffnet Mo - Fr 9.15 - 17 Uhr, Sa + So geschlossen.*

Verkehrsamtszentralen in der Toskana:

Ufficio per il Turismo Regione Toscana, Via di Novoli, 26, 50127 Firenze, Tel. +39 05 54 38 21 11; www.regione.toscana.it.

Ufficio del Turismo (Fremdenverkehrsamt) Provinz Florenz, Via Cavour, 37, 50121 Firenze, Tel. +39 05 52 76 01; www.firenze.turismo.toscana.it.

Azienda per il Turismo di Firenze (APT), Verkehrsamt Florenz, Via Manzoni, 16, Florenz 7, Tel. +39 05 52 33 20; www.firenzeturismo.it.

Soweit Touristeninformationsbüros vorzufinden sind, werden sie bei den einzelnen Orten in den Routenbeschreibungen in diesem Reiseführer aufgeführt.

Automobilclubs

Automobile Club d'Italia (ACI), Viale G. Amendola, 36, 50121 Firenze, Tel. +39 05 52 48 61; www.aci.it.

ACI und TCI (Touring Club Italiano; www.touringclub.it) haben Niederlassungen in allen großen Städten des Landes.

Busunternehmen

Deutsche Touring GmbH, Am Römerhof 17, 60486 Frankfurt/Main, Tel. 069-7 90 30; www.deutsche-touring.com.

Firenze Lazzi Express, Piazza della Stazione 4, 50123 Firenze, Tel. +39 055 21 51 55.

Internetadressen

www.auswaertiges-amt.de – Eine Quelle vielfältiger Informationen des Auswärtigen Amtes der Bundesrepublik, u. a. über Länderinformationen, deutsche Vertretungen im Ausland, Sicherheitshinweise zu Auslandsreisen und vieles mehr.

www.autobrennero.it/de/ – Alles über die Brennerautobahn, wie Mautgebühren, Verkehrsinfos etc.

www.enit.it – Mehrsprachige Seite der Italienischen Zentrale für Fremdenverkehr.

www.italien.info – Deutsch, alles über Italien als Reise- und Urlaubsland, von Buchempfehlungen über Hotel- und Restaurantlistungen, Spezialitäten und Rezepte bis zu Reisezielen, Wetter etc.

Toskana: www.regione.toscana.it – das offizielle Webportal für die Toskana als Reiseland.

Florenz: www.firenze.turismo.toscana.it – offizielle Webseite von Florenz
www.uffizi.org/

Konsularische Vertretungen

Botschaft der Republik Italien, Hiroshimastraße 1, 10785 Berlin, Tel. 030-25 44 00; www.ambberlino.esteri.it.

Italienische Generalkonsulate in Dresden, Frankfurt/Main, Hamburg, Hannover, Köln, München und Stuttgart.

Botschaft der Bundesrepublik Deutschland, Ambasciata della Repubblica Federale di Germania, Via San Martino della Battaglia, 4, I-00185 Roma, Tel. (+39) 06 49 213-1; www.rom.diplo.de.

Honorarkonsulat Florenz, Corso di Tintori, 50122 Firenze, Tel. (+39) 05 52 34 35 43, eMail: florenz@hk-diplo.de.

CAMPING

Camping ist in Italien beliebt und sehr verbreitet. Entsprechend groß ist das Angebot an Campingeinrichtungen. In Italien gibt es nicht weniger als weit über 2.000 Campingplätze. Besonders viele Campinganlagen findet man an der Küste des Tyrrhenischen Meeres. Aber auch im Inland der Toskana und auf Elba ist das Netz der Plätze so dicht, dass eine Campingreise diesbezüglich keine großen Probleme aufwirft.

Der Ausstattungsstandard der Plätze, die Qualität und der Umfang ihrer Einrichtungen ist recht unterschiedlich.

Natürlich findet man auf allen Plätzen WC's, Warmduschen, Geschirr- und Wäschewaschbecken.

Sucht man aber nach etwas komfortableren Ausstattungen wie Warmwasser in allen Waschbecken, Einzelwaschkabinen, geräumige Duschkabinen, Waschmaschinen mit Trockner, Einrichtungen für Mutter und Kind, Haartrockner, ausreichend Stromanschlüsse für Caravans, Spiel- und Freizeiteinrichtungen oder Wasserzapfstellen auf dem Platzgelände, können nicht mehr alle Anlagen mithalten.

Dafür findet man auf fast allen Campingplätzen eine Einkaufsmöglichkeit für Lebensmittel und eine Bar bzw. Cafeteria oder gar ein Restaurant. In der Nebensaison können solche Einrichtungen aber noch bzw. schon geschlossen sein.

Stellt man der durchschnittlichen Platzausstattung das vergleichsweise hohe Preisniveau italienischer Campingplätze gegenüber, z. B. auf Elba, fühlt man sich auf einigen Plätzen des Landes nicht besonders gut aufgehoben.

Viele Campingplätze bieten sog. Bungalows an, deren Ausstattung, Komfort und Größe aber so sehr variiert, dass darüber keine allgemeingültige Aussage gemacht werden kann. Auf vielen Plätzen werden Bungalows – vor allem in der Hochsaison – nur wochenweise vermietet. Eine Vorreservierung ist stets ratsam!

Als groben Anhaltspunkt kann man Übernachtungspreise auf Campingplätzen (Stellplatz, Wohnmobil/Caravan und zwei Personen) um die 25,- Euro ansehen. Allerdings können die Preise für eine Übernachtung in Touristenhochburgen in der sommerlichen Hochsaison (Florenz, Fiesole, strandnahe Plätze, Insel Elba) auch locker 60,-/70,- Euro und mehr erreichen! Oft kommen dazu auch noch die Gebühren für Stromanschluss und/oder Warmduschen. Im Landesinneren werden aber auch niedrigere Preise verlangt.

Campingplätze im Bereich der Toskana sind gewöhnlich von April bis Ende September, teils bis Mitte/Ende Oktober geöffnet. Einzelne Anlagen sind auch ganzjährig geöffnet.

Wildes Campen ist generell nicht gestattet. Toleriert wird aber meist eine einmalige Übernachtung auf Rast- oder Parkplätzen, wenn nichts Gegenteiliges ausgeschildert ist (s. u. „Wohnmobil-Stellplätze"). Darauf verlassen sollte man sich aber vor allem in der betriebsamen Hochsaison nicht!

Und auch in Italien findet man das für Tourer nicht immer erfreuliche Phänomen, dass manche Campingplätze von Dauercampersiedlungen bzw. Mobilhomes so stark belegt sind, dass sie das Bild des Campingplatzes prägen.

Als **Stromanschlüsse** für Caravans und Wohnmobile auf dem Platzgelände sind die ECC-Kontakte üblich. Stromspannung 220 V.

Anders sieht es aber oft in den Sanitärräumen aus. Dort führen die Steckdosen zwar auch eine Spannung von 220 V. Für Ihren Föhn, elektrischen Rasierer o. ä. sollten sie aber unbedingt einen **Zwischenstecker** dabei haben. Die bei uns üblichen Stecker passen gewöhnlich nicht in die in Italien üblichen Steckdosen!

Mein Tipp! Den absoluten Höhepunkt erreicht die Reise- und Urlaubszeit in Italien in den drei Wochen von der letzten Juliwoche bis Mitte August. In dieser turbulenten Zeit sind die Campinganlagen, vor allem am Meer oder an den inländischen Seen, fast regelmäßig überfüllt. Es empfiehlt sich sehr, diese Zeit im Interesse des Reiseerlebnisses zu meiden!

Hinweis über Angaben zu Campingplätzen

Bei den in diesem Reiseführer angegebenen Campingplätzen folgen dem

Platznamen die **GPS-Koordinaten** in Eckiger Klammer, dann **Anschrift** bzw. Lokalität, **Telefonnummer** mit Vorwahl, **Öffnungszeit** und Lokalisierung oder **Zufahrt**.

Die **Größe** des Platzes wird in Hektar (ha), die Aufnahmekapazität in **Stellplätzen** (Stpl.) angegeben.

Es wird versucht, die **Platzeinrichtungen**, so wie sie beim Besuch vorgefunden wurden, in etwa zu charakterisieren, wobei Zustand und Pflege der Gebäude, Installationen und des Geländes auch von Bedeutung waren. Die Übergänge zwischen den drei als grobe Anhaltspunkte geschaffenen Kategorien Mindest-, Standard-und Komfort-Sanitärausstattung sind fließend.

Mindest-Sanitärausstattung: Einfacher Platz mit bescheidenen, veralteten oder vernachlässigten Einrichtungen, die außer WC's, Kaltwasserwaschbecken und eventuell einige Kaltduschen keine oder völlig unzeitgemäße Einrichtungen für Hygiene und Körperpflege aufweisen.

Standard-Sanitärausstattung: Der Durchschnittscampingplatz mit WC's, Kaltwasserwaschbecken und Duschkabinen in den Waschräumen (nicht im Freien), evtl. einige davon mit Warmwasser. Ordentlicher Gesamteindruck. Einige Stromanschlüsse für Caravans.

Komfort-Sanitärausstattung: Außer ausreichend WC's, Waschbecken mit Warmwasser und Warmduschen in zeitgemäßen, gepflegten Sanitäranlagen werden auch Geschirr- und/oder Wäschewaschbecken mit Warmwasser oder Waschmaschine erwartet, ebenso Stromanschlüsse für Caravans in ausreichender Zahl. Das Terrain soll durch Wege erschlossen sein und im Gelände verteilte Müllbehälter und Wasserzapfstellen, ein Restaurant und/oder Einkaufsmöglichkeit, sowie einen Kinderspielplatz aufweisen.

Umfangreiche Komfortausstattung: Zusätzlich zu den vorgenannten Merkmalen wird erwartet, dass die Anlage und Pflege des Platzes, seine Führung und die Ausstattung, Bauweise und Pflege der Sanitäranlagen gehobenen Ansprüchen genügen. Möglichst komplette Warmwasserausstattung, zahlenmäßig reichhaltige, moderne Installationen, Sport- und Freizeitmöglichkeiten (z. B. Tennis, Schwimmbad, Sauna o. ä.) sollte eine so eingestufte Campinganlage aufweisen.

Wohnmobil-Stellplätze

Italien erlaubt Caravanern und Wohnmobilisten das einmalige Übernachten außerhalb von offiziellen Campingplätzen. Sie können also für eine Nacht an Strassen, auf Park- und Rastplätzen Halt machen, sofern dies auf dem jeweiligen Platz nicht durch entsprechende Beschilderung untersagt ist, oder ein städtisches oder überregionales Verbot diesbezüglich besteht.

Eine erfreulich große Zahl von Städten und Gemeinden in der Toskana haben **Übernachtungsparkplätze** für Wohnmobile ausgewiesen.

Viele dieser **Stellplätze** können sogar unentgeltlich benutzt werden. Allerdings sind solche Übernachtungsstellplätze nicht immer mit Entsorgungsmöglichkeiten für Abwasser (gewöhnlich V & E-Säule, gelegentlich auch nur Luke oder eine Öffnung im Boden) und mit Zapfstellen für Trinkwasser ausgestattet. Sanitäranlagen gibt es auf Stellplätzen selten.

Sind Wasserhähne für Trinkwasser vorhanden, besteht in vielen Fällen das Problem, dass die Hähne keinen Anschluss (Gewinde, Bajonettanschluss) zum Andocken eines Schlauches haben. Geschweige denn ist ein Schlauch vorhanden. Hier sollte man also auf alle Fälle mit Schlauch und entsprechenden Adaptern gut vorbereitet sein! Ansonsten hilft nur noch die gute alte Gießkanne, so man hat.

Meist sind Stellplätze mit dem Verkehrsschild „Wohnmobil" oder „Wohnmobil-Abwasserentsorgung" beschildert. Und halten Sie Ausschau nach Bezeichnungen wie **„Area attrezzata"**, oder **„Camper Service"** oder **„Area di sosta"** o. ä.

Eine in vielen Fällen einladende Alternative zu den kommunalen Stellplätzen bietet sich Wohnmobilisten auf Bauernhöfen, auf denen Wohnmobile willkommen sind. Ausgeschildert sind solche Bauernhöfe gewöhnlich mit **„Agriturismo con campeggio“**. Allerdings sind solche Angebote noch relativ selten! Hier ist das Übernachten aber nicht kostenlos. Dafür parkt man oft in schöner Umgebung, kann Frischwasser aufnehmen, bekommt in vielen Fällen auch einen Stromanschluss und kann mitunter den Reiseproviant auch noch mit den Produkten des Hofes ergänzen. Viele Höfe, die Wohnmobilstellplätze anbieten, erwarten oder setzten voraus, dass man Produkte des Hauses erwirbt. Auf vielen der Höfe produziert man vorzügliche Weine, feinstes Olivenöl und traumhafte Würste, Schinken, Käse und ähnliche Köstlichkeiten.

EINREISEBESTIMMUNGEN

Persönliche Dokumente

Für die Einreise nach Italien genügt für Bundesbürger und alle Staatsangehörigen der EU (auch für Staatsbürger der Schweiz) ein **gültiger Personalausweis**. Der Führerschein wird nicht als Ersatz für den Personalausweis akzeptiert.

Kinder unter 16 Jahren benötigen einen Kinderausweis, Kinderreisepass oder Personalausweis

Kinder, die nicht mit ihren Eltern reisen, sondern in Begleitung von „nicht erziehungsberechtigten Personen“ reisen, sollten eine Einverständniserklärung ihrer Eltern mitführen. Bei Kontrollen kann dies unliebsame Missverständnisse ausräumen.

Es empfiehlt sich, nicht nur bei Reisen nach Italien, von seinen Personal- und Kfz-Dokumenten Fotokopien anzufertigen und sie an einem anderen Ort als dem der Originalpapiere aufzubewahren. Nach evtl. Verlust der Originale können die Kopien die Prozedur der Wiederbeschaffung erleichtern.

Mit Italien besteht ein Sozialversicherungsabkommen. Mit der Europäischen Krankenversicherungskarte (EHIC), die Ihre Krankenversicherung ausgibt, sollten medizinisch notwendige Leistungen nach den für Italien geltenden Vorgaben in Anspruch genommen werden können.

Einreise mit dem Auto

Gültiger **EU-Führerschein** und **Zulassungsbescheinigung Teil I** (ehem. KFZ-Schein) müssen mitgeführt werden. Gültige Dokumente müssen Sie auch für mitgeführte Anhänger oder Motorräder etc. dabei haben.

Empfehlenswert ist auch die Mitnahme der **Internationalen Grünen Versicherungskarte**.

Bei Fahrzeugen mit Euro-Kennzeichen ist das Anbringen des Nationalitätskennzeichens „D“, „A“ etc. nicht mehr zwingend vorgeschrieben.

Übrigens: Falls Sie mit einem zu Hause gemieteten Wohnmobil, also mit einem Kfz, das nicht Ihnen gehört bzw. nicht auf Sie zugelassen ist, ins Ausland reisen, sollten Sie eine Bescheinigung des Eigentümers (Vermieters) mitführen. Schauen Sie in Ihren Mietpapieren danach!

Haustiere

Für die Einfuhr von Haustieren (Hunde, Katzen etc.) nach Italien ist der blaue **EU-Haustierausweis** (Pet Passport) erforderlich. Das Tier muss den Daten im Ausweis eindeutig zugeordnet und identifiziert werden können. Dazu ist es nötig, dass dem Tier ein Mikrochip implantiert ist. Für einen begrenzten Übergangszeitraum genügt eine Tätowierung.

Die letzte **Tollwutimpfung** muss mindestens 30 Tage vor der Einreise nach Italien erfolgen und darf nicht älter als 12 Monate sein.

Maulkorb- und Leinenzwang für „größere“ Hunde. Maulkorb und Leine, die nicht länger als 1,5 m sein darf, sind mitzuführen.

Wenn Sie es irgendwie einrichten können, lassen Sie Ihren geliebten Vierbeiner lieber zu Hause. Hunde sind zumindest in der Hochsaison an Stränden fast überall verboten. Auch in manchen Hotels und in vielen Restaurants sind Hunde nicht gerne gesehen. Bei einer Hotelbuchung oder Reservierung auf einem Campingplatz sollten Sie sich unbedingt schriftliche bestätigen lassen, dass Sie Ihren Hund mitbringen dürfen.

Zollbestimmungen (Auszug)

Alle persönlichen Gegenstände, die auf einer Privatreise benötigt werden und alle Waren, die zum eigenen Verbrauch bestimmt sind, können für die Zeit des vorübergehenden Aufenthalts bei Reisen innerhalb der EU zollfrei ein- und wieder ausgeführt werden.

Reisende über 17 Jahre können u. a. folgende Waren, die für den eigenen Gebrauch bestimmt sein müssen, abgabenfrei mitführen: 800 Zigaretten, 400 Zigarillos, 200 Zigarren, 1 kg Tabak, 10 Liter Spirituosen, 10 Liter Alkopops, 20 Liter Wein, 20 Liter Sherry, Portwein oder Marsala und 110 Liter Bier.

Besondere Einfuhrbestimmungen gelten für Funkgeräte, Waffen und Medikamente. Ein Einfuhrverbot besteht z. B. auch für Schreckschusspistolen oder Gassprays!

Wenn Sie aus gesundheitlichen Gründen ständig auf Medikamente angewiesen sind, diese Medikamente aber Stoffe enthalten, die unter das Betäubungsmittelgesetz fallen und Sie diese Medikamente in einem größeren Quantum mit sich führen werden, weil Sie darauf während Ihrer Reise nicht verzichten können, sollten Sie sich rechtzeitig bei Ihrem Arzt oder bei der Italienischen Botschaft in Berlin erkundigen, ob Sie hier eine besondere Bescheinigung mitführen müssen.

Vor Abreise bitte nach den neuesten, ausführlichen Bestimmungen erkundigen.

ESSEN UND TRINKEN

Pizza, Pasta und Polenta

Nur von der „Italienischen Küche" zu sprechen, würde der farbigen Vielfalt ihres Angebots nicht im geringsten gerecht.

Sicher findet man eine große Linie, die sich in Form von Minestrone, Pizza, Spaghetti, Risotto, Polenta oder Ravioli von Mailand bis Palermo durchzieht. Aber erst wenn man den regionalen Unterschieden der Gerichte nachspürt, eröffnet der italienische Speisezettel seinen schier unerschöpflichen Reichtum an köstlichen Gerichten.

Jede Großregion des Landes hat natürlich auch Ihre Spezialitäten. Am bekanntesten dürfte die Pizza sein, eine Spezialität der „Neapolitanischen Küche". Aber auch die „Piemonteser Küche" oder die „Milaneser Küche" kennen ihre besonderen Gerichte.

Die ganze Bandbreite reicht vom teutonischen Sauerkraut, das man durchaus auf Speisekarten in Südtirol finden kann, bis zum nordafrikanischen Kus Kus, das man auf den weiter südlich gelegenen kleinen Inseln kennt. In nördlichen Provinzen kocht man z. B. gerne mit Butter, in den Abruzzen auch mal mit Schmalz und in der Toskana, in Umbrien, in den Marken und im Süden zieht man das Olivenöl vor.

Besonders gelobt wird die **„Toskanische Küche"**. Ihr wird nachgesagt, dass sie die Basis für die klassische französische Küche geworden sein soll, nachdem Katharina de' Medici an den französischen Königshof geheiratet hatte und mit ihren Küchenmeistern ganz neue Rezepte und Zubereitungsarten nach Frankreich kamen.

Und noch heute wird die hohe Qualität Toskanischer Gerichte vor allem durch die Frische ihrer Zutaten, Gewürze und Kräuter erreicht.

Ein wichtiger Bestandteil der Toskanischen Küche ist feines, kaltgepresstes Olivenöl, natürlich aus Mittelitalien. Es wird als das Feinste im Lande gepriesen und trägt nicht unwesentlich mit dazu bei, dass auch einfachere Gerichte fein und abgerundet schmecken und leicht und bekömmlich sind, eine willkommene Eigenschaft, die mit Fett zubereitete Speisen oft vermissen lassen.

Ein gepflegtes italienisches Menü

Ein gepflegtes italienisches Menü beginnt gewöhnlich mit **Vorspeise *(Antipasto)*** und kleinen Appetitportionen mit pikanten Sardellen *(alici piccanti)*, mit Wurst *(salsiccia)*, Salami oder Schinken *(prosciutto)*, mit Oliven, Melone, Pilzen *(funghi)*, Gürkchen, Feigen *(fichi)* oder Mozzarella, oder Weinbergschnecken *(lumache)*, Artischockenböden *(carciofi)* etc. Versuchen Sie z. B. einmal *tonno con fagioli*, das ist Thunfisch mit weißen Bohnen oder *lingua salmistrata* (pikante Pökelzunge). Die Liste ließe sich weiter fortsetzen.

Manche Lokale servieren anstelle der klassischen antipasti auch ***bruschetta*** oder ***fettunta***, eine kräftige Scheibe getoastetes Brot, mit Knoblauch und Olivenöl bestrichen und mit Salz bestreut. Nehmen Sie dazu ein Gläschen Wein, eine köstliche Einstimmung auf weitere kulinarische Entdeckungen. In Montecatini Alto wird im Mai eigens ein Fettunta-Fest gefeiert.

Etwas dünner geschnitten sind die Scheiben getosteten Weißbrotes, die man in Restaurants als ***crostini*** kredenzt. Crostini sind mit einer Paste aus Milz und Leber und/oder mit frisch gemachter Tomatensauce bestrichen und obenauf liegt etwas Basilikum, das die Köstlichkeit wunderbar abrundet.

Die eigentliche Speisenfolge beginnt dann mit dem **Vorspeisengang *(Primo)***, meist einer Suppe (*minestra* oder *zuppa)*. Das kann eine klassische *Minestrone*, ein legiertes, etwas dickes Gemüsesüppchen sein, oder eine klare Brühe *(brodo)* vom Rind oder Huhn *(brodo di pollo)* mit Reis, Ei oder feinen Teigeinlagen (*pastina*).

Neben der Minestrone sind u. a. die *zuppa alla pavese*, eine Rinderbrühe mit Ei und Brot, Bohnensuppen mit Teigeinlagen oder eine Fischsuppe *(zuppa di pesce, alla marinara)* recht typisch.

An Stelle der Suppe kann man auch eine *asciutta*, eine „trockene" Vorspeise in Form eines Reisgerichtes oder einer Portion Pizza, wählen.

Pizza in ihren fantasiereichen Varianten, ist bei uns zur Hauptmahlzeit geworden. In ihrem Heimatland gehört sie aber zu den Paste, zu den als Vorspeise gereichten Teigwaren. Und oft nimmt man auch schnell ein Stückchen Pizza zu sich, um die Zeit zwischen den Mahlzeiten zu überbrücken. Wenn auch die bisher erwähnten Hors d'oeuvres mitunter weggelassen werden (auch in Italien besteht im Alltag das Abendessen nicht immer aus einem mehrgängigen Menü), der nächste Gang, ***Pasta*** (Nudeln, Teigwaren), fehlt bei keinem italienischen Menü.

Die wunderbare Vielfalt italienischer Teigwaren, die in den vergangenen Jahren weltweit die Restaurants erobert haben, ist enorm und so variantenreich, dass man dem Trugschluss aufsitzen könnte, die berühmte *Cucina Italiana* bestünde nur aus Nudelgerichten.

Da gibt es *Spaghetti* und *Linguine*, die klassischen, dünnen, langen Nudeln, dann *Rigatoni* und *Penne*, die kurzen, etwas dickeren, röhrenartigen Nudeln, weiter *Fettuccine* und *Tagliatelle*, mit Eiern zubereitete Bandnudeln. Auch die *Lasagne* zählt zu den Nudelgerichten.

Nicht genug damit. Auch grüne Pasta findet man, z. B. *Tagliatelle verdi* oder *Lasagne verdi*, Bandnudeln, die mit feingehacktem Spinat zubereitet werden.

Eine weitere Sparte der Pasta sind die mit einer Fleisch- oder Käsemasse gefüllten Teigwaren. *Ravioli* gehören ebenso dazu wie *Cannelloni, Cappelletti, Agnolotti* oder *Tortellini*. Auch die *gnocchi*, das sind kleine Klösschen, gehören zu den Teigwaren.

Eine andere Erfahrung sind die diversen **Saucen,** mit denen Penne, Tagliatelle etc. serviert werden. Auch hier findet man wieder die regionalen Unterschiede in Form von Zutaten und Würzung.

Nudelgerichte *(pasta asciutta)* werden z. B. serviert *al pomodoro* (mit Tomatensauce, oft fein gewürzt mit Kräutern, Knoblauch u.s.w.), *al sugo* (mit Tomaten-Fleisch-Sauce), *con parmigiano* (mit Parmesankäse), *in bianco* (nur mit Butter und Parmesankäse) etc. etc.

Im Norden des Landes wird anstelle von Pasta oft auch *Polenta* angeboten. Polenta ist eine aus Maismehl zubereitete breiartige Teigware. In kaltem Zustand wird Polenta oft in Scheiben geschnitten, die dann mit Saucen und Zutaten zubereitet werden.

Oder man nimmt anstelle der Nudeln ein ***Risotto***, ein Reisgericht, wie z. B. *Risotto alla finanziera* (Reis mit Hühnerleber), *Risotto ai funghi* (Reis mit Pilzen), *Risotto alla milanese* (Reis mit Safran), *Risi e bisi* (Reis mit Erbsen) u.v.a.

Hauptgerichte *(Secondo)* bestehen meist aus Fleisch *(carne)* oder Fisch *(pesce)*. Tages- oder Tellergerichte werden als *Piatti del giorno* angeboten.

Gut zubereitet findet man neben Rind *(manzo)*, Kalb *(vitello)* und Schwein *(maiale)*, auch Geflügel *(volatili)*, Huhn *(pollo)*, Lamm *(agnello)*, Hammel *(montone)*, Kaninchen *(coniglio)*, Wildschwein *(cinghiale)*, Ziege *(capra)* oder Hase *(lepre)*.

Fleisch wird z. B. *alla griglia* (auf dem Rost gegrillt), *arrosto* (gebraten), *brasato* (eingelegt, mariniert), *spezzatino* (als Gulasch, Ragout), *alla cacciatora* (nach Jägerart), *a vapore* (gedünstet), *stufato* (geschmort), *lardellato* (gespickt), *ripieno* (gefüllt) oder als *involtini* (Rouladen) angeboten.

Das *Bistecca*, das auf vielen Speisekarten auftaucht, hat in den allerseltensten Fällen etwas mit einem saftigen Beefsteak zu tun. Vielmehr verbirgt sich dahinter ein einfaches Schnitzel *(bistecca alla milanese)*.

Ein wahrer Gaumenschmaus ist z. B. ein fein über dem offenen Holzfeuer gebratenes Lendensteak am Knochen nach Florentiner Art, ein *„bistecca alla fiorentina."* Ein T-Bone-Steak nach Florentiner Art sollte, nach originaler Art und Weise hergestellt, immer vom feinen Fleisch der weißen Chianti-Rinder stammen. Die Steaks müssen traditionsgemäß über Holzkohlefeuer gegart werden. Und jedes einzelne Stück muss mindestens 600 g auf die Waage bringen! Wenn Sie da nicht einen Bärenhunger mitbringen, werden leicht zwei davon satt.

Häufig stehen auf Speisekarten auch *saltimbocca* (Kalbfleischröllchen mit feinem Schinken und Salbei) oder *bocconcini* (Kalbfleischröllchen mit Käse), *scaloppine al marsala* (Kalbsschnitzel in Weißwein zubereitet).

In verschiedenen Zubereitungsarten findet man das Kotelett *(costoletta)*, kleine Schnitzel *(scaloppine)*, Kalbshaxenscheiben *(ossobuco)*, aber auch Leber *(fégato)* oder Nieren *(rognoni)*.

Fischgerichte gehören nicht eben zu den preiswerten Mahlzeiten, werden aber in schmackhaften Variationen angeboten.

Womit man allerdings zögern sollte, ist der Genuss von Schalentiere aus dem Mittelmeer, wie Muscheln *(cozze, vongole)* etc. Oft sind die Zuchtgebiete von Muscheln durch Umwelteinflüsse verunreinigt.

Wer's mag kann *calamari* (Tintenfisch) bestellen. Zu den am häufigsten angebotenen Fischen zählen außerdem Thunfisch *(tonno)*, Kabeljau *(merluzzo)*, Stockfisch *(baccala)*, Seezunge *(sóglio-la finta)*, Scholle *(passera)*, Aal *(anguilla)* oder Forelle *(trota)*.

Zum **Nachtisch *(Dolce)*** nimmt man Obst *(frutta)*, z. B. Weintrauben *(uva)* oder Erdbeeren *(frágola)*, eine Süßspeise *(dolce)*, z. B. *zabaione* (eine Eierschaumcreme mit Marsala), ein Eisdessert *(gelato)*, z. B. *cassata* (Eis mit kandierten Früchten) oder Käse *(formaggio)*.

Zu den bekanntesten **Käsesorten** zählen der weiche *Bel Paese*, der *Gorgonzola*, ein Blauschimmelkäse, der würzige *Provolone*, der *Groviera* (wie Schweizer Käse) oder der *Fontina* und natürlich der in vielen Varianten und Reifegraden angebotene *Pecorino*, ein Schafskäse, der traditionell aus der Maremma und aus der Gegend um Pienza kommt.

Mozarella ist übrigens ein Frischkäse mit so gut wie keinem Eigengeschmack, der nicht nach dem Essen, sondern als antipasto vor dem Essen gereicht wird. Ein anderer aus Kuhmilch zubereiteter Frischkäse ist der nicht minder beliebte *Ricotta*.

Ein starker schwarzer Espresso beendet fast immer das Menü. Der *Cappuccino* (Kaffee mit aufgeschäumter Milch) gilt in Italien als Frühstückskaffee und ist weniger ein Kaffee nach dem Essen. Traditionell spielt das Frühstück *(prima colazione)* in Italien übrigens eine untergeordnete Rolle bei den Mahlzeiten des Tages.

Essenszeit ist in Italien allgemein etwas später als bei uns. Zu Mittag isst man gewöhnlich zwischen 13 und 14.30 Uhr und das Abendessen wird selten vor 20 Uhr serviert.

Selbst im einfachsten Restaurant findet man auf der Rechnung den Posten *„pane e coperta"*, der für Brot und Gedeck berechnet wird. Das Bedienungsgeld *„servizio"* ist gewöhnlich im Rechnungsbetrag enthalten.

Ohne besondere Empfehlung wird die abendliche Suche nach einem Speiserestaurant in einem fremden Ort immer ein kleines Abenteuer bleiben. Wirklich richtig reinfallen, wird man in den seltensten Fällen und wenn, dann eher in den Touristenhochburgen als auf dem „flachen Lande".

Ein guter Kompromiss zwischen Preis und Leistung können in Touristenhochburgen durchaus sog. „Touristenmenüs" (menu turistico) sein. Gewöhnlich werden zu einem deutlich bekanntgegebenen, moderaten Preis, mit dem das Lokal gegenüber Mitbewerbern ja konkurrieren will, Vorspeise, Primo (erster Menügang), Secondo (Hauptgericht) mit Beilagen, ein Nachtisch und manchmal sogar noch ein Glas Wein dazu geboten.

Viele der guten Lokale findet man oft weit abseits der Städte. Und man erfährt von ihnen eigentlich nur, wenn man nachfragt.

Wenn Sie in ihrem Hotel oder in der Campingplatzrezeption nach einem empfehlenswerten Restaurant fragen, wird ihnen oft die Adresse eines „befreundeten" Lokals genannt, das ja nicht schlecht sein muss. Wenn Sie des Italienischen einigermaßen mächtig sind, bekommen Sie mitunter sehr gute Restauranttipps, wenn man beim Einkaufen in einem netten Geschäft beispielsweise den Inhaber so beiläufig befragt, wo er denn mit Seiner Familie gerne Essen geht. Ein Lokal mit vom Touristengeschmack geprägter Speisekarte und sog. „Internationaler Küche" werden Sie dann kaum genannt bekommen.

Und verlassen Sie sich bitte nicht mehr darauf, hinter einer noch so einladenden Tür, über der „Trattoria" steht, eine einfache und preiswerte Kneipe zu finden. Längst ist es chic geworden, tief zu stapeln und unter „Trattoria" ein teures Restaurant zu führen. Die Qualitäts- und vor allem die Preisgrenzen, die es zwischen einer Trattoria und einem Ristorante einmal gab, haben sich längst verwischt.

Wenn Sie übrigens an einem Lokal eine Tafel mit der Aufschrift „cucina casalinga" sehen, stehen die Zeichen günstig, dort auch wirklich gute Hausmannskost vorgesetzt zu bekommen. Schauen Sie gar nicht lange auf die Karte, sondern lassen Sie sich vom Wirt, aber auch Wirtinnen kochen ganz vortrefflich, einfach sagen, was er heute auf der Pfanne hat und lassen Sie sich gleich den passenden Vino da Tavola dazu empfehlen. In den allerseltensten Fällen wird man enttäuscht.

Übrigens! Wenn Sie zusammen mit Bekannten zum Essen ausgehen, wird der Ober zum Schluss immer eine Gesamtrechnung über den Verzehr der ganzen Tischgesellschaft präsentieren, die dann einer aus der Runde bezahlt.

Separate Rechnungen zu verlangen, würde nicht nur den Ober, sondern auch Ihre italienischen Freunde mehr als befremden! Sie hätten für alle Zeiten das Image des kleinlichen Knauserers weg.

Wenn Sie nicht ausdrücklich eingeladen worden sind, Ihre Bekannten aber dennoch energisch darauf pochen, die Zeche zu übernehmen, wäre es ziemlich unangebracht, nun am Tisch große Diskussionen darüber zu beginnen, dass doch lieber Sie bezahlen möchten, oder sich an der Rechnung beteiligen wollen etc., etc. Viel eleganter ist es, wenn Sie sich dem meist keinen Widerspruch duldenden Ansinnen Ihrer Freunde „beugen" und sich bei allernächster Gelegenheit mit einer Einladung zum Essen revanchieren. Das aber sollten sie keinesfalls „vergessen", wenn Sie nicht völlig Ihr Gesicht verlieren wollen. Denn kaum etwas ist unter Italienern mehr verpönt, als keine „bella figura", keine gute Figur zu machen – nicht nur im Erscheinungsbild übrigens, sondern auch im übertragenen Sinne.

Sollten Sie zum Essen eingeladen worden sein, überlassen Sie es Ihrem Gastgeber den Tisch zu wählen, er wird Sie mit Sicherheit so gut es geht platzieren. Und überlassen Sie Ihren Gastgebern auch die Auswahl des Menüs. In vielen Restaurants stehen die Tagesspezialitäten, für die das Lokal vielleicht weit und breit bekannt ist, eh nicht auf der Karte.

Und noch etwas. Pünktlichkeit ist im italienischen Alltag relativ und Unpünktlichkeit noch lange keine Unhöflichkeit.

Bedienungsgeld ist im Rechnungsbetrag enthalten. Im guten Restaurant und wenn der Service wirklich aufmerksam war, sollten Sie an etwa 10% des Rechnungsbetrages als Trinkgeld denken. In Italien völlig unüblich ist es, wenn Sie den Rechnungsbetrag aufrunden, etwa mit einem bei uns durchaus gängigen „stimmt so". Man lässt seinen Obolus beim Verlassen einfach auf dem Tisch zurück. Aber auf Trinkgelder von ein paar Eurocent sollten Sie lieber ganz verzichten. Es hat dann fast noch mehr „Stil", gar nichts zu geben.

Nach offizieller Lesart ist jeder gehalten, die Rechnungsquittung (ricevuta fiscale) nach einem Restaurantbesuch z. B., nach einer Hotelübernachtung o. ä. gut aufzubewahren. Wie man liest, sollen von der Finanzpolizei Kontrollen durchgeführt werden (was wir aber auf unseren Italienreisen noch nie erlebt haben). Fehlt die Quittung, können empfindliche Strafen verhängt werden.

Rauchen in Restaurants, Bars, aber auch in öffentlichen Gebäuden und Verkehrsmitteln ist nicht erlaubt!

Und noch ein **kleiner Tipp**: Schalten Sie Ihr Handy aus, wenn Sie in ein Restaurant zum Essen gehen. Denn selbst die sonst so kommunikationsfreudigen Italiener finden es lästig, wenn im Restaurant am Tisch telefoniert wird, was erstaunt, wenn man den ständigen Gebrauch des Handys sonst im italienischen Alltag beobachtet. In besseren Restaurants kann es durchaus passieren, dass Sie freundlich gebeten werden, Ihr Handy am Eingang abzugeben. Ihr Handy sollten Sie übrigens auch ausschalten, wenn Sie Kirchen oder Museen besuchen!

Kleine Weinkunde

Vom Norden bis in den Süden ist Italien ein wahres Eldorado für Weinliebhaber. Auch wer zu Hause lieber anderen Getränken zuspricht, sollte wenigstens gelegentlich sein Essen mit einem Schlückchen Wein abrunden.

Kennt man sich anfangs noch nicht so genau in dem verwirrenden Labyrinth der Lagen, Regionen und Sorten aus, kann man es im Restaurant zunächst getrost mit einem *„vino locale"* als Tischwein versuchen. Und nur selten wird man damit wirklich ganz enttäuscht werden.

Ob Weißwein *(vino bianco)* oder Rotwein *(vino rosso)*, natürlich hat jede Region ihre besonderen Weine. Schon alleine aus Platzgründen kann hier nur auf die Anbaugebiete in der Toskana und in Umbrien und im angrenzenden Latium eingegangen werden. Aber aus diesen Gebieten allein kommen einige der bekanntesten italienischen Weine wie der **Chianti** mit den Edelausgaben **„Chianti Classico"** und **„Chianti Classico Riserva"**, der **Brunello,** der **Vernaccia,** der **Frascati** und der legendäre **Est Est Est.**

Zentrum des toskanischen Weinanbaus ist das Gebiet des Chianti Classico. Der Name dieses traditionsreichen Anbaugebiets ist geschützt und präzise umrissen. Grob gesagt erstreckt es sich südlich von Florenz bis vor Siena. Markenzeichen des Chianti Classico ist der *gallo nero*, der schwarze Hahn auf Goldgrund. Siehe auch unter „Ja, Ja, der Chianti-Wein" bei Tour 7, Chianti Rundfahrt.

Weine aus der Toskana sind fast immer Rotweine der Sangiovese-Traube. Toskanische Weißweine, vornehmlich aus der Trebbiano- oder Malvasi-Traube gewonnen, wie der frische „Vernaccia" aus der Gegend um San Gimignano oder der „Bianco di Pitigliano", der wegen seines feinen, fruchtigen Aromas geschätzt wird, sind seltener.

Um dieses Kerngebiet zwischen Florenz und Siena gruppieren sich die vielen Lagen des Chianti-Anbaugebiets mit überwiegend roten Weinen. Von besonderer Qualität sind – neben dem Chianti Classico natürlich – u. a. der *Chianti Putto,* der nördlich von Florenz angebaut wird, der *Chianti Grappalo,* der *Vino nobile di Montepulciano* oder der *Brunnello di Montalcino.*

Besonders bekannte Weißweinlagen sind *Valdinievole*, etwa auf halbem Wege zwischen Pistoia und Lucca gelegen, dann *Vernaccia di San Gimignano* nordwestlich von Siena, *Vergine de la Valdichiana* südlich von Arezzo und schließlich das Gebiet um *Pitigliano*, aus dem ein guter Tropfen mit feinem, fruchtigen Aroma kommt.

Eine hübsche Geschichte rankt sich übrigens um den legendären Wein ***Est Est Est*** (siehe unter Montefiascone, Tour 3).

FEIERTAGE

Gesetzliche Feiertage und überregionale Feste sind:
1. Januar – Neujahr
6. Januar – Hl. Drei Könige (Epifania)
Ostermontag
25. April – Tag der Befreiung (Nationalfeiertag)
1. Mai – Tag der Arbeit
1. Sonntag im Juni – Proklamation der Republik
3. Sonntag im Juli – Erlöserfest
15. August – Mariä Himmelfahrt (Feragosto), traditioneller Beginn des Sommerurlaubs
1. November – Allerheiligen
1. Sonntag im November – Tag der Nationaleinheit
8. Dezember – Mariä Empfängnis
25. + 26. Dezember – 1. u. 2. Weihnachtsfeiertag (Stephanstag am 26. Dezember)
31. Dezember – Sylvester
Darüber hinaus gibt es im ganzen Land lokale Feiertage, an denen Feste zu Ehren von Schutzpatronen und Heiligen gefeiert werden.

FESTE UND FOLKLORE

Karneval

Prunkvolle Feste vor allem in Pisa (Toskana), Viareggio (Toskana), Turin (Piemont) und Venedig (Venetien).

Karwoche und Ostern

Religiöse Feierlichkeiten mit Prozessionen, Palmenweihe und kirchlichen Ritualen, vor allem in Florenz, z. B. **„Scoppio del Carro"**, Entzündung eines Wagens auf dem Domplatz, am Ostersonntag.

Mai

Florenz, historisches Ballspiel, 1. Mai.

Himmelfahrt

Florenz, **Grillenfest** im Cascine Park, wird heute meist nur noch symbolisch gefeiert.

Fronleichnam

Orvieto (Umbrien), festliche **Fronleichnamsprozession**.

Juni

Pisa, **„Gioco del Ponte"** historisches Brückenfest mit Regatten, meist am ersten Sonntag im Juni.

Juli

Siena, **„Palio delle Contrade"**, farbenprächtige Umzüge und spektakuläre historische Reiterspiele auf der Piazza del Campo, am 2. Juli, Wiederholung am 16. August.

August

Siena, **„Palio delle Contrade"** am 16. August, siehe auch unter 2. Juli.

September

Arezzo, **„Giostra del Saracino"**, „Sarazenenturnier" auf der Piazza Grande.

Florenz, Laternenfest **„Rificolone"** mit Umzügen am 7. September.

Lucca, **„Luminara di Santa Croce"**, Lichterfest von Santa Croce.

Oktober

Die Kirchweihfeste im Herbst und die Feste zu Ehren der Ortsheiligen und Kirchenpatrone nehmen einen hohen Stellenwert im Brauchtum und unter den Jahresfesten der Städte und Gemeinden ein.

HOTELS

Hotels der gehobenen Kategorien können sich im internationalen Vergleich durchaus sehen lassen. Höchstens in den vom Tourismus noch nicht so eroberten Gebieten kann es sein, dass man am Komfort Abstriche machen muss.

Hotels sind in fünf Kategorien eingeteilt (Luxuskategorie und erste bis vierte Kategorie), Pensionen in drei Kategorien (erste, zweite, dritte Kategorie).

Die Kategorien werden durch Sternchensymbole gekennzeichnet.

Die Ausstattung der Luxushotels, oft Häuser international operierender Hotelketten, entspricht gewöhnlich den hohen Ansprüchen, die an solche Unterkünfte gestellt werden, sei es im Komfort der Zimmer, im gebotenen Service oder bei Küche, Keller und Einrichtungen wie Restaurants, Bars, Bankett- oder Konferenzsälen, Geschäften, etc.

Entsprechend sind die Preise, die in dieser Klasse ohne weiteres über 200 Euro für eine Übernachtung steigen können.

Ähnlich verhält es sich bei 1.-Klasse-Hotels.

Recht unterschiedlich dagegen kann die Qualität der Häuser der unteren Kategorien sein. Hier haben z. B. nicht immer alle Zimmer ein eigenes Bad oder eine Dusche, die Zimmer sind kleiner und einfacher ausgestattet, der Service ist bescheidener, was nicht heißen muss, dass er weniger freundlich ist, Restaurant oder Bar fehlen u. U. ganz.

Nicht immer ist für den Gast erkennbar, warum gerade dieses oder jenes Hotel in die zweite Kategorie aufgerückt ist. Andererseits kann man umgekehrt auch auf ein erstklassiges Haus treffen, dessen Betreiber sich vielleicht aus Steuergründen gar nicht besser einstufen lassen will.

Die Zimmerpreise variieren je nach Saison und je nach Kategorie und Lage des Hauses. Offiziell sind die Hoteliers verpflichtet, die Zimmerpreise im Zimmer auszuhängen. Je besser das Haus, desto versteckter die Preistafel. Die Mehrwertsteuer muss im Zimmerpreis enthalten sein.

Manche Häuser haben ein für den Gast ziemlich unübersichtliches System von Zuschlägen zu den Zimmerpreisen entwickelt. Da gibt es Zuschläge für die Steuern natürlich, aber auch für Bedienungsgelder, Kurtaxen, für Heizung, die Vor-, Neben- oder Hauptsaison und ähnliches. Wenn Ihnen solche Preise angeboten werden, sollten Sie unbedingt nach einem Komplettpreis für das Zimmer inklusive aller Steuern und Abgaben (tutto incluso) verlangen, um Überraschungen vorzubeugen! Eine Quittung ist nach Begleichung der Rechnung vom Hotel an den Gast auszuhändigen.

Zimmerreservierungen sollten in den vom Tourismus stark frequentierten Regionen und Städten nicht nur in den Hauptreisezeiten rechtzeitig im voraus vorgenommen werden. Meist wird eine Anzahlung (oder Kreditkartennummer) verlangt, damit die Reservierung auch aufrechterhalten wird.

Eines ist vielen zentrumsnahen Unterkünften, ob gehobenes oder einfacheres Hotel oder Pension gemein, das ist das Problem des **Straßenlärms**, dem die Häuser und ihre Gäste bis spät in die Nacht ausgesetzt sind. Das Knattern der Motorroller und Motorinos hallt in nächtlichen Häuserschluchten bis in die obersten Etagen.

Mit wirksamen Klimaanlagen dürfen Sie nicht in jedem Hotelzimmer rechnen – außer in Häusern der Luxuskategorie vielleicht. Andererseits sind die Temperaturen in Hotelzimmern in Sommernächten oft so hoch, dass ein Schlafen bei geschlossenem Fenster kaum möglich ist. Daran sollten Sie denken, wenn Sie die Auswahl bei Zimmern haben. Vielleicht ist unter diesem Aspekt betrachtet ein nach hinten gerichtetes Zimmer manchmal vorteilhafter, als ein der Hauptstraße zugewandtes, dafür aber aussichtsreicheres Zimmer. Wirklich empfindliche Gemüter sollten zu Hause tatsächlich überlegen, ob sie Ohrstöpsel oder Akustikwatte einpacken.

Üblich ist – wie bei uns – eine **Stromspannung** von 220 V. Und für Ihren

Föhn, elektrischen Rasierer o. ä. ohne flachen Eurostecker sollten sie für alle Fälle einen **Zwischenstecker** dabei haben. Die bei uns üblichen Sicherheitsstecker passen nicht in die in Italien üblichen Steckdosen!

Einen WiFi-Zugang bieten heute fast alle Hotels an, mitunter allerdings gegen eine Gebühr, die für die Bekanntgabe eines evtl. Passwortes zu entrichten ist.

KLIMA, REISEZEIT, KLEIDUNG

Florenz mit seinen herrlichen Baudenkmälern und seinen weltbekannten Kunstschätzen in den zahlreichen Museen ist **das ganze Jahr** über ein lohnendes Reiseziel. Allerdings kann es im Sommer in den Straßen von Florenz drückend und unangenehm heiß werden.

Für Reisen durchs Land aber sind zweifellos der **Spätfrühling und Frühsommer**, etwa die Zeit von Anfang Mai bis Ende Juni und dann wieder der **Herbst**, etwa von Anfang September bis Anfang Oktober, die beste Reisezeit. Im April ist in den Höhenlagen und im Apennin noch mit kalten Winden und im Oktober gelegentlich mit kräftigen Regenschauern zu rechnen. Winter auf den Höhen des Apennin können schneereich sein.

Wer die Wahl hat, dem ist anzuraten, die betriebsame Ferienzeit im August, besonders die ersten zwei, drei Augustwochen für einen Aufenthalt an der Küste zu meiden. Es ist die Zeit der Betriebsferien in Italien. Und dann ist fast ganz Italien auf Urlaubsreise. In den Küstenorten, in den Hotels, Restaurants, an den Stränden und auf Campingplätzen dort ist es oft ungemütlich voll. Wer sich gerne antizyklisch verhält, in der Urlaubszeit also lieber ins Binnenland als ans Meer fährt, kommt dann in den Genuss ziemlich leerer, aber oft auch drückend heißer Städte.

Eine Reise durch das herbstliche Mittelitalien kann besonders reizvoll sein. Ab Ende September muss aber damit gerechnet werden, dass der eine oder andere Campingplatz, aber auch Museen in Orten weiter im Hinterland, bereits geschlossen sind. Wer allerdings an den Küsten baden will, wird vor Mitte Juni und nach Mitte September zwar leere Strände finden, aber in den Badeorten vor vielen geschlossenen Hotels und Restaurants stehen.

Die wohl beste und angenehmste Zeit für eine Rundreise durch Mittelitalien, sind die Monate Mai und Juni und dann wieder der September.

Wer dagegen gerne am Strand in der Sonne schmort, der wird sich wahrscheinlich in der Zeit von Mitte Juli bis Mitte August, der heißesten Zeit in der Gegend, so richtig wohl fühlen. Die Wassertemperaturen in der Adria können dann schon mal 25° erreichen. Allerdings ist das auch die Ferienzeit der Italiener, was in den Badeorten und touristischen Einrichtungen gelegentlich zu Engpässen führen kann.

Vor allem in der Zeit um den 15. August, dem Himmelfahrtstag Ferragosto, hält es kaum jemanden zu Hause. Seit Generationen ist dann „halb Italien" unterwegs und strebt an die Küsten. Wer zu dieser Zeit unterwegs sein muss, sollte seine Herberge rechtzeitig vorab buchen, sich aber über die nicht selten horrenden Preise, die um Ferragosot herum verlangt werden, nicht wundern. Touristische Einrichtungen, vom Hotel, über das Restaurant, den Camping- oder Stellplatz, bis zu den Stränden und Parkplätzen der beliebten Küstenorte platzen dann buchstäblich aus allen Nähten.

Reist man schon früh im Jahr, so bis Mitte/Ende April, oder im Spätherbst (Oktober, November), ist nicht nur mit gelegentlichen Regengüssen zu rechnen, es kann dann nicht nur abends und nachts auch unangenehm kalt werden, was durch den gelegentlich aus Norden blasenden Wind Tramontana noch verstärkt wird. Am heftigsten stürmt der Tramontana übrigens vor Sonnenaufgang, dann können Böen schon mal 70 km/h erreichen.

Kleidung – Italiener legen großen Wert auf ihre äußere Erscheinung. Ihr Auftreten in der Öffentlichkeit, elegante, höfliche Umgangsformen und nicht zuletzt ihre Kleidung liegen ihnen am Herzen. „Bella figura", eine gute Figur zu machen, ist immer und überall angesagt. So wird es auch heute noch, nicht nur auf dem „flachen Lande“, als völlig unpassend angesehen, wenn beispielsweise von Frauen zu Kirchenbesuchen Shorts und T-Shirts, kurze Tops oder schulterfreie Blusen getragen werden.

Als ebenso „unmöglich“ sieht man das Auftreten von Touristen an, die in Badekleidung eine Stadt besichtigen und sich so auch noch ins Restaurant setzen. Männer in Shorts und vielleicht noch mit freiem Oberkörper auf einem Stadtspaziergang, gelten, auch wenn es noch so heiß ist, mehr als nur unfein.

Und bitte, erscheinen Sie zu privaten Einladungen bei einer italienischen Familie keinesfalls in kurzen Hosen. Ihre Gastgeber wären sehr wahrscheinlich ziemlich peinlich berührt!

Bei einer Reise durch Mittelitalien im Winter sollten Sie auf warme Kleidung (auf für drinnen) keinesfalls verzichten! Denn nicht alle öffentlichen Einrichtungen, Restaurants und Hotels haben Zentralheizung!

MINIWORTSCHATZ KLEIN, ABER NÜTZLICH

Allgemeines

Guten Tag! – Buon giorno!
Guten Abend! – Buona sera!
Gute Nacht! – Buona notte!
Herzlich willkommen! – Benvenuto!
Auf Wiedersehen – Arrivederci!
Wer des Italienischen noch nicht so ganz mächtig ist, verwechselt leicht die Aufschriften auf Zugängen zu Toiletten.
Damen – Signore (oder auch Donne)
Herren – Signori (oder auch Uomini)
Ausgang – Uscita
Ausweis – carta d'identità
besichtigen – visitare
Bitte sehr! – Prego!
Brief – lèttera
Briefkasten – cassetta postale
Briefmarke – francobolli
Briefumschlag – busta
Damen – Donne, Signore
Danke – Grazie
Denkmal – monumento
Ehefrau – moglie
Ehemann – marito
Eingang – Entrata
Entschuldigung! – Scusi!
Ferngespräch – comunicazione interurbana
Frau – Signora, Mz. Signore
Fräulein – Signorina
Geburtsdatum – data di nàscita
Herr – Signore. Mz. Signori
Herren – Uomini, Signori
Ja, nein – Si, No
Kirche – chiesa
Museum – museo
Postamt – ufficcio postale
Postkarte – cartolina postale
Reisepass – passaporto
Scheckkarte – carta -assegno
Schloss – castello
Turm – torre
Unterschrift – firma
Vielen Dank! – Tante grazie!
Wohnort – domicilio
Sprechen Sie Deutsch? – Parla tedesco?
Ich verstehe nichts! – Non capisco niente!
Wie bitte? – Come dice?
Ich heiße ... – Mi chiamo ...
Wo befindet sich ...? – Dove si trova ...?
Wo kann ich telefonieren? – Dove posso telefonare?

Auto / Wohnmobil

Abschleppdienst – autosoccorso
Auspuff – scappamento
Auto – automòbile
Batterie – batterià
Benzin – benzina
Bremse – freni
Ersatzteil – pezzo di ricambio
Getriebe – cambio
Kabel – cavo
Keilriemen – cinghia trapezoidale
Kühler – radiatore
Kupplung – frizione
Ölwechsel – cambio dell'olio
Rad – ruota
Reifen – pneumatico, gomma
Scheinwerfer – faro
Sicherheitsgurt – cintura di sicurreza
Unfall – incidente
Wagenheber – cricco
Wohnmobilstellplatz – area attrezzata
Zündkerze – candela d'accensione
Volltanken, bitte. – Faccia il pieno, per favore.

Wir haben eine Panne. – Abbiamo una panna.
Kann ich bei Ihnen telefonieren? – Posso telefonare da Lei?

Hotel

Bett – letto
Briefpapier – carta de lettere
Briefumschlag – busta
Doppelzimmer – camera doppia
Dusche – doccia
Etage – piano
frei (Zimmer) – disponibile
Frühstück – colazione
Reinigung – pulitura
Schlüssel – chiave
Speisesaal – sala da pranzo
Toilette – gabinetto
Wasserhahn – rubinetto d'acqua
Zimmermädchen – cameriera
Zwischenstecker – spina
Wo ist das Hotel...? – Dov'è l'albergho...?
Ich habe ein Zimmer bestellt. – Ho prenotato una càmera.
Wie viel kostet das Zimmer? – Quanto costa la càmera?

Restaurant, Einkauf

(Siehe auch unter „Essen und Trinken")
Herr Ober! – Cameriere!
Fräulein! – Cameriera!
Besteck – posata
Bier – birra
Brot – pane
Brötchen - panino
Butter - burro
Eier – uova
Essig – aceto
Flasche – bottiglia
Fruchtsaft – succo di frutta
Glas – bicchiere
Kaufhaus – grande magazzino
Lebensmittel – gèneri alimentari
Milch – latte
Mineralwasser – acqua minerale
– mit/ohne Kohlensäure – con/sin gas
Öl – olio
Pfeffer – pepe
Sahne - panna
Salz – sale
Serviette – tovagliolo
Spargel - asparagi
Steak - bistecca
Suppe – zuppa
Tee – tè
Zwiebel - cipolla
Zucker – zùcchero
Ich möchte... – Desidero...
Die Rechnung, bitte! – Il conto, per favore!
Wie viel kostet das? – Quanto costa questo?

Auf der Speisekarte

agnello - Lamm
antipasto - Vorspeise
arrabiata - scharf gewürzte Pastasauce
arrosto - gebraten
bistecca maialo/manzo - Steak vom Schwein/Rind
bollito - gekocht
brodetto - Fischsuppe (Spezialität der Marken)
bruschetta - Toastbrot mit Olivenöl und Koblauch
cacciagione - Wild
calamari - Tintenfischkringel
carne - Fleisch
castagne - Kastanien
castrato - Hammel
cavolfiore - Blumenkohl
ceci - Kichererbsen
cetriolo - Gurke
ciliege - Kirschen
cinghiale - Wildschwein
contorno - Beilage aus Gemüse
cotto - gekocht
cozze - Miesmuscheln
crostini - getoastete Weißbrotscheiben mit Belag der unterschiedlichsten Art
dolci - Süßspeise
farcito - gefüllt
fegato - Leber
fettuccine - Bandnudel
finocchio -Fenchel
formaggio - Käse
fragole - Erdbeeren
frittata - Omelette
frutta - Obst
funghi - Pilze
gnocchi - Kartoffelteigbällchen
in umido - geschmort
lenticchie - Linsen
lepre - Hase
macedonia di frutta - Obstsalat
maiale - Schwein

mandorle - Mandeln
manzo - Rind
mela - Apfel
merluzzo - Kabeljau
miele - Honig
nocciole - Haselnüsse
oca - Gans
osso buco - Kalbshaxenscheiben
panino - Brötchen
panna - Sahne
pappardelle - breite Bandnudeln
patate - Kartoffeln
penne - Röhrennudel, kurz und dick
peperoni - Paprika
pesce - Fisch
pescespada - Schwertfisch
piselli - Erbsen
pollo - Huhn
polpette - Fleischbällchen
pomodoro - Tomate
prosiutto - Schinken, roh
riso - Reis
salciccia - Wurst
sogliola - Seezunge
spezziatino - Gulasch
allo spiedo - am Spieß
spinaci - Spinat
stoccafisso - Stockfisch
tacchino - Truthahn
tartufo - Trüffel
tonno - Thunfisch
tortellini - gefüllte Teigwaren
trippa - Kutteln
trota - Forelle
uova - Eier
verdura - Gemüse
vitello - Kalb
vongole - kleine Muscheln

Unterwegs

abbazia – Kloster
afreschi – Fresken
chiostro – Kreuzgang
cottà – Stadt
giardini – Gärten
lungomare – Strandpromendade
mercato – Markt
navata – Kirchenschiff
piano – Stockwerk
scavi – Ausgrabungen
tesoro – Schatz, Kirchenschatz
vista – Aussicht

Verkehr

area attrezzata - Wohnmobilstellplatz
attenzione - Achtung!
Attenzione alla precedenza - Vorfahrt beachten!
bicicletta - Fahrrad
Caduta di massi - Steinschlag
cantiere - Baustelle
carico - Versorgung (z. B. Frischwasser für Wohnmobile)
a destra - rechts
deviazione - Umleitung
diritto - geradeaus
disco orario - Parkscheibe
divieto di sorpasso - Überholverbot
divieto di sosta - Halteverbot
divieto di sosta - Parken verboten
incrocio - Kreuzung
lavori in corso - Bauarbeiten
motocicletta - Motorrad
neve - Schnee
parcheggio - Parkplatz
parcòmetro - Parkuhr
passaggio a livello - Bahnübergang
patente di guida - Führerschein
pedaggio - Autobahngebühr
pericolo - Gefahr
rallentare - langsam fahren
rouletto - Wohnwagen
sbarrato - gesperrt
scarico - Entsorgung (z. B. Wohnmobilabwässer)
semàforo - Ampel
senso unico - Einbahnstraße
a sinistra - links
sorpassare - überholen
tenere la destra - rechts fahren
tutte le direzioni - alle Richtungen
uscita - Ausfahrt
velocità màssima - Höchstgeschwindigkeit
vietato - verboten

Zahlen und Zeit

null - zero
eins - uno
zwei - due
drei - tre
vier - quattro
fünf - cinque
sechs - sei
sieben - sette
acht - otto

neun - nove
zehn - dieci
elf - undici
zwölf - dodici
dreizehn - tredici
vierzehn - quattordici
fünfzehn - quindici
sechzehn - sedici
siebzehn - diciassette
achtzehn - diciotto
neunzehn - diciannove
zwanzig - venti
dreißig - trenta
vierzig - quarenta
fünfzig - cinquenta
sechzig - sessanta
siebzig - settanta
achtzig - ottanta
neunzig - novanta
hundert - cento
zweihundert - duecento
tausend - mille
zweitausend - duemila

Wie spät ist es? - Che ore sono?
Es ist genau 3 Uhr. - Sono le tre precise.
heute - oggi
gestern - ieri
morgen - domani
vormittags - di mattina
nachmittags - nel pomeriggio
abends - di sera
Montag - lunedi (il)
Dienstag - martedi
Mittwoch - mercoledi
Donnerstag - giovedi
Freitag - venerdl
Samstag - sàbato
Sonntag - doménica (la)

MIT DEM AUTO DURCH ITALIEN

Ein gut ausgebautes Straßennetz (Gesamtlänge annähernd 479.000 km) und gebührenpflichtige Autobahnen (rund 9.500 km), durchziehen das Land von den Alpen bis Sizilien.

Schnelle Straßenverbindungen sind die gebührenfreien, mit SS (strada statale) gekennzeichneten Fernstraßen oder die vierspurig ausgebaute Superstrada.

So gut wie alle Abschnitte der italienischen Autobahnen sind mautpflichtig! An fast allen Autobahnzahlstellen können Sie auch mit Ihrer Kreditkarte die Mautgebühr begleichen. Dafür sind in den Durchfahrten Automaten aufgestellt, die Sie vom Auto aus bedienen können. Dennoch empfiehlt es sich, immer auch genügend Bargeld zum Begleichen der Autobahnmaut dabei zu haben, falls Ihre Kreditkarte einmal nicht akzeptiert werden, oder die Kreditkartenfuktion defekt sein sollte.

Wenn Sie die **Autobahnmaut mit Ihrer Kreditkarte bezahlen** wollen, wählen Sie an der Ausfahrt eine Furt (Zahlstelle), die deutlich mit einem Kreditkartensymbol markiert ist. Fahren Sie keinesfalls durch die mit TELEPASS gekennzeichneten Mautdurchfahrten.

Unbedingt beachten! Wenden oder zurücksetzen an Mautstellen ist verboten!

Wenn Sie bei der Einfahrt auf die Autobahn an einer Box ein Ticket gezogen haben, dann stecken Sie dieses Ticket (Richtungspfeil auf dem Ticket beachten) nun in einen der schmalen Schlitze im Automaten, oft durch ein blinkendes Leuchtsignal markiert.

Für Wohnmobilfahrer ist das Bedienen der Automaten meist mit Verrenkungen verbunden. Denn die Automatenschlitze für die Eingabe der Mautkarte, der Kreditkarte oder der Bargeldscheine, die Ausgabeöffnung für das Wechselgeld oder der Quittung sind in einer Höhe angebracht, die für Pkw-Fahrer zwar bequem zugänglich, vom höheren Wohnmobilsitz aber nur sehr umständlich zu erreichen sind.

Der Automat liest das eingeschobene Ticket und zeigt auf einer elektronischen Schriftzeile (die je nach Sonnenstand mitunter etwas schwer zu entziffern ist) den zu zahlenden Euro-Betrag an.

Nun schieben Sie in den gleichen Schlitz mit leichtem Druck Ihre Kreditkarte. Sie wird nach innen gezogen. Es ist deutlich markiert, wie herum Sie die Kreditkarte einschieben müssen, damit der Magnetstreifen bzw. der Chip auf der Karte gelesen werden kann. Falls Sie die Kreditkarte falsch herum hineingesteckt haben, fährt sie wieder aus. Eine Stimme meldet sich und Sie müssen den Vorgang (nun möglichst richtig, ungeachtet des evtl. Hupkonzerts hinter Ihnen) wiederholen. Nach einigen Sekunden ist der Zahlungsvorgang abgeschlossen, der angezeigte Betrag von Ihrem Konto abgebucht. Ihre Kreditkarte kommt wieder zum Vorschein und Sie entnehmen sie! Der Schlagbaum hebt sich.

Wenn Sie nun noch den entsprechenden Knopf betätigen, erhalten Sie auch einen Quittungsausdruck. Eine metallene Frauenstimme sagt „grazie, arrivederci" und Sie haben wieder freie Fahrt.

Einige Durchfahrtsspuren an den Mautstellen sind mit VIACARD bezeichnet. VIACARDs sind Guthabenkarten, die bei Automobilclubs (auch hier) erworben werden können. Beim Durchfahren der VIACARD-Mautstation wird die VIACARD in den Zahlautomaten eingeschoben und die Mautgebühr vom Guthaben abgezogen. Ist das Guthaben auf der Karte zu gering für den geforderten Mautbetrag, wird vom Automaten eine weitere VIACARD gefordert.

Wenn alle Bemühungen beim Bezahlen der Maut am Automaten scheitern, können Sie als letzte Notlösung den Knopf „Assistenza" oder „Richiesta di Intervento" drücken. Der Automat druckt eine Quittung aus, die Sie innerhalb von 14 Tagen bezahlen müssen.

Verkehrsregeln

Um es gleich vorweg zu nehmen: Üben Sie sich als Autofahrer in Geduld und fahren Sie defensiv, aber mit größter Aufmerksamkeit.

Und nehmen Sie es nicht als persönliche Herabsetzung, wenn Sie ein anderer Verkehrsteilnehmer in der Hitze südländischer Temperamentswallungen rücksichtslos überholt, aggressiv schneidet, drängelt, die Vorfahrt nimmt, noch kurz vor Ihnen aus einer winzigen Nebenstraße in die Hauptstraße hereinschießt, in der dritten Reihe parkt und Ihnen so den Weg versperrt und so weiter und so weiter.

Und noch eine kleine Empfehlung: Achten Sie im städtischen Verkehrsgewühl vor allem auch auf Motorrollerfahrer. Für sie scheinen Verkehrsregeln noch weniger zu existieren, als für manchen Autofahrer.

Motorrollerfahrer zwängen sich rechts und links vorbei, ignorieren Einbahnstraßen, überholen und wechseln die Fahrspur nach Herzenslust, nicht selten auch noch mit dem Handy am Ohr, schlängeln sich durch Autokolonnen, biegen ein und biegen ab ohne Vorwarnung oder Signal, schneiden Kurven, nehmen sich einfach die Vorfahrt wo auch immer, ignorieren rote Ampeln etc. etc.

Ansonsten entsprechen Verkehrsregeln und Verkehrszeichen den internationalen und europäischen Vorgaben und gleichen im Wesentlichen den uns bekannten Vorschriften bzw. Verkehrszeichen.

Viele Innenstädte in Italien sind für den allgemeinen Autoverkehr gesperrt oder nur zu gewissen Tageszeiten zu befahren. Die Stadtzonen mit Zufahrtsbeschränkungen **Zona a Traffico Limitato ZTL** sind mit entsprechenden Verbotstafeln gekennzeichnet. Es empfiehlt sich, solche Zonen zu beachten, um Bußgelder zu vermeiden.

Linien am Fahrbahnrand sowie **schwarz-gelb markierte Bordsteine** signalisieren ein **Parkverbot** an diesen Stellen. Ebenso darf auf gelb markierten Flächen nicht geparkt werden.

Blau markierte Bordsteine oder Areale weisen auf **gebührenpflichtige Parkmöglichkeiten** hin.

Außerhalb geschlossener Ortschaften muss **auch tagsüber mit Abblendlicht** gefahren werden!

Vor dem Anhalten am Straßenrand **muss geblinkt** werden.

Mit empfindlichen Strafen ist zu rechnen, wenn Sie im Mautstellenbereich beim Wenden, Spurwechsel oder Zurücksetzen oder während der Fahrt beim **Telefonieren mit dem Handy** ohne Freisprechanlage erwischt werden! Offizielle Lesart auch dies. Was man im Verkehrsalltag allerdings so sieht, macht den Eindruck, als wäre besonders die Vorschrift über das Telefonierverbot im Auto während der Fahrt noch nicht sehr bekannt.

Und zumindest auf dem Papier ist das private Abschleppen auf Autobahnen verboten.

Es besteht **Anschnallpflicht** auf Vorder- und Rücksitzen. Für Kinder zwischen 3 und 12 Jahren müssen Sicherheitssitze verwendet werden.

Promillegrenze 0,5, für Führerscheinneulinge bis drei Jahre nach Erhalt des Führerscheins 0,0 Promille.

Helmpflicht (Norm ECE R 22) nicht nur für Motorradfahrer, sondern auch für Motorroller- sprich Motorino-Fahrer.

Alle Gegenstände, die nach hinten über das Ende Ihres Fahrzeugs hinausragen (z. B. auch Fahrradträger, Motorroller, Surfbretter, etc. etc.) müssen mit einer rot-weiß gestreiften **Warntafel** abgesichert werden. Die Tafel hat ein Maß von 50 x 50 cm zu haben.

Wenn Sie bei einer Panne oder einem Unfall das Auto verlassen, müssen Sie eine **Warnweste** tragen!

Ein **Wardreieck** ist mindestens 50 m vor dem Pannenfahrzeug aufzustellen.

Höchstgeschwindigkeiten

Falls nicht anders ausgeschildert gelten für Pkw, Wohnmobile bis 3,5 Tonnen Gesamtgewicht und für Motorräder über 150 ccm Hubraum innerorts 50 km/h, auf Straßen außerhalb von Ortschaften 90 km/h, auf Schnellstraßen 110 km/h und auf Autobahnen 130 km/h (auf dreispurigen Autobahnen, falls so ausgeschildert, 150 km/h) als Höchstgrenze, wenn nicht anders ausgeschildert.

Bei Regen, Schnee und Nebel darf auf allen Autobahnen aber nicht schneller als 110 km/h und auf Schnellstraßen maximal 90 km/h gefahren werden.

Für Wohnmobile über 3,5 Tonnen Gesamtgewicht gelten in Italien folgende Tempolimits: Innerorts 50 km/h, auf Land- und Schnellstraßen 80 km/h und auf Autobahnen 100 km/h.

Für Pkw mit Anhänger gelten innerorts 50 km/h, 70 km/h auf Land- und Schnellstraßen und 80 km/h auf Autobahnen.

Für Motorräder unter 150 ccm Hubraum gelten auf Landstraßen 90 km/h, auf Autobahnen sind sie verboten. Samstags, sonn- und feiertags gelten in der **Oster- und Sommerferienzeit auf Autobahnen** 110 km/h als Höchstgeschwindigkeit.

Es sollte nicht vergessen werden, dass für das Überschreiten von Höchstgeschwindigkeiten recht deftige Bußgelder verhängt werden können!

Erkundigen Sie sich vor Abreise nochmals nach dem neuesten Stand in Sachen Höchstgeschwindigkeiten und Verkehrsvorschriften. Alle unsere Angaben dazu werden ohne Gewähr gemacht.

Notrufnummern

Allgemeiner Notruf, Polizei, Unfall, Notarzt, Feuerwehr - **112**

ACI Notruf - (803) 116

Entlang der Autobahnen sind Notrufsäulen des Italienischen Autobobilclubs ACI aufgestellt. Viele der Säulen sind mit zwei Druckknöpfen ausgestattet, einem für medizinische Betreuung und einem für Pannenhilfe.

Kraftstoffpreise

Superbenzin ca. 1,55 Euro,
SuperPlus ca. 1,65 Euro,
Diesel ca. 1,38 Euro je Liter.

Tankstellen sind in Italien – außer an Autobahnen und Fernstraßen – an Wochentagen gewöhnlich zwischen 13 und 15.30 Uhr, sowie Samstag nachmittags und sonntags geschlossen (siehe auch unter „Öffnungszeiten“). Und nicht jede Tankstelle, bzw. nicht jeder Tankautomat akzeptiert unsere Kreditkarten! Bei Tankstellen mit besonders attraktiven Preisen ist Bezahlen mit Kreditkarte in aller Regel gar nicht möglich, es wird Bargeld oder eine besondere Tankkarte verlangt. Und rechnen Sie auch damit, dass Sie VOR dem Tanken bezahlen müssen, was Volltanken oft schwierig macht. Ohne Bares an der Kasse wird die Zapfpistole nicht frei gegeben.

Es empfiehlt sich, durch **Schutzbriefe** und **Zusatzversicherungen** die Folgekosten evtl. Unfälle und Rechtsauseinandersetzungen in Verkehrs- oder Haftpflichtsachen abzudecken. Um nach einem Verkehrsunfall Ansprüche geltend machen zu können, sollten Sie unbedingt Kennzeichen, Name und Anschrift des Unfallgegners und dessen Haftpflichtversicherung und Versicherungsnummer festhalten. Angaben zur Versicherung stehen auf Plaketten, die italienische Autofahrer an der Windschutzscheibe anbringen müssen. Ein hilfreicher Leitfaden beim Notieren der Unfalldaten kann Ihnen das Formular eines „Europäischen Unfallprotokolls" sein. Fragen Sie bei Ihrer Versicherung oder Ihrem Automobilclub danach.

Rufen Sie bei Unfällen mit Personenschäden unbedingt die Polizei.

Und unterschreiben Sie nichts, das Sie nicht lesen und genau verstehen können, weil z. B. in italienischer Sprache abgefasst! Treten Sie wenn nötig mit Ihrer Versicherung in Verbindung, die Ihnen einen deutschsprachigen Anwalt nennen können sollte.

Parken in Innenstädten

Bei der Betrachtung der Parkplatzproblematik sollte man daran denken, dass die meisten der alten Städtchen und deren historische Zentren einfach nicht für den Autoverkehr konzipiert sind. Die meisten Innenstädte, besonders historische Altstädte, sind für den Durchgangsverkehr gesperrt und nur für Anlieger mit Sonderausweis zugänglich. Schilder mit der Aufschrift „Zona a traffico limitato riservata ai veicoli autorizzati" weisen darauf hin.

In aller Regel werden dann Parkmöglichkeiten, teils gebührenfrei, teils gebührenpflichtig, am Rande der Innenstadt angeboten. Soweit möglich, werden solche Parkmöglichkeiten bei den Stadtbeschreibungen in diesem Reiseführer erwähnt.

An schwarz-gelb markierten Bordsteinen oder auf so gekennzeichneten Straßenflächen darf nicht geparkt werden!

Blau markierte Parkplätze sind immer gebührenpflichtig. Meist ist es dann auch nicht weit bis zum Parkscheinautomaten.

Manche Parkplätze sind mit Tafeln versehen, die ein Zeitlimit angeben. Hier dürfen Sie nur mit Parkscheibe (disco orario) mit eingestellter Ankunftszeit parken.

Generell kann gesagt werden, dass das Parken, oder besser gesagt, die Suche nach einem freien Parkplatz, in Innenstädten fast immer eine zeitaufwendige und nervenaufreibende Angelegenheit ist, und das umso mehr, je größer ein Fahrzeug (sprich Wohnmobil) ist. Empfehlenswert ist es, wo immer möglich, auf bewachten Parkplätzen zu parken. Fragen Sie aber *vorher* nach den Gebühren!

Beschriftungen auf Verkehrsschildern:

Deviazione – Umleitung
Inizio zona tutelata – Anfang Parkverbotszone
Rallentare – langsam fahren
Sbarrato – gesperrt
Senso unico – Einbahnstraße
Tutte le direzione – alle Richtungen
Zona di silenzio – Hupverbot

ÖFFNUNGSZEITEN

Generell müssen Sie sich bei einer Reise durch Mittel- und Süditalien daran gewöhnen, dass das Geschäftsleben in der Stadt und mehr noch auf dem flachen Lande während der **Siesta**, der unantastbaren Mittagsruhe zwischen 13 Uhr und etwa 16 oder 17 Uhr, zum Erliegen kommt, und zwar umfassend. Angestellte, Geschäftsleute, Arbeiter und Beamte sowieso verlassen fluchtartig ihre Arbeitsstätten, Läden und Büros. Nahezu jedes Dorf wirkt während dieser Stunden wie ausgestorben.

Andererseits findet man als motorisierter Tourist auch schnell Vorteile der Siesta heraus. Die stadtflüchtigen Einheimischen geben in dieser „heiligen" Mittagszeit oft etwas preis, wonach der Besucher zu anderen Tageszeiten in Städten gewöhnlich ebenso verzweifelt wie vergeblich sucht, nämlich zentrumsnahe freie Parkplätze.

Banken – Mo – Fr 8.30 – 13.30 Uhr, 14.30/15 – 16 /16.30 Uhr.

Geschäfte – Örtlich unterschiedliche Öffnungszeiten. Gewöhnlich aber Mo – Sa 9.00 bis 13.00 Uhr und 16.00 bis 19.30

Uhr, in von Touristen stark frequentierten Orten auch länger.

Kirchen sind fast immer ab 12 Uhr, zumindest aber über die Zeit der Siesta geschlossen. Und man sollte den Wunsch der Gläubigen respektieren und während der Gottesdienste in den Kirchen nicht umhergehen und sie besichtigen. Siehe auch unter „Kleidung".

Schalten Sie Ihr Handy während einer Kirchenbesichtigung bitte aus.

Museen – Die Öffnungszeiten der Museen variieren stark! Es hängt oft davon ab, ob der Träger (die Museumsgesellschaft) privat, kommunal, regional oder staatlich ist.

Staatliche Museen sind normalerweise geöffnet Di – Sa 9.00 bis 14.00 Uhr und So 9.00 bis 13.00 Uhr. Namhafte Museen bleiben – vor allem in der Hochsaison – mitunter durchgehend geöffnet, etwa bis 17 Uhr. Wichtige Museen sind im Sommer mitunter an einem Werktag auch abends geöffnet. Es ist durchaus möglich, dass Öffnungszeiten kurzfristig geändert werden!

Letzter Einlass in Museen ist gewöhnlich 30 Minuten vor Schließung. *Montags sind Museen und viele Sehenswürdigkeiten im allgemeinen geschlossen!*

EU-Bürger unter 18 Jahren und über 65 Jahren haben in staatlichen Museen und archäologischen Stätten oft freien oder ermäßigten Eintritt. Ausweise mit Bild muss vorgelegt werden können.

Natürlich versuchen wir bei der Angabe der Öffnungszeiten von Museen und Sehenswürdigkeiten so aktuell wie irgend möglich zu sein. Vom Zeitpunkt der Recherche bis zum Erscheinen des Buches können aber Änderungen eingetreten sein. Sollten Sie also in unserem Reiseführer mit einer nicht mehr ganz richtigen Öffnungszeit konfrontiert werden, bitten wir um Ihr Verständnis.

Postämter – Mo – Sa 8 bis 13.30 Uhr. Hauptpostämter in Großstädten Mo – Sa 8 bis 19 Uhr.

Tankstellen sind gewöhnlich Mo – Fr von 7.00 bis 13.00 Uhr und von 15.30 bis 20.00 Uhr geöffnet. Vor allem in ländlichen Gebieten bleiben Tankstellen Samstag nachmittags und sonntags geschlossen. Autobahntankstellen sind täglich rund um die Uhr geöffnet.

Immer mehr Tankstellen bieten einen **24-Stunden-Service mit Tankautomaten** an. Gewöhnlich können die Automaten aber nur mit Kreditkarten oder mit kleinen Euro-Scheinen (10,- oder 20,- Euro) bedient werden. Es kann vorkommen, dass Tankautomaten in Deutschland ausgestellte Kreditkarten nicht akzeptieren!

POST UND TELEFON

Briefmarken gibt es nicht nur auf Postämtern sondern auch in Tabakwarengeschäften die mit einem „T" gekennzeichnet sind.

Das Porto für einen Brief bis 20 g oder eine Postkarte belief sich bislang auf 85 Cent.

Briefkästen sind in Italien rot, rotblau oder blau – **Rot** für normale inneritalienische Post, **Rot-Blau** für Eilbeförderung und **Blau** für Post ins Ausland.

Telefonieren im Direktwählverfahren von öffentlichen Fernsprechern stellt zwischen Italien und Deutschland und umgekehrt keinerlei Probleme dar.

Etwas gewöhnungsbedürftig ist lediglich, dass in den italienischen Rufnummern die mit einer Null beginnende Ortsvorwahl integriert ist. Man muss also, auch bei einem simplen Ortsgespräch in Italien, die ganze Rufnummer bestehend aus Ortsvorwahl mit Null und Teilnehmernummer wählen.

Bei einem **Telefongespräch von Italien nach Deutschland** müssen Sie nach wie vor die Landeskennzahl für Deutschland 0049, (per Handy +49) danach die **Ortsvorwahl ohne die erste Null** und danach die Teilnehmernummer wählen. Beispiel für Stuttgart: 0049-711-Teilnehmernummer.

Haben Sie Ihr Handy vergessen und wollen in Italien öfters mal von öffentlichen Telefonen telefonieren, sollten Sie sich eine **carta telefonica** (Telefonkarte) kaufen. Sie bekommen diese Karten in Werten zu 2,- und 5,- Euro in Bars, Tabakläden, Telecom-Italia Büros und an Zeitschriftenkiosken. Um die Telefonkarte brauchbar zu machen, müssen Sie zuerst die linke obere Ecke abbrechen! Allerdings werden im Handyzeitalter auch in Italien öffentliche Telefone immer seltener.

Die **Inlandsauskunft** (hier wird nur Italienisch gesprochen) erreicht man mit der Rufnummer **12**.

Die **Auslandsauskunft** (hier wird in aller Regel auch Englisch gesprochen) erreicht man unter **176**.

THEMA SICHERHEIT UND GESUNDHEIT

Für einen eventuellen **Krankheitsfall** sollten Sie sich, zumindest versicherungstechnisch, schon zu Hause wappnen.

Wenn Sie im Besitz einer sog. „Gesundheitskarte", offiziell einer „Europäischen Krankenversicherungskarte" (European Health Insurance Card - EHIC) sind, die gewöhnlich von den Krankenkassen an ihre Versicherten ausgeben wird, sollten Sie diese auf Ihre Reise mitnehmen. Mit dieser Versicherungskarte können Sie medizinische Leistungen in EU-Staaten in Anspruch nehmen. Die Leistungen richten sich allerdings nach den für das jeweilige EU-Land geltenden Vorgaben. So können z. B. höhere Kostenbeteiligungen anfallen, als Sie es von zu Hause gewohnt sind. Einen Krankenrücktransport z. B. deckt eine Europäische Krankenversicherungskarte grundsätzlich nicht ab.

Ein gute Idee ist es auf alle Fälle, sich zusätzlich mit einer Auslandskrankenversicherung abzusichern.

Im Krankheitsfall oder bei einem Unfall sollten Sie zunächst die Notaufnahme (Pronto soccorso) eines Krankenhauses aufsuchen. Notaufnahmen sind rund um die Uhr geöffnet.

Sicherheit auf Reisen

Grundsätzlich lässt sich schon alleine durch etwas Aufmerksamkeit, Achtsamkeit und gesunden Menschenverstand – wie auf allen Reisen – vielen unliebsamen Überraschungen vorbeugen.

Und Vorbeugen ist allemal besser, als nachher mit dem Handicap der Sprachschwierigkeiten einem wahrscheinlich ziemlich uninteressierten Polizeibeamten den Verlust von Dokumenten oder Wertsachen etc. melden zu müssen.

Handtaschenraub und Diebstahl sind vor allem in Touristenhochburgen auf belebten Straßen und Plätzen, im Geschiebe voller Bahnhöfe oder im vollen Bus oder Zug leider keine Seltenheit. In Städten mit starkem Touristenaufkommen ist die Tendenz wesentlich höher als in ländlichen Gegenden.

Obwohl der Einfallsreichtum und die Unverfrorenheit der Diebe unglaublich ist, können ein paar simple Vorkehrungen hilfreich sein:

Lassen Sie am besten alle Gegenstände von einigem Wert, die Sie unterwegs nicht wirklich und unbedingt brauchen, zu Hause!

Bewahren Sie Personaldokumente, Geld, Kreditkarten, Reiseschecks, Tickets, die Sie möglichst in körpernahen Taschen bei sich tragen, nicht in einer einzigen Brieftasche auf, sondern verteilen Sie die Wertsachen auf mehrere Hosen-, Rock- oder Gürteltaschen. Wird dann aus einer gezogen, hält sich so der Schaden hoffentlich in Grenzen.

Und wenn Sie zu Mehreren reisen, verteilen Sie Geldbeträge auf mehrere Personen.

Hantieren Sie im Souvenirladen, vor dem Geldautomaten, auf der Straße oder wo auch immer in der Öffentlichkeit nicht mit großen Geldbeträgen, was begehrliche Blicke anziehen und ungebetene Aufmerksamkeit erregen könnte.

Lassen Sie keine Wertgegenstände (Kamera, Schmuck, Geld, Dokumente, Tickets etc.) im Hotelzimmer oder im Auto zurück. Nutzen Sie den Hotelsafe und im Auto den Kofferraum, was zwar auch keine verbriefte Sicherheit ist, aber zumindest das Risiko mindert.

Lassen Sie also, wenn es irgend möglich ist, keine Gepäck- oder Kleidungsstücke sichtbar im Auto liegen. Glauben Sie nicht, eine locker über Ihre teure Kamera auf dem Rücksitz geworfene Jacke würde schon genügen. Diebe sind fast immer ausgebuffte Profis, die wirklich alle Tricks kennen!

Parken Sie wenn möglich auf Parkplätzen mit Aufsicht oder in Hotelgaragen.

Verschließen Sie Ihr Wohnmobil (auch auf dem Campingplatz!), ihr Auto, ihr Hotelzimmer grundsätzlich und immer mit Sorgfalt. Auch wenn Sie nur schnell über die Straße gehen, um eine Zeitung zu holen.

Legen Sie im Strand- oder Straßencafé Ihre Handtasche oder die Kamera nicht achtlos auf den freien Stuhl neben sich.

Zählen Sie Wechselgeld sofort und noch unmittelbar an der Kasse nach!

Und achten Sie auf die Nullstellung der Zapfsäulenanzeige vor Beginn des Tankvorgangs, etc. etc. etc.

WÄHRUNG

Seit dem 1. Januar 2002 gilt auch in Italien der **EURO** als Zahlungsmittel.

Die gängigen **Kreditkarten**, wie z. B. Mastercard oder Visa, werden in Geschäften, Supermärkten, Hotels, Restaurants, Tankstellen, bei Autovermietern (fast unerlässlich als Kautionsersatz beim Anmieten eines Autos), auf Campingplätzen und an den Autobahnmautstellen im ganzen Lande und besonders in den Urlaubsregionen fast ausnahmslos akzeptiert.

Reist man weit abseits der „üblichen" Touristenrouten und tief im Hinterland, sollte man aber nicht darauf setzen, dass auch dort die Kreditkarte überall angenommen wird. Dort empfiehlt es sich schon, nicht ganz ohne Bares zu reisen.

Allerdings sollte man daran denken, dass die meisten Kreditkarteninstitute für den Auslandseinsatz ihrer Karten teils recht stattliche Gebühren pro Transaktion berechnen!

Sehr verbreitet und in fast jedem Ort zu finden sind **Bankautomaten**, an denen Sie mit Ihrer Kreditkarte oder mit Ihrer Maestro-BankCard in Verbindung mit Ihrer Geheimnummer Geld von Ihrem Konto abheben können. Eine wegen der recht erheblichen Gebühren nicht gerade billige, aber auf Reisen sehr komfortable Einrichtung.

Geldautomaten sind in aller Regel auch außerhalb der üblichen Geschäftszeiten und auch am Wochenende, aber nicht immer rund um die Uhr zugänglich. In ländlichen Gegenden kann es durchaus vorkommen, dass Bankautomaten nur während der üblichen Geschäftszeiten zugänglich sind.

Bis auf den letzen Euro sollte man sich also auch im Zeitalter der Bankautomaten nicht unbedingt ausgeben

Übrigens: Das Barzahlen hat in Italien seine Grenze! Sollten Sie eine Rechnung begleichen müssen, die 3.000 Euro übersteigt, können Sie diese Rechnung nicht bar begleichen. Sie müssen dann mit Kreditkarte, Maestrokarte oder per Überweisung bezahlen.

WICHTIGE RUFNUMMERN

ADAC München Notrufnummer (24-Stunden-Service):
+49 (0)89 22 22 22.

ACI Automobile Club d'Italia -
Notruf: Tel. +39 803 116 (24-Stunden-Service)

Allgemeiner Notruf - Polizei, Rettungsdienst, Feuerwehr – **112**

Zentrale Sperrnummer für Kreditkarten – 116 116
Alle Angaben ohne Gewähr.

Die Länder-Vorwahlen:
Italien: +39, bzw. **00 39**
Deutschland: +49, bzw. **00 49**
Österreich: +43, bzw. **00 43**
Schweiz: +41, bzw. **00 41**

Haftungsausschluss

Alle in diesem Reiseführer gemachten Angaben, sowie Reise- und Sicherheitshinweise sind nach den aktuell erreichbaren und dem Verlag zugänglichen Informationen mit Sorgfalt und nach bestem Wissen zusammengestellt. Eine Gewähr für die Richtigkeit und die Vollständigkeit der Angaben sowie eine Haftung für eventuell eintretende oder daraus entstehende Schäden kann nicht übernommen werden. Gesetze und Vorschriften können sich jederzeit ändern, ohne dass der Verlag davon erfährt.

Die Entscheidung über die Durchführung einer Reise liegt in der Verantwortlichkeit des Lesers.

Verlag und Autor empfehlen, sich rechtzeitig vor Antritt der Reise nach den neuesten reiserelevanten Vorschriften zu erkundigen.

ZEICHENERKLÄRUNG

- Hauptstadt
- Etappen-Start-/Endpunkt
- Orte
- Sehenswürdigkeit
- Touristeninformation
- Museum, Schloss
- Rathaus, öffentl. Gebäude
- Busbahnhof, Bahnhof
- Parkplatz
- Tiefgarage
- Flughafen
- Postamt
- Restaurant
- Hotel
- Reiseweg, Route
- Campingplatz
- Womo-Stellplatz
- V & E Station
- Kirche, Kathedrale
- Burg, Kastell
- Wandermöglichkeit
- archäol. Stätte
- Berg, Gipfel
- Rast-, Picknickplatz
- Grenzübergang
- Pass
- Strand, Badeküste
- Höhle

V & E für Wohnmobile – Einrichtungen für Versorgung mit Trinkwasser sowie Entsorgung für Wohnmobilabwässer sind auf dem Platz vorhanden.

Wichtige, am Anfang zu jeder Tour vermerkte Sehenswürdigkeiten sind ihrer Bedeutung entsprechend mit einem, zwei oder drei Sternchen versehen.

* = sehenswert

** = sehr sehenswert

*** = ein „Muss" auf der Reise

Navigationskoordinaten sind im Text in eckigen Klammern nach Campingplatznamen o. ä. wie folgt dargestellt, z. B.: [N38° 53′ 53″ E22° 39′ 18″]. Bei den Koordinaten steht „N" für Nord, „E" für Ost oder „W" für West. Die erste Zahl danach steht für Breiten- bzw. Längen-Grad, gefolgt von Minuten und Sekunden.

Mein Tipp! Bitte verlassen Sie sich nicht blindlings auf die Ansage Ihres Navigationsgerätes, sondern prüfen Sie den vom Navi empfohlenen Weg möglichst mit einer Straßenkarten, um abzuschätzen, ob der vom Navigationsgerät empfohlene Weg auch tatsächlich der einfachere Weg ist. Unserer Erfahrung nach wird gelegentlich ein Weg vorgeschlagen, der vielleicht sogar der direkteste sein mag, aber bestimmt nicht der einfachste, bequemste und sinnvollste ist. Oft werden kleine Straßen vorgeschlagen, die aber schwierig zu befahren sind.

INFORMATIONEN ZU GPS-NAVIGATIONSKOORDINATEN

Ein Wort zu den GPS-Daten

Alle unsere GPS-Koordinaten sind im System WGS 84 („World Geodetic System 1984"), einer der beiden internationalen Standards für Koordinatensysteme (neben UTM), erfasst.

Bitte beachten Sie: Die Genauigkeit der Routenführung durch das Navigationssystem hängt auch von der Genauigkeit und Aktualität des in Ihrem Navigationsgerät vorhandenen Kartenmaterials ab.

Minuten/Sekunden ändern in Dezimalkoordinaten

Alle Navigationsdaten in diesem Buch sind im Format Grad/Minuten/Sekunden angegeben. Falls Sie Navigationskoordinaten in Ihr Navigationsgerät evtl. nur als Dezimalkoordinaten eingeben können, ist das kein größeres Problem.

Koordinaten lassen sich von Grad/Minuten/Sekunden – so wie bei uns dargestellt – relativ einfach „per Hand" in Dezimalkoordinaten umrechnen und müssen dann gewöhnlich auch von Hand in das Navigationsgerät eingegeben werden.

– Da das Minuten/Sekunden-System in 60er Schritten geht, darf man die Minuten- und Sekunden-Markierungen nicht einfach ignorieren und daraus Dezimalkoordinaten machen, sondern man muss die Daten durch 60 teilen. Umgekehrt ist das auch von Dezimalwerten in Minuten/Sekunden möglich (multiplizieren).

Beispiel: Grad/Minuten/Sekunden-Format: z. B. N39° 29′ 12.6″ wird so zum Dezimalformat: 29 : 60 = 0,48, 12.6 : 60 = 0,21. Das wieder zusammengesetzte Format zeigt nun die Dezimalkoordinate: N 39,4821°.

Oder: E 20° 15′ 34.2″ – entspricht dann E 20,2557° (alle Angaben ohne Gewähr).

Sollten Sie Koordinatenformate konvertieren wollen, können Sie sich eines der **Konvertierungsprogramme** bedienen, die Sie kostenlos aus dem Internet herunterladen können, wie z. B.

GPS Babel http://www.gpsbabel.org (Englisch)
Routeconverter http://www.routeconverter.de (Deutsch)
Garmin POI-Loader http://www.garmin.com/products/poiloader (Englisch)

Im Reiseführer sind die Koordinaten wie folgt dargestellt:

Beispiel: [N68° 23′ 23.7″ E14° 25′ 20.4″] oder **[WP 123 / N70° 10′ 40.0″ E25° 17′ 49.0″]**. WP XXX ist die fortlaufende Nummerierung wichtiger Wegpunkte (oder Points of Interest – POI), so wie sie auf der Roadbook-CD abgelegt sind. Für die Verwendung bzw. Übertragung der Koordinaten aus dem Reiseführer durch Eintippen in Ihr Navigationsgerät ist diese Nummerierung ohne Bedeutung!

Koordinaten in diesem Reiseführer, die in Orten/Städten angegeben sind, und nicht mit dem Zusatz [WP XXX / ...] versehen sind, sind als Anhaltspunkte zur Orientierung mit Handnavigationsgeräten bei Stadtrundgängen gedacht. Sie bedeuten NICHT, dass diese Ziele (Wegpunkte) auch immer (Ausnahme Campings oder Wohnmobil-Stellplätze) mit dem Auto zu erreichen sind! Die meisten Ortskerne alter italienischer Städtchen warten mit sehr engen Straßen auf, die für den allgemeinen Autoverkehr ungeeignet und mitunter auch gesperrt sind. Oft sind die Einfahrten in historische Innenstädte nur für den Anliegerverkehr erlaubt. Sehenswürdigkeiten, Museen, Kirchen etc. sind dort nur zu Fuß zu erreichen!

Gelegentlich steht vor der Wegpunktnummer das Wort „Parkplatz", **z. B. [Parkplatz, WP XXX / N70° 10′ 40.0″ E25° 17′ 49.0″]**. Damit wird darauf hingewiesen, dass sich bei oder ganz in der Nähe des Punktes ein Parkplatz befindet. Die Koordinate bezieht sich dann auf den Parkplatz. Vom Parkplatz können es noch ein paar Meter Fußweg bis zum eigentlichen Ziel sein.

Obwohl wir bei der Erfassung von GPS-Koordinaten größte Sorgfalt walten lassen, können wir für die Richtigkeit der in unseren Reiseführern und auf unseren Roadbook-CDs angegebenen GPS-Koordinaten und Wegpunkte sowie für evtl. daraus resultierende Ereignisse durch Missweisungen keine Haftung übernehmen.

GPS-ROADBOOK-CD

Alle mit WP gekennzeichneten Navigationskoordinaten, die in den Touren dieses Reiseführers aufgeführt sind, können Sie als Roadbook-CD beim Verlag erwerben.

Die Navigations-Koordinaten sind im System WGS 84 („World Geodetic System 1984") entsprechend dem Verlauf der in diesem Reiseführer beschriebenen Routen und Touren angelegt. Sie berücksichtigen wichtige Orte, Sehenswürdigkeiten, Campings und andere Points of Interest (POI's).

Übertragen Sie die Koordinaten von der CD mittels PC oder Notebook und entsprechender Software (z. B. MapSource® oder BaseCamp® für Garmingeräte) auf Ihr Navigationsgerät.

Unsere „Roadbook-CD" stellt Ihnen vor Ort erfasste Original-Navigationsdaten im **Garmin-Format *.gdb** (garmin database) zur Verfügung.

Darüber hinaus finden Sie auf der „Roadbook-CD" alternative Dateiformate wie **GPX** (global positioning exchange), **KML 2.2** (Google Earth [Keyhole Markup Language] – *.kml), **TomTom *.ov2 poi files** (Wegpunkte) und **TomTom *.itn files** (Routen).

Sehr hilfreich kann für Sie auch die ebenfalls auf der CD abgelegte MS-Word-Datei **Info-Doc** sein. Dort wird Schritt für Schritt erklärt, wie GPS-Koordinaten von der CD auf ein Garmin-Nüvi gebracht werden können. Es werden Weblinks zu Koordinaten-Konvertierungsprogrammen angegeben und Sie können erfahren, wie Sie Routen vorab in Google Earth™ ansehen können u. v. m.

Die tatsächliche Lage der Wegpunkte (Ziele/Zwischenziele) kann von den angegebenen Koordinaten ggf. bis zu ca. 300 m abweichen!

Mit entsprechender Software „MapSource®, City Select Europe"® oder „BaseCamp"® des Anbieters Garmin® können die Daten im Garmin-Format oder im GPX-Format über einen PC oder über ein Notebook direkt in viele Garmingeräte eingelesen werden.

Wissen wo's lang geht! Mit den auf der Roadbook-CD abgelegten Dateien im GPX-Format können Sie in Verbindung mit Google Earth® (kostenloser Download) die Reiseroute, sowie alle als Wegpunkt markierten Stationen der Reise schon vorab aus der Vogelperspektive auf Ihrem PC ansehen, oder sich einzelne Abschnitte der Route im Google Earth Routenplaner berechnen lassen. Wie's geht und vieles mehr steht in der MS-Word-Datei Info-Doc auf der CD.

Für die Richtigkeit der Koordinaten und deren Transformierung in andere Dateiformate kann keine Gewähr übernommen werden!

Unsere Roadbook-CD's können Sie gegen eine Schutzgebühr von EUR 9,90 nur direkt über den Verlag beziehen!

Bestellungen bitte über unseren Webshop: **www.rau-verlag.de**/shop.

Oder per Post an: Werner Rau Verlag, Feldbergstr. 54, D-70569 Stuttgart, Tel. +49-(0)711-687 21 43, Fax +49-(0)711-68 22 47, E-Mail: info@rau-verlag.de.

REGISTER

Personennamen in kursiver Schrift.

(CP) bzw. (ST) hinter dem Ortsnamen weist darauf hin, dass in oder ganz in der Nähe des Ortes ein im Reiseführer beschriebener Campingplatz und/oder ein Wohnmobil-Stellplatz zu finden ist.

T

U

V

MOBIL REISEN

NIX WIE RAUS!

Raus Reiseführer – die gelungene Mischung aus kompetentem Reiseführer, Tourenbuch, Camping- und Stellplatzführer.

Erlebnisreiche Reisen mit Auto, Caravan, Van-Camper oder Wohnmobil.

Mobil Reisen: BALTIKUM
Die schönsten Reiserouten, kombiniert zu einer erlebnisreichen Tour durch alle drei baltischen Länder - Litauen, Lettland und Estland. Mit einem Abstecher nach Kaliningrad. Reisetipps in Fülle. Plus Vorschläge zu sechs Radtouren.
Mit Wohnmobil-Stellplätzen u. Campingplätzen.
Von Michael Moll, ca. 252 S., zahlr. Farbfotos, Karten und Stadtpläne.
ISBN 978-3-926145-72-7. € 19,90.
GPS-Roadbook-CD mit Navigationskoordinaten verfügbar!

Mobil Reisen: BRETAGNE
Ein individueller Reiseführer mit Routenvorschlägen, ausgesuchten Touren für eine Reise von Nantes bis ans „Ende der Welt", der Finistère an die bretonische Atlantikküste. Historisches, Amüsantes, Kulinarisches und natürlich viele praktische Reisetipps. Jetzt mit noch mehr Wohnmobil-Stellplätzen.
Mit vor Ort erfassten GPS-Koordinaten.
336 S., zahlr. Farbfotos, Karten, Stadtpläne, Hotels, Campingplätze sowie viele Infos und Reisetipps.
ISBN 978-3-926145-49-9. € 19,90.
GPS-Roadbook-CD mit Navigationskoordinaten verfügbar!

Mobil Reisen: DÄNEMARK – Mit Insel Bornholm
Handlich und praktisch für erlebnisreiches Auto-, Motorrad-, Caravan- oder Wohnmobil-Touring. Auf 15 handverlesenen Urlaubsrouten zu den schönsten Städten und Küsten in Jütland, Fünen, Seeland und Bornholm. Ausführlicher Teil über "wonderful, wonderful Copenhagen".
Mit vor Ort erfassten GPS-Koordinaten.
312 S., zahlr. Farbfotos, Karten, Stadtpläne, Hotels, sowie viele Infos, die schönsten Camping- u. Stellplätze.
ISBN 978-3-926145-54-3. € 19,90.
GPS-Roadbook-CD mit Navigationskoordinaten verfügbar!

Mobil Reisen: ENGLAND SÜD
Von den weißen Felsen von Dover über lebhafte Seebäder bis hinaus an die abgeschiedene, wilde Küste von Cornwall. Wandern auf den herrlichen Küstenwegen und Klippenpfaden, den Schauplätzen aus Pilcher-Filmen nachspüren, in prächtigen Gärten schwelgen oder lieber gemütlich in einem uralten Pub verweilen, in dem sich schon die Schmuggler früherer Tage die Klinke in die Hand gaben? Dieser Reiseführer sagt Ihnen, wo's lang geht.
Mit vor Ort erfassten GPS-Koordinaten.
348 S., zahlr. Farb-Abb., Karten, Stadtpläne, Hotels, Pubs sowie viele Infos und die schönsten Campingplätze.
ISBN 978-3-926145-68-0. € 22,90.
GPS-Roadbook-CD mit Navigationskoordinaten verfügbar!

Mobil Reisen: FINNLAND – Mit Åland-Inseln
Das „Land der tausend Seen" von Helsinki über das Labyrinth des Saimaa-Seengebiets, weiter über Karelien, die einsamen Weiten Lapplands und zurück über den finnischen Schärengarten auf eigene Faust erleben. Anschließend ein Abstecher auf die Åland-Inseln.
Mit einem ausführlich geschilderten **Abstecher zum Nordkap**. Und das Ganze mit vor Ort erfassten GPS-Koordinaten.
264 S., zahlreiche Farbfotos, Karten, Stadtpläne, Hotels, Campingplätze sowie viele praktische Informationen über Land und Leute.
ISBN 978-3-926145-50-5. € 19,90.
GPS-Roadbook-CD mit Navigationskoordinaten verfügbar!

Mobil Reisen: GRIECHENLAND
Aus der Reisepraxis für die Reisepraxis geschrieben. Ein Reisehandbuch mit Routen, Touren und Reisetipps fürs Auto-, Motorrad-, Caravan- oder Reisemobil-Touring. Eine Fülle von Routenvorschlägen führt Sie durch alle Regionen Festlandgriechenlands, von den Badestränden der Chalkidiki-Halbinsel bis in den Süden des Peloponnes und natürlich zu allen archäologischen Stätten.
Mit vor Ort erfassten GPS-Navigationskoordinaten!
264 S., zahlr. Farbfotos, Karten, Stadt- u. Lagepläne, Stadtspaziergänge, Hotels und die schönsten Campingplätze.
ISBN 978-3-926145-36-9. € 18,90.
GPS-Roadbook-CD mit Navigationskoordinaten verfügbar!

Mobil Reisen: IRLAND – Mit Nordirland
Der ideale Urlaubsführer für alle, die den Charme der "Grünen Insel" auf eigene Faust entdecken wollen. Ausgesuchte Routenvorschläge fürs Auto-Touring von den südlichen Counties über die imposante Westküste bis hinauf ins abgeschiedene Donegal und durch Nordirland. Ausführlicher Dublin-Teil mit detaillierten Rundgängen. Kultur, Folklore, Tipps zu Pubs, Wandermöglichkeiten.
Mit vor Ort erfassten GPS-Navigationskoordinaten!
336 S., zahlr. Farbfotos, Karten, Stadtpläne, Hotels, viele Infos und die schönsten Campingplätze.
ISBN 978-3-926145-58-1. € 22,90.
GPS-Roadbook-CD mit Navigationskoordinaten verfügbar!

Mobil Reisen: KORSIKA
Korsika, „Ile de Beauté“, die „Insel der Schönheit“ besticht durch ihre wunderbare Berglandschaft und ihre herrliche, oft atemberaubende Küstenszenerie. Eine Herausforderung für alle unternehmungslustigen Wohnmobilisten und Caravaner und ein Eldorado für anspruchsvolle Wandertouren.
Hotels, Restaurants, Campingplätze und jede Menge Tipps und Infos.
Mit vor Ort erfassten GPS-Koordinaten.
228 S., zahlreiche Farbfotos., Karten, Stadtpläne.
ISBN 978-3-926145-41-3. € 18,90.
GPS-Roadbook-CD mit Navigationskoordinaten verfügbar!

Mobil Reisen: KROATIEN
Istrien, die Dalmatinische Küste und Kroatiens herrliche Adriainseln auf den schönsten Reisewegen erleben. Dieses praktische Reisehandbuch sagt Ihnen, wo's lang geht. U. a. mit Dubrovnik, Plitvicer Seen, Zagreb und einer Fülle an Reisetipps, Infos zu Hotels und Campings.
Mit vor Ort erfassten GPS-Koordinaten.
257 S., zahlreiche Farbfotos, Karten, Stadtpläne, Stadtspaziergänge.
ISBN 978-3-926145-61-1. € 18,90.
GPS-Roadbook-CD mit Navigationskoordinaten verfügbar!

Mobil Reisen: LOIRETAL
Komplett überarbeitet, aktualisiert! Noch mehr Womo-Stellplätze!
Die schönsten Reisewege durch das Herz Frankreichs, der Landschaft, in der es sich leben lässt „wie Gott in Frankreich“. Nicht umsonst entstanden hier die prächtigsten Schlösser Frankreichs. Aber auch wer weniger das Historische als viel mehr kulinarische Erlebnisse sucht, wird in der Gegend um das Loiretal auf seine Kosten kommen. Und dieser Reiseführer sagt Ihnen wo's lang geht. Mit vielen Wohnmobil-Stellplätzen und mit vor Ort erfassten GPS-Navigationskoordinaten!
282 S., zahlr. Farbfotos, Karten, Stadtpläne, Hotels, sowie viele Infos und die schönsten Campingplätze.
ISBN 978-3-926145-67-3. € 19,90.
GPS-Roadbook-CD mit Navigationskoordinaten verfügbar!

Mobil Reisen: NORWEGEN – Reisewege zum Nordkap
Komplett überarbeitet! Aktualisiert! Noch mehr Womo-Stellplätze!
Neue Touren und zusätzliche Routen! Noch übersichtlicher!
Jetzt mit praktischen „Tourenpaketen“ zum Kombinieren, wie z. B. „Südnorwegen“, „Gletscher, Fjells und Fjorde“ oder „Finnmark und Nordkap“.
Durchgehend farbig und noch mehr Fotos und Karten!
Verlässliche Kompetenz aus langjähriger Reiseerfahrung.
Mit vor Ort erfassten GPS-Koordinaten.
408 S., Stadtrundgänge, Wandervorschläge, viele Farbfotos, Karten, Stadtpläne, Hotels, sowie Reise-Infos in Fülle, dazu über 200 Campingplätze und zahlr. Stellplätze.
ISBN 978-3-926145-65-9. € 22,90.
GPS-Roadbook-CD mit Navigationskoordinaten verfügbar!

Mobil Reisen: OSTSEE-RUNDE

Auf überlegt ausgesuchten Routen und Touren die schönsten Gegenden Pommerns und Masurens, wunderschöne baltische Städte wie Vilnius, Riga und Tallinn, sowie die russische Perle Sankt Petersburg erleben. Reisen Sie über Finnland, Schweden und die dänische Insel Seeland zurück. Dieser Reiseführer hilft – ob Wohnmobil-Tourer, Caravaner, Autourlauber oder Motorbiker – sowohl bei der Vorbereitung als auch auf der Reise unterwegs. Ein unvergessliches Reiseerlebnis!
396 S., Stadtrundgänge, zahlr. Farbfotos, Karten, Stadtpläne, Hotels, sowie viele Infos und die schönsten Camping- und Wohnmobil-Stellplätze.
ISBN 978-3-926145-75-8. € 22,90.
GPS-Roadbook-CD mit Navigationskoordinaten verfügbar!

Mobil Reisen: POLEN

Polen bequem auf eigene Faust kennen lernen. Über die Sudeten und über Schlesien, weiter durch die Karpaten, Zentral- und Ostpolen mit einem ausführlichen Teil über die Hauptstadt Warschau, durch Ermland, die Masurische Seenplatte, durchs Lebuser Land und über Pommern schließlich bis zur Ostseeküste. Alles in bequem nachvollziehbaren Reiserouten beschrieben.
Von Michael Moll, 240 S., viele Farbfotos; Karten, Stadt- u. Lagepläne, Stadtspaziergänge, Hotels und die schönsten Campingplätze.
ISBN 978-3-926145-73-4. € 19,90.

Mobil Reisen: PORTUGAL

Gesamt Portugal, vom grünen Norden bis zur sonnigen Algarveküste, vom kargen, ursprünglichen Alto Alentejo bis zu den Seebädern am Atlantik beschreibt dieser Band auf leicht nachvollziehbaren Touren, die einen kompletten Eindruck von diesem überaus interessanten Reiseland vermitteln. Besonders ausführlich die Weinstadt Porto und natürlich Lissabon, eine der schönsten Hauptstädte Europas.
Mit vor Ort erfassten GPS-Koordinaten.
300 S., zahlr. Farbfotos, Karten, Stadtpläne, Hotels, sowie viele Infos und die schönsten Campingplätze.
ISBN 978-3-926145-64-2. € 19,90.
GPS-Roadbook-CD mit Navigationskoordinaten verfügbar!

Mobil Reisen: SARDINIEN

Ein Reiseziel mit ganz unerwarteten Attraktionen – zauberhafte Küstenszenerien, das größte Dünengebiet ganz Italiens, wunderschöne Seegrotten, mystische Nuraghen, geisterhafte alte Minenstädte und einer der spektakulärsten Canyons in Europa.
Dieses Tourenbuch, gespickt mit jeder Menge Reisetipps, führt auf den schönsten Routen und Wohnmobil-Touren durch Sardinien. Mit Wohnmobil-Stellplätzen, Tipps zu Hotels und Restaurants, Campingplätzen. Mit vor Ort erfassten GPS-Navigationskoordinaten!
240 S., zahlr. Farbfotos, Karten, Stadtpläne.
ISBN 978-3-926145-62-8. € 18,90.
GPS-Roadbook-CD mit Navigationskoordinaten verfügbar!

Mobil Reisen: SCHOTTLAND

Schottland auf neuen Wegen erleben. Eine variantenreiche Rundreise – von den Borders bis zu den Highlands, von den Western Isles bis zu den Orkneys. Detaillierte Beschreibung von Edinburgh, Glasgow, allen wichtigen Städten, Schlössern und Landschaften.
Außerdem Essen und Trinken, Whisky, Clans, Tartans und Dudelsäcke, Wandern u.v.m.
276 S., zahlr. Farbfotos., Karten, Stadtpläne, Hotels, sowie viele Infos und die schönsten Campingplätze mit GPS-Koordinaten.
ISBN 978-3-926145-57-4. € 19,90.
GPS-Roadbook-CD mit Navigationskoordinaten verfügbar!

Mobil Reisen: SCHWEDEN

Mit Inseln Öland und Gotland

Komplett überarbeitet, aktualisiert! Noch mehr Wohnmobil-Stellplätze! 22 sorgfältig ausgewählte, vor Ort getestete Reise(mobil)routen und Autotouren durch die schönsten Landschaften, Städte und Regionen. Mit vielen Reisetipps und Informationen über Sehenswertes vom südlichen Schonen bis Lappland. Mit ausführlichem Stockholm-Teil, Stadtrundgänge u. a. durch Helsingborg, Göteborg, Uppsala, Kalmar, sowie die Inseln Öland und Gotland. Mit vor Ort erfassten GPS-Koordinaten.
ca. 336 S., zahlr. Farbfotos, Karten, Stadtpläne, Hotels, sowie viele Infos und die schönsten Campingplätze. Mit Wohnmobil-Stellplätzen.
ISBN 978-3-926145-74-1. € 22,90.
GPS-Roadbook-CD mit Navigationskoordinaten verfügbar!

Mobil Reisen: SIZILIEN

Auch ein klassisches Reiseziel lässt sich immer wieder neu entdecken. Dieses neue Tourenbuch schildert kompetent und ausführlich die schönsten Reisewege durch Sizilien.
Mit Wohnmobil-Stellplätzen und mit vor Ort erfassten GPS-Koordinaten.
252 S., zahlr. s/w.- u. Farb-Abb., Karten, Stadtpläne, Hotels, sowie viele Infos und die schönsten Campingplätze.
ISBN 978-3-926145-55-0. € 18,90.
GPS-Roadbook-CD mit Navigationskoordinaten verfügbar!

Mobil Reisen: SKANDINAVIEN

Reiseziel Nordkap

Die große Tour zum Nordkap in bequem zu kombinierenden Reiserouten. Mit neuen Touren und vielen Streckenvarianten durch alle vier nordischen Länder – Dänemark, Norwegen, Schweden und Finnland. Ausführliche Beschreibung der Hauptstädte. Übersichtlich, informativ, kompetent. Mit vor Ort erfassten GPS-Koordinaten.
408 S., zahlr. Farbfotos, Karten, Stadtpläne, Hotels, sowie viele Infos und die schönsten Campingplätze und viele Wohnmobil-Stellplätze.
ISBN 978-3-926145-71-0. € 22,90.
GPS-Roadbook-CD mit Navigationskoordinaten verfügbar!

Mobil Reisen: SPANIEN NORD

Spaniens Norden von den Stränden der Costa Brava über die Pyrenäen, durch das grüne Galicien mit dem Pilgerziel Santiago de Compostela bis ins Herz Kastiliens mit den Hochburgen von Kunst, Kultur und Geschichte wie Salamanca oder Segovia.
Ausführlich: **Der Jakobsweg**. Hotels, Restaurants und die schönsten Campingplätze. Mit vor Ort erfassten GPS-Koordinaten.
283 S., zahlr. Farbfotos; Karten und Stadtpläne.
ISBN 978-3-926145-63-5. € 19,90.
GPS-Roadbook-CD mit Navigationskoordinaten verfügbar!

Mobil Reisen: SPANIEN SÜD

Eine gelungene Mischung aus Kunst, Kultur, Information und Reisetipps. Ein kompletter Reiseführer, der mehr als nur Routen und Touren bietet. Vom Mittelmeer ins Herz Kastiliens, auf den Spuren der Conquistadores, weiße Dörfer, maurische Paläste und der sonnige Süden Andalusiens.
PLUS: Madrid City Guide.
Mit vor Ort erfassten GPS-Koordinaten.
312 S., zahlreiche Farbfotos, Karten und Stadtpläne. Stadtspaziergänge, Hotels, Paradores, Campings, Wohnmobil-Stellplätze u. v. m.
ISBN 978-3-926145-69-7. € 22,90.
GPS-Roadbook-CD mit Navigationskoordinaten verfügbar.

Mobil Reisen: UMBRIEN, MARKEN

Mit San Marino

Auf den schönsten Reiserouten durch die mittelitalienischen Regionen Umbrien und Marken. Reisen Sie von der sehenswerten Hauptstadt Umbriens Perugia über das prächtig gelegene Orvieto bis an die Ufer des Lago di Bolsena, weiter über die einladenden Höhen der Sibellinischen Berge an die adriatische Küste und in die älteste Republik Europas, San Marino. Mit vor Ort erfassten GPS-Koordinaten.
240 S., zahlr. Farbfotos, Hotels, Restaurants, Camping- u. Reisemobil Stellplätze, Kartenskizzen, Stadtpläne und viele Infos.
ISBN 978-3-926145-76-5. € 19,90.
GPS-Roadbook-CD mit Navigationskoordinaten verfügbar.

Weitere Titel sind in Vorbereitung!

Fragen Sie im Buchhandel nach unseren aktuellen Neuerscheinungen.

Oder besuchen Sie uns im Internet:

http://www.rau-verlag.de

http://www.mobil-reisen.eu

WERNER RAU VERLAG, Feldbergstraße 54, D - 70569 Stuttgart
www.rau-verlag.de – e-mail: info@rau-verlag.de

Mobil Reisen: TOSKANA

Vorliegend: 2. Auflage 2018/2019